KB159981

파편화한 전쟁

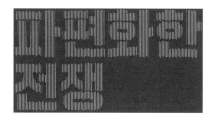

파편화한 전쟁

현대와 전쟁폭력의 진화

헤어프리트 뮌클러 지음

장춘익 옮김
탁선미

곰
출
판

2015년 하반기 우리 두 옮긴이는 거의 매일 인터넷으로 독일 뉴스를 검색했다. 끝없이 밀려드는 난민 문제에 유럽이, 특히 가장 많은 난민이 몰려드는 독일이 어떻게 대처하는지가 너무나 궁금했기 때문이다. 독일로 유입되는 난민은 점점 늘어나, 2015년 11월 한 달에만 20만 명을 넘어섰고, 2015년 한 해 전체로는 100만 명에 가까운 수에 달했다. (대체로 110만이라고 알려졌다가, 2016년 9월 독일 내무장관은 공식 등록된 수치를 기준으로 89만이라고 확인했다.) 한 사회가 이런 수의 난민을, 거대한 캠프에 배치하는 방식이 아니라 정상적인 사회구성원으로 통합하는 방식으로 수용할 수 있을까? 한국의 춘천, 미국의 위스콘신 주 매디슨 시, 독일의 환경도시 프라이부르크가 인구 25만 전후의 규모임을 생각해보면, 생활 기반 시설과 행정 제도를 갖춘 이런 중소도시를 단 한 해 동안 4개나 만들어내야 한다는 것이니, 대규모 난민 수용은 순전히 도시공학적으로도 엄청난 과제임이 분명했다. 게다가 난민들은 언어와 문화가 다른 이방인이 아닌가. 독일이 100만 난민의 사회적 통합을 기초적 수준에서라도 단기간에 이뤄낸다면, 그것은 21세기 초반 하나의 새로운 정치적 진화라고 우리는 생각했다.

이처럼 처음엔 1989~1990년의 전환과 통일 이래 최대의 정치적·사회적 도전을 맞이한 독일의 난민 대응 방식과 전략이 무엇보다 궁금했지만, 우리는 곧 난민의 발생 원인에도 관심을 갖게 되었다. 국가들 간에 대규모 전쟁이 있는 것이 아닌데도 이런 규모의 난민이 발생하는 이유는 무엇일까? 이것이 일시적 현상일까? 아니면 글로벌한 차원에서의 적극적 대처 없이는 장기적으로 지속될 문제인가? 또 이 현상은 국지적 문제로 머물 것인가? 아니면 관리되지 못할 경우 커다란 재앙으로 전개될 수도 있는 문제인가? 이러한 물음들은 물론 옮긴이들 고유의 것은 아니었다. '독일어협회Gesellschaft für deutsche Sprache'가 선정한 2015년의 단어'가 '난민Flüchtlinge'이었던 데에서 알 수 있듯이, 난민 문제는 독일뿐 아니라 유럽 전체를 뒤흔든 문제였고, 2017년 현재도 진행 중인 문제다. 이토록 궁금한 문제였지만, 우리 두 옮긴이는 기존에 알던 인문사회 과학의 이론들로는 이를 마땅히 설명할 수 없었다. 옮긴이들이 바로 이런 상황에서 찾아낸 것이 2015년 10월에 출간된 이 책이었다.

이 책 『파편화한 전쟁: 현대와 전쟁폭력의 진화』는 그야말로 유럽과 세계 사회의 현재진행형인 문제들을 다루고 있다. 제목이 암시하듯이, 책의 핵심 주제가 난민 문제는 아니다. 이 책에서 난민 문제는 세계 사회가 현대의 새로운 전쟁폭력에 제대로 대처하지 못할 경우

닥칠 수 있는 하나의 ─ 그것도 어쩌면 작은─ 문제로 다루어지고 있다. 사실 이 책은 현재의 전쟁폭력을 설명하기 위해서 제1차 세계대전으로까지 거슬러 올라간다. 하지만 지난 100년 전쟁폭력의 역사를 시간별로 고르게 서술하는 것이 목적은 아니다. 이 책은 오히려 전쟁의 전제가 되는 정치적·사회적·문화적 조건과 자원들이 어떻게 변화했는지, 이러한 변화와 21세기 현재의 전쟁폭력 양상은 어떤 상관이 있는지, 그리고 현재의 전쟁폭력 특징을 전제로 현실적으로 가능한 대응 방식은 무엇인지 탐색하고자 한다.

저자 헤어프리트 뮌클러는 오늘날의 전쟁폭력 양상을 고전적인 전쟁 유형 즉 원칙적으로 대칭적인 국가들이 정규군을 동원하여 치르는 전쟁과는 전혀 다른 새로운 종류의 것으로 여기며, 이를 '새로운 전쟁'이라고 명명한다. 이 개념으로 저자는 미국의 이라크와 아프가니스탄 개입부터 우크라이나 동부와 레반트 지역(레바논, 시리아 대부분, 이라크 북부 지역)에서의 전쟁을 거쳐 '이슬람국가IS' 등 이슬람 무장단체들의 테러와 그에 대한 서방 강대국들의 대응까지를 포괄하고자 한다. 뮌클러는 '새로운 전쟁'의 특징으로 전쟁폭력의 '민영화', '비대칭화', '탈군사화'를 꼽는다(이 책의 제9장을 참조).

뮌클러는 마치 파편처럼 그 형태가 불규칙적이고 대부분 소규모로 수행되는 현대의 이러한 전쟁들을 고전적인 국가 간 전쟁에 비추어 파악하지 말고 전쟁폭력 '진화'의 결과로 생긴 하나의 새로운 전쟁 모델로 보자고 주장한다. 전쟁 모델이 달라지면 전략적 행위의 창조성, 합리성, 정당성의 평가 기준도 달라진다. 뒤에 다시 언급하겠지만, 이런 시각에서 보면 예컨대 테러리즘을 무기 측면에서 열세인 측이 택하는 '합리적' 전략으로 볼 수 있고, 반면에 통신 감청이나 드론을 이용한 공격 역시 테러리즘에 대한 '합리적' 대응 전략으로 볼 수 있다.

뮌클러 생각의 매력은 그가 전쟁폭력 문제를 다루면서 항상 정치사상사적·정치문화사적 맥락을 고려한다는 점이다. 그가 보기에 현재의 서방 사회는 양차 세계대전을 거치면서 돌이킬 수 없게 '탈영웅적postheroisch' 사회가 되었다. 탈영웅적 사회에서는 시민들에게, 심지어 군인들에게조차 일반적 희생 자세를 기대할 수 없다. 그래서 탈영웅적 사회는 자국민이 많은 희생을 치러야 하는 장기간에 걸친 전쟁을 견디지 못한다. 이에 반해 일례로 레반트 지역의 사회들은 영웅적 사회 이전 단계에서 영웅적 사회로 전환하는 중이며, 이런 사회에서 영웅적 희생의 가치는 매우 높다. 뮌클러는 테러리즘을 무기에서 열세인 '영웅적' 사회의 '전사'들이 무기에서 절대적으로 우세한 서방의 탈영웅적 사회에 맞서 이들 사회의 취약한 '집단심리'를 노리는 나름의 합리적 전략으로 해석한다. 반면에 외연이 뚜렷한 정치체를 구성하는 게 아니라 사회 깊숙이 은신하면서 네트워크 형식으로 움직이는 테러리스트들에 대해서, 통신 감청과 드론을 이용한 공격은 뮌클러가 보기에 탈영웅적 사회가 택할 수 있는 합리적 전략이다.

일찍이 칸트는 국가 간 전쟁이 사라지면 '영원한 평화'가 올 것이라고 믿었고 이와 같은 생각은 현대의 많은 평화연구가들에게로 계승되었는데, 뮌클러는 이러한 생각의 비현실성을 통렬하게 지적한다. 국가 간 전쟁이라는 모델에 맞지 않을 뿐이지, 전쟁폭력의 강도나 그 결과의 참담함은 결코 약해졌다고 할 수 없다는 것이다. 칸트와 그 이후의 평화연구가들이 동등한 권리를 갖는 국가 사이의 수평적 관계를 평화의 조건으로 꿈꾸었다면, 뮌클러는 세계질서 형성 권력으로서의 글로벌 플레이어가 필요하다고 생각한다. 그의 생각은 현대사에서 전쟁폭력이 가장 극심했던 지역이 '제국 이후'의 공간(합스부르크제국과 러시아 차르제국의 붕괴 후에 생겨난 중유럽 및 동유럽 공간, 오스만제국의 지배하에 있었던 근동 및 중동, 제2차 세계대전 후에는 소련제국 해체 후의 캅카스 지역, 유고슬라비아연방공화국 해체 후의 발칸 지역 등)이라는 사실에 기초하고 있다.

뮌클러는 독일의 정치학자로서 21세기 세계질서 형성에서 유럽의 역할에 대해, 또 유럽 내에서 독일의 역할에 대해 묻는다. 그는 21세기에 세계질서를 규정하는 권력으로서 글로벌 플레이어는 서넛에 불과할 것이라고 본다. 그는 미국은 당연히 그에 속하고 중국도 거의 그럴 것이라고 보지만, 러시아에 대해서는 회의적이다. 뮌클러는 유럽이, 그럴 의지를 갖는다면, 군사력은 약하지만 경제력과 규범적 우위를 바탕으로 하나의 글로벌 플레이어가 될 수 있을 것이라고 생각한다. 그리고 21세기의 글로벌 플레이어에게는 그간 진행된 공간혁명으로 인해 영토 지배보다는 정보·자본·인간 등 유동적인 것의 흐름에 대한 통제가 관건이라고 생각한다. 뮌클러는 유럽이 글로벌 플레이어가 될 것을 촉구하면서, 유럽 중심부 강국으로서 독일은 유럽이 글로벌 플레이어가 되도록 구심력을 만들어내는 역할을 해야 한다고 강조한다.

사실 위에서 언급한 '제국 이후'의 공간은 독일의 역사에서 뼈아픈 집단범죄의 역사와 연결되는 곳이기도 하다. 20세기 초반 독일인의 '생활권Lebensraum'으로서 중동부 유럽에 대한 열망과 권리 주장은 결국 나치스의 침략전쟁으로 귀결되었다. 1990년 7월 15~16일 독소 정상회담(콜-고르바초프)에서 독일은 오데르-나이세 강을 독일과 폴란드 간 불가역적 국경으로 선언함으로써 소련으로부터 독일 통일을 허락받을 수 있었다. 따라서 유럽 내에서 그리고 유럽과 함께 독일이 적극적 군사안보 역할을 수용해야 한다는 뮌클러의 주장은 오해와 경계의 대상이 되기도 한다. 뛰어난 정치학자이면서 사회과학계에 드문 베스트셀러 저자이기도 한 뮌클러는, "움직이는 1인 싱크탱크"란 지적이 말해주듯, 독일 국내외 정책 자문 활동도 활발히 하는 인물이다. 이처럼 뮌클러의 이론이 현실정치에서도 비교적 직접적으로 영향을 끼치는 만큼, 그의 이론을 둘러싼 논쟁도 뜨겁다. 훔볼트대학 일부 학생들은 '뮌클러 와치'라는 그룹을 결성하여 그의 강의와 발언을 감시하고 비평하는데, 뮌클러가 두 번의 세계전쟁에 대한 독일의 책임을 축소하려 하며 독일을 권력정치적 노선으로 귀환하게 만들려 한다고 의심한다. 하지만 외부자인 한국인의 관점에서 볼 때, 오히려 이러한 비판그룹의 존재는 독일의 현실정치에서 평화주의가 얼마나 확고한 규범으로 자리 잡았는지에 대한 반증으로 느껴지기도 한다. 자국중심주의와 패권정치를 공공연하게 내세우는 푸틴의 러시아, 시진핑의 중국, 트럼프의 미국, 아베의 일본을 깊은 우려의 시선으로 볼 수밖에 없는 한국과 같은 제3세계는 차라리 강력한 평화주의 규범을 지닌 독일이 글로벌 질서의 한 축을 담당해주기를 기대해야 하는 것이 아닐까 자문해본다.

국내에는 뮌클러의 책 두 권이 이미 번역되었다. 뮌클러에게서 박사학위를 한 공진성 교수가 번역한 『새로운 전쟁』과 『제국』이 그것이다. 이 두 책은 뮌클러의 중요한 저작이며 번역도 아주 훌륭하다. 우리 두 옮긴이는 공진성 교수의 선행 번역에 힘입은 바 크며 그에게 여러 번 조언을 구했다. 『파편화한 전쟁』에서 이 두 책이 언급되는 부분은 모두 공진성 번역서의 쪽수를 표기해두었다.

독자들보다 먼저 이 책을 읽은 사람으로서 옮긴이는 작은 조언을 하고 싶다. 이 책은 꼭 처음부터 차례대로 읽어야만 이해되는 것은 아니다. 현대의 전쟁에 대해 역사적 관심이 좀 더 큰 독자는 제1부 「20세기의 대전쟁들」부터 읽는 것이 좋겠다. 반면 정치사상사적·정치문화사적 고찰에 특별한 관심이 있는 독자는 제2부 「탈영웅적 사회와 전사 에토스」부터 읽어도 된다. 또 무엇보다 21세기의 지정학적 변화와 국제정치적 전망에 관심이 있는 독자는 곧바로 제3부 「고전적 지정학, 새로운 공간 관념, 하이브리드 전쟁」부터 읽어도 된다. 이보다 더 경쾌하게 독서하고 싶다면, 목차에 제시된 구체적 주제와 관련된 장章을 따라가며 읽어도 전체를 이해하는 데 큰 어려움은 없다. 이를테면 최근 테러들의 전략과 그에 대한 서방의 대응 전략을 우선 알고 싶다면 제10장 「이미지 전쟁 ─ 비대칭적 전쟁에서 미디어의 역할」에서 출발해도 좋다.

옮긴이들로서는 큰 행운이었던 것이 편집자 좌세훈을 만난 것이었다. 그가 한 작업은 보통 편집자들이 하는 수준을 훨씬 넘어서는 것이었다. 우리말 표현을 바로잡아준 것은 물론이고 모든 애매한 부분을 체크해서 필요하면 보충 설명을 달았다. 원문을 훼손하지 않으려고 본문 중〔 〕표시를 하고 보충한 부분들, 그리고 옮긴이 주로 달린 부분은 거의 다 편집자가 제안한 것이다. 게다가 참고문헌 중에 우리 말로 번역된 경우를 찾아내 언급하는 작업, 색인 만들기 작업도 모두 편집자가 담당했다. 이 책이 다른 참고서적 없이 읽힐 수 있는 친절한 책이 되었다면, 그건 상당 부분 편집자 덕분이다.

　곰출판 심경보 대표의 강력한 추진력 덕분에 우리 두 옮긴이는 이 책의 번역 작업에 참여하게 되었다. 편집자 선정을 비롯하여 좋은 책이 나올 수 있게 물심양면으로 모든 도움을 준 것에 깊이 감사드린다. 덕분에 옮긴이들은 좋은 책을 샅샅이 읽는 즐거움을 누렸고 옮긴이들끼리 우정도 돈독해질 수 있었다. 우리 두 옮긴이는 무엇보다 이 책이 한국 사회에서 전쟁폭력을 경계하고 평화의 조건을 성찰하는 노력에 조금이나마 기여할 수 있기를 희망한다.

장춘익·탁선미

차 례

제2부 탈영웅적 사회와 전사 에토스

제3부 고전적 지정학, 새로운 공간 관념, 하이브리드 전쟁

일러두기

▶ 이 책은 Herfried Münkler, *Kriegssplitter: Die Evolution der Gewalt im 20. und 21. Jahrhundert*(Rowohlt Verlag, Berlin 2015)를 번역한 것이다.

▶ 본문의 〔 〕는 원문의 이해를 돕기 위해 옮긴이가 보충한 내용이다.

▶ 저자 주는 숫자로, 옮긴이 주는 ●로 표시했다.

▶ 인명·지명 등 외래어 표기는 국립국어원 외래어표기법을 원칙으로 하되, 국내에서 널리 사용되는 것은 관행을 따르기도 했다.

현대와 전쟁폭력의 진화

대규모 전쟁에 대한 불안이 다시 유럽을 엄습하고 있다. 어느덧 수 년을 끌고 있는 시리아내전, 그리고 레반트 지역에서 '이슬람국가IS' 무장집단이 때때로 거두는 예상 외의 성공이 전부가 아니다. 이러한 불안의 더 중요한 원인은, 2014년 벽두에 우크라이나가 혁명을 통해 러시아로부터 종속관계를 벗어난 이후 러시아가 이 국가에 가한 공격 적 대응이다. 러시아가 문제로 떠오르는 순간, 동서 갈등의 기억과 위 협받고 있다는 과거의 감정이 환기된다. 이것이 훨씬 더 유혈 낭자 하 며 잔인한 시리아내전과 우크라이나 사태 사이의 차이다. 국제법을 위반한 [2014년 러시아의 우크라이나] 크림반도 병합 그리고 러시아의 적극적인 지원 아래 분리주의자들이 돈바스에서 벌이는 전쟁은 유럽 에 더 이상 전쟁은 없다는 확신을 크게 약화시켰다. 아무튼 유럽에서 평화의 배당금을 맘껏 누리던 20여 년 넘는 시기는 일단 끝났으며, 그런 호사스러운 시기가 도대체 다시 올지 여부는 아무도 말하기 어려워졌다.

안보정치의 태평기가 끝나면서, 바로 얼마 전까지도 시효가 지난 것 같았던 정치 이론들이 다시 살아나고 있다. 강대국 간의 경쟁 이론, 강대국들의 권력투사 능력 모델, 그에 더해 영향권 관념과 지정학 개념이 그런 것들이다. 약술한 우려 및 불안들과 더불어 무엇보다 얼마 전까지만 해도 만료한 것으로 간주되었던 20세기가 다시 주목을 끌고 있다. 몇몇 역사가들이 생각하듯이, 20세기가 실제로 '단기 20세기'였는지 즉 1914년에 시작되어 1989~1990년에 마감된 시기로 볼 수 있는지가 불확실해졌다. 동서 대립의 종료와 더불어 유럽에 믿을 만한 평화의 시기가 도래한 것이 아니란 말인가? 이제 유럽은 그 주변부에서 중심을 향해 폭력이 천천히 침식해 들어가는 구도에 빠져드는 중인가? 우크라이나 동부의 전쟁〔돈바스전쟁〕에서 비롯된 염려가 이러한 우려로 치닫고 있다.

그런데 믿을 만한 평화의 시대가 올 거라는, 무너져버린 이 기대는 상당히 유럽 중심적인 세계 이해에 근거하고 있었다. 1989~1990년 이후 전 세계적으로는 결코 전쟁이 멈춘 것이 아니었다. 오히려 그 반대였다. 글로벌한 맥락에서 숫자상으로 전쟁은 한동안 더 증가했으며, 종종 지나간 동서 대리전쟁들에 견주어 더 격렬했다. 르완다나 동콩고〔콩고민주공화국, 옛 자이르〕의 대학살을 전쟁으로 본다면 더욱 그렇다. 르완다의 인종 학살은 가장 끔찍했던 전쟁들보다 그 폭력의 정도가 더 심했다. 450만 명이 살상된 동콩고의 갈등은 제2차 세계대전 종전 이후 최대의 희생자를 낳은 대립이다. 소련군이 힌두쿠시 지역에서 철수하기까지 이어졌던 아프가니스탄전쟁도 많은 냉전의 대리전쟁 중 하나였는데,[1] 그 역시 1989~1990년에 실제로 종료되지 못했다. 전쟁은 달라진 조건하에서 계속되었다. 한때 독일도 이 전쟁에 참가했고, 그러면서 독일의 병력은 구조적으로 심대한 변화를 겪게 되었다. 하지만 독일연방군 병사들의 피격 직후 흥분했던 시기를 제외하면, 아프가니스탄전쟁은 독일 국내에서 제대로 여론의 주목을 받지 못했다. 그러기에는 아프가니스탄이 지리적으로 독일과 너무 멀리 떨어져 있었다. 군대를 철수한다면 문제는 '우리로서는' 해결된 것이라는 견해가 팽배했다. 당시 국방장관 페터 슈트루크Peter Struck가 말했듯이, 독일의 방어가 힌두쿠시에서도 수행된다는 것을 사실 아무도 직시하려 하지 않았다. 그 배경에는 전 세계의 갈등에서 서방이 단호하게 몸을 빼면 문제가 차차 저절로 해결될 거라는 암묵적인 생각이 있었다.

거의 모든 전쟁이 미국의 개입정책이 낳은 결과라는 생각은, 개입이 아니라 몸을 빼고 기다리는 것이 세계 평화의 열쇠라는 세계관의 또 다른 급진적 형태다. 이러한 생각에 깔려 있는 암묵적 전제는 어디나 사람들은 평화를 뚜렷이 선호하며, 미국이 온통 간섭하고 다니지 않으면 기존의 갈등들이 평화롭게 해결될 수 있으리라는 것이다. 이 전쟁들에 대해 정치적 입장에 따라 평가가 갈리는 것과는 무관하게,

---

1 냉전의 이런 몇몇 대리전쟁과 관련해 다음을 참조. Bernd Greiner 외 편, *Heiße Kriege im Kalten Krieg*. 특히 소련의 아프가니스탄전쟁은 291~314쪽을 참조.

이런 견해는 탈영웅적 사회에서 팽배했고 지금도 여전히 그렇다. 탈영웅적 사회는 자신의 이 같은 성향을 일반화하고 더 나아가 인간의 자연스러운 태도로 간주한다. 헤겔을 빌려 표현해보자면, 세계를 탈영웅적 안경을 쓰고 바라보는 사람에게는 세계도 평화롭게 미소로 응수하는 것이다. 그에 반해 세계를 바라보는 기본 태도가 지독히 적대적인 사람에게는 세계가 전쟁과 갈등으로 넘쳐나기 때문에, 그것들을 종식시키고 질서를 세우기 위해서는 서슴지 말고 개입해야 하는 것이다.

하지만 상황이 그렇게 단순하지는 않다. 따라서 이 책에서는 또 다른 제3의 견해를 전개할 것이다. 이 견해에 따르면, 탈영웅적 성향의 등장은 정치를 통해 거의 영향을 미칠 수 없는 어떤 사회적 조건들에 달렸다.[2] 그래서 우리 자신에 대한 우리의 관찰 역시 일반화될 수 없다. 오히려 세계의 다른 지역에서는 전쟁에서 얻는 이익 때문에 전쟁을 원하는 강력한 집단들을 발견할 수 있다. 이는 신전쟁 이론의 핵심적 요소 중 하나다. 관찰한 바에 따르면, 그렇기 때문에 새로운 전쟁들은 대부분 저절로 종식되지 않는다. 새로운 전쟁의 종식에는 중개자나 평화의 강요자로서 등장하는 제삼자가 필요하다. 이 점에서 신전쟁 이론은 탈영웅적 사회의 근본 신념들에 어긋난다. 신전쟁 이론이

---

2 이와 관련해 다음도 참조. Herfried Münkler, *Der Wandel des Krieges*, 320~354쪽. 이에 대한 사회과학적 설명을 바르바라 쿠흘러Barbara Kuchler는 니클라스 루만Niklas Luhmanns의 체계 이론에 의지해 전개한 다양한 사회 유형별 전쟁의 장소에 대한 연구에서 제시한다. 쿠흘러가 밝힌 바에 따르면, 계층화된 사회에서 영웅적 성향에 대한 지향성은 사회조직 원리에 속한다. 그에 반해 기능적으로 분화된 사회에서 전쟁 수행은 도구적 합리성의 지배를 받는다. 도구적 합리성이 우세하면, 영웅성은 자기기만은 아닐지라도 이데올로기가 된다. Barbara Kuchler, *Kriege*, 182쪽 이하, 189쪽 이하를 참조.

논란을 불러일으키는 이유 중의 하나가 분명 여기에 있다.[3]

　〔독일〕 문화학자인 베른트 휘프아우프Bernd Hüppauf가 생각하듯이, 이 모든 것이 단지 시각의 문제인가?[4] 맞기도 하고 틀리기도 하다. 유럽이 평화로웠다는 20여 년의 시기에 사실 20만이 넘는 사망자를 낸 1990년대 유고슬라비아 해체전쟁이 있었다. 유럽의 여타 지역이 이 전쟁을 그냥 도외시한 데서 평화로운 20년이라는 생각이 생겨나고 통용될 수 있었다. 비록 발칸이 유럽의 정체성에서 늘 변두리 역할을 했지만, 발칸이 유럽 내에 위치해 있고 유럽 역사의 일부임은 결코 부정할 수 없다. 보스니아에서 민간인에게 가해진 잔혹행위와 광란의 폭력에 놀라서 한동안 분명 유럽의 여론이 움직였다. 스레브레니차에서 세르비아 군대와 의용단이 보스니아인들에게 자행한 대학살은 유엔 발칸정책의 실패를 알리는 상징이자, 바로 '자기 집 대문 앞에서' 평화와 인권 수호를 책임질 능력이 없었던 유럽연합의 치욕이 되었다.[5] 미군의 강력한 개입을 통해서 비로소 보스니아−헤르체고비나전쟁과 코소보전쟁이 끝났다. 관련자들이 전쟁의 종식에 나서도록 강제되었다고 할 수도 있다.

3　신新전쟁 이론과 관련해 다음을 참조. Mary Kaldor, *Neue und alte Kriege*〔원저명은 *New and Old Wars: Organized Violence in A Global Era*(1999)이며 국내에서는 『새로운 전쟁과 낡은 전쟁: 세계화 시대의 조직화된 폭력』(메리 캘도어 지음, 유강은 옮김, 그린비, 2010)으로 번역·출간되었다〕; Herfried Münkler, *Die neuen Kriege*〔헤어프리트 뮌클러 지음, 공진성 옮김, 『새로운 전쟁: 군사적 폭력의 탈국가화』(책세상, 2012)〕. 관련 논쟁에 대해서는 이 책의 제9장 「새로운 전쟁에서 무엇이 새로운가?」를 참조.
4　Bernd Hüppauf, *Was ist Krieg?*, 385쪽 이하.
5　이와 관련해 헤이그 재판의 증인 진술을 모아놓은 다음 책을 참조. Julija Bogoeva/ Caroline Fetscher 편, *Srebrenica*.

추측건대, 이 모든 것들 ─ 유럽의 치욕, 유엔의 실패, 결국 미국 공군의 투입 ─ 이 작용해서 유고슬라비아 해체전쟁이 유럽인들의 집단 기억에서 매우 빠르게 사라지거나 억압되는 결과를 낳았을 것이다. 그 같은 망각과 억압은 새롭지도 놀랍지도 않다. 어떤 특징들이 지배하는 시기로 한 시대를 구성하는 일은 거의 언제나 구상했거나 구상하려는 시대상에 부합하지 않는 것을 삭제하는 데 달려 있다. 이는 우리가 정치의 세계에서 방향과 확실성을 확보하는 전략에 속한다. 그러나 그렇게 실행된 복잡성의 축소가 때때로 자기기만이 되기도 한다. 유럽인들의 평화정책 지향적인 자기묘사와 양차 세계대전에 대한 고착은 이런 경우에 해당할 수 있다. 그렇기 때문에 1980년대 말 이후 벌어진 전쟁들에 대한 냉정한 현황 점검, 그리고 1914년에서 1945년에 이르는 시기에 대한 유럽적 또 전 지구적 관점에서의 비판적 고찰이 더욱 중요하다. 이 둘을 이 책은 시도할 것이다. 그 과정에서 제1차 세계대전은 '시대분기점'으로서 특별한 의미를 갖는다. 따라서 이 책에서는 제1차 세계대전이 제2차 세계대전보다 더 자주 그리고 더 집중적으로 다루어진다.

유럽 주변부 전쟁들을 역사적 지식과 함께 관찰해보면, 유고슬라비아 해체전쟁들, 체첸에서 그루지야〔지금의 조지아공화국〕에 이르는 캅카스 지역의 전쟁들, 그리고 최근의 우크라이나 동부의 전쟁을 이어주는 공통점이 눈에 들어온다. 이 전쟁들은 모두 제국 이후의 공간 즉 중유럽과 동유럽의 대제국인 합스부르크제국과 러시아 차르제국의 붕괴로 생겨난 공간, 그리고 견고한 민족국가의 형성에 이르지 못한 공간에서 벌어졌다. 이 공간에서는 오히려 다시금 다민족, 다종교의 '제국'이 등장했는데, 그 하나가 소비에트러시아 내지는 1924년 이후로 소비에트연방이고, 또 다른 하나가 세르비아인·크로아티아인·슬로베니아인의 왕국 내지는 제2차 세계대전 이후로 유고슬라비아연방공화국이다. 이 새로운 제국들은 비교적 장기간 민족적·종교적 갈등들을 덮어두는 데는 성공했지만, 없애지는 못했다. 그래서 이 갈등들은 '제국들'의 해체와 함께 다시 불거지거나 또는 제국들의 해체를 촉진했다. 결국 우크라이나도 이 공간의 일부다. 1991년 이후 우크라이나는 민족국가의 형성을 성공적으로 완수하지 못했다. 민족적 원심력, 종파적 원심력, 그리고 무엇보다 언어적 원심력은 분리주의적 내전의 단초가 되었고, 이 내전은 러시아에 그들의 지정학적 계획(크림반도)을 실현할 기회를 주었다. 발칸 중부에서 카스피 해에 이르는 이 분쟁 및 전쟁 공간의 역사적 심연을 측정하려는 사람은 불가피하게 제1차 세계대전의 결과 및 후속 영향과 맞닥뜨리게 된다. 이것은 유럽 주변부의 또 다른 제국 이후 공간에서 벌어지는 전쟁들 즉 시리아와 이라크 간에, 리비아와 예멘 간에 벌어지는 전쟁의 경우에도 유사한 방식으로 해당된다.

하지만 이 책이 어떤 기준 명제를 토대로 지난 100년의 전쟁사 전체를 서술하려는 것은 아니다. 그보다는 한편으로는 안정적인 평화의 구역을, 다른 한편으로는 지구를 감싸는 애매모호한 전쟁의 '띠'를 만들어낸 모순적 과정들을 관찰하려는 것이다. 남아메리카(특히 콜롬비아)에서 시작해 아프리카(말리와 나이지리아에서 소말리아까지)를 넘어, 그다음 아랍세계 상당 부분(예멘과 시리아, 이라크와 리비아)을 거치며 북쪽으로 뻗어가서, 현재는 평화가 찾아온 발칸 중부에서 시작해 흑해 지역을 거쳐 캅카스로 확장하여, 아프가니스탄과 파키스탄을 포괄하고 동남아시아 도서 지역에서 잦아드는 전쟁의 띠 말이다. 이 전쟁들은 근세 초기 유럽에서 스페인 국제법학파와 네덜란드인 휴고 그로티우스Hugo Grotius가 발전시킨 이항적 질서체계를 벗어나는 데서, 하이브리드 전쟁이라고 말한다. 이 이항적 개념의 체계는 ─ 제3의 구도를 원칙적으로 배제하면서─ 두 구도를 대조하는 식으로 질서를 생성했다. 전쟁 아니면 평화, 국가 간 전쟁 아니면 내전, 전투원 아니면 비전투원.─ 제3항은 없다. 실제로 일목요연한 구조를 가진 국제법적 개념들의 질서는 정치질서에 영향을 끼쳤으며, 그 개념들이 제시하는 것에 정치질서를 맞추도록 만들었다.

그에 반해 하이브리드 전쟁은 이항적 질서체계가 적용될 수 없다는 것, 거기서는 그와 같은 체계가 아무 역할도 하지 못한다는 것이 특징이다. 하이브리드 전쟁은 대부분 한 사회 내부의 전쟁이긴 하나, 국경을 넘어가는 강한 경향이 뚜렷하게 있다. 하이브리드 전쟁이 국가 간 전쟁으로 발전하지 않는다면, 그것은 그런 전쟁이 횡행하는 국가들이 대부분 이미 파탄국가이거나 그러한 국가로 가는 중이어서 국가 간 전쟁을 이끌 만한 상태가 아니기 때문이다. 이 같은 전쟁들은 식민지 시대에 종종 종족의 영역을 가로질러 그어진 경계를 넘어 확산하는 특징 때문에 트랜스내셔널 전쟁이라고도 불린다. 트랜스내셔널 전쟁은 국가 간 전쟁과 내전의 중간 형태, 아마 좀 더 정확히는 두 전쟁의 혼합 형태다. 따라서 질서를 만들어주는 이항적 구조의 배중률排中律은 이 전쟁들에서는 사라졌다. 이 전쟁들은 세계질서에 도전이 되는데, 전쟁들이 세계질서의 근본 원칙들을 의문시하기 때문이다.

전쟁과 평화의 이항적 구분 또한 마찬가지로 불확실해졌다. 전쟁과 평화가 분명하게 구분되는 경우라면, 양자 사이의 경계는 법적 행위 – 선전포고와 평화협정 – 를 통해 넘나들도록 규정된다. 그러므로 우리가 양 정치적 상태 중 어떤 쪽에 있는지가 즉 전쟁 중인지 평화 상태인지가 명백하다. 또한 그 결과 어떤 행위가 허용되고 어떤 행위가 금지되는지가 명백하다. 그런데 새로운 전쟁에서는 그렇지가 않다. 선전포고도 평화협정도 없다. 그 대신 성명과 회담이 반복되고, 그에 따라 폭력 사용이 일시적으로 중단되거나 축소되지만 결국 다시 격화될 뿐이다. 이와 같은 전쟁들은 그중 한 전쟁이 언제 시작되었는지 정확히 확인하기가 어렵다. 특정한 한 전쟁을 끝내는 것은, 아니 끝이라고 정의 내릴 수 있는 지점이 어딘지 확인하는 것조차도, 더 어렵다. 〔전쟁이〕 어떤 단계에 있는 건지 알 수가 없다. 그 결과 우리가 지금 전쟁집단을 상대하는 것인지 평화집단을 상대하는 것인지 확실하게 말할 수가 없게 되었다.

구체적으로 살펴보자. 유럽인들은 우크라이나전쟁에서 러시아에 경제제재 조처를 가했다. 러시아 정부를 전쟁집단이라고 결론 내렸기 때문이다. 하지만 동시에 러시아 측은 스스로를 양 갈등 당사자를 진정시키려고 노력하는 평화행위자로 부각시켰다. 그것을 믿어야 하는 것은 아니다. 그런 모습이 사실과 다르다는 증거도 실제로 충분히 있다. 하지만 전쟁을 종식시키기 위해서 내지는 공공연한 전쟁을 잠재된 분쟁으로 동결시키기 위해서, 유럽인들은 러시아인들을 믿어야만 했고 민스크협상●에서 그들을 평화집단인 양 대우했다. 여러 국가의 정부가 정치적 인정을 거부하는 파르티잔 집단, 반란단체, 테러조직과 협상을 할 때 자주 취하는 행동—바로 위와 같은 협상을 통해 원래 거부했던 인정을 부여하는 방식—이 여기서 반복되었다. 우크라이나 동부의 전쟁은 그 전개 방식상 그러한 협상이 가능했고 또 필요했다. 아무튼 우크라이나 동부의 전쟁은 공공연한 전쟁과 평화 존속 사이의 어떤 상태이고, 그래서 하이브리드 전쟁을 논하기도 한다. 이 용어는 이항적 개념들을 토대로 하는 전쟁과 평화의 질서가 그 유효성을 상실했음을 알려준다.

개념, 법적 상태, 정치적 구도의 이항성은 유럽에서 정치적 질서를 생성했을 뿐 아니라 폭력의 진화 방향도 결정했다. 이항성으로 인해 전쟁 수행 능력을 획득하는 것은 점점 비싸졌다. 그 한 결과로 전쟁 수행 능력을 갖춘 행위자들의 수는 점점 줄어들었다. 전쟁 수행 능력은 중세 말기와 근세 초기에 도시와 귀족단체에서 영토국가로 넘어갔다. 그다음 영토국가에서 열강의 동맹체제로 넘어갔다. 최종적으로 동서 대립 시기에는 두 초강대국만이 〔그들〕 각각의 동맹국들과 연합하여 대규모 전쟁을 치를 능력이 있었다.[6] 이러한 전쟁은, 만일 실제로 벌어졌다면, 분명 인간문명의 종말을 의미했을 것이다.

이와 같은 구도에서 두 방향의 진화가 가능해졌다. 북반구에서는

● 2014년 9월 5일 벨라루스 민스크에서 우크라이나와 러시아, 도네츠크인민공화국, 루간스크인민공화국 사이에 서명한 돈바스전쟁(우크라이나 동부 전쟁)의 정전 협정(민스크협정). 도네츠크인민공화국과 루간스크인민공화국은 우크라이나에서 분리·독립을 선언한, 미승인국이다. 돈바스전쟁은 우크라이나 동부 돈바스 지역에서 벌어지고 있는 우크라이나 정부군과 돈바스 분리주의 반정부군 간의 전쟁이다.

6 다음도 같은 의견이다. Ian Morris, *Krieg*, 82~139쪽.

전 지구적 평화의 항구적 확보라는 생각 즉 더 이상 국가 간 전쟁은 없으며 군사력은 지구상 어디라도 방종한 폭력을 종식시킬 목적으로만 투입된다는 정치질서 개념이 생겨났다. 유럽 대부분의 국가에서 이 방향으로 폭력이 진화한 점은 유엔을 강화하고 군대를 세계경찰로 만드는 임무를 유엔에 부여하려는 계획과 연결되어 있다. 〔미국〕 군사사회학자 모리스 자노위츠Morris Janowitz에 따라 나는 이것을 경찰화警察化 관점이라고 부르겠다.[7] 대규모 (핵)전쟁을 수행할 경우 인류가 멸망할 위험이 대두한 이래, 폭력이 진화하는 또 하나의 방향은 작은 전쟁 소위 저강도 전쟁의 형태로 전쟁 수행 능력을 유지하는 것이다. 저강도 전쟁에서는 하위국가적 행위자가 행동의 칼자루를 쥐게 되며, 국가는 전쟁 수행 능력의 독점권을 잃게 된다. 〔독일〕 전쟁 및 군사軍事역사가 마르틴 판 크레펠트Martin van Creveld는 이러한 방향으로의 전쟁 진화가 21세기에 지배적일 것으로 말하고 있다.[8]

일견 방향도 각각이고 상반되는 것으로 보일 수 있는 이 두 전망은 사실 서로 잘 부합한다. 저강도 전쟁을 도전으로 보고, 경찰화한 군대를 그에 대한 대응으로 간주한다면 그렇다. 이는 하지만 전쟁과 범죄의 개념이 점점 뒤섞이고 있으며—전쟁과 범죄를 분리하고 서로 다른 것으로 만든 것은 유럽 전시 국제법이 거둔 성과의 하나였다—, 그 대신 전쟁의 무력을 악당처럼 사용하느냐 아니면 질서 회복을 위해 사용하느냐의 차이가 중요해진다는 의미다. 미국 정치가들이 미군 투입

---

7 Morris Janowitz, *The Professional Soldier*, 419쪽 이하.

8 Martin van Creveld, *Die Zukunft des Krieges*, 42쪽 이하.

의 이유가 되는 상대를 '악당'이나 '악의 축'으로 지명하는 수사학에서 이런 변화를 관찰할 수 있다.[9] 문제는 '악당'이라는 개념을 누가 구사할 수 있느냐, 누가 상대 정치적 행위자를 '악당'으로 판정하고 범죄 패러다임의 규칙에 따라 상대를 향해 전쟁을 수행할 권리 내지 힘을 갖느냐는 점이다.

전쟁 패러다임을 범죄 패러다임으로 대체할 경우, 문제는 권리와 힘이 동일하게 귀착되지 않는다는 점이다. 누가 악당이고 어떻게 그 악당에 맞설지를 결정하도록 유엔에, 구체적으로 안전보장이사회에 위임하지만, 거부권을 가진 5개 열강 중 하나가 반대하면서 안전보장이사회 스스로 자기 발목을 잡는 식으로 상황이 흐른다. 또는 한 국가나 정치집단이 악당이라는 평가에는 모두 합의했지만, 누구도 경찰의 임무를 맡겠다고 나서지 않기도 한다. 왜냐면 그 행동으로 자신에게만 귀속되는 이익이 없기 때문이다. 대안으로 정치적 강자의 수사학을 생각해볼 수 있다. 자신에게 방해가 되거나 마음에 들지 않는 모든 상대를 자체 판단에 따라 악당으로 규정하고, 이 '정당성'을 등에 업고 그렇게 규정된 상대를 향해 전쟁을 수행하고, 이 전쟁을 범죄 소탕으로 내세우는 방식이다. 최근 20, 30년간 미합중국의 정치에서는 이 같은 경향에 대한 지표들이 확인되고 있다. 아무튼 전쟁과 평화를 나누는 기존의 구분이 점점 희미해진다는 것은 사실이다. 부유한 북반구 지역으로부터 경찰 형태의 군사작전이 주변부에 수행되는 일이 반복되고 있다. 또한 역으로 주변부의 분쟁 지역이나 전쟁 구역으로부터

---

9 이와 관련해서는 Jacques Derrida, *Schurken*, 15쪽 이하를 참조.

부유한 지역을 향해 종종 공격작전이 −대부분 테러 공격 형태로− 감행되고 있다.

　고전적인 국가 간 전쟁의 시대가 저무는 중임을, 아니 이미 저물었음을 알려주는 일련의 지표가 있다. 역사를 돌아보면, 20세기 전반 두 번의 세계대전이 이들 유형의 마지막 대규모 전쟁인 것처럼 보인다. 그런데 이미 이 두 경우에도 사회 내부 전쟁의 요소들이 결합되어 있었다. 제1차 세계대전에서는 국가 간 전쟁이 많은 국가의 질서를 그 핵심까지 뒤흔들었고, 그에 이어서 일련의 사회 내부 전쟁이 벌어졌다. 그중에서 1918~1922년의 러시아내전은 가장 격렬하고 잔인했을 뿐 아니라,[10] 정치적 파장이 가장 큰 내전이었다. 제2차 세계대전에서는 여러 지역에서 사회 내부 전쟁이 국가 간 전쟁과 동시에 벌어졌다. 그리고 이 동시성으로 인해 −여기에 독일인들이 동쪽에서 사실상 세계관 전쟁을 치렀다는 상황이 더해져서− 폭력은 전례 없이 격화되었다. 하지만 제2차 세계대전도 그 형식상 국가 간 전쟁이었다는 사실이 달라지는 것은 아니다. 제2차 세계대전이 종결된 방식을 보면 다시 한 번 분명해진다. 〔제2차 세계대전은〕 항복문서 서명으로 끝이 났다. 더 나아가 파괴의 강도가 고조되면서, 〔제2차 세계대전을 통해〕 대립된 정치적 견해들이 서로 겨루는 한 방식인 전쟁이 예기치 못한 식으로 자기파괴적 결과로 이어진다는 것이 밝혀졌다. 사실 이는 이미 제

10　전쟁의 본질적 특징인 잔혹성에 대해서는 휘프아우프(Hüppauf, *Was ist Krieg?*, 424쪽 이하)에 몇몇 중요한 단락이 있는데, 다만 국가 간 전쟁과 내전이 잘 구분되지 않는다. 잔혹성에서 내전은 국가 간 전쟁을 넘어선다. 국가 간 전쟁은 통제될 수 있는 반면, 내전은 근본적으로 그렇지 못하다.

1차 세계대전에서 드러났었다. 1920년대에 평화 의지가 발전한 것은 그런 사실의 정치적 표현이었다. 그런데 그다음에 전체주의 이데올로 기들이 '진리'를 관철하고, 영토를 정복하고, 사회를 변형하기 위해서 다시 한 번 전쟁을 수단으로 끌어들였다. 제2차 세계대전의 결말은 이 와 같은 전체주의 전쟁관이 실패라는 것도 말해준다. 이 점은 약화된 정도로 소련에도 해당된다. 소련은 영토는 정복했으나, 자국의 '진리' 를 관철하고, 사회를 변화시키고, 새로운 인간을 창조하는 데는 별 진 전이 없었다.

그렇다고 전쟁이 사라지지는 않았다. 전쟁은 변화하고 새로운 형태 를 띠게 되었다. 이 책은 전쟁의 이러한 형태 변화에 대해 자세히 다 루고자 한다. 하지만 그전에 제1차 세계대전에 대해서, 이 전쟁이 전 쟁사 내에 또 사회발달 과정 내에 서 있는 '위치'에 대해서, 그리고 제 2차 세계대전이 '세계질서 전쟁'이었는지에 대해서 논의할 것이다. 이 마지막 사항은 이 책 뒷부분 즉 새로운 전쟁들이나, 전투 드론을 이용 한 '전쟁 수행'이나, 우크라이나 동부와 시리아와 이라크 북부에서 발 생한 최근의 전쟁들을 설명하는 부분에서도 중요한 화두 중 하나다. 전쟁 목적의 확인뿐 아니라 전쟁의 예방과 저지에도 지정학적 문제들 이 중요한 역할을 하는 만큼, 마지막에는 정치의 변화된 공간 이해를 다룰 것이다. 새로운 공간 이해에서는 영토와 경계의 의미가 축소되 고, 흐름의 통제가 핵심 과제가 되었다. 공간 및 공간의 (지배가 아니라) 통제에 대한 이런 새로운 생각이 앞으로 수십 년간 전쟁 방식에도 영 향을 끼칠 수 있다는 것이 이 책 마지막 부분의 명제다.

제 1 부
20세기의 대전쟁들

01

1914년 여름

세계사적 분기점

현재에 잘 대응하기 위해 과거를 지침으로 삼으려고 한다면, 역사의 마침표들을 살펴야만 한다. 그래서 우리는 시간의 흐름 속에서 시대와 시대를 나누어주고 낡은 것을 새것과 구분해주는 분기점을 찾는다. 물론 유동적인 과도기도 있어서, 동시대인들은 그 속에 있으면서도 무엇인가 근본적으로 변하고 있다는 것을 전혀 모르기도 한다. 명백히 감지 가능한 것은 결정적 사건 또는 시대를 결정하는 특정한 연도와 결부되는 분기점들뿐이다. 제2차 세계대전이 끝나고 유럽의 동서분단이 시작된 1945년은 그런 결정적 연도였다. 베를린장벽이 붕괴하고, 동구권이 몰락하고, 냉전이 종식된 1989년은 또 다른 그런 경우였다. 그런데 제1차 세계대전이 시작된 1914년도 그런 결정적 연도였는가?

어떤 사람들은 이에 회의적이다. 그 대신 1917년을 세계사적 분기점으로 잡는다. 1917년에 미합중국이 유럽의 대전大戰에 참가했고, 다른 한편 동시에 러시아에서 두 혁명[1917년의 3월혁명과 10월혁명]이 터졌으며, 이 중 두 번째 것은 향후 70년간 세계정치의 어젠다를 결정적으로 바꾸어놓을 것이었다.[1] 미합중국의 참전으로 유럽의 독주와 우위가 마감되었다. 미국은 참전 열강 중 유일하게 군사적 승리로부터 정치적 권력과 경제적 번영을 성공적으로 이끌어냈다는 점에서, 제1차 세계대전의 사실상의 승자였다. 모스크바와 페트로그라드에서 볼셰비키가 승리함으로써 혁명적 구원의 기대에 가득 찬 시대가 시작되었다. 정치가와 정치적 지식인들은 과거 어느 때보다도 더 자신을 미래 비전의 저자로, 개인적 삶과 사회적 삶의 모든 것을 결정할 기획자로 이해했다. 최종적으로 이 시대는 집요한 기존 현실의 힘이 정치적 아방가르드의 기획 열의보다 우월한 것으로 드러나면서 마감되었다. 아방가르드들은 새로운 세계와 새로운 인간의 창조를 꿈꾸었다.[2] 예술가들, 화가와 조각가들, 시인과 작가들은 이 꿈을 실현했다. 그들은 새로운 세계상과 새로운 인간상을 창조해냈다. 그러나 사회적, 정치적 아방가르드들은 실패했다. 소비에트공산주의와 동아시아, 남아메리카, 사하라이남 아프리카에 확산된 그 지점支店들은 어마어마한 에너지를 동원해낼 수 있었다. 하지만 남은 건 대부분 소진되고 고갈된 사회들뿐이었다.

그렇다면 1914년 여름을 구유럽의 종말로, 1917년을 세계사의 새로운 시대를 알리는 시작으로 파악해야 하는 것 아닐까? 그러면 제1차

---

1 Peter Krüger, "Der Erste Weltkrieg als Epochenschwelle", 76쪽 이하를 참조.
2 20세기 전반부를 아방가르드의 시대로 규정하는 것에 대해서는 다음을 참조할 것. Klaus von Beyme, *Das Zeitalter der Avantgarden*.

세계대전을 역사의 분기점이라고 할 때, 이 분기점은 전쟁의 발발 시점에만 국한될 것이 아니라 전체 전쟁 과정으로 확장되어야 할 것이다. 그리고 이 과정에서 폭력의 격화가 결정적 역할을 할 것이다. 이런 일은 대규모의 심각한 전쟁들에서 전형적으로 나타난다. 이 같은 전쟁들은 처음에는 전쟁이 얼마나 오래갈지, 어떤 장기적 파장을 미치게 될지 잘 예측되지 않는다. 1618년 보헤미아의 귀족과 백성들이 프라하 성에 있던 황제의 섭정에 맞서 반란을 일으켰을 때,● 즉 30년전쟁이 시작될 때도 그랬다. 또 혁명 프랑스에 맞서 프로이센과 오스트리아 군대가 개입하면서, 20년 넘게 전쟁이 꼬리에 꼬리를 물었을 때도 처음에는 몰랐다. 이 전쟁들 이후 유럽의 정치 구도는 근본적으로 달라져 있었다.

역사가 에릭 홉스봄Eric Hobsbawm이 '장기長期 19세기'라는 표현을 부각시켰을 때, 그는 그 시작을 1789년으로 그리고 그 끝을 1914년으로 잡았다. 즉 프랑스혁명의 시작부터 제1차 세계대전의 발발까지를 하나의 역사적 시대로 주장했다. 홉스봄의 시대 구분에 신문비평과 학문도 호응했다.[3]●● 도대체 왜 그랬을까? 부르주아혁명으로 시작된 이 시대의 끝을 사회주의혁명이 성공한 1917년으로 잡는 것이 더 설득력 있지 않았을까? 또는 전쟁사를 시대 단절의 기준으로 삼으려면,

----

● 30년전쟁(1618~1648)의 계기가 된 사건. 신성로마제국 황제 마티아스의 사촌동생인 페르디난트 2세Ferdinand II는 1617년 보헤미아의 왕위에 오르자마자 보헤미아의 신교도들을 박해했다. 이에 분노한 보헤미아의 귀족과 백성들이 1618년 프라하 성으로 몰려가 섭정을 창문 밖으로 던져버리고 왕을 폐위하면서, 신성로마제국의 가톨릭과 개신교 제후 국가 간에 전쟁이 벌어졌다. 1648년 베스트팔렌조약(30년전쟁의 강화조약)은 근대 영토국가의 국제정치적 질서를 탄생시킨 조약으로 평가된다

빈회의●●●와 그 결과 생겨난 유럽 평화체제의 기점인 1815년이 역사적 시대의 개막으로 더 적절한 연도가 아니었을까? 1914년에 〔제1차 세계대전의 발발로〕 이 평화체제가 파괴되면서 그 시대가 종료되었으니 말이다.

역사적 시대의 결정에는 뚜렷한 분기점뿐만 아니라 연결선의 설득력 또한 중요하다. 단절을 넘어서 이어지는 관계망들, 많은 사람들에게 분기점처럼 보일 수 있는 사건들을 시대의 연속성으로 묶어내는 관계망들의 서술 역시 중요하다. 그러한 연결선들은 사회사적, 문화사적, 정서사적으로, 또 정치사적으로도 탐색해볼 수 있다. 후자가 분명 훨씬 더 까다롭고 더 복잡하다. 왜냐면 여기서는 끊임없이 변화 중인 구조와 질서 유형들의 어떤 일관성과 지속성을 살펴야 하기 때문이다. 정치사는 진정한 변화의 영역이다. 정치사에서 분기점을 찾는다

---

3 이 개념은 홉스봄이 19세기에 대해 집필(『혁명의 시대』, 『자본의 시대』, 『제국의 시대』, 에릭 홉스봄 지음, 김동택 옮김, 한길사, 1998)한 후 그에 따라 내용이 각인되었다. Franz J. Bauer, *Das 'lange' 19. Jahrhundert*를 참조. 실제로 '장기' 19세기는, 1914년에서 소련의 종말 즉 1991년까지 지속된, '단기' 20세기라는 홉스봄의 개념에서 상보적으로 도출되었다.

●● 영국 역사가 홉스봄(1917~2012)의 '장기 19세기(long nineteenth century, 1789~1914)'는 프랑스 역사가 페르낭 브로델(Fernand Braudel, 1902~1985)의 '장기 16세기(약 1450~1640)'에서 영향을 받은 것이다. 이후 홉스봄은 후속작인, 제1차 세계대전부터 소련의 붕괴(냉전의 종식)까지의 '단기 20세기short twentieth century'를 다룬 *The Age of Extremes: The Short Twentieth Century, 1914~1991*(1994)을 출간한다. 국내에서는 『극단의 시대: 20세기 역사』(상ㆍ하권, 에릭 홉스봄 지음, 이용우 옮김, 까치, 1997)로 번역ㆍ출간되었다. '장기 19세기'의 시대 구분과 국내 번역서에 대해서는 85쪽의 옮긴이 주 참조.

●●● 프랑스혁명과 나폴레옹전쟁 이후의 사태를 수습하기 위해 오스트리아 빈에서 개최한 국제회의. 1814. 9.~1815. 6.

면, 금방 발견할 것이다. 하지만 연결선을 찾으려면, 정말 꼼꼼하게 들여다봐야 한다.

역사의 분기점을 확정하고 연결선을 주장하는 일은 무엇보다 그것이 우리의 정치적 자기이해, 또 이런 자기이해에 내포된 미래 기대를 반영하기에 뜨거운 문제다. 우리는 역사를 그 실제 진행에 따라서만이 아니라 그때마다 우리의 관심을 끄는 기대와 우려에 따라 배열한다. 우리가 역사에 찍는 마침표들은 결코 단순히 객관화하는 관찰의 결과만은 아니다. 그것은 언제나 우리의 실망을 반영하거나 또는 사태가 그래도 우리 생각대로 전개될 수 있을 거라는 살아 있는 기대를 반영한다. 1914년 전쟁이 터지자, 전쟁이 채 전개되기도 전에 수많은 독일 지식인들이 개전을 세계사적 분기점으로 환영했다. 소설가이자 평론가인 토마스 만Thomas Mann에서부터 철학자 막스 셸러Max Scheler, 사회학자 게오르크 짐멜Georg Simmel[4]에 이르기까지, 이들 지식인들은 무엇보다 새로운 시대에 지난 수십 년의 부정적 현상 즉 압도적 물질주의, 삶의 수단에서 삶의 목적으로 변해버린 돈의 지배, 특히 점점 더 가시화하는 사회공동체의 붕괴가 사라질 것으로 희망했기 때문에 〔제1차 세계대전 개전을〕 환영했다. 그리고 그들은 철저히 틀렸다. 전쟁은 그들이 소멸될 것으로 기대했던 그 모든 것을 오히려 더 강화시켰다. 적어도 상황의 흐름을 장기적으로 보면 그렇다. 그들은 자신의 정치적·문화적 희망을 발발하는 전쟁에 투사한 것이었는데, 그럼으로써 전쟁에

---

4 이에 대한 자세한 설명은 다음을 참조. Herfried Münkler, *Der Große Krieg*, 229~288쪽.

의미를 부여했다. 전쟁을 정당화하고 '신성화'하는 의미 정립을 행한 것이다.

　프랑스와 영국의 지식인들은 그와 달리 1914년을 역사의 단절이라 기보다 연속으로 설명했다. 생철학자 앙리 베르그송Henri Bergson은 개 전 직후 프랑스아카데미에서 행한 강연에서 이런 해석 방향을 제시했 다. 즉 이 전쟁〔제1차 세계대전〕은 야만에 맞서 문명을 수호하는 것이라 고 주장했다.[5] 베르그송은 그로써 이 전쟁을 게르만 민족에 맞선 로마 제국의 방어로 시작된 역사의 긴 연속선상에 위치시킨 것이다. 그에게 1914년은〔역사의〕 분기점이 아니라, 동쪽 아시아 초원 지역이나 게르 만의 숲에서 쳐들어오는 야만인 무리들에 맞서 자신을 지키려는 라틴 문명의 끝없는 투쟁의 또 다른 장章이었던 것이다. 토마스 만은 독일 문화의 깊이를 프랑스 문명의 천박함에 대비했는데, 한창 회자된 이 대 비는 전쟁을 야만에 맞선 문명 수호의 의미로 해석한 베르그송에 대 한 반응임을 생각지 않으면 제대로 이해하기 어렵다. 베르그송이 주 기적으로 동북쪽에서 몰려오는 야만인들에 맞선 라틴 문명의 수호라 는 의미 정립을 한 거라면, 만은 프랑스 문명에 맞선 독일 문화의 수 호라는 상반된 의미 정립으로 대응한 것이었다. 무기의 전쟁에 처음 부터 말言의 전쟁이 동반되었다.

　영국인들은, 베르그송과 매우 유사하게, 독일인들을 방어하고 물리 쳐야 하는 '훈족'으로 지칭했다. 이 명칭에는 황제 빌헬름 2세Wilhelm II 가 빌미를 준 면이 있다. 그는 1900년〔7월〕 중국에서 일어난 '복서 반

---

5 Henri Bergson, *La Signification de la Guerre*, 19쪽 이하를 참조.

란'을 진압하기 위해 브레머하펜에서 해병대를 파병하면서, 한때 에
첼Etzel〔아틸라Attila〕 통치하(434~453)의 훈족이 그랬던 것처럼, 독일 병
사들은 중국에서 존경심을 얻어야 할 것이라고 말했었다.**6***** 황제의
이 말은 영국인들로 하여금 독일인들을 훈족처럼 느끼게 만든 신중
치 못한 잡담이었다. 그 외에도 5세기 중엽 카탈라우눔 평원에서 훈족
의 돌진을 멈추고 물리친 것이 로마가 주도하는 방어동맹이었다는 점
도****** 독일인의 '훈족화'에 한몫했다. 이 또한 의미 정립에 기여한다고
여겨지는 연속선이다.

〔독일인들이〕 야만적이라는 평가는 독일인들이 〔1914년 8월〕 중립국
벨기에로 진격하고 벨기에 민간인들을 습격한 것에서 비롯했다고 할
수 있다. 이에 대해서 나중에 '벨기에의 겁탈'이라는 표현이 통용되었
다.**7*** 하지만 서구 지식인들이 독일인들의 야만성을 강조한 것은 무엇
보다 〔제1차 세계대전 당시〕 자국인 프랑스와 영국이 차르 러시아〔제정러
시아〕와 동맹 상태〔3국협상〕였던 것과도 상관이 있다고 추정된다. 러시

---

6 Bernd Sösemann, "Die sog. Hunnenrede Wilhelms II.", 342쪽 이하를 참조.

● 서양에서는 중국 청 말기에 일어난 외세 배척 운동인 의화단義和團의 난을 '복서 반란
(영어로는 Boxer Rebellion)'이라 부르는데, 여기서 '복서'는 중국 권법拳法을 무기로 삼아
반제국주의 운동을 일으킨 민간 비밀 결사라는 의미에서 의화단을 이르는 '권비拳匪'를
가리키는 말로 보인다. 의화단운동.

●● 플라비우스 아에티우스Flavius Aëtius 휘하의 서로마군과 에첼이 이끈 훈족 사이에 451
년 벌어진 전투를 말한다. 전장인 카탈라우눔 평원은 현재 프랑스 북부 샬롱앙샹파뉴와
트루아 사이 지역으로 추정되며, 이 전투에서 훈족은 서로마와 서고트족 동맹군에 대파되
어 갈리아 지방에서 물러나게 된다.

7 이에 대한 자세한 설명은 다음을 참조. John Horne/Alan Kramer, *Deutsche Kriegs-
greuel 1914*, 17~136쪽.

아야말로 서유럽인들의 관념 세계에서 전통적으로 야만의 장소였다. 20년 전만 해도 그와 같은 동맹은 생각조차 할 수 없었을 것이다. 그때는 서구의 자유주의적이고 민주적이며 혁명적 전통들을 러시아 차르제로 대변되는 동유럽과 중유럽의 억압적·권위적 구조에 대한 정치적·문화적 반反명제로 여겼었다. 독일인을 야만인 또는 훈족으로 지칭함으로써 문명을 위한 투쟁의 연속성을 상상해내고, 그 상상을 통해 바로 자국 동맹정치의 심각한 단절을 감추려는 것이었다. 그럼으로써 동시에 프랑스와 대영제국이 동맹정치에서 가치정치적 결속 또는 이데올로기적 근접성보다 지정학을 더 중시한다는 것이 은폐되었다. 중요한 것은 밉살스러운 경쟁자인 독일을 꼼짝 못하게 묶어둘 기회였다.

어떤 관점에서 1914년은, 유럽 지식인들 간의 경합하는 서로 다른 자기해석을 일단 차치하면, 정말로 세계사적 분기점이었던 걸까? 이미 [제1차 세계대전] 개전 훨씬 이전에 일군의 영리한 관찰자들은 대규모 전쟁이 정치 구도를 무너뜨릴 뿐 아니라 사회질서와 유럽인의 문화적 자기이해 또한 근본적으로 바꾸게 될 것으로 추정했다. 이탈리아 통일전쟁이나 독일 통일전쟁처럼 지역적·시간적으로 제한된 소규모 전쟁은 유럽이 어느 정도 감당할 수 있었다. 하지만 대륙 전체를 포괄하며 몇 년 넘게 이어지는 대규모 전쟁은 그러기 어려웠다. 그런 전쟁에 대해 사회주의자 측인 프리드리히 엥겔스Friedrich Engels와 아우구스트 베벨August Bebel만 경고한 것이 아니었다. 폴란드의 은행가 요한 폰 블로흐Johann von Bloch와 영국의 언론인 랠프 노먼 에인절

Ralph Norman Angell도 경제적·자유주의적 시각에서 경고를 했다. 쾨니히그레츠와 스당의 전설적 승자,[•] 유럽 군사계의 탁월한 권위였던 헬무트 카를 베른하르트 폰 몰트케Helmuth Karl Bernhard von Moltke(대大몰트케) 역시 경고를 했다.[8] 그래서 (제1차 세계대전) 양측의 참모부는 신속한 결전을 통한 짧은 전쟁에 계획을 맞추려고 했다. 1914년 가을에 이 같은 계획이 틀어지며, 휴전이 성사되지 못하고, 산업 생산을 장기적 전쟁 수요에 맞춰 변화시켜야만 하자, 전쟁 당사자와 관찰자들 중 영리한 사람들은 유럽이 내부적으로나 국제정치적 역할에서나 경천동지하게 달라질 것임을 깨달았다. 독일 지식인들은 단절을 말했는데, 이는 역사 진행의 연속성을 전제했던 영국과 프랑스 지식인들보다 더 정확한 직감이었다.

전쟁에서 경제적 가치는 전혀 생산되지 않으며, 심하게 소모된다. 그럼에도 전쟁을 하는 것은 정치적 부가가치에 대한 희망 때문인데, 이 부가가치는 전쟁이 끝나면 손에 넣을 것으로 여겨진다. 전쟁이 산업화함에 따라, 이러한 집중적인 물자 소비는 다시 한 번 심화했다. 즉 전쟁은 공적·사적 자산을 점점 더 많이 소모했다. 1914년과 이어진 4년의 전쟁은 유럽의 부르주아에게 비극이 되었다. 부르주아는 전쟁을 (자신의) 정치적 헤게모니를 획득할 기회로 보았다. 그리고 그 기회를 실

• 1866년 보헤미아의 쾨니히그레츠 근교 자도바라는 마을에서 프로이센과 오스트리아 사이에 벌어진 쾨니히그레츠전투와, 1807년 프랑스 동북부의 뫼즈 강 연안 공업 도시인 스당에서 프로이센과 프랑스 사이에 벌어진 스당전투를 말한다. 쾨니히그레츠전투에서는 프로이센이 승리하여 독일 통일의 토대를 마련했고, 스당전투에서는 프랑스가 참패하고 프로이센이 전쟁에서 결정적 승리를 거두었다.

8 Münkler, *Der Große Krieg*, 60쪽 이하를 참조.

현하려다가 경제적·사회적으로 자기파멸을 겪게 되었다.[9] 전쟁이 전개되면서 이 부르주아는 무엇보다도 자신의 정치적 나침판을 잃어버렸다. 즉 사회적·정치적으로 중도를 지키는 대신 정치적으로 우경화했다. 그러면서 정치적 양극화가 시작되었고, 그 결과 1920년대와 1930년대에 많은 유럽 국가에서 민주주의뿐 아니라 법치주의도 무너지게 되었다. 유럽인들은 1914년에 잃어버린 정치적 선택지들을 수십 년 지나고 나서야 비로소 다시 획득할 수 있었다.

1914년이라는 분기점은, 여기서 설명되듯이, 거의 언제나 우연이 함께 작용해 선택된 정치적 결정들의 결과였다. 이런 사건 내지는 저런 사건이 일어나지 않았더라면, 또 정치적 책임자들이 그 사건을 다르게 평가했더라면, 모든 게 완전히 달랐을 수 있다. 그런데 우연이 큰 역할을 한 일련의 사건에 세계사적 분기점의 성격을 부여할 수 있는 것인가? 그 답은 긍정이다. 시대의 분기점들은 대부분 행위자에 의해 의도된 것이 아니다. 그것은 많은 요소가 함께 작용한, 의도되지 않은 결과다.

1914년, 진보의 낙관주의 시대도 끝이 났다. 진보의 낙관주의 시대는 무엇보다 전쟁이 갈등 조정과 자원 배분의 형식으로서 점점 더 무의미해진다는 견해에서 표출되었다. 군사적 무력이 점점 더 산업노동에 의해 대체되리란 것이 지배적인 기대였다. 사람들은 전쟁이 역사

---

9 제1차 세계대전을 '중산층의 전쟁'으로 해석하는 것에 대해서는 다음을 참조. Modris Eksteins, *Tanz über Gräben*, 270쪽 이하를, 그리고 이 책의 제4장 「제1차 세계대전과 부르주아 세계의 종말」을 참고.

에서 점차 사라질 것으로 믿었다. 아니면 최소한 전쟁이 '문명화된 세계'의 변두리로 물러날 것으로 기대했다. 왜냐면 1618~1648년 전쟁〔30년전쟁〕이나 1792~1815년 전쟁〔나폴레옹전쟁 즉 나폴레옹 시대에 프랑스가 유럽 각국과 싸운 전쟁을 통틀어 이르는 전쟁〕과 같은 대규모 전쟁을 다시 치른다면, 그사이 발전한 유럽 산업사회들이 입을 타격은 너무나 클 것이기 때문이었다. 게다가 늦어도 산업혁명과 더불어, 전쟁에서 약탈하는 것보다 노동이 훨씬 더 큰 가치를 창출한다는 것이 분명해졌다. 1914년, 이러한 진보의 낙관주의가 무너져버렸고 그 후유증은 심각했다. 이제 또다시 폭력이 정치적 잠재력으로 간주되었다. 유럽인들이 1914년 이전에 이미 한 번 섰었던 그 지점에 다시 도달하는데 거의 한 세기가 걸렸다. 그런 한에서 시대적 연도인 1914년은 적어도 몇몇 분야에서는 분기점으로, 수정의 선택권이 동반되었던 분기점으로 지칭할 수 있을 것이다.

02

폭력의 격화

1914년 7월위기에서 '혁명 전염'의 정치로

독일에서 간헐적으로 반복되는 제1차 세계대전의 죄를 둘러싼 격렬한 논쟁의 중심에는 1960년대 초 이래 함부르크 역사학자 프리츠 피셔Fritz Fischer의 명제가 있다.[1] 이 논쟁은 1914~1918년의 전쟁과 그 여파에 대한 정치적 시각을 확장했다기보다 오히려 왜곡했다. 무엇보다 이 논쟁은 전쟁 문제를 그 전사前史와 1914년 7월위기에 집약했고, 그럼으로써 결과적으로 전쟁의 전개, 그리고 전쟁에 결집된 권력정치적 갈등과 지정학적 갈등들을 거의 부각시키지 못했다. 전쟁 자체를 다루지 않음으로써 결국 이 논쟁은 20세기 전반기 유럽사의 폭력적 성격을 무엇보다 독일 엘리트들의 권력욕으로 환원하고 독일인들의 도덕적 과제로 이해하도록 유도했다. 두 가지 점 모두 일리가 있다. 독

---

1 피셔의 주장 및 그에 연계된 논쟁의 요약은 다음을 참조. Wolfgang Jäger, *Historische Forschung und politische Kultur*, 132~196쪽.

일의 엘리트들은 제1차 세계대전의 발발과 제2차 세계대전의 발발에서 매번 치명적 역할을 했다. 다만 그 방식이 매우 달라서, 두 경우를 꼼꼼하게 따로 살펴야만 한다. 충분히 그럴 수 있기는 하지만, 1914년과 1939년을 염두에 두고 독일 엘리트들의 연속성을 말하는 사람은 이미 구별의 요구를 외면한 것이다. 그러니까 개별 경우의 검토를 엘리트의 연속성을 주목하는 것으로 대신해버린 것이다.

하지만 바로 이의를 제기하고 제한을 요구해야 할 것이다. 즉 엘리트의 통제는 본질적으로 정치적 과제이지 도덕적 과제가 아니다. 그런데 1914년 전쟁의 원인에 대한 논쟁이 책임 논쟁이 아니라 죄 논쟁으로 흐름으로써, 이 사실이 덮여버렸다. 20세기의 폭력적 역사에 대해 독일 엘리트들이 져야 할 모든 책임에도 불구하고, 그들이 1914년 전에 움직인 방식은 1939년 전에 움직인 방식과는 달랐음을 분명히 해야 한다. 바로 이 점에서 피셔에 반론을 제기할 수 있다. 즉 그는 1939년에 전쟁〔제2차 세계대전〕으로 향하게 했던 의도를 제1차 세계대전의 전사로까지 투사했고, 그럼으로써 그런 식으로는 실재하지 않았던 독일 정치의 어떤 연속성을 구성해냈다. 이 같은 점에서 피셔와 그의 제자들이 제1차 세계대전에 고착시킨 시각을 깨는 데 오스트레일리아 출신 영국 역사학자 크리스토퍼 클라크Christopher Clark가 도움이 될 것이다.[2]

그런데 '20세기의 원초적 재앙'(조지 F. 케넌George F. Kennan)으로 제1차 세계대전을 재발견하려면, 전쟁의 원인에만 머물러서는 충분치 않다. 전쟁의 전개 과정을 조사해야 하는데, 특히 정치적 결정과 전략적 결정들, 그리고 그 각각의 후속 결과들이 중요하다. 따라서 제1차 세계대전, 그 시작과 전개에 대한 새로운 연구는 결코 골동품 애호적 관심의 대상이 아니다. 배울 것이 있기 때문이다. 이 연구는 21세기의 도전을 극복하는 데 분명 중요할 정치적 장을 열어줄 것이다. 이런 점도 한동안 제1차 세계대전에 대해 관심이 커진 이유일 수 있다. 1914년에 벌어졌던 것이 전쟁 발발 후 100여 년이 지나서 반복될 수 있냐는 물음도 그러한 관심의 일부다.

전쟁의 제1 갈등영역 – 유럽의 주도권을 둘러싼 투쟁

제1차 세계대전은 유럽 역사에서 국경 변경뿐 아니라 정치 공간의 새로운 질서와 정치적 규범 구조의 변화를 유발한 전쟁 중 하나다. 이 점에서 제1차 세계대전은 나폴레옹전쟁과 30년전쟁에 비교할 수 있다. 이 유사성이 1914~1918년 전쟁과 1939~1945년 전쟁을 합쳐 또 다른 30년전쟁으로 지칭하는 근거다.[3] 전쟁의 규모는 처음부터 확정된 것이 분명 아니었다. 전쟁이 전개되면서 결국 역사로 기록된 그 모습이 된 것이다. 따라서 이 전쟁을 분석하려면, 처음에는 발칸 지역에

---

2 Christopher Clark, *Die Schlafwandler*. 클라크의 책을 두고 벌어진 논쟁이 격렬했던 것은 잠시 요약했듯이 정치적 문제와 윤리적 문제가 전도된 것과도 상관이 있다. 전문 학술지에 실린 수많은 비평 중에 다음 두 개가 특별히 언급할 만하다. Friedrich Kießling, "Vergesst die Schulddebatte", 5쪽 이하; Hans-Christof Kraus, "Neues zur Urkatastrophe", 43쪽 이하.

3 Enzo Traverso, *Im Bann der Gewalt*, 40쪽 이하를 참조.

만 국한될 것이고 1912년과 1913년의 발칸전쟁과 유사하게 진행될 것으로 예상되었던 갈등이 어떻게 세계대전이 될 수 있었는지를 설명해야만 한다.

전전戰前 시기 정치적 구도를 특징지은 것은 세 큰 갈등이었다. 그중 첫째는 1871년 프랑크푸르트평화조약● 이래 알자스-로트링겐(알자스-로렌)이 독일에 속할지 프랑스에 속할지를 놓고 벌어진 독일과 프랑스 간의 대립이었다. ─ 이 갈등은 마치 자석처럼 정치적 행위자들을 분리하고 찬반 선택을 강제한 데서 '특급 갈등'으로 정의할 수 있다. 베르사유궁전 거울홀에서 독일제국의 건립으로 끝난 1870∼1871년의 독불전쟁은 근본적으로 30년전쟁의 몇 가지 결과 내지는 뮌스터와 오스나브뤼크 평화협정●●의 결정을 수정하는 것이기도 했다. 이 협정에서 알자스와 로트링겐 주교령 메츠, 툴, 베르됭은 최종적으로 프랑스에 귀속된 바 있었다.[4] 그러나 알자스-로트링겐을 둘러싼 싸움은 최종적으로 서유럽과 중유럽의 주도권이 걸린 훨씬 더 중대한 갈등의 일부였다. 즉 5개 강대국(독일/프로이센, 프랑스, 영국, 러시아, 합스부르크제국) 중 어느 국가가 결정적인 정치적 문제에서 발언권을 행사하고, 어느 국가가 청취하는 입장에 머무느냐 하는 문제였다. 게다가 이 갈등에는 알자스-로트링겐 갈등보다 더 큰 역사적 기원이 있었다. 몇

● 1871년에 프로이센-프랑스전쟁의 결과로 프로이센(독일)과 프랑스가 프랑크푸르트암마인에서 맺은 강화조약. 이에 따라 독일이 통일되었다.
●● 1648년의 베스트팔렌조약. 30년전쟁의 종결을 위한 강화조약으로 독일 베스트팔렌의 뮌스터와 오스나브뤼크 두 곳에서 협정이 진행되었다.
4 Martin Heckel, *Deutschland im konfessionellen Zeitalter*, 189∼190쪽 참조.

몇 역사가들은 이 갈등을 9세기 카롤링거왕국의 분할로까지 소급시켰고, 그럼으로써 갈등을 생래적인 것으로 만들어 '철천지원수'관계로 격화시켰다.

18세기 말과 19세기 초 민족이념이 정치적으로 부상한 이래, 독불 대립은 그 정도가 더욱 심해졌다. 한편에는 파리에서부터 서유럽과 중유럽을 지배한다는 나폴레옹식의 생각이 있었는데, 이는 독일어권 지역을 철저히 권력정치적으로 바라보는 관점으로 이어졌다. 반면 독일이 정치적 중심이고 모든 실마리는 베를린으로 집결한다는, 지정학적 중앙을 강조하는 질서 모델이 있었다. 산업혁명 이후 이 두 대립적 정치질서 모델에 각 모델별 영향권역에 대한 경제적 이해관계의 차이가 더해졌다. 여기서 원자재 접근과 판로의 확보가 가장 중요한 역할을 했다. 이러한 이해관계 때문에 처음에는 알자스-로트링겐에 국한되었던 갈등이 아프리카대륙으로까지 확대되었다. 이제 권력뿐 아니라 재산과 부의 문제였다.

그러나 갈등의 가장 강력한 동력은 정치적, 경제적 행위자들의 계산을 훨씬 뛰어넘는 민족적 동일시에서 발산되었다. 양측 사이의 부분적으로 대립적인 상이한 이해관계는 정치적, 경제적 제휴관계로 충분히 변환될 수 있었을 것이다. 제휴를 통해 제로섬게임인 적대관계를 협력의 윈윈 구도로 바꿀 수도 있었을 것이다. 민족적 동일시에서는 이런 것이 불가능했다. 민족적 동일시는 특히 부르주아 중산층에 팽배해 있었는데, 전전 시기는 부르주아 중산층이 정치적 영향력을 획득했다는 특징이 있었다. 민족 이익을 추구하는 정치에 민족적 명성과 명예 관념이 더해졌다. 이 모든 것을 담는 총괄 개념은 '위신'이었다.— 제1차 세계대전 이전의 모든 독불 간 위기에서 이것이 문제였다. 그런데 위신은 국제정치의 가장 중요한 통화通貨 중 하나며 동시에 민족적 동일시를 위한 자의식의 자산, 그 둘 다였다. 이 점이 갈등을 첨예화했으며 그 전개를 예측 불가능하게 만들었다.

그럼에도, 1914년 초여름 유럽의 주도권을 둘러싼 독불 갈등은 잠재적이었으며 결코 긴급하지 않았다. 단순히 이 갈등 때문에 1914년 전쟁이 터진 것이 아니었다. 반추해보면, 약 반백년 후 아데나워와 드골 시대의 독불 화해 방식에 따른 정치적·경제적 갈등 완화를 충분히 생각해볼 수 있다. 이 같은 화해가 대규모 전쟁을 두 차례 치르고 나서야 비로소 가능했음은 결코 당연한 얘기가 아니다. 화해의 실마리는 이미 1914년 이전에도 있었다. 유럽대륙의 선도적 산업국가로서 상당한 자본수요가 있었던 독일과 유명한 자본수출국이었던 프랑스에는 양측 모두에 이득이 되는 제휴 기회가 많이 있었다. 부족했던 것은 필수적인 상호 신뢰였다. 주도권의 형태가 아니라 평등한 권리를 갖는 제휴의 형식으로 그 기회가 실현될 거라는 신뢰 말이다.

이 상황에서 독일의 급격한 부상과 프랑스의 상대적 하강이 상당한 역할을 했다. 게다가 정치적으로 거의 영향을 미칠 수 없는 현실적 추세가 또 하나 있었다. 통계적으로 볼 때, 프랑스에서는 1890년대 이후 세 자녀 가족에서 두 자녀 가족으로 전환된 데 반해 독일에서는 여전히 세 자녀 가족이 대세였다. 그 결과, 과거에 전반적으로 균형을 이루던 양국의 인구 발달이 서로 다르게 전개되었다. 프랑스는 뒤쳐졌고, 독일은 앞서 나갔다.[5] 군사적으로 봉쇄된다는 불안이 독일 측에 있었다면, 프랑스에는 장기적 관점에서 인구정치적으로 그리고 이와 더

불어 권력정치적으로 주변부화될 것에 대한 우려가 있었다.

　프랑스는 독일과의 제휴 대신에 러시아와의 동맹을 추구했다. 그리고 이러한 ─ 공통의 가치가 아니라 ─ 지리 전략적 구도에 근거한 동맹으로, 독일에서는 봉쇄의 두려움이 커졌다. 이 두려움은 '봉쇄에 가담한 열강들의 고리'를 반드시 격파해야 한다는 정치적 명령으로 귀결되었다.─ 어떤 이들은 선제 전쟁을 주장했고, 어떤 이들은 협상국〔3국협상국 즉 프랑스·영국·제정러시아〕 내부의 갈등을 심화하는 정치를 논했다. 그러면서 '카롤링거 선택' 즉 독일과 프랑스 사이의 밀접한 제휴는 점점 더 눈앞에서 멀어져갔다. 독일의 정치는 점점 더 시간 압박에 직면하고 있다는 생각을 했다. 반면 프랑스인들은 러시아인들이 생각을 바꿔 독일 내지 프로이센과의 전통적 우호관계를 선호하게 될지 모른다는 우려를 했다. 1914년 7월위기에 〔독일과 프랑스〕 양 행위자의 선택은 이런 불안과 우려에 의해 결정되었다.[6]

---

5 최근의 전쟁 원인 연구에서 인구학적 요소가 거의 아무 역할도 못하는 것은 맹점이다. 이와 다른 경우로는 다음을 참조하라. Gunnar Heinsohn, *Söhne und Weltmacht*. 하인존의 설명에 내포된 결정주의가 종종 원래 목적을 넘어 과도하게 흐르긴 한다.

6 사라예보에서 오스트리아 황태자 암살이 있었던 1914년 6월 28일에서, 7월 28일 오스트리아-헝가리가 세르비아에 선전포고를 하고, 독일이 러시아에는 동원을 중단하라는 그리고 프랑스에는 중립을 선언하라는 최후통첩을 한 시기까지를 7월위기로 지칭한다. 이 두 최후통첩은 7월 31일 자로 고지되었다. 이 시간이 지나자, 8월 1일에 총동원과 선전포고가 있었다.

전쟁의 제2 갈등영역 – 새로운 세계질서를 둘러싼 투쟁

전전 시기 두 번째 커다란 갈등영역에는 두 장기적 추세가 함께 작용했다. 즉 '세계경찰' 영국이 상대적으로 하강 국면에 들어선 것, 그리고 몇몇 유럽 국가가 조만간 강대국 리그에서 탈락할 상황이 그것이었다. 그러니까 독일뿐 아니라 도나우군주국과 이탈리아의 정치적 감수성의 틀을 결정했던 봉쇄 불안에 더해, 특히 오스트리아-헝가리, 또 영국과 러시아에서도 하강 불안이 확산하고 있었다. 영국은 독일 함대에 맞서 북해의 주도권을 지키기 위해 카리브 해와 북태평양 지역에서 해군 병력 일부를 빼냈다. 그러자 수백 년간 영국인들이 차지했던 그 자리에 미국과 일본이 들어섰다.[7] 다른 한편 러시아는 일본과의 전쟁(1904~1905)에 패배한 후 다른 강대국들이 자국을 업신여길까 우려하고 있었다. 이러한 우려는 1908년〔오스트리아-헝가리제국의〕보스니아〔보스니아-헤르체고비나〕병합 위기 이래 러시아 정치를 결정하는 요인이었다.[8] 문제는 20세기 세계질서에서 누가 어떤 역할을 하게 될 것이냐는 점이었다. 이와 관련된 시간적 압박은 봉쇄 불안에서보다는 작았다. 그러나 하강 불안 역시 상당한 정도로 정치를 행동으로 몰아갔다.

정치적 · 경제적 세계화와 더불어 5개 강대국의 해외 주도권은 흔들리기 시작했다. 18세기에 스웨덴과 스페인이 떨어져나가며 5대 강

---

7 Paul M. Kennedy, *Aufstieg und Verfall der britischen Seemacht*, 227쪽 이하를 참조.
8 Sönke Neitzel, *Kriegsausbruch*, 54쪽 이하와 94쪽 이하를 참조.

대국 자리가 새로 채워진 이래, 영국, 프랑스, 합스부르크제국, 프로이센 내지 독일, 러시아의 5두체제가 부상했다. 나폴레옹전쟁은 일시적으로 이 구조를 뒤흔들었다. 그러나 빈회의에서 이 구조의 핵심이 복구되었다.[9] 영국은 섬이라는 위치, 그 지리 전략적 특수 상황으로 인해 '결정적 조정자' 역할을 했다. 그 결과 영국은 유럽 균형의 수호자(그리고 그 이익의 수혜자)가 되었다. 그를 위해 영국은 소극적 동맹정치나 선제적 균형정치를 통해 줄타기를 하곤 했다. 동시에 영국의 권력은 유럽을 넘어 뻗어나가서, 전 지구적 (무역)질서의 토대를 이뤘다. 그러나 18세기와 19세기에 영국인들이 했던 역할은, 19세기에 프랑스의 식민정치가 거세어지고 러시아가 중앙아시아 지배에 점점 더 관심을 보이면서 도전을 받게 되었다. 1898년 파쇼다위기●는 사하라이남 아프리카 분할을 둘러싼 영국과 프랑스 간 경쟁의 정점이었다. 이 경쟁 관계는 18세기에 북아메리카를 두고 벌어진 전쟁이나 나폴레옹 시기 전쟁들에서도 매우 중요했었다.

다른 한편 '빅게임' 얘기는 중앙아시아와 남아시아 사이 경계 지역을 둘러싼, 러시아 곰과 영국 사자 간의 주도권 경쟁을 말했다. 이는 영국인들이 관여된 고전적인 지정학적 갈등이었다. 그에 더해 독일인들과 미국의 경제적 도전이 생겨났다. 이 둘은 그 사이에 일례를 들면 철강 생산 같은 핵심 경제지표들, 또 전자기계 제작이나 화학공업에

---

9 이에 대해선 Alexandra Bleyer, *Das System Metternich*, 15쪽 이하를 참조.
● 1898년에 영국(종단정책)과 프랑스(횡단정책)의 군대가 아프리카 분할 문제로 수단 남부의 파쇼다Fashoda에서 충돌한 사건(파쇼다사건).

서도 영국을 추월했던 것이다. 영국의 역할, 곧 200년이 될 그 역할을 20세기에는 그 국가가 더는 지금까지와 같은 형식으로 차지할 수 없음은 간과하기 어려웠다. 그렇다면 누가 그 자리에 올라설 것인가? 아니면 유럽의 다극체제가 새로운 세계질서로 확장될 것인가? 그렇게 된다면 누가 그 체제의 일원이 될 것인가? 1914년 이전 시기에 유럽 강대국들을, 그리고 미국과 일본도 점점 더 많이 불안하게 했던 것은 이런 질문들이었다.

『세계권력을 향해서Griff nach der Weltmacht』(1961)에서 피셔는 독일제국이 세계 강국의 위상을 추구했다는 명제를 내세웠다. 하지만 그것은 너무 단순한 생각이다. 독일의 정치가 세계권력을 염두에 두었다면 그 권력은 세계권력 '전체'가 아니라 그중 일부였다. 테오발트 폰 베트만-홀베크Theobald von Bethmann-Hollweg(재임 1909~1917)에 앞서 제국 수상이었던 베른하르트 뷜로Bernhard Bülow 후작(재임 1900~1909)은 '양지陽地, Platz an der Sonne' 한 자리를 말했지, 결코 양지 그 전체나 핵심 자리를 차지하겠다고 말한 것이 아니었다. 그러나 독일이 걸맞은 자리를 원한 건 사실이었다. 그리고 그와 같은 요구를 함대의 구축으로 뒷받침하려고 했고, 그것은 영국에 위험이 되었다.[10]

---

10 Fritz Fischer, *Griff nach der Weltmacht*, 27쪽 이하. 피셔기 1914년 여름의 전시前史에서 독일이 상황을 첨예화하는 역할을 했음을 밝혀냈다면, 프리드리히 키슬링Friedrich Kießling은 고전적 외교사의 전통을 잇는 최근의 연구(*Gegen den 'großen Krieg'?*, 77쪽 이하와 149쪽 이하)에서 바로 독일과 영국 사이의 긴장 완화와 상호 접근을 위해 행해진 노력을 밝혀냈다. 그에 따르면 제국 수상 베트만-홀베크가 영국인 친화 노선을 택했던 1911년에, 해양을 향한 경주는 이미 그 정점을 지나고 있었다. 영국인들은 자국의 해군이 우월함을 확신할 수 있었다.

세계적 영향력은, 미국 제독 앨프리드 세이어 머핸Alfred Thayer Mahan〔1840~1914〕이 설명했던 것처럼, 해양 지배력에서 나왔다.[11] 함대 구축을 추진한 빌헬름 2세나 알프레트 폰 티르피츠Alfred von Tirpitz〔독일제독, 1849~1930〕는 머핸주의자들이었다. 권력정치적 관점에서 보면, 유럽 내 주도권을 둘러싼 프랑스와의 갈등에 영국과의 세계정치적 갈등을 추가한 것은 독일 측의 치명적인 실수였다. 과부하 문제가 '적이 많으면 명예도 크다'는 얘기처럼 으스대는 말로 없앨 수 있는 건 아니었다. 제국 수상 베트만-홀베크는 이 문제를 인식했다. 그래서 1911년부터 영국에 대해 긴장 완화 정책을 추구했다.[12] 다른 한편, 산업대국으로 성장한 독일은 자유로운 해로에 의존하고 있었다. 그런데 영국과의 경제적 경쟁, 또 영국에서 들려오는 수많은 반독일적 발언들에 직면해 영국이 정말 공정한 '세계경찰'인지 의심했다. 게다가 영국은 그사이 스스로 너무 압박을 받고 있었다. 그래서 독일 제품의 열등함을 표시하기 위해 세계무역에서 '독일제'라는 직인의 도입을 밀어붙였다. 그런데 직인을 도입하자 오히려 그 반대 효과가 나타났고, 그것은 어느새 영국의 선두 위치가 얼마나 위협에 처했는지를 너무나 분명히 보여주었다. 독일의 과대망상증과 영국의 하강 불안은 양국 간 갈등에 더욱 불을 지폈다.

1911년 이후 해양 군비 경쟁에서 독일의 의지가 주춤해졌다. 이는

---

11 Alfred Thayer Mahan, *Der Einfluß der Seemacht auf die Geschichte*를 참조. 해양 지배와 해전 수행의 이해에 머핸이 끼친 영향에 대해서는 Beatrice Heuser, *Den Krieg denken*, 249쪽 이하를 참조.

12 Kießling, *Gegen den 'großen Krieg'?*, 224쪽 이하.

베트만-홀베크가 영국인들과의 균형을 원한 때문만은 아니었다. 독일에서도 군사무장을 위한 재정이 제한적이니만큼[13] 육군에 다시 집중해야 한 때문이었다. 프랑스에서 군복무 기간이 2년에서 3년으로 연장되고 러시아에서 군대가 엄청나게 확대되어서, 육군의 무장에 더 노력할 수밖에 없다고 〔독일이〕 판단했던 것이다. 게다가 독일은 3국동맹●의 파트너인 이탈리아를 더는 믿을 수 없다는 우려가 있었다. 그렇다면 대對프랑스 진격 계획에서 알자스 전선에 생각해둔 12개 이탈리아 사단이 부족해지는 것이었다. 독일 참모부가 요청한 육군 확장은 부분적으로만 승인되었는데, 그렇게라도 예상되는 이탈리아 사단의 누수에 대응해야 했다. 전쟁 발발 이전 몇 년간에 걸친 육군의 군비경쟁은 그러니까 결코 독일만의 이야기가 아니었다. 전체적으로 독일인들은 적대적 상대의 군사무장 노력에 반응하는 식이었다. 군사무장의 순환 리듬을 독일인들 스스로 이끈 것이 아니었다. 독일은 함대 구축에서만은 한동안 다르게 행동했는데, 그것이 영국인들과의 관계를 지속적으로 악화시켰다.

　'세계경찰'이라는 역할에서 영국인들이 받은 도전은 독일로부터만

13　재정기술상으로 그리고 조세정책상으로 독일제국은 대규모 전쟁을 수행하기에는 최악의 상태였다. 육군의 재정은 각 주가 담당하고 있었다. 함대만은 제국의 예산으로 재정을 충당했다. 하지만 제국은 간접세만 건드릴 수 있었다. 피셔와 다른 사람들이 가정하듯이, 독일의 정치가 체계적으로 대규모 전쟁을 준비해나갔다는 것이 맞는다면, 그건 재정법에 그에 부합하는 변화로 반영되었어야 할 것이다.
●　1882년에 독일·오스트리아·이탈리아가 프랑스에 대항하기 위해 체결한 비밀 군사동맹. 3국협상(프랑스·영국·제정러시아)과 대립해 제1차 세계대전으로 발전했으며, 이후 이탈리아가 탈퇴해 1915년 5월 3국협상 진영에 가담했다.

이 아니었다. 미국과 일본 역시 세계권력에 대해 점점 노골적이고 분명하게 자기 지분을 요구했다. 이미 20세기 초에 드러났듯이, 미래의 세계질서에서 최소 2개의 비유럽 강대국이 영국인들과 더불어 중심역할을 할 것이었다.─이는 다시금 몇몇 유럽 강대국들이 심각한 권력 및 명성의 상실을 감내해야 함을 의미했다. 그 첫 대상이 합스부르크제국이 될 것임은 명백했다. 그런데 누가 두 번째 그리고 심지어 세 번째가 될 것인가? 유럽 열강 중에 처음으로 비유럽 강대국과의 대규모 전쟁 즉 1904~1905년 러일전쟁에서 패배한 러시아일 것인가? 아니면 1890년 이래 나타난 인구학적 재생산율의 감소로 인해 계속 버티려면 엄청난 노력을 해야 했던 프랑스일까? 아니면 혹시 경제력과 인구 증가를 토대로 중요한 역할을 하지만, 지정학적 위치 때문에 대양으로 향하는 접근로가 제한되어 있고 러시아와 프랑스에 의해 포위되어 압박을 받을 수 있는 독일일까?

당시의 행위자들은, 미래의 세계질서와 연관된 불확실성으로, 다양한 갈등을 현재 관찰자의 판단에 적절한 수준보다 더 극적으로 받아들였다. 정치적 상황과 그 상황에서 귀결되는 가능한 선택들을 판단하는 데 어떤 신경과민이 지배했다.[14] 세계질서 내 위상을 둘러싼 투

---

14 폴커 울리히Volker Ulrich는 『신경과민의 강대국Die nervöse Großmacht』에서 이 불안을 독일 정치의 근본적 특징으로 밝혀낸다. 하지만 실제로 이런 신경과민은 다른 유럽 강대국들에서도 볼 수 있다. 특히 오스트리아-헝가리와 차르 제국, 내지는 이 국가들의 군사·정치 엘리트의 상당한 부류에서 나타난다. 이들의 정치적 계산 방식에서는 전쟁이 과거 명성의 실추를 회복하기 위한 하나의 수단이었다. Manfried Rauchensteiner, *Der Tod des Doppeladlers*, 58쪽 이하를 참조. 차르제국에서 전쟁파에 대해서는 다음을 참조. Sean McMeekin, *Russlands Weg in den Krieg*, 23쪽 이하; 같은 이, *Juli 1914*, 76쪽 이하.

쟁의 동력이 있었다고 해서, 1914년 여름 독영 갈등이 − 유럽 내 주도권에 대한 독불 간 정치적 경쟁도 마찬가진데− 급성이 아니라 기껏해야 잠재적이었다는 사실이 달라질 것은 없다. 전쟁 발발 전 2～3년간 세계정치적 관점에서 상황은 편안했다. 1914년 여름에 전쟁이 터진 이유는 세계정치가 아니었다.

전쟁의 제3 갈등영역 − 동쪽의 다민족적, 다종교적 제국들의 미래

세 번째 갈등영역에 특이한 점은, 전쟁 발발에 결정적으로 작용한 이 영역의 중요한 대립관계가 전쟁 중 동맹체제와 일치하지 않고 오히려 정반대였다는 사실이다. 이 갈등영역은 민족국가와 제국 간의 대립이다. 분명하게 그어진 영토 경계를 갖춘 정치체제로서 영토 경계가 하나의 정체성을 갖는 민족의 외연과 가능한 한 서로 일치해야 하는 정치체제 즉 민족국가와, 민족적 내지 인종적 소속성이나 종교적 믿음이 정치적 통합 및 배제와 무관하며 공간적으로 훨씬 더 유연한 질서 모델 즉 제국의 질서 모델 간의 대립이다.[15] 유럽에서 민족국가 이념은 몇 단계에 걸쳐 힘을 받으며 서쪽에서 동쪽으로 전진해나

---

15 민족사회주의[국가사회주의]의 동력 및 중유럽과 동중부 유럽에서의 그 결과에 대해서는 다음을 참조. Eric Hobsbawm, *Nationen und Nationalismus*, 147쪽 이하; Ernest Gellner, *Nationalismus und Moderne*, 83쪽 이하. 대안적 정치질서로서 제국에 대해서는 다음을 참조. Herfried Münkler, *Imperien*, 특히 41쪽 이하[헤어프리트 뮌클러 지음, 공진성 옮김, 『제국』(책세상, 2015), 68쪽 이하].

갔다. 시민들의 충성심, 동원력, 희생정신에서 민족국가 질서가 다민족, 다종교, 다언어의 제국보다 우월함이 제1차 세계대전에서 증명되었다. 중유럽, 동유럽, 근동●의 세 대제국 즉 합스부르크제국, 러시아 차르제국, 오스만제국은 전쟁이 전개되면서 해체 또는 파괴되었다. 그에 반해 독일제국은 비록 1918년 패전국 가운데 하나였지만, 스스로 민족국가로 이해한 구역에선 전쟁을 버텨냈다. 독일제국은 약 반백년 전 통일되기 이전 상태로 조각나지 않았다. 제1차 세계대전은 그 결과를 놓고 보자면, 민족국가 질서 모델이 제국 질서 모델을 상대로 거둔 승리이기도 했다.

중유럽, 동유럽, 근동의 다민족 제국 지역에서 전쟁은 서쪽에서처럼 국경의 변동으로만 끝나지 않았다. 여기서는 근본적으로 새로운 질서가 생겨났다. 몇몇 경우는 서유럽 민족국가 모델을, 또 다른 몇몇 경우는 민족과 종교를 포괄하는 규준을 따라 새로운 질서가 형성되었다. 하지만 이 포괄적 질서는 이제 더는 제국 질서의 상징이자 본질인 통치자라기보다 정치적 이념과 비전을 통해 결속되었다. 민족국가 형성의 한 사례는 폴란드다. 반면에 남슬라브주의라는 공통의 소속 관념을 구성한 세르비아-크로아티아-슬로베니아 왕국과, 프롤레타리아 국제주의 이념으로 결속된 소비에트연방은 후자의 사례다. 이 지역의 정치적 안정이 포괄적 질서로 확보되지는 않았다. 그러나 이는 전쟁 이후 내지는 전간기戰間期에나 비로소 문제가 되었다.

● 서아시아. '근동'은 유럽의 관점에서, 유럽과 가장 가까운 아시아의 서쪽 지역을 이르는 말이다.

하지만 민족성과 국가성의 일치라는 정치질서적 이념은, 이 이념이 사라예보 암살자들의 동기에 영향을 주었다는 점에서, 제1차 세계대전의 발발에 중요했다. 암살자들은 대↑세르비아 민족국가의 탄생에 기여하고, 서부 발칸의 다민족 질서권력인 합스부르크제국을 파괴하고자 했다. 빈의 정권 역시 암살을 자신의 정치적 위신과 서부 발칸 지역의 팍스 오스트리아카*pax austriaca*에 대한 공격으로 보았고, 세르비아에 대한 군사공격을 결정했다. 이 공격은 제1차 세계대전을 점화하는 불꽃이 되었다.

세계대전 연구는 오랫동안 이 암살의 의미를 하찮게 여겼다. 그리스 역사가 투키디데스Thukydides의 구분법에 따라 암살을 단순한 '계기'로 규정하고, 전쟁의 본질적 '원인'은 약술한 제1 갈등영역과 제2 갈등영역 즉 유럽 내 주도권 경쟁 또는 권력과 영향력을 쟁취하기 위한 글로벌한 투쟁에서 찾는 식이었다. 세 번째 갈등차원 즉 중유럽과 남동유럽 및 소아시아와 아랍 지역에서의 패권을 둘러싼 투쟁이 갖는 결정적 역할은 상당 부분 간과해왔다. 제1차 세계대전 발발에서 세르비아와 오스트리아-헝가리가 한 역할에 다시 주목하도록 만든 것은 역사학자 클라크였다. 〔미국 역사학자〕 숀 맥미킨Sean McMeekin은 러시아와 러시아의 오스만제국을 향한 열망과 관련해서 클라크와 같은 역할을 했다.[16] 이러한 패러다임 변화에는 1990년대 유고슬라비아 해체전쟁

---

16 Clark, *Die Schlafwandler*: McMeekin, *Russlands Weg in den Krieg*, 159쪽 이하. 전쟁을 향한 도정에서 러시아의 역할에 대해서는 다음도 참조. Konrad Canis, *Der Weg in den Abgrund*.

이 중요한 역할을 했을 것이다. 공간적으로나 시간적으로 명확히 제한된 채 머물렀고 더 격화되지 않은 이 해체전쟁을 보면서, 1914년 여름에도 이와 유사한 방식이 혹시 가능하지 않았겠느냐는 물음이 회고적으로 생겨났다.[17]

유럽 내에서 발생한 전쟁을 공간적으로나 시간적으로 제한하는 것은 19세기의 근본적인 정치적 명령에 속했다. 가능하면 전쟁은 단 한 차례의 대전투로 결판나야만 하고, '결전'에 뒤이어 정치적 책임자들이 평화회담을 시작할 수 있어야 했다. 그런 식으로 반드시 전쟁의 확산을 초래할 제삼자의 개입을 차단해야 했다. 이탈리아와 독일의 통일전쟁은 이 규준에 따라 수행되었었다. 이 규준은 영국과 프랑스가 가격당한 오스만제국 편에 서서 동부 발칸 및 흑해와 에게 해 사이 해협으로 진출하려는 러시아의 열망을 (일시적으로) 막아서며 개입했던 크림전쟁(1853~1856)에서도 성공했었다. '서방'에 맞선 투쟁에서 전통적으로 러시아의 동맹국이었던 프로이센과 오스트리아가 이 전쟁(크림전쟁)에 휘말려 들어갔다면, 전쟁은 쉽사리 19세기 중엽의 '세계대전'이 되었을 것이다. 하지만 프로이센과 오스트리아는 물러서 있었고, 그래서 전쟁은 핵심적으로 크림반도에 머물렀다.

유럽 정치의 이와 같은 국지화 규준은 제1차 세계대전의 직접적 전사前史에 포함되는 세 전쟁에서도 확인할 수 있다. 즉 이탈리아가 맞은

---

17 특히 이 문제에 비추어볼 때, 제국주의나 군국주의 또는 단순히 유럽 강대국들의 경쟁을 전쟁의 원인으로 보는 결정론적 입장들은 기존의 설득력을 잃게 된다. 몇몇 피셔 추종자들이나 아직 사회제국주의 이론을 대변하는 자들이 화를 내며 반응하는 것을 보면, 얼마나 많이 그들 스스로 자신의 입장이 흔들리는 것으로 여기는지가 드러난다.

편 지중해 해안의 터키 점령지를 공격해서 트리폴리타니아와 키레나이카 지방을 자국의 리비아 식민지로 만든 1911년의 리비아전쟁, 대이탈리아전쟁에서 드러난 터키인들의 허약한 군사력에 자극을 받아 몇몇 발칸 국가들이 동부 발칸에 남아 있던 오스만제국의 점령지들을 공격해 정복한 1912년의 제1차 발칸전쟁, 그리고 지난해의 승자들이 서로 싸움에 휘말리면서 전리품 분배와 발칸 패권을 두고 전쟁을 벌인 1913년〔제2차 발칸전쟁〕. 이 세 경우 모두 또 다른 상대 특히 유럽 강대국 중 하나가 개입하기 전에 전쟁을 끝내는 데 성공했다. 그런데 1914년 여름에는 왜 달랐는가?

1914년 여름 – 세 갈등영역을 합쳐버린 슐리펜 계획

1914년 여름 여기서 서술한 세 갈등영역의 파국적 합류를 저지하는 일은 무엇보다 독일 정치의, 하지만 또 영국 정치의 몫이기도 했다. 그들 자신의 오판과 구조적 배경 조건들이 합쳐지면서 결국 반대 상황이 현실이 되었다. 영국인들은 근간의 발칸 위기를 불러온 동력을 과소평가했다. 영국은 아일랜드 문제에 골몰하고 있었는데, 발칸의 상황이 대규모 전쟁으로 치닫는 것을 알아채고 중개자로 나섰을 때는 이미 너무 늦어버렸다. 왜냐면 이제 빈에서는 세르비아와 협상에 나선다면 위신에 큰 타격을 입을 수밖에 없다고 믿었기 때문이다. 그리고 베를린으로서는 유일하게 남은 동맹 파트너인 오스트리아-헝가리에 그런 위신의 타격을 겪으라고 요구하고 싶지 않았고, 그래서 영국의 중재 제안을 흘려버렸다.

베를린이 영국의 중재를 거부한 것은 해군 협약을 위한 영국-러시아 협상 과정에서 커진 불신과도 상관이 있었다.[18] 런던과 거리를 둔 것은 독일의 긴장 완화 노력에 대해 베를린 측에서 기대한 호응을 영국인들이 보여주지 않은 데 대한 실망도 물론 있었다. 베를린 측의 관찰에 따르면, 오히려 영국의 외교정책은 그 핵심에서 반독일적으로 여겨졌다.[19] 그런데 이 새로운 불신이 생겨나는 데서 문제는 사실 해군 협약의 내용이 아니었다. 그보다는 영국인들이 독일 측의 문의에 대응하는 방식이 문제였다. 해군 협약의 내용은 무엇보다 해협을 통해 발트 해로 진입한 영국 대전함이 러시아 해병대의 포메른 해안 상륙을 지원해서, 전시에 독일에 대해 제3의 전선이 구축될 수 있도록 하는 것이었다. 독일인들은 런던 주재 러시아대사관에 심어놓은 스파이를 통해 이 밀약에 대해 알게 되었다. 그래서 영국 외무장관 에드워드 그레이Edward Grey〔재임 1905~1916〕에게 이 계획을 언급하면서, 그것이 독일에는 생존을 위협하는 상황으로 흐를 수 있음을 지적했는데, 그레이는 협약의 내용을 부인했을 뿐 아니라 협상의 존재 자체도 부정했다. 베트만-홀베크는 영국과의 균형을 추구했었는데, 이제 자신의 정책이 산산조각 났음을 목도했다. 1914년 7월 그가 우울증에 시달린 것은 이러한 독영 관계의 추이와 상당히 상관이 있었다. 그 결

---

18 이에 대한 자세한 설명은 Stephen Schröder, *Die englisch-russische Marinekonvention*의 여러 곳을 참조.
19 1914년 이전의 영국의 외교정책에 대해서는 다음도 함께 참조. Andreas Rose, *Zwischen Empire und Kontinent*.

과 독일 참모부장 헬무트 요한네스 루트비히 폰 몰트케Helmuth Johannes Ludwig von Moltke(소小몰트케)의 영향력이 커졌는데, 소몰트케는 긴장 완화와 친선보다는 전쟁을 지향했다. 그는 결국 전쟁이 터지게 될 거라고 확신하고 있었다. 그리고 독일로서는 그런 전쟁은 지금이 나중보다 유리하다는 생각이었다.

1914년 여름 전쟁이 지역에 국한되지 못한 주요 이유는 수년간 참모부장이던 알프레트 폰 슐리펜Alfred von Schlieffen 백작이 독일인들이 당면한 문제로 여겼던 이중의 문제에 대해 생각해낸 해결책에 있었다. 그 문제란, 이중전선 전쟁을 수행하면서 장기화하는 소모전은 피해야 한다는 것이다. 소몰트케는 전임자인 슐리펜의 계획●에 다소 수정을 가했지만 그의 기본 생각을 따랐으며, 그것은 유럽의 여러 갈등을 ─공간적으로 분리하는 것이 아니라─ 오히려 합류시키는 쪽으로 흘렀다. 슐리펜 계획에 대한 연구문헌에서는 대부분 그냥 이중전선 전쟁의 부담이 강조되었다. 그러나 이 부담의 크기는 전쟁을 몇 개월 내에 승리로 끝내라는 명령과 연결할 때 비로소 분명해진다.[20] 그렇지 않았다면 이중전선 전쟁을 수행하는 데서 방어적 선택을 할 수도 있었을 것이다. 아니 클라우제비츠의 원칙에 따르면 선택했어야만 했다.

● 독일제국 참모부장 슐리펜(재임 1891~1906)이 입안한, 제1차 세계대전 초 러시아 및 프랑스와 동시에 전쟁을 치러야 했던 독일의 양면전 구상. 서부전선의 프랑스와 단기전을 벌여 이기고 나서 병력을 동부전선으로 이동시켜 러시아와 전쟁을 하여 승리한다는 것이 핵심 내용이다. 이에 따라 독일은 프랑스를 침공하기 전에 중립국 벨기에를 먼저 공격하게 된다. 후임자인 소몰트케(재임 1906~1914)가 수정·계승했다.

20 슐리펜 계획 내지 소몰트케 계획에 대한 최근의 연구는 다음에 총괄되어 있다. Hans Ehlert/Michael Epkenhans/Gerhard P. Groß 편, *Der Schlieffenplan*.

카를 폰 클라우제비츠Carl von Clausewitz는 『전쟁론Vom Kriege』(1832~ 1834)에서 방어를 약한 목적의 강한 형식으로, 공격을 강한 목적의 약한 형식으로 정의했다.[21] 즉 공격 전략을 택하려면 힘의 우위가 있어야만 하고, 그럴 경우 방어에서 가능한 것보다 더 큰 목적을 추구해도 된다는 것이었다. 힘의 구도에서 독일은 적에 비해 열세였다. 하지만 1871년(프랑크푸르트평화조약) 이래 독일은 정치적 목적을 반드시 전쟁의 형식으로 추구해야 한다고 여기지도 않았다. 따라서 방어 전략 선택이 당연할 것이었다. 1905년 참모부장직의 교체를 앞두고 슐리펜의 후임자를 물색했을 때, 개전 시 방어 계획과 공격 계획 간 선택의 문제가 다시 논의되었다. 소몰트케의 대안으로 진지하게 거론되던 콜마르 폰 데어 골츠Colmar von der Goltz는 방어론 추종자였다. 아마 그랬다면 슐리펜 계획을 광범위하게 수정했을 것이었다.[22]

그런데 방어 전략으로 해결할 수 없는 문제가 있었다. 관련 능력을 갖춘 모든 행위자와 관찰자의 견해에 따르면, 유럽은 장기전을 치를 수 없는 상황이었다. 아니 장기전은 필연적으로 대륙의 자기파괴로 귀결될 것이므로 벌어서는 안 되는 상황이었다. 그런데 방어 노선을 택하면, 장기전의 개연성이 높아질 것이었다. 특히 독일은 그 지정학적 위치 때문에 장기전을 치를 수가 없었다. 빈회의 이후 유럽에서 치러진 전쟁들은, 이미 서술했듯이, 조기에 결전으로 치달은 다음 종결

---

21 Carl von Clausewitz, *Vom Kriege*, 613~617쪽.

22 Carl Alexander Krethlow, *Generalfeldmarschall Colmar von der Goltz*를 참조. 방어 계획 구상의 가능성 및 그 문제들에 대해서는 다음을 참조. Münkler, "Clausewitz im Ersten Weltkrieg", 73쪽 이하.

된 즉 시공간적으로 제한된 전쟁이었다. 전쟁을 오래 끌 경우 다른 국가들이 사건에 개입할 수 있기 때문에 위험했다. 게다가 그러면 경제와 사회를 전쟁에 동원해야 했는데, 정치적 여파를 생각하면 그와 같은 일은 어떤 경우에도 피하고 싶어 했다. 전쟁이 정치적으로 성공하려면, 시공간적으로 제한되어야만 한다는 것은 절대적으로 인정된 믿음이었다.

그 결과 유럽대륙의 모든 강대국 참모부가 공격전쟁의 시나리오를 개발했다. 러시아인들에게는 플랜 19가 있었다. 이는 우선 동프로이센과 갈리시아로부터 가해지는 측면 공격 위협을 막아낸 후, 폴란드 입헌왕국에서 슐레지엔 공업 지역으로 진격해 들어가, 연이어 베를린과 빈을 치는 계획이었다. 오스트리아-헝가리제국의 참모부는 여러 공격 플랜을 만들어냈다. 특히 오래전부터 위협으로 느끼는 세르비아에 대한 플랜이 있었다. 그리고 숫자상 우세한 러시아군에 대해서도 참모부장인 프란츠 콘라트 폰 회첸도르프Franz Conrad von Hötzendorf는 개별 부대를 치는 공격으로 맞서고자 했다. 프랑스인들은 플랜 17을 만들어냈다. 이는 로트링겐으로부터 독일 측 진격의 연결고리를 쳐내고, 돌파 전투에서 승리한 후 라인 강과 그 너머 루르 지방까지 진출하는 계획이었다. 마지막으로, 독일인들의 슐리펜 계획은 병력을 서부에 집중하려고 했다. 이는 벨기에를 통하는 우회 이동을 감행하여 프랑스의 진지 라인을 돌아가서, 프랑스인들을 측면과 후면에서 덮쳐 그들의 진지체계를 압박하려는 계획이었다. 반면 동쪽에서는 서쪽에서 승리할 때까지 전략적 방어에 머물러야 했다.

따라서 독일인들을 그들의 적국이나 동맹국들과 구분해주는 것은 공격 계획이 아니었다. 슐리펜 계획이 다른 강대국들의 공격 계획과 다른 점은 중립국인 벨기에로 진격한다는 것이었다. 게다가 동쪽이 제대로 방어되지 못한 탓에 서쪽에서 독일의 진격은 어마어마한 시간 압박을 받았다. 그럼으로써 최종적으로 유럽의 세 갈등영역을 서로 분리하여 유지하는 게 아니라 어쩔 수 없이 합쳐놓는 상황이 되어버렸다. 독일은 러시아와의 갈등이 문제였음에도, 첫 번째로 러시아의 동맹인 프랑스를 공격했다. 그리고 벨기에를 공격하는 식으로 실행했다. 그런데 벨기에 공격은 영국군의 대독일 참전 개연성을 매우 높여줄 행위였다. 프랑스를 직접 공격하지 않고 벨기에를 통해 공격한 것도 소모전을 피해야 한다는 절대명령에서 비롯한 시간 압박과 상관이 있었다. 프랑스인들은 독일과의 경계 지역에 대규모 진지를 구축했다. 슐리펜은 이 지역을 공격한다면 바로 교착 상태에 빠지게 될 것으로 전제했다. 그래서 그는 야전을 통해 전쟁을 결정할 수 있도록, 진지 라인의 우회를 계획했던 것이다. 벨기에를 통한 진격이 광범위한 정치적 결과를 초래할 수 있다는 점을 슐리펜은 더는 신경 쓰지 않았다. 이중전선 전쟁을 치르고 소모전을 피하는 것은 슐리펜으로서는 기술적인 문제였고, 그 문제에 대해 아주 좋은 해결책을 찾았다고 그는 믿었던 것이다.

슐리펜 계획은 이중전선 전쟁과 신속한 진압전쟁이라는 문제와 관련해 군사적으로 주목할 만한 해결일 수도 있다. 그러나 그 계획은 모든 운신의 가능성을 독일 정치로부터 빼앗아갔기에 정치적으로는 재앙이었다. 슐리펜 계획은 시간적 가속화를 위해 전쟁 공간의 확장을 염두에 두었다. 동시에 시간적 압박은 확전의 압력으로 작용했다. 이

압력은 정치적 계산에 대해 군사조직상의 필요가 우위를 점하도록 만들었다. 동원 개시의 순간부터, 부대 이송을 위한 출발 시간표가 독일 측의 사건 진행을 결정했다. 이러한 상황에서 전쟁을 향해 나가는 도상에서 멈추는 것도, 또 전쟁을 공간적으로 발칸 또는 적어도 유럽 남동부에 묶어두는 것도 똑같이 불가능했다.

하지만 독일인들이 방어전을 계획했다면, 전쟁이 정치적으로 그리고 군사적으로 다르게 전개되었을지 여부는 잘 알 수 없는 문제다. 독일인들이 서부에서 방어전에 머물렀다면, 프랑스에 선전포고를 하지 않고 공격하지도 않았다면, 그랬다면 아마 프랑스인들이 러시아에 대한 동맹 의무에 따라 자신들의 전쟁 계획 지령에 맞춰 독일을 공격했을 것이다. 이 같은 상황에서 영국이 참전했을지는 단언하기 어렵다. 아무튼 독일 측의 정치적 행동의 선택권은 훨씬 더 컸을 것이다. 클라우제비츠는 군사에 대한 정치의 우위를 요구했는데, 이 정치의 우위가 훨씬 더 오래 유지될 수 있었을 것이다. 그것은 모든 참전 당사자들에게 이용할 수 있는 정치적 운신의 여지를 주었을 것이다. 그리고 무엇보다 7월위기의 최종 단계에서 시간적 압박을 뚜렷이 줄여주었을 것이다. 하지만 무엇보다 [1914년] 8월 초 영국이 독일에 맞서 참전•하지 않았더라면, 휴전 쪽으로 교전 당사자들에게 영향을 끼칠 수 있는 강력한 중개자가 남아 있었을 것이다. 영국인들이 그런 역할을 실제로 했을지 여부는 대답할 수 없다. 또한 앞서 존재했던 혼란들을 생각

• 1914년 7월 28일 오스트리아-헝가리제국이 세르비아를 침공하면서 시작된 제1차 세계대전은, 8월 4일 독일이 중립국인 벨기에를 침공하고 이에 벨기에의 동맹국인 영국이 독일에 선전포고를 하며 참전하면서 유럽 전역으로 확대된다.

하면, 영국의 노력이 중앙동맹국으로부터● 신뢰를 얻을 수 있었을지 여부도 마찬가지다. 이 모든 것이 넓은 범위의 반反사실적 역사구상이 며, 그 인식가치에는 논란이 있을 수 있다.

그러나 독일 측과 관련해 가능했던 다른 선택들을 평가하면서 밝혀진 것은, 정치 및 광범위한 사회 영역에서 군대에 대해 그리고 참모부의 계획 및 조직 능력과 이 계획들을 또한 정확하게 실행에 옮기는 야전군의 능력에 대해 무한히 큰 신뢰가 있었다는 점이다. 사람들은 많은 조건들이 전제된 슐리펜 계획이라는 카드에 모든 것을 걸었고, 그것이 실현될 거라고 믿었다. 그 결과 독일 정치는 1914년 초부터 군대의, 특히 최고사령부의 포로였다. 그리고 1918년 가을까지 이 종속 관계에서 벗어나지 못했다. 슐리펜 계획이 실패한 후 남은 유일한 탈출구는 지속적인 확전이었다. 여기서 독일 측의 딜레마는 이러한 확전도 근본적 문제에 대해 답을 찾지 못하는 한 별 도움이 되지 않는다는 점이었다. 즉 근본적으로 독일은 군사 면에서 탁월한 승리를 거둬야만, 가용 자원이 월등히 우세한 상대편으로 하여금 정치적 협상을 수용하도록 강제할 수 있었던 것이다. 하지만 이제 평화협정을 체결하기 위해서 이런저런 승리를 거둔 거라고 어떻게 자국민들에게 설명할 수 있단 말인가? 평화협정이란 이전 상태 즉 전쟁 이전의 상황을 지향하는 것인데 말이다. 그렇다면 도대체 무엇 때문에 큰 희생을 치렀단 말인가?

● 중앙동맹이란 제1차 세계대전의 한쪽 편인 독일제국과 오스트리아-헝가리제국의 군사동맹을 말하는 것으로, 이 두 국가가 중앙유럽에 위치하는 데서 붙여진 이름이다. 나중에 오스만제국과 불가리아가 이에 합류한 데서 4국동맹이라고도 부른다.

독일인들의 치명적인 정치적 딜레마 - 협상을 위한 승리

1914년 11월 중엽경 ─소위 해양을 향한 경쟁이 휴지 상태에 왔고, 〔벨기에 서부〕이프르〔이페르〕내지 랑에마르크에 독일 예비여단을 필사적으로 투입했음에도 상황이 달라지지 않자─ 소몰트케 후임으로 독일 최고사령부의 새 사령관이 된 에리히 폰 팔켄하인Erich von Falkenhayn 장군은 제국 수상인 베트만-홀베크에게, 독일인들에게 이 전쟁〔제1차 세계대전〕의 최선의 결말은 승패 없이 끝나는 것 즉 '승부의 보류partie remise'라고 선언했다.[23] 분명 그런 '무승부'는 무기로 직접 격돌하는 식이 아니라 외교적 협상을 통해서만 도출될 수 있을 것이었다. 교전 당사자들이 협상에서 '무승부'로 ─이전 상태로 즉 개전 시의 국경선으로 복귀하기로─ 합의한다면 말이다. 하지만 어떻게 중앙동맹국에 비해 사람과 물자에서 월등히 우세한 3국협상국으로 하여금 협상을 수용하도록 할 것이며, 그다음 그러한 결말에 동의하도록까지 할 수 있었겠는가? 사실 모든 가능한 계산을 해보면, 진압 전략이 실패한 이후 소모전이 된 이 전쟁을 결국 협상국들이 이길 것임이 확실했다.[24]

저돌적이라기보다 냉정하게 계산하는 유형인 팔켄하인은[25] 독일

---

23 이에 대한 지세한 설명은 다음을 참조. Münkler, *Der Große Krieg*, 292쪽 이하.

24 실제로 1916년 중앙동맹이 시도한 평화 제안에 대해 프랑스도 영국도 긍정적으로 반응하지 않았다. Hans Fenske, *Der Anfang vom Ende des alten Europas*를 참조. 그 이유는 독일 측이 충분히 호의적이지 않았기 때문이 아니라, 연합국〔3국협상국〕이 자국이 승리할 것이고 그러면 중앙동맹국이 정전을 청하게 될 것으로 믿었기 때문이다.

25 Holger Afflerbach, *Falkenhayn*, 9쪽 이하를 참조. 이후 서술에서 팔켄하인에 대한 시각은 홀거 아플러바흐Holger Afflerbach의 시각과는 확연히 다르다.

인들이 협상국들에 심각한 군사적 타격을 입혀서, 그들이 자원의 우세에도 패배와 손실 때문에 협상을 수용하도록 해야만 한다고 생각했다. 독일인들은 결국 협상을 시작하기 위해서, 이기고, 이기고, 또 이겨야 했던 것이다. 팔켄하인의 견해에 따르면, 그 가능성을 가장 높이는 길은 협상국 중 하나가 전쟁에서 빠지도록 하는 것이었다. 1915년 팔켄하인은 러시아를 그 후보국으로 예상했다. 러시아는, 1905년 혁명의 발발에서 알 수 있듯이, 정치적으로 위태로웠다. 러시아 농민병사들은 용감했으나, 이 전쟁의 의미와 필요에 대한 확신이 약했다. 러시아 포로 수가 많다는 점이 그것을 시사했다. 러시아인들은 무엇보다 1914년 가을 오스트리아-헝가리 군대에 거둔 군사적 승리들로 인해 그 전술이 노출된 입장이었다. 그렇기 때문에 역으로 공격당하기 쉬운 상황이었다. 고를리체-타르누프 돌파전●을 기점으로 공격이 시작되었고, 그러면서 러시아 전선은 부크 강까지 400킬로미터 넘게 후퇴하게 되었다. 여기서 러시아인들은 중화기 상당 부분을 상실했고, 러시아 병사 몇십만이 포로로 잡혔다. 이런 상황에서 러시아의 차르가 단독강화에 동의하는 것은 사실 당연해 보였다. 추측건대, 협상은 차르에게 비교적 유리하게 결판날 수 있었다. 분명히 〔제정러시아 최후의 황제〕 니콜라이 2세Nikolai II 역시 이 같은 생각을 잠시 했지만 결국은 폐기했다. 러시아는 1915년 가을 여전히 교전국으로 남아 있었다. 1915년은 중앙동맹 국가들이 전쟁에서 군사적으로 가장 큰 성공

● 1915년 5~6월 지금의 폴란드 갈리시아에서 중앙동맹국 군대가 러시아 진영을 결정적으로 돌파함으로써 동부전선에서 전환점을 가져온 전투.

을 거둔 해였다. 그러나 중앙동맹 국가들에 정치적으로는 ― 오스트리아-헝가리가 군사적 부담을 좀 덜었다는 것을 빼고는 ― 별 이득이 없었다.[26]

무엇이 차르 니콜라이로 하여금 심각한 패배를 당하고도 독일인들에 맞서 전쟁을 계속하게 했을까? 많은 이유가 있었겠지만, 결정적인 것은 러시아인들로서는 터키인들과 대치한 전선에서 군사적 상황이 좋은 편이었고, 그래서 종전 시 러시아 측이 거의 한 세기 동안이나 얻고자 했으나 실패했던 목표들이 달성될 것이라는 희망을 품을 수 있었다는 점이다. 무엇보다 흑해와 에게 해 사이 해협들에 대한 통제가 중요했다. 그것은 말하자면 독일인들의 딜레마 뒤에 숨은 딜레마였다. 즉 한 적국에 해당 전선 하나에서 패배와 손실을 안겨주는 것으로는 충분치 않았다. 모든 전선에서 그렇게 되어야만, 해당 적국이 그래도 마지막에 큰 소득을 거두며 평화협정을 맺을 거라는 희망을 완전히 버릴 것이었다. 이것이 러시아를 상대로는 가능하지 않았다. 그렇게 된 데는 독일인들이 유럽과 그 주변부의 다양한 갈등들을 규합해버린 것도 한몫했다. 독일인들은 개별 갈등들을 분리하기보다 하나로 섞는 방향으로 가는, 스스로 선택한 세계제패 전략grand strategy의 함정에 빠져버렸다.

1916년 팔켄하인은 차르제국에 대해 실패했던 것을 프랑스에 시도해보고자 했다. 즉 상대에게 심각한 손실을 입혀서, 상대가 모든 용기

---

26 1915년 동부에서의 전쟁 경과에 대해서는 다음을 참조. Münkler, *Der Große Krieg*, 342쪽 이하.

를 잃어버리거나 또는 정치적 이유에서 전쟁에서 빠지도록 하는 것이었다. 이 시점까지 프랑스는 독일에 비해 뚜렷이 더 큰 손실을 겪었으며, 인구학적 재생산율이 낮았던 만큼 이 손실은 무게가 컸다. 팔켄하인은 이 점에 착안했다. 그는 프랑스 군대를 소모전에 끌어들여, 결국 전사자와 부상자가 감당하기 어려울 정도로 많아지면 군대가 무너지든가, 아니면 프랑스 정치가 그것을 막기 위해 프랑스가 전쟁에서 발을 빼도록 손을 쓰게 만들고자 했다. 이것이 베르됭전투● 뒤에 있던 계획이었다. 그런데 이 계획도 실패했다. 베르됭전투에서 프랑스가 독일보다 손실이 조금 크긴 했으나 군대도 또 국가도 무너지지 않았다. 이는 (1916년) 솜 강에서 영국인들이 공격에 나서고, 러시아인들이 자신들의 남부전선에서 공격에 나서면서 프랑스의 부담을 덜어준 것과도 상관이 있었을 수 있다. 아무튼 3국협상국 중 하나를 진압해 평화협상을 압박하려는 팔켄하인의 전략은 실현되지 않았다. 1916년 8월 팔켄하인은 직위해제 되었다.

게다가 팔켄하인이 러시아나 프랑스에 맞서 성공을 거두었다고 해도, 도대체 이 전략이 정치적으로 풀렸을지는 물음으로 남아 있다. 그렇게 큰 희생을 치른 독일 국민들에게, 군사적 승리가 아무리 크고 화려했어도 그것이 독일제국의 영토 확장으로 전환되지 않으며 단지 상대를 평화협상에 끌어내는 기능만 있음을 설명하는 일이 문제가 되었을 것이기 때문이다. 이 문제에 고민을 거듭한 것은 팔켄하인이 아니라 베트만-홀베크였다. 그는 건의서 형태로 전해진 수많은 확장과 병

● 이 책의 164쪽 옮긴이 주 참조.

합 요구 앞에서 고민을 할 수밖에 없었다. 독일인들의 군사적 성과가 많아질수록, 승리와 승리가 가져다줄 노획물에 대한 기대가 커져갔다. 1917년 봄 실각할 때까지, 그는 해답을 찾지 못했다.

전쟁의 확산 – '혁명의 전염'과 무제한 잠수함전

제1차 세계대전은 동부에서 세 다민족, 다종교, 다언어 제국을 해체 내지 파괴함으로써 이 지역의 정치적 구조에 혁명적 변화를 가져왔다. 이 변화가 낳은 결과들은 유럽인들에게 지금까지 문제로 남아 있다.[27] 제1차 세계대전의 정치사라면, 중유럽과 동유럽의 혁명적 변화에서 교전 양측이 한 역할에 반드시 주목해야 한다. 보통 이 문제는 미국 대통령 토머스 우드로 윌슨Thomas Woodrow Wilson의 14개조• 프로그램의 범위 내에서만 논의되었다. 그러나 이 경우 민족독립운동의 지원이 그전에도 이미 영국과 러시아를 약화시키기 위한 독일 정치의 전략 중 하나였다는 것, 그리고 이 전략이 팔켄하인의 후임자인 파울

---

27 발칸 중부에서 캅카스에 이르는 분쟁 지역과 지중해에서 메소포타미아 사이의 분쟁 지역은 제1차 세계대전의 결과로 생겨났으며, 견고한 민족국가의 형성에 이르지 못한 제국 이후의 공간이다.

• 제1차 세계대전 당시 독일이 무제한 잠수함전을 선언하고 러시아혁명으로 전세가 연합국에 불리해지자, 미국의 윌슨 대통령이 참전을 결정하고 1918년 1월 미국의회에서 공표한 제1차 세계대전 전후戰後 평화체제 수립을 위한 14개 조항. 비밀 외교의 폐지, 공해公海 항해의 자유, 경제 장벽의 철폐와 통상조약의 평등, 군비 축소, 민족자결 원칙에 의한 식민지의 조정, 국제연맹 기구의 설립 제창 등이다. 14개조 평화원칙.

폰 힌덴부르크Paul von Hindenburg와 에리히 루덴도르프Erich Ludendorff 휘하 제3최고사령부의 계획들에서 중요했다는 것을 간과한다. 특히 차르제국의 경우 독일인들은 광역의 정치 공간의 혁명적 변화를 가속화했다. 반면에 오스만제국의 방어에서 독일인들은 오히려 변화를 지연시키는 힘으로 등장했으며, 근동을 분할하고 새로운 질서를 세우려는 러시아인·영국인·프랑스인들의 계획에 맞서 싸웠다. 캅카스·메소포타미아·팔레스티나에서 벌어진 전쟁, 그리고 해협의 통제를 둘러싼 갈리폴리 대전투는 독일 역사서술에서 소홀히 다뤄진 세계대전의 측면들이다.[28]

상대에 대한 '혁명 전염'의 정치는 원래 독일인들의 전략적 방어전쟁 계획의 일부였다. 이는 소모전 시나리오의 구성 요소로, 진압 전략 규정에 따른 신속한 전쟁에서는 시간적 이유 때문에도 시행되기 어려웠다. 그에 반해 소진전은 군사적 방어 전략에 정치적 공격이 보완되어야 했다. 독일 장성 중 방어 전략의 가장 창의적 대변자인 폰 데어 골츠는 유럽 외부에서 백인의 지배가 끝날 것이라고 전제하고, 그 사실을 3국협상국에도 불리하게 이용하려고 했다. 영국과 프랑스 군대 내 무슬림 병사들이 반항적으로 되고 전투 의욕을 상실하도록 하기 위해, 개전 이후 바로 콘스탄티노플의 술탄에게 지하드 선포를 촉

---

28 제1차 세계대전에 대한 외르크 프리드리히Jörg Friedrich의 방대한 저서(*14/18. Der Weg nach Versailles*)에서 갈리폴리와 해협은 거의 아무 역할을 하지 못한다. 반면에 그런 만큼, 갈리폴리에서 영국-프랑스의 실패 이후 비로소 제2의 선택으로 등장한 그리스가 더욱더 중요해진다. 갈리폴리에 대해서는 다음을 참조. Münkler, *Der Große Krieg*, 333쪽 이하; McMeekin, *Russlands Weg in den Krieg*, 193쪽 이하.

구했던 사람은 폰 데어 골츠였다. 하지만 독일인의 '혁명 전염' 정치의 첫 단계인 무슬림의 성전聖戰 선포는 원했던 효과를 보지 못했다. 큰 규모의 폭동이나 다수의 명령 불복종은 없었다.

민족독립운동에 독일제 무기를 지원한 것 역시 '혁명 전염' 노선을 따른 것이다. 1916년 아일랜드 부활절봉기는 그 실제 사례였다. 또 러시아로부터 자국의 독립을 위해 싸우도록 핀란드, 발트, 폴란드 부대를 세운 것도 마찬가지였다. '혁명 전염'의 이런 2단계에 대해 독일 측은 처음에는 조심스러운 편이었다. 그것('혁명 전염' 노선)은 언제라도 의도치 않게 동맹인 오스트리아-헝가리를 같은 어려움에 빠뜨릴 수 있었다.

하지만 1916년 여름, 브루실로프 공격●과 〔1916년 8월〕 루마니아의 연합국 편 참전의 결과로 중앙동맹의 상황이 더욱 악화되고, 〔독일〕 최고사령부의 새 2인조 수장인 힌덴부르크와 루덴도르프가 팔켄하인의 실패를 보고 전쟁의 대안 전략을 찾으면서, 민족주의혁명 카드가 훨씬 단호하게 투입되었다. 동맹국 오스트리아-헝가리는 그사이 어차피 버티기 힘든 상황이 된 터라, 이제부터 더는 고려 대상이 아니었다. 특히 루덴도르프의 입장이 그랬는데, 그는 동부 사령부에 있던 시기(1914~1916)에 오스트리아-헝가리 군대에 깊은 경멸감을 품게 되었다. 이 동맹국〔오스트리아-헝가리〕은 매번 독일 측 도움에 의존했으

● 1916년 6월 4일 러시아 장군 알렉세이 브루실로프 휘하의 군대가 동부전선에서 오스트리아-헝가리제국 군대에 가한 공세(1916. 6. 4~1916. 9. 20). 러시아군이 크게 승리했으며 서부전선의 베르됭전투에도 영향을 주었다. 브루실로프 (대)공세.

며, 바로 도움이 오지 않으면 〔독일에 대해〕 비난을 하곤 했었다. 그래서 1916년 11월 러시아령 폴란드의 독일 총독은 바르샤바 시 궁정에서 폴란드가 다시 독립국•임을 선언하게 되었다. ― 물론 분명한 국경도, 국가의 수장도 없는 상태였다. 루덴도르프는 중앙동맹의 숫자상 열세를 어느 정도 만회해줄 피압박자들의 군대를 폴란드에서 구성하려는 목적이었다. 그런데 동시에 그것은 가능한 모든 민족을 차르제국의 결속에서 이탈시키는 정치의 시작이었다. 북쪽의 핀란드인들부터 남쪽의 우크라이나인들과 그루지야인들에 이르기까지. 차르가 단독강화 제안에 응하지 않자, 이제 차르의 제국은 혁명적 방법으로 파괴되어야 했다. 군사적 수단이 실패했다면, 당장 정치적 수단으로 관철해야 했다.

그러니까 미국 대통령 윌슨의 민족자결권 옹호는 처음에는 독일인들이 중유럽과 동유럽에서 민족해방 약속으로 이룬 정치적 우위에 대한 대응이었을 뿐이다. 러시아와 동맹 상태였던 프랑스와 영국은 이 문제에서 별 설득력이 없었고, 근동 및 중동을 영향권 및 주도 지역에 따라 정치적으로 재편하려는 그들〔프랑스와 영국〕의 계획으로도 상황을 바꿀 수가 없었다. 새로운 약속으로 독일인들에 대항하는 역할은 그래서 뒤늦게 참전한, 유럽의 권력 구도와 무관한 행위자인 미국이 할 수밖에 없었다.

사건의 진행에 결정적이었던 것은 독일인들이 시간 압박을 받고

• 1916년 11월 5일 독일과 오스트리아-헝가리제국이 폴란드의 독립을 선언하면서 폴란드왕국(1916~1918)이 생겨났다. 독일의 괴뢰국(섭정국)이라 할 수 있다.

있었고, 그래서 민족주의적 가치들이 점차적으로 효과를 낼 가능성에 기댈 수 없다는 점이었다. 독일인들은 차르제국의 붕괴를 가속화해야만 했다. 그 기회를 제공한 것은 1917년 2월 차르체제를 종식시키고 페트로그라드•에 부르주아 정권을 세운 혁명이었다. 그러나 부르주아 정부는 전쟁을 계속하려 했고, 중앙동맹국과 단독강화를 체결하려고 하지 않았다. 그들은 서방 연합국들에 의무를 느끼고 있었고, 터키와 맞붙은 남부전선에서 곧 손에 넣을 것 같았던 전리품도 포기하고 싶지 않았다. 이 상황에서 독일 최고사령부와 외교부는 독일사회민주당〔사민당〕의 협조 아래, 망명지 취리히에서 좌불안석이었던 볼셰비키 지도자 레닌을 몇몇 그의 추종자들과 함께 독일을 가로질러 뤼겐 섬 자스니츠까지 수송하기로 결정했다. 여기서 레닌은 스웨덴 페리를 타고 페트로그라드로 갈 것이었다.•• 독일 국철의 한 칸을 사용한 이 수송은 친절의 표시 이상이었다. 레닌은 러시아에서 평화 분위기를 고조시켜야 했다. 그에 필요한 언론의 파괴력을 갖출 수 있도록 레닌에게 수백만 금마르크가 제공되었다. 레닌은 이 돈으로 분파주의자들의 신문이었던 《프라우다Pravda》를 발행부수 높은 신문으로 바꿔놓을 수 있었다.[29] '혁명 전염' 전략의 틀 아래, 독일인들은 지하드주의와 민족주의 카드에 이어 이제 사회주의혁명 카드를 썼다. 그리고 그것이 결정적이었다.

• 상트페테르부르크의 옛 이름. 1919∼1924년에 이르던 이름이다.
•• 레닌은 1917년 4월 16일(러시아력 4월 3일) 망명지 스위스에서 페트로그라드로 귀국해, 볼셰비키의 혁명 전략인 '4월테제'를 발표한다.
29 Gerd Koennen, *Der Russland-Komplex*, 95∼97, 105, 110, 119쪽을 참조.

그러니까 미국 대통령 윌슨의 14개조 강령이 중유럽과 동유럽의 정치질서에 근본적인 변화를 불러온 것이 아니었다. 그 근본적인 변화는 오히려 막다른 처지에 몰린, 그리고 전쟁이 전개되면서 여러 차례 패배의 끝까지 갔던 독일제국의 정치가 만든 것이었다. 사람의 수와 물자의 풍부함에 관한 한, 사실 독일은 전 지구의 자원을 유리하게 이용할 수 있었던 연합국에 맞서 전혀 기회가 없었다. 또한 모든 것을 한방에 결정해줄 전장의 승리를 획득하기에는, 병사들의 용기도 참모부의 작전 능력도 충분치 않았다. 그래서 철저히 보수적이었던 독일 장교단이 중유럽과 동유럽의 기존 구조를 완전히 파괴하게 될 정치적 전략을 택한 것이었다.

아마 독일인들은 사건을 통제할 수 있을 거라고, 적과 싸우기 위해 병에서 꺼내놓은 혁명정신을 승리 후에 다시 병 속으로 담아 넣을 수 있다고 확신했을 것이다. 그리고 한 세계사적 순간에 독일인들이 사실 이미 진 전쟁을 그래도 이길 수 있을 것 같아 보이기도 했다. 트로츠키가 베를린에서 혁명이 발발하길 원하면서 브레스트-리토프스크〔지금의 벨라루스 브레스트〕에서 지연과 연기 전술을 구사했을 때, 독일인들은 정복전쟁을 시작했고 별다른 저항에 부딪히지 않았다. 그러니까 차르의 군대는 해체되었고,[30] 볼셰비키의 부대들은 전투에 숙달된 독일 부대들에 맞설 상태가 아니었다. 그러자 불과 몇 주 내에 백러시아〔지금의 벨라루스〕, 우크라이나, 그리고 캅카스 일부 지역이 독일의 수중에 떨어졌다. 그렇게 되자 상상을 초월하는 규모의 '동부 제국'이

---

30 Alan K. Wildman, *The End of the Russian Imperial Army*, 제2권을 참조.

탄생했다.[31] 그로써 중앙동맹에 귀속되는 자원이 충분해졌고, 영국이 원거리에서 봉쇄하면서 독일 주민의 생활과 경제에 야기된 압박을 장기간 완화할 수 있었다.

힌덴부르크와 루덴도르프는 이제 동쪽에서 남아도는 부대들의 지원을 받아 서쪽에서 군사적으로 결정짓기를 원했다. 그러나 돌파전은 초기에 전술적으로 큰 성공들을 거두었음에도 실패하고 말았다. 프랑스인들과 영국인들의 연접 지역에서 적의 전선을 뚫고 운하 연안까지 돌파하는 데 실패한 것이다. 이 돌파전이 성공했다면 영국 부대들은 그들의 프랑스 동맹자들과 분리되었을 것이었다. 1918년 6월부터 연합국의 반격이 시작되었다. 여기에는 미합중국 부대도 함께 했다. 독일군은 이러한 강적에 더는 맞설 수 없었다. 그 끝은 잘 알려져 있다. 루덴도르프는 신경쇠약으로 무너졌고, 휴전 협상 수용을 간청했고, 그런 후 휴전이 되었다.

패배에 따른 최초의 충격이 가라앉고 나자, 베트만-홀베크가 물론 다른 상황에서 하릴없이 고민했던 문제가 다시 부상했다. 즉 그렇게 많은 승리를 거두었고, 마지막까지 적지 깊숙이 진입했던 독일인들이 전쟁의 패배자라는 것을 어떻게 설명할 수 있을까? 종전 직후에 〔독일에서는〕 벌써 패망 음모론이 생겨났다. 즉 '전장에서 패하지 않은 군대'를 뒤에서 덮친 것은 불충한 고향—여성들, 비겁자들, 사회주의자들, 유대인들, 다시 말해 누구든 '내부의 적 찾아내기'에 걸려든 사람들—

---

31 이에 대해서는 다음을 참조. Klaus Hildebrand, "Das deutsche Ostimperium 1918", 109쪽 이하.

파편화한 전쟁

이었다는 것이다. 독일이 전쟁 중에 해결하지 못한 딜레마가 이제 독일에 재앙이 되었다.

이 전쟁〔제1차 세계대전〕이 어떻게 '20세기의 원초적 재앙'이 될 수 있었는지를 이해하려면, 전쟁을 그 끝까지 즉 베르사유·생제르맹·트리아농 평화조약까지 살펴봐야 한다. 전쟁의 초기 몇 달과 전쟁 전 몇 년만 다룬다면, 이 전쟁이 '구유럽'을 덮친 그 파괴적인 힘을 이해하지 못할 것이다. 유럽을 파괴한 것은 전쟁의 전개 과정이었다. 전쟁의 시작만은 아니었다.

03

신화적 희생자와 현실의 사망자

캐나다 역사학자 모드리스 엑스타인스Modris Eksteins는 제1차 세계
대전의 문화사 서술을 이고르 스트라빈스키Igor Stravinsky의 발레 「봄
의 제전Le Sacre du Printemps」●의 〔프랑스 파리〕 샹젤리제 극장 초연과 관
련된 스캔들로 시작한다.[1] 아방가르드 미학과 고전주의 미학의 지지
자들이 정면으로 충돌한 1913년 5월 29일 저녁은 엑스타인스의 서술
에 따르면 베를린을 다루는 다음 장에서 '8월체험'으로 명명되는 것과
짝을 이룬다. 즉 독일의 대러시아 선전포고를 기뻐하는 열광적인 환
호, 자신은 당파와 무관하게 오로지 독일인들만 생각한다는 황제〔빌헬
름 2세〕의 연설, 출정하는 군대를 향한 맹렬한 열광. 엑스타인스는 '베

● 러시아 태생의 미국 작곡가 스트라빈스키(1882~1971)의 발레곡. 고대 러시아에서 봄에
행하던 감사와 희생의 제전을 나타낸 곡으로, 1913년 5월 29일 파리에서 폴란드계 러시
아 무용가 바츨라프 포미치 니진스키(1890~1950)의 안무로 초연되었다.

1 Eksteins, *Tanz über Gräben*, 25~92쪽.

르 사크룸*Ver sacrum*' 즉 거룩한 봄, 봄의 제전이라는 제목을 달아 이날들을 묘사하면서, 〔독일 역사가〕 프리드리히 마이네케*Friedrich Meinecke*가 1914년 늦가을 글로 피력했던 생각을 환기한다. "젊은 지원병들로 구성된 예비군단이 돌격했던 이제르 운하 변에 이제 우리의 베르 사크룸이 펼쳐진다. (…) 우리를 위한 그들의 희생은 전체 독일을 위한 거룩한 봄을 의미한다."[2] 랑에마르크〔벨기에 플랑드르 지방 이프르 북부〕에서의 지원병들의 희생이 독일을 갱생시켰으며, 독일에 새로운 삶을 가져다주었다는 취지로 마이네케는 쓰고 있다. 단순하고 사실적인 폭력적 죽음이 희생의 의미론을 통해 초월되고 있다.

이러한 「봄의 제전」과 '8월체험*Augusterlebnis*'●의 병치는 엑스타인스의 책 제3장에서 플랑드르 들판으로 그 정점에 이르게 된다. 이 들판에서 독일 지원병 수천 명이 죽음을 맞았고, 그것은 독일에서 랑에마르크 신화로서 독일 청년들의 희생적 실천으로 미화되었다.[3] 이제르 운하 변 '베르 사크룸'이라는 마이네케의 표현도 그 사건을 근거로 삼고 있다. 극장의 제의적 희생 이후 약 1년이 지나자, 전쟁의 대규모 살상 기계가 가동되기 시작했다. 그 결과가 나타나자, 곧 이 죽음의 의미

---

2 같은 책, 93쪽.

● 독일제국의 주민 상당 부분이 1914년 8월 제1차 세계대전의 발발을 열광적으로 반겼던 사실을 지칭하는 말. 많은 독일인들은 숙적 프랑스와 영국을 이기는 것에 민족적 자존심을 걸었고 전쟁을 통해 독일 민족이 갱생할 것이라고 믿었다. '1914년 정신'이라고 부르기도 한다.

3 랑에마르크전투〔1914년 10월〕의 신화는 독일 최고사령부의 한 공식 발표에서 유래한다. "랑에마르크 서쪽에서 신생 연대가 '독일, 독일, 최고라네'를 노래하며 적의 제1방어진을 무너뜨리고 접수했다." Bernd Hüppauf, "Schlachtenmythen", 55쪽 이하에서 인용.

3. 신화적 희생자와 현실의 사망자

에 대한 의문이 생겨났다. 저기서 남자들이 단순히 도륙당하고 있는 것인가, 아니면 저것은 마이네케의 의미에서 희생적 실천 즉 다른 사람들을 살리기 위해 소수가 죽음을 맞는 구원의 행위인가? 엑스타인스가 보기에, 살해의 의미에 대한 논쟁 내지 살해에서 희생으로의 변용은 〔1913년〕 5월 29일 저녁 스트라빈스키의 「봄의 제전」 파리 초연으로 시작되었다.

〔영국〕 역사학자 올랜도 파이지스Orlando Figes는 그의 러시아 문화사 『나타샤의 춤』에서, 20세기 초 러시아 예술가와 지식인들 사이에서 자국의 고대사에 대한 관심이 커지는 것을 밝혀냈다. 그러면서 이들은 슬라브족의 태양신 야릴로Jarilo와 연관이 있다고 간주되는 이교도의 인간제물을 알게 되었다. 야릴로는 "묵시록의 불의 이념, 파괴를 통한 국가의 정신적 갱생을 대변하는"[4] 신이다. 파이지스가 스트라빈스키와 세계대전을 연결하려는 고리는 「봄의 제전」에서 시도된, 갱생과 부활의 매체로서 폭력과 파괴의 복권이다. 유럽 계몽주의가 폭력과 전쟁을 역사에서 점차 추방하는 걸 지향했다면, 신비적 사유의 재발견과 함께 희생양의 생명 회복 기능에 대한 믿음이 유럽인들의 정치적 사유세계로 귀환한 것이었다. 위 러시아의 경우, 러시아적 정체성을 몽골과 스키타이 전통에서 찾으려고 노력하면서 신비적 사유가 자라났다.[5] 파이지스가 보기에, 「봄의 제전」을 전쟁이나 혁명과 연결

---

4 Orlando Figes, *Nataschas Tanz*, 304쪽. 〔원저명은 *Natasha's Dance*(2002)이며 국내에서는 『나타샤 댄스』(올랜도 파이지스 지음, 채계병 옮김, 이카루스미디어, 2005)로 번역·출간되었다.〕
5 같은 책, 380~449쪽.

하고 또 유럽에서 벌어질 '위대한 죽음'에 대한 예술적·지적 서막으로 만들어주는 것은 바로 발레의 줄거리 즉 한 젊은 여인의 희생을 통한 공동체의 구원이다.

물론 암시, 예견, '역사징표Geschichtszeichen'[6]를 문화사적으로 적시하는 것과 관련해 많은 방법적 이견이 있다. '사후 합리화', 또 합리적 바탕에서는 예측 불가한 전개 상황에 대한 예견 능력을 부여받은 예언자 예술가라는 상투어 등이 거론될 수 있다. 최근 소장 역사학자들은 상황의 전개가 반드시 전쟁으로 귀결되어야 했던 건 아니라고 즉 전쟁은 피할 수 있었다고, 그리고 7월위기 중에도 ─세르비아 민족주의자가 오스트리아 황태자를 암살한 후에도─ 갈등을 베오그라드에 대한 오스트리아-헝가리 측의 징벌 행동으로 제한할 가능성이 있었다고 생각한다.[7] 그랬다면 제3의 발칸전쟁은 있었겠지만 제1차 세계대전은 없었을 것이다. 제3의 발칸전쟁은 분명 그 앞 1912년과 1913년의 발칸전쟁들과 마찬가지로 유럽 예술가와 지식인들의 관심을 끌지 못했을 것이다. 시공간적으로 제한된 전투였다면, 〔체코 태생의 오스트리아 화가〕 알프레트 쿠빈Alfred Kubin의 그림 「전쟁Der Krieg」(1907)도, 〔독일 화가〕 루트비히 마이트너Ludwig Meidner의 그림 「묵시록의 도

6 칸트가 프랑스혁명과 관련해서, 내지는 프랑스에서 일어난 사건에 대한 프랑스인이 아닌 관객들의 열렬한 동조와 관련해서 사용한 '역사징표' 개념에 대해서는 다음을 참조. Heinz Dieter Kittsteiner 편, *Geschichtszeichen*.

7 비록 그 논리는 매우 상이하지만 많은 연구들을 대표해서 다음을 참조할 것. David Fromkin, *Europe's Last Summer*; Jürgen Angelow, *Der Weg in die Urkatastrophe*; Clark, *Die Schlafwandler*.

3. 신화적 희생자와 현실의 사망자

시Apokalyptische Stadt」(1913)도, 〔독일 시인〕게오르크 하임Georg Heym의 시「전쟁Der Krieg」(1911)도 미래를 선취했다는 명성을 얻지 못했을 것이다. 반사실적 역사분석의 발상을 빌리자면, 1914~1918년의 세계대전으로 가지 않았다면 오늘날 쿠빈과 마이트너의 그림, 하임의 시와 스트라빈스키의 발레는 인간을 희생시킨 과거의 폭력적 전쟁 시대에 대한 경고를 담은 회상으로 이해되었을 것이다. 다가올 파국에 대한 전조가 아니라 예술적 애도로, 과거에 대한 기억으로 말이다.

문화사를 전쟁은 불가피했다는 생각의 비밀스러운 대용 공간으로 만들고 싶지 않다면, 문제의 작품들은 제1차 세계대전의 예견이 아니라 정서적 변화의 지표로 해석되어야 한다. 〔오스트리아 태생의 독일 작가〕슈테판 츠바이크Stefan Zweig가 감상적 노스탤지어 없이 묘사했듯이,[8] 이 작품들은 '어제의 세계'가 그다지 견고하거나 안정적이지 않았다는 것, 전쟁이 평화롭고 조화로운 세계에 정말 예상치 못하게 폭력이 침입한 결과가 아니었다는 것을 보여준다. 그러니까 '어제의 세계'는 부글대고 있었으며, 그 세계를 파괴할 수도 있을 힘들이 살아 움직이고 있었던 것이다. 파괴가 전쟁으로 현실화하지 않았더라면, 아마도 〔파괴는〕일련의 혁명으로 나타났을 것이다. 그리고 이 혁명들이 성공하지 못했다면, 폭동이 이어져 통치자들은 여성에게 평등한 권리를, 하층계급에게 보다 많은 정치적 · 사회적 참여의 기회를 부여할 수밖

---

8 안전 · 신뢰 · 평화 · 진보는, 츠바이크에 따르면, 구유럽에 속하는 특징들이다. 츠바이크는 그 유럽이 자신의 부모가 그들의 자식들과 함께 살았던 꿈의 궁전일 수 있다고 인정하고 있기는 하다. Stefan Zweig, *Die Welt von Gestern*, 14~23쪽. 〔국내에서는 『어제의 세계』(슈테판 츠바이크 지음, 곽복록 옮김, 지식공작소, 2014, 개정판)로 번역 · 출간되었다.〕

에 없었을 것이다. 부르주아의 미적 자기이해도 새로운 예술가 세대의 아방가르드 정신에 압박을 받았을 것이다. 유럽이 20세기 초 시대적 전환점에 있었다는 건 의심의 여지가 없었다. 그러나 그것이 어떻게 실현될지는 전적으로 열려 있었다.

상황의 전개는 전쟁폭력이 폭발함으로써 극적으로 가속화했다. 그리고 그렇기 때문에 20세기를 회상하는 시각에서 두 해석이 서로 맞서고 있다. 그 하나는 [미국 외교관] 케넌의 표현을 따라서 제1차 세계대전을 '20세기의 원초적 재앙'으로 파악하는 것이다.[9] 다른 하나는 이 전쟁을 현대로의 돌파로 보는 것이다. 여기서 현대를 예술적 아방가르드로 생각하는지, 개인의 자유에 근거하는 자유주의사회의 탄생으로 이해하는지, 아니면 공산주의 평등 이념의 실현으로 이해하는지는 아무 상관이 없다. 홉스봄의 시대 구분에 따르면 프랑스대혁명에서 시작해 제1차 세계대전의 발발까지 이어지는 '장기 19세기'•는 전쟁이 없이도 끝났을 것이다. '어제의 세계'에 대한 엄청난 권태가 존재했고, 스트라빈스키의 「봄의 제전」은 이러한 권태가 표현되는 형식 중 하나였다. 세기 전환기에 등장한 고대 민족들의 신화에 대한 열광, 그

---

9 George Kennan, *Bismarcks europäisches System in der Auflösung*, 12쪽.

• 홉스봄은 '장기 19세기(1789~1914)'를 세 시기로 구분한 3부작을 저술했다. 첫 번째는 1789년부터 1848년 사이의 시민혁명(프랑스혁명)과 산업혁명이라는 '이중혁명'의 시대를 다룬 *The Age of Revolution: Europe 1789~1848*(1962), 두 번째는 19세기 중반의 제3, 4분기에 해당하는 약 30년간(1848~1875)을 다룬 *The Age of Capital: 1848~1875*(1975), 세 번째는 제국의 시대(1875~1914)를 다룬 *The Age of Empire: 1875~1914*(1987)다. 국내에서도 『혁명의 시대』, 『자본의 시대』, 『제국의 시대』(이상 에릭 홉스봄 지음, 정도영·차명수·김동택 등 옮김, 한길사, 1998)로 번역·출간되었다.

사회적 의미에 대한 인류학적·사회학적 해독, 민족의 폭력적 자기초월로서 희생 관념을 염두에 두면서, 여기서 저 권태를 더 살펴보고자 한다.

주변부에서 정치적 중심으로의 폭력의 귀환

19세기는, 19세기 역사의 시작을 프랑스대혁명이 아니라 나폴레옹전쟁의 종식과 빈회의로 잡으면, 비교적 평화스러우며 유럽 정치와 사회의 중심에서 폭력이 사라진 세기라고 할 수 있다.[10] 혁명적 인민전쟁으로 풀려난 〔로마신화에 나오는 전쟁의 여신〕 벨로나Bellona는[11] 다시 운신의 자유를 빼앗겼다. 비록 19세기에 이탈리아와 독일의 통일전쟁이 있었지만, 그 전쟁들은 유럽대륙을 폭력의 소용돌이로 끌고 들어가지 않았으며, 몇 개의 전투로 결판이 났다. 크림전쟁이나 미국 남부 주들의 분리 전쟁〔미국 남북전쟁. 1861~1865〕 같은 장기전들은 유럽의 주변부 내지 해외에서 발생했다. 유럽에서는 어느덧 국가 간 전쟁과 내전의 구분이 확실히 자리 잡았다. 적십자 같은 인도주의적 조

---

10 스티븐 핑커가 정리한 통계 역시 이를 확인해준다(Steven Pinker, *Gewalt*, 190쪽 이하). 그에 반해 부르주아 시대에 여전히 존속하는 폭력 및 폭력의 축제를 밝혀낸 피터 게이는 훨씬 더 회의적이다.─그런데 그 근거를 사회통계학적 자료보다는 문학에서 찾기는 한다(Peter Gay, *Kult der Gewalt*), 〔핑커 책의 원저명은 *The Better Angels of Our Nature: Why Violence Has Declined*(2011)이며 국내에서는 『우리 본성의 선한 천사: 인간은 폭력성과 어떻게 싸워 왔는가』(스티븐 핑커 지음, 김명남 옮김, 사이언스북스, 2014)로 번역·출간되었다.〕

11 Johannes Kunisch, "Von der gezähmten zur entfesselten Bellona", 203~226쪽.

직들의 도움, 헤이그육전협약● 같은 국제법적 조약들, 그리고 최종적으로 국가들의 상당한 정도의 조약 준수[12]를 통해 전례 없는 수준의 정치의 민간화와 전쟁의 규준화를 이룬 것은 모두 국가 간 전쟁과 내전의 구분을 전제로 가능했다. 이제 전쟁이 역사에서 사라질 것이라고 기대할 근거가 충분히 존재했다. 이미 18세기 후반부에 널리 퍼졌던 '영원한 평화'에 대한 생각이[13] 새로운 설득력을 얻게 되었다.

프랑스 사회학자 오귀스트 콩트Auguste Comte는 자신의 3단계 법칙에서 군사시대가 과학·산업시대로 대체된다고 확인했다.●● 그의 생각에 따르면, 과학·산업시대는 "현대사회의 평화정신에 유일하게 부합하는 순수한 방어를 위해선 군사계급의 존치가, 나아가 아예 전쟁업무의 상시적 관리가 불필요해졌다는"[14] 특징을 갖는다. 영국 사회학자 허버트 스펜서Herbert Spencer 역시 자신의 일반 진화론에서 전쟁사회의 산업사회로의 대체를 주장할 수 있다고 믿었다. 그러면서 전자는 강제가, 후자는 계약의 자유가 특징이라고 했다.[15] 이 두 사회학

● 1899년에 네덜란드 헤이그에서 열린 제1차 만국평화회의에서 채택된 「육전 법규와 관례에 대한 협약Convention Respecting the Laws and Customs of War on Land.

12 빌헬름 그레베는 19세기가 "전체적으로 계약에 충실한 시대로 간주될 수 있다"라고 쓰고 있다. Wilhelm Grewe, *Epochen der Völkerrechtsgeschichte*, 604쪽.

13 Anita und Walter Dietze 편, *Ewiger Friede?*의 여러 곳을 참조.

●● 실증주의의 시조로 사회학을 창시한 콩트는 개별 인간과 전체 인류의 사유는 신학적(내지 허구적) 단계, 형이상학적(내지 추상적) 단계, 실증적(내지 실재적) 단계라는 3단계로 진보하고, 최후의 실증적 단계가 이상적인 과학적 지식의 단계라고 주장했다. 이때 사회관계는 단계별로 군사적 관계, 과도적 단계, 산업적 관계로 나아간다.

14 Auguste Comte, *Die Soziologie*, 384~448쪽.

15 Herbert Spencer, *Die Principien der Sociologie*, 제2권, 165~177쪽.

자에 철학자 헤겔G. W. F. Hegel을 추가할 수 있다. 헤겔은 『정신현상학 Phänomenologie des Geistes』에서, 인정認定 투쟁에서 폭력에 기대는 주인은 실패하는 반면 노동하는 노예는 자신의 노동의 대상에서 "자기확신의 진리"에 도달한다고 서술했다.[16] 폭력이 실존적으로 막다른 골목으로 귀착된다면, 노동은 세계와 인간의 변화 양식으로 승격한다. 노예에 대한 헤겔의 서술에는 인격적 인정의 근거로 자발적 자기희생을 추구하는 귀족적 이상에 대한 단호한 거부가 담겨 있다. 투쟁에서 자신을 죽음에 내맡긴 자에게는 자신이 인정을 획득했다는 확실성이 담보되지 않기 때문이다. 헤겔에게 전사戰士의 명예는 인정으로 가는 성공적 길이 아니다. 오히려 그것은 실패의 흔적이다.[17]

하지만 세기 전환기 유럽 사회에서는 이처럼 단호한 반폭력 전망에 대해 점점 더 강한 의문이 생겨났다. 프랑스 사회주의자 조르주 소렐Georges Sorel은 비폭력 발전을 더 고수한다면 사회변화의 주체인 프롤레타리아를 타락시키고 그들을 도덕적 몰락으로 내몰 것이라고 주장했다. 이런 주장이 큰 호응을 이끌어낸 것은 하나의 징후였다. 소렐에 따르면, 부르주아의 데카당스는 폭력을 혐오한 결과인데, 노동자들이 전력으로 저항하지 않는다면 그들 역시 곧 데카당스에 의해 사로잡힐 것이었다. 이미 지금도 "겁먹은 그리고 휴머니즘의 이념으로 넘치는 부르주아계급의 이데올로기"가 사회주의를 발전에 대한 피상

---

16 Georg Wilhelm Friedrich Hegel, *Phänomenologie*, 143~150쪽(G. W. F. 헤겔 지음, 임석진 옮김, 『정신현상학 1』(한길사, 2005), 224~234쪽).

17 헤겔의 『정신현상학』에 대한 이러한 해석은 논란이 없는 것은 아니다. 이 해석은 다음의 제안을 따른 것이다. Alexandre Kojève, *Hegel*, 62쪽 이하.

적 기대로 변화시키는 것이 목도된다고 했다. 소렐은 1906년 『폭력론 Réflexions sur la violence』에서 다음처럼 말한다. "두 사건만이 이러한 흐름을 저지할 수 있다. 즉 에너지를 새롭게 벼릴 수 있을, 외부를 향한 대규모 전쟁 (…), 또는 부르주아에게 혁명의 현실을 보여주고 진부한 휴머니즘에 정떨어지게 할 프롤레타리아 폭력의 확장."[18] 총파업의 신화는 사회주의자들에게 "나폴레옹의 결전"을 수행할 힘을 되돌려줄 것이며, 폭력의 상상력은 프롤레타리아트를 투쟁으로 이끌고, 프롤레타리아트를 발전이라는 치명적 환상으로부터 보호해야 할 것이다. 소렐의 글들은 발전 이념이 더는 당연히 지향해야 하는 역사 모델이 아님을 말해주는 초기 지표가 되었다.

폭력에 대한 소렐의 집착은[19] 그의 역사철학적 견해와 밀접하게 연관이 있다. 이에 따르면, 역사는 순환하면서 흐르고, 쇠락의 시대 후에는 사회가 우선 철저하게 재활성화를 겪어야만 새로운 융기가 가능하다. 소렐에 의하면, 이와 같은 재활성화는 폭력의 사용을 통해 일어난다. 역사순환 이념으로의 귀환과 지속적 발전의 기대로부터의 작별은 정치적 과제의 영역을 근본적으로 바꾸어놓았다. 소렐의 견해에 따르면, 정치가 폭력으로만 해결할 수 있는 과제들에 직면한 것이다.

원칙적으로 이것은 고대와 르네상스 시기에 지배적이던 정치사에

---

18 Georges Sorel, *Über die Gewalt*, 90~91쪽. 〔국내에서는 『폭력에 대한 성찰』(조르주 소렐 지음, 이용재 옮김, 나남출판, 2007)로 번역·출간되었다.〕
19 미하엘 프로인트는 소렐의 『폭력론』에 대해 다음과 같이 쓰고 있다. "그것은 세계전쟁의 최초의 포격 중 하나로 이해되어야 한다. 그것은 1914년의 파국이 미리 던진 그림자 중 하나다." Michael Freund, *Georges Sorel*, 194쪽.

대한 이해 방식이다. 그 이해 방식에 따르면, 하나의 도시 또는 하나의 제국은 점차 상승하다가 결국 그 발전의 정점에 도달한다. 그런 후에는 몰락이 이어지는데, 처음에는 천천히 진행되지만 그다음에는 가속이 붙게 된다. 스토아학파의 생각에 의하면, 하나의 정치집단은 상승과 몰락의 순환을 여러 차례 겪을 수 있다. 결국 모든 힘을 소진하고, 역사에서 사라지거나 내지는 아직 소진되지 않은 강력한 정치적 행위자에 의해 동화되기까지.[20] 이 과정의 진행에서 중요한 것은 저점에 정체하지 않고 다시 힘을 결집해 새로운 순환으로 들어서는 능력이었다. 보통 "새로운 힘의 결집"은 사회 내부적 폭력의 광란 즉 내전이나 일련의 유혈 폭동으로 실현되었다. 이 같은 사건들은 순환 모델에서 몰락의 최저점이자 동시에 새로운 상승을 향한 진입 둘 다였다. 순환 모델 덕분에 고대와 중세 말~근세 초 도시국가에서 반복적으로 불타오르던 내전을 다가올 재상승의 지표로 변화시키는 것이 가능해졌다. 그럼으로써 일견 무의미한 것들에 의미가 부여되었다. 파괴는 건설 작업으로 바뀌었다. 현실의 사망자들은 새로운 정치적 출발을 희망할 수 있게 하는 신화적 희생양들로 바뀌었다.

그런데 순환운동의 저점을 극복하는 것 외에 도시든 제국이든 어떻게 순환의 상부에 가능한 한 오래 머물 수 있느냐는 문제 역시 역사 순환론에서 관건이다. 로마의 역사가 살루스티우스Sallustius가 『카틸리나의 음모De coniuratione Catilinae』라는 저서의 서두에서 내놓은 모범 답안은,[21] 외부 적과의 전쟁 또는 끊임없이 경계하고 분골쇄신하도록 강

---

20 Heinrich Ryffel, *Metabolēpoliteiōn*을 참조.

제하는 적이 최소한 존재하는 게 권력 유지를 위한 담보라는 거였다. 그에 따르면, 전쟁의 위험은 도덕적 부패의 확산을 막으며, 시민들이 자기 자신의 이익보다 국가의 공동 안녕에 더 관심을 갖게끔 했다. 내전이 순환의 하부 단계에서 속도를 더하는 한 요소였다면, 국가 간 전쟁은 상부 단계에서 속도를 늦추는 요소가 된다고 했다. 아무튼 전쟁과 폭력이 정치적 공동체의 사회적 도덕심을 유지하고 갱신한다는 것이었다. 소렐은 폭력의 복권에서 이러한 생각으로 소급했다. 콩트와 스펜서가 발전으로 파악했었던 것 즉 군사사회에서 산업사회로의 교체가 소렐에게는 생명력, 프랑스 생철학자 베르그송의 의미에서 생의 약동élan vital의 상실로 나타나는 하강에 대한 자기기만일 뿐이었다.[22] 소렐의 관점에서는 온순함과 평화 애호가 아니라 폭력에 대한 자발성과 잔혹 성향이 사회의 도덕심을 촉진했다. 사회의 분열과 양대 계급의 상호 투쟁은 그런 도덕심을 고취했다.

폭력에 대한 상상에 데카당스와 쇠락을 막아주는 강력한 수단이 있다고 믿었던 것은 소렐만이 아니었다.[23] 1914년 8월 전쟁이 발발하자, 독일에서도 전쟁의 치유와 구원의 기능에 대한 기대가 난무했다.

---

21 Sallust, *Werke*, 12쪽 이하. 외부 적의 정치적 유용성이라는 주제에 대해서는 다음도 참조. Marco Walter, *Nützliche Feindschaft?*.

22 Georges Sorel, *Les illusions du progrès*.

23 양차 세계대전 사이 시기에 소렐은 정치적으로 전선 사이에서 갈팡질팡했다. 그는 자기 저서의 이념이 레닌에 의해 실현된 것인지 아니면 무솔리니에 의해 실현된 것인지 제대로 결정하지 못했다(Freund, *Georges Sorel*, 237쪽 이하). 이탈리아 파시즘의 소렐 수용과 '총파업 신화'의 '혁명전쟁 신화'로의 변형에 대해서는 다음을 참조. Zeev Sternhell/Mario Sznajder/Maia Asheri, *Die Entstehung der faschistischen Ideologie*, 53쪽 이하 및 204쪽 이하.

「전쟁에 대한 상념Gedanken im Kriege」에서 토마스 만은 이렇게 말한다. "전쟁! 우리가 느낀 것은 정화였다. 해방이었다. 그리고 엄청난 희망이었다."[24] – 무엇으로부터 정화되고 해방된다는 말인가? 만에게 오해의 여지는 없었다. 평화의 세계로부터의 정화이고 해방이었다. "평화와 수다스러운 예절이 지배하는 세계, 우리는 그 세계를 알고 있었다. – (…) 이제 더는 존재하지 않는– 아니 거대한 폭풍이 지나가면 더는 존재하지 않을 그 지긋지긋한 세계를."[25]

그러나 만이 보기에 1914년의 전쟁은 병사들이 아니라 장사꾼들이 시작한 것이었다.[26] 병사는 전쟁이 무엇인지 알고 있기에 전쟁을 피하려고 노력한다는 것이다. 그러나 장사꾼은 전쟁에서 이익을 취하고자 하고 그래서 이익이 되기만 하면 어디서나 불장난을 한다는 것이다. "장사꾼들은 그것(전쟁)을 교활하고 파렴치하게 부추긴다. 왜냐하면 그들은 전쟁에 대해 아무것도 모르기 때문이다. 그들은 전쟁을 느끼지도 이해하지도 못한다. 그들이 어떻게 전쟁의 성스러운 공포를 향한 경외심을 알겠는가?"[27] 이 말은 상인과 영웅을 서로 대비한 [독일] 경제사가 베르너 좀바르트Werner Sombart의 전쟁 소론에 대한 표어가 될 수 있었을 것이다. 여기서 상인은 영국인들이고, 영웅은 독일인

---

24 Thomas Mann, *Essays*, 제1권, 193쪽.

25 같은 책, 192쪽. 전쟁에 대한 이런 식의 의미 부여에 대해서는 다음을 참조. Münkler, *Der Große Krieg*, 223쪽 이하.

26 아르민 몰러가 젊은 만을 '보수혁명'에 넣는다면, 그 근거로 진보의 표상에 대한 거리감과 순환적 역사 이론에 대한 근접성을 지적할 수 있을 것이다. Armin Mohler, *Die konser-vative Revolution*, 여러 곳.

27 Mann, *Essays*, 199쪽.

들이었다. 미리 말하자면, 좀바르트는 자본주의 역사를 순환으로 설명했다. 신중한 계산가보다는 과감한 모험가에 의해 결정된 초기 자본주의의 격렬한 개막에 이어 자본주의 생산양식을 도처에 관철시킨 고도 자본주의가 뒤따른다. 그러나 이 시기도 영원하지 않았다. 이어서 좀바르트가 '쇠약'과 '비만'으로 파악하는 후기 자본주의가 온다. 그러니까 좀바르트에게서도 생기론生氣論적 사고가 중요한 역할을 하는 것이다.[28] 그리고 자본주의는 계산하는 상인이 아니라 과감한 사업가로부터 발휘되는 재활성화에 반복적으로 의존하는 것이다.

좀바르트는 자신의 전쟁 소론『상인과 영웅Händler und Helden』(1915)에서 정치적인 것과 군사적인 것에 상이한 경제 성향을 적용했다. "상인과 영웅. 그들은 양대 대립자다. 그러니까 지구상의 모든 인간적 지향성의 양극을 이룬다. 우리가 보기에 상인은, 인생아 넌 내게 무엇을 줄 수 있냐고 물으면서 인생에 다가간다. 상인은 취하려고 한다. 가능한 한 적게 내주고, 가능한 한 많이 받아내길 원한다. 인생이 이문 좋은 장사가 되길 원한다. 그래서 그는 초라하다. 영웅은 인생에 내가 무엇을 줄 수 있을까 물으면서 다가간다. 영웅은 선물을 주려고 한다, 자신을 다 써버리려고 한다. 자신을 희생하려고 한다. ― 되돌려 받지 못해도. 그래서 그는 풍요롭다."[29] 상인들이 수입과 재산 때문에 전전긍

---

28 그 근거는 1902년과 1926년 사이 출간된 좀바르트의 3권짜리 작품『근대 자본주의 Der moderne Kapitalismus』및『부르주아: 근대적 경제인간의 정신사에 대하여Der Bourgeois. Zur Geistesgeschichte des modernen Wirtschaftsmenschen』다. 이에 대해서는 다음을 참조. Michael Appel, *Werner Sombart*, 25~88쪽.
29 Werner Sombart, *Händler und Helden*, 64쪽.

긍하는 곳에서, 영웅들은 조국, "우리 위에서 사는 이 전체, 우리 없이도 그리고 우리의 의지에 반해서도 존재하는 이 전체"[30]를 위해 기꺼이 자신을 희생한다. 그래서 상인은 특정한 이익 때문에, 그리고 이익이 예상되는 한 전쟁을 한다는 것이다. 이에 반해 영웅은 전쟁이 그에게 "최대의 도덕적 힘으로 나타나기 때문에, 그리고 그 힘은 지상의 인간들을 부패와 태만으로부터 지키기 위해 신의 뜻이 택한 수단이기"[31] 때문에, 전쟁을 한다. 영웅만이 자기희생을 할, 타인을 위한 구제행위를 할 능력이 있다. 영웅만이 전쟁을 "신의 최고의 훈육 및 교육 수단"[32]으로 존중한다. 좀바르트에 따르면, 한 사회의 자기초월 요구는 세계사의 진행에 내재되어 있다. 결국 장사꾼조차도 영웅의 존재로부터 이득을 얻는다. 즉 장기적으로 상인은 영웅이 존재하는 곳이라야 있을 수 있다는 것이다. 그렇기 때문에 상인 민족보다 영웅 민족이 더 가치 있다는 게 좀바르트의 생각이다. 성스러운 희생자의 자기초월은 영웅에게만 있으니까 말이다.

영웅에 대한 좀바르트의 주장은 스트라빈스키 「봄의 제전」의 줄거리와 맞닿아 있다. 두 경우 모두 축성祝聖과 희생을 주제로 한다. 두 경우 모두 희생을 통해 공동체의 존속이 지켜져야 한다. 「봄의 제전」의 발단에는 자연의 비밀에 대한 예감이 있다. 이 비밀은 예언을 통해 접근할 수 있다. 이 예언은 분명 계절의 순환과 상관이 있다.[33] 여기서는

---

30 같은 책, 67쪽.
31 같은 책, 91쪽.
32 같은 책, 95쪽.

무엇보다 죽음의 겨울이 지나고 어떻게 생명의 순환이 다시 시작될 수 있느냐는 문제와 상관이 있다. 젊은 여인들의 유희적 춤은 생명의 순환에 봉사한다. 그러나 땅에 성스러움을 불어넣기 위해 여인들이 춤을 추는 동안에도, 그것만으로는 자연의 부활과 공동체의 갱생에 충분치 못하다는 예감이 팽배해간다. 이를 위해서는 처녀들 중 한 명을 죽여야 한다. 이는 신비적 원인론原因論으로, 처녀의 피가 뿌려져야 비로소 땅이 다시 비옥해진다는 것이다. 살해행위를 희생제로 변화시키고 그 희생제에 성스러운 성격을 부여해주는 것은, 젊은 여인을 살해하는 화려한 제의다. 신화와 제의를 통해 잔혹하고 야만스러운 것이 신성한 것으로, 하나의 의사소통으로, 더 나아가 신들 및 조상들과의 교환관계로 변형된다. 커다란 공양물을 바치며 그렇게 갱생되는 공동체는 그에 걸맞게 배치되어 있다. 그중에 한 명이 희생양으로 선택될 젊은 여성들을 마주보며 흰 수염이 난 늙은 남자들이 다가간다. 이들은 유구한 조상들의 상징적 대변자로 야릴로 신을 대신해서 공양물을 받는다. 신비적 원인론에 따르면, 이 희생제를 통해 자연의 순환이 완결된다. 땅은 그 땅에 기대어 사는 인간들과 화해를 한다. 이것이 한 개인이 자신의 동기와 결단으로 공동체를 위해 죽음을 받아들이는 그런 영웅적 행위가 아님은 명백하다. 여성 희생양은 선택되고 살해된 것이다. 춤의 아름다움으로 인해 그 점이 은폐되었을 수도 있다. 젊은 여인을 선택하고 희생물로 바치는 것은 춤의 흐름 속에서 유희적

---

33 「봄의 제전」에 대한 서술과 해석은 다음을 따른다. Volker Scherliess, *Igor Strawinsky*, 5~12쪽; Helmut Kirchmeyer, *Strawinskys russische Ballette*, 103~105쪽.

3. 신화적 희생자와 현실의 사망자

으로 진행된다. 그러나 다른 생명들의 존속을 위해 한 생명을 끝장내는 살해행위임에는 변함이 없다. 이렇게 자연만 화해를 되찾은 게 아니다. 사회의 질서 역시 다시 견고해졌고 새로운 1년을 위해 '정화되었다.'

희생제의 본질을 둘러싼 논쟁-교환관계인가? 거룩한 봉헌인가?

19세기 말 유럽에서는 원시사회의 신화와 제의에 대한 강한 관심이 생겨났다. '원시사회'의 사회생활을 '참여적 관찰'을 통해 연구하기 위해, 인류학자들이 떼를 지어 북아메리카와 남아메리카의 인디언, 폴리네시아, 남태평양, 아프리카를 향해 길을 나섰다. 이런 여행에서 탄생한 보고서들에는 더 이상 초기 계몽주의의 '나쁜 야만인'과 '선한 야만인'의 대립이 두드러지지 않았다. 이 보고서들은 씨족과 부족의 생활 방식을 되도록 선입견 없이 묘사하면서 섣불리 유럽적 기준을 들이대지 않으려고 했다. 비록 오늘날의 관점에서는 보고서들의 '식민주의적 시각'이 자꾸 눈에 띄지만, 〔독일 태생의 미국 인류학자〕 프랜즈 보애스Franz Boas, 〔폴란드 태생의 영국 인류학자〕 브로니슬라브 말리노프스키Bronislaw Malinowski, 〔영국 인류학자〕 제임스 G. 프레이저James G. Frazer의 저작들은 원시사회, 그 공동생활의 규칙, 그 사유체계의 방식에 대한 유럽의 관심을 과학화하는 데 이정표를 세웠다. 인류학자들은 사회학의 예리한 방법론적 의식에서 도움을 얻었고, 사회학자들은 인류학 보고서라는 우회로를 거쳐 사회질서의 초기 역사를 들여다볼 수 있다는 생각에 매혹을 느꼈다. 그러니까 사람들은 인간사회의 요람에 접근해서, 도덕적 성찰이 덧씌워지기 이전 사회질서의 규칙들을 연구할 수 있었다. 그러면서 희생제의 신화와 제의도 접하게 되었다. 그리고 객관성의 명령에 따라, 그것들을 처음부터 야만으로 비난하지 않고 서술했다. 16세기와 17세기 새로 발견한 아메리카대륙의 종족들에 대한 보고서들과는 달리 말이다. 인간 공동생활의 초기 형식에 대한 관심은 동시에 현재에 대한 자기확인이었다. ─스트라빈스키의 발레 「봄의 제전」처럼.

　〔러시아〕 화가 니콜라이 로에리치Nicolai Roerich가 작곡가 스트라빈스키에게 봄의 축성 의식 즉 젊은 여인 공양을 통한 대지의 정화 의식을 차기 발레의 소재로 삼으라고 설득했을 때와 거의 같은 시기에, 지그문트 프로이트Sigmund Freud 역시 희생제 및 희생제를 둘러싼 둘러싼 제의적 금기에 대해 관심을 가지고 있었다. 이 금기들이야말로 희생제에 정화행위의 성격을 부여하는 수단이었다. 프로이트는 『토템과 터부Totem und Tabu』의 부제─야만인과 신경증환자의 정신생활에서 몇 가지 공통점[34]─처럼, 동시대인들의 충동 욕망과 좌절을 '야만인들'의 제의와 신화라는 우회로를 통해 알아내고자 인류학 문헌에 관심을 기울였다. 프로이트의 관찰 아래 희생제는 살해행위의 내러티브적·제의적 극복으로 드러나게 된다. 즉 희생제로부터 공동체는 마구잡이식 자의적 살해가 반복되면 사회집단이 자기파괴로 귀결된다는 걸 알게

---

34 Sigmund Freud, *Kulturbistorische Schriften*, 287~444쪽. 『토템과 터부』는 자신의 적수인 카를 구스타프 융Carl Gustav Jung의 신화 구상에 대한 프로이트의 대답이기도 하다. 이에 대해 다음을 참조. Eli Zaretsky, *Freuds Jahrhundert*, 149쪽 이하.

3. 신화적 희생자와 현실의 사망자

되는 것이다. 살해의 폭력은 반복되면 안 되고, 그래서 금지와 터부의 체계가 세워지는 것이다. 그리고 살해된 자는 토템으로 신격화된다. 이 토템의 배경에는 '형제무리' 즉 공동체의 젊은 남자들이 가부장에 반란을 일으키고 가부장을 살해한 사건이 있다. 이 가부장은 공동체의 모든 여성을 자신이 차지함으로써 형제무리의 성적 충족을 방해했던 것이다.[35] 성적으로 좌절한 자들의 봉기는 가부장의 살해, 그리고 연이은 광란의 성충동 해소로 치달았다. 그러나 바로 그다음 순간, 지난 쾌락독점자가 겪은 죽음을 누구나 당할 수 있다는 불안이 퍼져나갔다. 씨족의 여자들을 차지하려는 공개적 경쟁과 함께 폭력이 공동체에 유입되었고, 더는 그 누구도 어느 때에 경쟁자들에 의해 맞아 죽지 않는다고 자신할 수 없었다. 이 위험은 명령과 금지의 체계에 의해 극복되었는데, 특히 금지는 '신성한'것으로 즉 어떤 상황에서도 범해서는 안 되는 것으로 공표되었다. 동족혼 금지 내지 족외혼법(파트너를 자신의 사회 그룹 외부에서 찾아야 하는 규정), 살해된 가부장의 신성화는 그러니까 무제한적 충동 충족행위와 함께 사회에 유입된 폭력을 다시 몰아내는 장치였다. 신화는 살해된 가장을 거룩한 희생양으로 변형시켰고, 이것을 순환적·제의적으로 반복함으로써 공동체를 규정과 금지에 새롭게 다시 구속하는 것이었다. 현실의 사망자를 신비한 희생양으로 변신시키는 것은 그러니까 프로이트의 시각에서는 사회의 평

---

35 프로이트는 『토템과 터부』의 집필 후 몇 년이 지나 "유일한 아버지라는 생각을 포기하고, 그 대신 빙하 시기까지 거슬러가는 '전제적 원부原父, Urväter들'이 지배하던 역사적 시기를 가정한다. 이 원부들은 아들이 여자를 두고 경쟁자로서 방해가 되면 실제로 아들의 생식기를 잘라버렸다고 한다."(Zaretsky, *Freuds Jahrhundert*, 150쪽).

정행위로 귀결되는 지적 변용이었다. 희생의 시연은 공동체 내에서 발생했던 살해행위, 다시는 반복되면 안 되는 그 살해행위를 내러티브적으로 극복하는 것이다.

희생제의 사회 안정화 기능에 대한 생각은 이후 몇십 년간 실제 희생제를 연구한 프랑스 종교철학자나 종교사회학자들에게서도 나타난다. 가장 중요하고 잘 알려진 사례를 들자면, 로제 카유아Roger Caillois, 조르주 바타유Georges Bataille, 르네 지라르René Girards가 있다.[36] 그러나 프로이트와 달리 이들에겐 지나간 사건을 내러티브로 극복하는 것보다 희생의 제의적 수행 자체와 그것의 규칙적 반복이 중요했다. 프로이트의 분석이 과거 극복을 위한 것이었고, 그의 관심이 과거의 현재로의 침투에 있었던 반면, 적어도 카유아나 바타유는 현재에 대한 반대 모델을 발전시키기 위해 과거에 관심을 기울였다. 계몽정신에 부합하는 프로이트의 희생제 분석, 신비적 마력에 몰두한 스트라빈스키 「봄의 제전」의 음악적·무도적 희생제 형상화가 이쪽에, 희생제의 종교철학적 주제화가 저쪽에 있는데, 그 사이에는 유럽의 두 차례 대전과 러시아 혁명과 내전의 경험, 그에 더해 대규모 숙청 정치와 유럽

---

36 카유아의 『인간과 성스러움L'Homme et le sacré』은 1939년 처음 출간되었다(독일어판 *Der Mensch und das Heilige*). 〔국내에서는 『인간과 聖』(로제 카이유와 지음, 권은미 옮김, 문학동네, 1996)으로 번역·출간되었다〕; 바타유의 『종교이론Théorie de la religion』은 1940년대 후반에 나왔다(독일어판 *Theorie der Religion*). 〔국내에서는 『종교이론: 인간과 종교, 제사, 축제, 전쟁에 대한 성찰』(조르주 바타유 지음, 조한경 옮김, 문예출판사, 2015)로 번역·출간되었다.〕; 지라르의 『폭력과 성스러움La Violence et le sacré』은 1972년 출판되었다. 독일어판은 『성스러움과 폭력Das Heilige und die Gewalt』으로 1992년 출간되었다. 〔국내에서는 『폭력과 성스러움』(르네 지라르 지음, 박무호·김진식 옮김, 민음사, 2000)으로 번역·출간되었다.〕

유대인 살해가 놓여 있다.— 이 시기는 희생제의 극단적 탈숭고화 시대, 희생제가 대량 학살 내지는 일말의 제의적 고양이나 신비적 의식도 없이 행해지는 인간 살해로 재변형된 시대로 지칭할 수 있을 것이다.[37] 이 시대의 출발에는 분명 제1차 세계대전에 참전한 모든 강대국들이 구사했던 상징정치적 기획이 있었다. 전쟁에서 행해진 수백만 건의 살해와 죽음이라는 부동의 사실을 의미와 축성식으로 포장하고, 그것을 젊은 남성들의 영웅적 희생행위로 이야기하고, 그 희생을 매년 기념식과 성대한 행사로 기억하는 기획이.[38] 이런 상황에서 프로이트처럼 살해행위를 일회적 사건으로, 살해의 반복을 단순한 기억과정으로 보는 것은 더는 설득력이 없었다. 희생제는 수천 번의 실제 살해행위로 반복되었다. 이는 사회가 집단기억을 위한 회상기호를 통해 정상화될 수는 없음을 내포한다. 사회의 정상화에는 실제 살해행위가 필요했는데, 종교이론가들은 고대사회의 희생제를 다루면서 언제나 이 점을 함께 생각했다.[39] 스트라빈스키가 프로이트를 밀어낸 것이었다. 「봄의 제전」이 『토템과 터부』를 밀어낸 것이었다. 프로이트가 계

---

37 티머시 스나이더Timothy Snyder는 『유혈의 땅Bloodlands』에서 이런 탈숭고화의 과정을 충격적인 방식으로 묘사했다.

38 이러한 행태에 대한 묘사와 분석은 다음을 참조. George L. Mosse, *Gefallen für das Vaterland*〔원저명은 *Fallen Soldiers: Reshaping the Memory of the World Wars*(1990)이고, 국내에서는 『전사자 숭배: 국가라는 종교의 희생제물』(조지 L. 모스 지음, 오윤성 옮김, 문학동네, 2015)로 번역·출간되었다.〕; Reinhart Koselleck/Michael Jeismann 편, *Der politische Totenkult*. 후자는 그러나 세계대전의 시기로만 제한하지 않고 19세기 깊숙이 소급해 들어간다.

39 예수의 희생적 죽음과 그 죽음을 둘러싼 무성한 스토리들을, 모방적 공물 강제를 깨뜨리고 종결시킨 것으로 해석하는 지라르는 여기서 약간 예외인 셈이다. 같은 이, *Ich sah den Satan* 참조.

몽의 기획을 완성했다면, 종교이론가들은 이제 그 전통을 벗어나 있었다.

카유아는 공양행위를 축제 즉 엄청난 탕진이며 동시에 사회질서의 극단적 전도로 작용하는 행위의 한 구성 요소로 이해했다.[40] 방종과 광란은 축제의 특징인데, 축제의 제한된 시간 내에서 평소 유효한 규칙과 금지들이 단순히 정지될 뿐 아니라 정말로 위반의 강요가 지배한다. 도둑질이 의무가 되고, 무절제가 규범이 된다. 평소 금기인 상대와 성교를 하지 않는 사람은 축제의 극작법을 거부하는 것이다.[41] 이와 같은 축제의 배경에는 질서는 시간과 더불어 타락하며, 그렇기 때문에 제의를 통한 갱신이 필요하다는 생각이 있다.[42] 카유아에 따르면, 축제는 "창세기의 현재화"이자 "소진될 수밖에 없는, 죽음의 위협 아래 놓인 세계"의 회춘에 대한 전망이며, 그래서 "일종의 부활, 편재하는 영원성, 청춘의 샘물로 뛰어드는 것"[43]이다. 이러한 원초적인 사건에는 폭력의 광란이 필요하다. 황금시대로의 귀환, "전쟁도, 상업도, 노예제도도, 사유재산도 없는 사투르누스 또는 크로노스 제국으로의 귀환"은 인간 공양 없이는 불가능했다. "사투르누스의 시대는 인간 공양의 시대이며, 크로노스는 자신의 아이들을 잡아먹었다."[44]• 정화는 "희생양을 추방하거나 살해하면서" 일어난다. 하지만 축제 기간에 투

---

40 Caillois, *Der Mensch und das Heilige*, 163쪽 이하.

41 같은 책, 153쪽 이하.

42 시간의 순환과 갱신의 필요에 대한 신화적 사유에 대해서는 다음을 참조. Mircea Eliade, *Kosmos und Geschichte*, 64쪽 이하; 같은 이, *Mythos und Wirklichkeit*, 36~58쪽.

43 Caillois, *Der Mensch und das Heilige*, 141쪽.

44 같은 책, 138쪽.

3. 신화적 희생자와 현실의 사망자

입된 가짜 왕 내지 대체 왕의 하야나 추방·희생을 통해서도 일어난다.[45] 카유아에게 축제는 순환적으로 반복되는, 공익을 위해 포기할 수 없는 사회적 회춘과 갱신의 현장이며, 희생양은 이러한 축제의 구성 요소다. 이때 발생하는 폭력은 고도로 제의화되었다. 희생제는 숭고한 잔여폭력이다. 제한된 광란이다. 이 광란은 그해의 남은 기간 동안 '정상성'을 견디며, 그에 맞서 봉기하지 않도록 하는 전제 조건이다. 희생제의 제한된 폭력은 그해의 남은 기간 동안 사회를 평화롭게 만든다. 축제 기간 중에 흘린 피로 인해 다른 시기에는 유혈이 사라진다. 제의적 광란 중에 행한 폭력은 그로 인해 평상시 폭력이 사라지기에 정당화된다.

프로이트의 생각에 가까운 종교철학자 지라르의 경우는 전혀 다르다. 지라르는 희생제를 야만적 살해행위로 이해한다. 그래서 그는 〔희생제를〕 '린치살인'이라 말하기도 한다.[46] 이 지점에서 제의의 속박이 풀어지고, 꾸밈없는 살기殺氣가 드러난다. 지라르에게 제의는 살해의 방어벽이며, 결코 제의적으로 통제된 살해의 수행이 아니다. 추후에 희생제로 묘사되는 살인은 가용한 일반적 수단으로는 더는 극복될 수 없는 심각한 사회 위기의 정점이다. 보통의 희생행위들 역시 이 위기를 극복하는 데는 충분치 않다. 위기는 점점 더 깊이 사회를 파먹어

● 크로노스는 그리스신화에 나오는 올림포스의 주신主神인 제우스의 아버지다. 농경과 계절의 신으로 로마신화의 사투르누스에 해당한다. 크로노스는, 그가 아버지를 퇴위시켰듯이, 자기 아들에게 왕좌를 빼앗긴다는 신탁을 듣고 자식들이 태어나는 대로 차례로 잡아먹다가, 막내아들 제우스에게 쫓겨나 지하세계인 타르타로스에 갇히게 된다.

45 같은 책, 134쪽.

46 René Girard, *Die verkannte Stimme*, 36~37쪽, 95쪽.

들어와 결국 아무 규칙도 없는 폭력의 폭발에 이르게 된다. 그리고 이 경우 엘리트층에서 누군가 살해되지만, 종종 사회적 주변인이 살해되기도 한다. 지라르의 희생 위기와 폭력 폭발의 이론이 중요하게 참조하는 오이디푸스는 둘 모두다. 그는 테베의 왕이자 '부은 발'이다. 즉 신체적 장애로 인해 폭발하는 폭력의 희생자로 지정된 사람이다.[47] 공양물sacrificium과 희생물victima이라는 희생의 이중 의미에서 희생제 행위의 핵심적 변형을 읽어낼 수 있다. 대중의 광란 속에 희생양이 된 오이디푸스는 신화에서 공양물로 바쳐진 왕으로, 자신의 희생으로 공동체를 구원하고 질서를 복원한 왕으로 변신을 겪는다.• 인간희생제는 비상사태를 극복하기 위한 행위다. 인간희생제를 통해 정상적인 동물희생제로 복귀하는 것이 가능해진다.[48] 신화와 제의는 희생 위기의 공포와 그 극복 양식으로서의 폭력 폭발을 이야기로 품어 무위로 만들고, 비정상의 항시적 위협을 한 번 발생했지만 반복되어선 안 되는 기원起源 행위로 바꾸어놓는 중개자다. 제의를 통한 공동체의 갱신

---

47 Girard, *Das Heilige und die Gewalt*, 104쪽 이하; Girard, *Die verkannte Stimme*, 152쪽 이하.

• 오이디푸스는 아버지인, 새로 태어나는 아이가 크면 아버지를 죽이게 되리라는 신탁을 받은 테베의 왕 라이오스에 의해 태어나자마자 버려진다. 발목이 묶인 채 버려진 아이는 발견될 때 발이 부어 있어서 '부은 발'이라는 뜻의 오이디푸스라는 이름으로 불리게 되었다. 이후 테베의 골칫거리였던 스핑크스가 낸 수수께끼를 풀어 스핑크스를 죽이고 테베의 왕이 된다. 이후 나라에 역병이 돌게 되는데, '선왕인 라이오스 왕을 죽인 자를 찾아 복수를 하면 역병이 그칠 것'이라는 신탁이 내려진다. 오이디푸스는 신탁대로 행하던 중에 바로 자신이 부왕父王을 죽이고 생모와 결혼하게 된 것을 알게 되고, 스스로 두 눈을 뽑고 유랑을 시작한다.

48 인간 공물과 짐승 공물의 구분은, 지라르에 따르면, 희생제 문화에서 주도적 질서 원칙이다. Girard, *Das Heilige und die Gewalt*, 23쪽 이하.

은 위기와 광분한 폭력의 귀환을 막아내야 할 사회적 행위다. 여기 전제된 명제는 신화적 희생이 실제 사망자를 막아준다는 것이다. 지라르가 이해하는 희생제는 제의적 반복이 아니며 일회적 사건의 서사적·신화적 극복이다. 반복을 막기 위해, 희생물이 이야기를 통해 공양물로 변형되는 것이다. 희생제 이야기는 반복강박을 중단시킨다.

또 다른 희생제 이론은 바타유가 보여준다. 바타유에게도 카유아의 경우처럼 축제와 희생제는 하나다. 바타유는 희생제를 본질적으로 탕진으로 이해하는데, 이것이 축제를 일상과 구분해준다. 그러나 바타유에게 축제는 재충전을 위한 일상으로부터의 도피의 시간이 아니라 오히려 그 극단적 반대다. 축제에서는 주체성이 합리성을 누르고, 성스러운 것이 속된 것을 누르고, 탕진이 일상 회계를 누르고 올라선다.[49] 공양축제는 생산과 축적의 원칙이 아니라 지출과 탕진의 원칙이, 영속의 강박관념이 아니라 순간의 쾌락이 규정하는 경제의 핵심요소다. 여기서 바타유는 헤겔의 『정신현상학』의 주인-노예의 장章에도 반대를 표한다. 바타유는 헤겔이 주권과 지배를 혼동했다고 비난한다.[50] 헤겔은 향유와 즐거움을 강조하는 대신 사회적 인정을 즉 업적 달성의 쾌락을 중심에 놓았다는 것이다. 헤겔은 노예를 성공적으로 인정투쟁을 치르고 '자기확신의 진리'에 도달한 유일한 존재로 보는데, 바타유는 헤겔의 이러한 '부르주아적' 희생 방지 이론 또는 희생

---

49 이것과 그 이하 내용에 대해서는 다음을 참조. Bataille, *Theorie der Religion*, 39~53쪽; Bataille, *Die psychologische Struktur des Faschismus*, 45~86쪽.
50 바타유의 주인-노예의 장 해석은 프랑스에서 지배적인 코제브의 해석과는 모순된다. Kojève, *Hegel*, 22~47쪽 참조.

을 방지한 노예를 치하하는 이론에 반대하면서 희생제가 '사물의 지배'를 통한 인간 노예화를 저지하는 데 기여한다는, 보수적이고 무정부주의적인 사회 이론을 내세운다. 희생제의 탕진행위는 사물에 대한 연모에서 벗어나는 것이다. 그러나 동시에 그것은 폭력을 사회질서의 필수 요소로 복권시키는 것이며, 사회 형성과 인간적 자기확신의 핵심 범주로서 노동을 부정하는 것이기도 하다. 바타유를 읽으면 1914년에 왜 그렇게 많은 열렬한 전쟁 옹호자들이 전쟁을 자본주의에 대한 공격으로 인식했는지가 설명된다.

바타유는 희생제를 사물에 의한 구속의 극복으로 이해하면서, 〔프랑스 사회학자·인류학자〕마르셀 모스Marcel Mauss 및 〔독일 철학자〕막스 호르크하이머Max Horkheimer나 테오도어 W. 아도르노Theodor Adorno의 희생제 이론에 정반대 입장을 취하게 된다. 이들은 희생제를 그 자체의 성격을 모르고 있는 교환의 한 형식으로 파악했고, 그럼으로써 교환사회의 지배를 외견상 그 반대로 보이는 것에서도 찾아냈다. 모스는 공양을 "명예와 신뢰"의 획득으로, 그럼으로써 선물교환 체계의 한 구성 요소로 풀어냄으로써,[51] 희생제가 헌신이라는 주장을 무효화했다. 그에 따르면, 희생제는 실리적 사유의 거부가 아니라 승화된 형태로의 계승이다. 이 생각은 호르크하이머와 아도르노의 『계몽의 변증법Dialektik der Aufklärung』에 더욱 정교하게 피력되어 있다. "교환이 희생

---

51 Marcel Mauss, *Die Gabe*, 77쪽 이하, 166쪽 이하〔원저명은 *Essai sur le don: Forme et raison de l'échange dans les sociétés archaïques*(1925)이며 국내에서는 『증여론』(마르셀 모스 지음, 이상률 옮김, 한길사, 2002)로 번역·출간되었다〕. 이에 대해 다음을 참조. Iris Därmann, *Theorien der Gabe*, 12~35쪽 이하.

의 세속화라면, 희생 자체가 이미 주술적인 형태로 된 합리적 교환으로서 신들을 지배하기 위한 인간의 고안물이다. 신들은 신들에게 바치는 바로 그 경배 장치에 의해 무너지는 것이다."[52] 호르크하이머와 아도르노에게 희생제는 상품교환 사회의 타자가 아니라, 단순한 상품교환으로 이해되지 않는 상품교환의 초기 형식 중 하나다. 호르크하이머와 아도르노가 공격하는 '새로이 유행하는 비합리주의자들'[53]은 "희생의 필연성은 허위에 차 있고 파편적인 합리성으로 폭로될지 모르지만 희생의 실천행위 자체는 결코 쉽사리 사라지지 않으리라는 사실"[54] 때문에 착각을 한 것이다. 이 필연성은, 호르크하이머와 아도르노의 생각에 따르면, 식량 부족 시기에 자신의 씨족원이나 노예로 삼은 전쟁포로들을 먹는 것 즉 인간 고기의 취식이었다. 이런 의미에서, 「봄의 제전」에서 처녀 희생양은 외부 자연에 대한 지배력의 부족을 오히려 대리자의 살해를 통한 집단의 자기희생으로 보상하려는 착각일 뿐이다. 스트라빈스키의 경우 희생제가 아름다운 춤으로 수행되지만, 그것은 사회를 떠받치고 있는 폭력에 대한 미적 은폐일 뿐이다.

이 핵심 문제에서, 자연지배 패러다임에 대한 그 모든 비판에도 불구하고 호르크하이머와 아도르노가 자연지배의 필요를 고수하는 데 반해, 바타유는 노동의 결과물이 인간에 대한 권력을 획득하는 것을

---

52 Max Horkheimer/Theodor W. Adorno, *Dialektik der Aufklärung*, 56쪽[Th. W. 아도르노, M. 호르크하이머 지음, 김유동 옮김, 『계몽의 변증법: 철학적 단상』(문학과지성사, 2001), 88 ~89쪽].

53 같은 책, 58쪽[같은 책, 90쪽].

54 같은 책, 60쪽[같은 책, 93쪽].

막을 '사회지배' 패러다임을 추구한다. 사람들이 그렇게 생각지 못하지만 희생제가 사실은 교환이라는 해석을, 바타유는 부르주아 사회에 전형적인 '사물의 지배'가 그 지배의 거부까지도 삼켜버리는, 독점적 실리주의 사유의 표현으로 여긴다. 소유와 점유의 부르주아 사회에 대해 그는 양도가 손실이 아니라 양도자의 품위 고양에 기여하는 원시사회를 대비한다. 이러한 관대함이 무절제로 폄하된 것은 부르주아적 사유에 이르러서였다. 부르주아적 사유는 그래서 내주는 자에게 파산을 경고한다. 내주는 자의 주권의 자리를 사물의 지배가 대체했다.[55] 사물의 지배는 인간에게 소유권과 지속의 표상에 묶어두는 족쇄를 채운다. 그에 반해 축제는 지속이 아니라 순간이 중요한 거대한 일탈이다.[56] 바타유에게 인간 공양은 실용성 원칙에 대한 가장 극단적 저항이다. 주인의 노동을 담당하면 유용할 전쟁포로 노예처럼, 유용할 수 있는 무엇이 주저 없이 희생되는 것이다. 희생제를 통해서, 공동체를 계급으로 가르는 경향과 실리적 사유의 부상이 저지되었다. ─ 취식의 황홀경 속에서 위태로워진 평등이 복원된다. 좀바르트가 상인과 영웅의 차이로 파악했던 것이 바타유에게서는 부르주아 사회와 원시사회의 구분점이 된다. 그리고 좀바르트처럼 바타유가 보기에도 주기적으로 반복되는 재화 공여는 진정한 부의 표현이다. 이런 생각으로 바타유가 전쟁을 옹호하는 건 아니다. 하지만 바타유는 그〔바타유〕에게서 분명 확인되는 전시 희생의 의미론을 통해 전쟁에 최소한 다가

---

55 Georges Bataille, *Die psychologische Struktur des Faschismus*, 59~60쪽. 이에 대해 다음을 참조. Därmann, *Theorien der Gabe*, 36~68쪽.
56 Bataille, *Theorie der Religion*, 46쪽 이하.

가고는 있다. 그래서 바타유의 희생제 이론은 제1차 세계대전의 수백만 사망자를 무의미하게 살육당한 자들로 보지 않고 그들에게 희생양의 품위를 다시 부여하려는 대단한 시도로 읽을 수 있다.

전쟁과 영웅적 희생양의 구성

바타유는 전쟁이 축제와 유사한, 적어도 축제와 근접한 의미를 갖는다고 인정했다. 그러나 전쟁의 효과는 축제의 효과와 정반대라고 주장했다. 전쟁에서는 축제와 달리 파괴적 힘이 내부가 아니라 외부로 향한다는 것이다. 포로가 발생하고, 성자 숭배를 바라는 '승리한 영광스러운 개인'이 생겨난다. 그러나 전사戰士를 에워싼 성자의 후광은 거짓 광채라고 말한다. 왜냐면 전사는 유용성의 세계에, 따라서 사물의 지배에 포획되어 있기 때문이라는 것이다.[57] 바타유가 보기에, 전쟁에서는 축제의 구도가 정반대로 전도되었다. [축제에서는] 일탈의 정점이 왕의 살해 즉 통치자의 희생인 데 반해, 전쟁에서는 통치자가 자기희생을 거부하며 폭력을 외부로 향하게 한다.[58] 그러면서 이전의 제한된 사회가 제국으로 나갈 전망을 갖게 된다. 그리고 주기적으로 수행되던 자기희생의 도식은 폭력적 치부致富 행위로 대체된다. 바타유

---

57 같은 책, 51쪽 이하. 여기서 다시 한 번 헤겔의 주인-노예 모델의 바타유식 전도가 드러난다. 즉 용감한 주인은 사물로부터 이탈했다는, 그리고 노예는 노동의 형태로 사물에 몰두한다는 특징을 갖는다.
58 같은 책, 116쪽

는 −좀바르트와 다른 점에서는 많은 것을 공유하지만− 전쟁 수행 행위를 희생제 의미론으로 수렴하는 것은 거부한다. 전쟁은 축제의 대용물이 아니며 축제와는 다른 것이다. 희생제 개념을 축제에서 전쟁으로 옮겨놓는다고 해서, 희생제의 기능이 함께 옮겨지는 것은 아니다. 전쟁에서 희생을 운운하는 경우, 이는 거짓이다. 바타유는 전쟁의 희생자들에게 품위를 돌려주지만, 이 희생이 사회 공공도덕의 갱신에 기여한다는 점은 부인한다. 희생은 쓸데없는 것이었다.

카유아의 경우는 상황이 다르다. 카유아가 보기에, 축제가 발작·뒤집기·전도로서 일상에 맞선다면, 전쟁은 '현대사회의 발작'이다.[59] 카유아 역시 축제와 전쟁의 차이를 논하지만, 그 차이는 둘의 유사점에 견주면 부차적이다. 다시 말해 "둘 다 강력한 사회화의 시기, 자원과 잠재력들의 전면적 통합의 시기를 열어준다. 둘 다 인간이 개별적으로 많은 상이한 영역에서 활동하는 시기를 중단시킨다. 그래서 전쟁은 현대사회에서 보통은 집단에 대해 어떤 독립적 영역을 갖는 모든 것이 집단에 합류하고 그 안에 녹아들도록 하는 유일한 동인이다."[60] 소렐과 만 역시 그렇게 생각했다. 전쟁의 살육은 '회춘의 샘의 힘'을 지녔다고 카유아는 말한다. 왜냐면 그것은 인간이 "굴욕적인 평안 속에서 썩어가면서, 진부한 이상, 안전, 소유만을 추구하는"[61] 상태와 작

59 Caillois, *Der Mensch und das Heilige*, 116∼117쪽.

60 같은 책, 224쪽.

61 같은 책, 228쪽. 종교이론적 희생양 모델과 전통적 공화주의의 상관성에 대해서는 다음을 참조. Herfried Münkler, "Die Tugend, der Markt, das Fest und der Krieg", 295∼329쪽.

별하는 것이기 때문이다. 카유아에게 전쟁은 또 다른 수단을 통한 축제의 연장이다.

〔프랑스 인류학자〕 피에르 클라스트르Pierre Clastres는 『폭력의 고고학』에서 전쟁과 축제를 현상학적으로뿐 아니라 기능적으로도 병치했다는 점에서 한 걸음 더 나아갔다. 바타유의 분석에서 축제가 사회 분화 과정을 거대한 포틀래치● 형태로 되돌리는 과제를 갖는다면, 클라스트르는 이 기능을 원시사회에서 전쟁에 귀속한다. 전쟁은 장기간 또는 단기간에 거쳐 구질서의 해체를 반드시 불러올 현실의 흐름을 막아준다는 것이다. 즉 전쟁은 보수성의 한 요소로, "원시사회가 사회변동을 막기 위해 사용하는 대표적 수단"[62]이라는 것이다. 남성들이 폭력적 탈취의 형식인 전쟁을 비폭력적 재화 배분보다 선호하고, 여성들을 교환하기보다 강탈한다면, 이를 통해 그들은 원시사회의 자기보존 논리를 따르는 것이다. 그에 반해 남성들이 여성교환 관습을 따른다면, 이는 동맹을 맺거나 강화하는 경우라는 것이다. 클라스트르에 따르면, 적에 대응하는 과정에서 관계의 폭력 형식 대신 시장 형식이 등장한 것이다.[63] 전쟁은 조절체계인 축제를 대체한다. 클라스트르에게 전쟁은 축제보다 형식적 제약이 훨씬 적은 살해행위와 희생행위다. 축제에서는 매우 세심하게 희생양을 선택한다. 전쟁에서는 그렇지 않다. 클라스트르의 생각을 더 밀고 나가면, 스트라빈스키의 「봄의 제전」

● 북아메리카 인디언 일부가 실행했던 재물 증여 축제. 바타유는 이로부터 자본주의사회의 축적과 공리의 윤리에 도전할 순수 증여의 논리를 찾아낸다.

62 Pierre Clastres, *Archäologie der Gewalt*, 76쪽.

63 같은 책, 69쪽 이하.

은 거대한 살해가("1914년 8월 제1차 세계대전의 발발") 시작되기 약 1년 전(1913년 5월 29일 파리 초연), 더 적은 비용으로 동일한 효과를 낼 수 있었을 대안을 예술적으로 시사했던 셈이다. 탕진의 정신을 통해 전유의 동학을 중단시키는 것이 바로 그것이다. 그러나 실리성의 사유는 이미 너무 지배적이어서, 신화적 마력을 연극적으로 회상함으로써 중단시키기는 어려웠다는 것이 클라스트르 생각의 귀결점이리라. 실리성의 사유를 중단시키기 위해서는 어느덧 전쟁이 필요했다. 즉 소수의 신화적 희생양 대신 다수의 실제 사망자가 있어야만 했다. 그다음 이 실제 사망자들은 집단적 의미부여의 행위를 거쳐서 다시 신화적 희생양으로 변신했다.

희생제와 그 사회적 기능에 대해 프랑스 학자들이 보인 관심은 제1차 세계대전에서 프랑스인들이 겪은 엄청난 인명 손실에 대한 대응으로도 이해할 수도 있다. (프랑스인들의 경우) 참전 병사 1,000명당 인명 손실은 독일인보다 뚜렷이 많았고, 영국인에 비하면 두 배 이상이나 많았다.[64] 프랑스는, 전쟁의 인명 손실에 심각한 전염병까지 더해졌던 세르비아를 제외하면, 제1차 세계대전에서 상대적으로 가장 많은 '전쟁 희생자'를 내는 슬픔을 겪었다. 그리고 프랑스는 모든 참전국 중 희생된 사망자들을 민족의 존립을 지켜낸 성스러운 희생양으로 변신시키기 위해 가장 큰 노력을 기울였다. 그런 점에서 바타유, 카유아, 지라르는 소렐의 반대 경우다. 소렐이 폭력을 찬양하며, 폭력을 사물의 포획에 맞서 인간이 자기주장을 할 수 있는 전제로 이해했던 데 반

---

64 Gabriel Kolko, *Das Jahrhundert der Kriege*, 107쪽 참조.

해, 그들은 이 과제를 폭력 자체가 아니라 폭력의 신성한 실행에서 찾고자 했다. 그럼으로써 폭력의 갱생적 측면은 더는 행위로가 아니라 행위의 제의적·내러티브 처리에서 드러나게 된다. 스트라빈스키의 「봄의 제전」은 이를테면 소렐의 폭력 복권과, 폭력의 효과에 대한 프랑스 종교이론가들의 다소 우울한 인정 사이의 연결 고리다.

04

제1차 세계대전과 부르주아 세계의 종말

제1차 세계대전은 문화적 문제에 관해서나 장기적 정치 발전에 관해서나 시민계층이 가졌던 해석의 최고권에 종지부를 찍었다. 이 전쟁으로 인해, 19세기에 쌓아올린 시민계층의 사회적·정치적 결정권은 근본적으로 의문시되었다. 특히 정치적 측면이 이후 독일 역사의 진행에 매우 중요했다. 제1차 세계대전이 이처럼 심대한 영향을 끼친 것은 시민 중산층이 ─ 독일에서만 그러한 것은 아니었지만, 독일은 특별히 더 심했다 ─ 이 전쟁을 자신들의 전쟁으로 이해한 때문이었다.[1]

여기에는 두 요소가 함께 작용했다. 우선 전쟁이 대다수가 예상했던 것보다 훨씬 오래 이어졌고, 그러면서 사회의 구조와 정신을 파먹어 들어갔다.[2] 이는 모든 참전국에서 마찬가지였다. 두 번째로 전쟁

---

1 이 명제는 엑스타인스가 자세히 전개했다. Eksteins, *Tanz über Gräben*, 특히 270쪽 이하.

2 Münkler, *Der Große Krieg*, 563쪽 이하 참조.

은 모든 국가가 자국에 원했던, 그런 빛나는 승리로 끝나지 않았다. 이와 같은 상황은 특히 패전국들에서 심각했다. 하지만 승전국들도 약한 정도이긴 하나 같은 상황에 처했다. 왜냐면 종전 시점에 승전국들이 군사적 승리를 정치적 권력의 구가나 경제적 번영으로 전환할 수 있는 상태가 아니었기 때문이다. 결국 참전했던 유럽의 국가들 모두에서 시민계급의 세계는 의문시되었다. 남은 질문은 왜 시민 중산층이 1914년 그렇게 기꺼이 전쟁에 관여했고, 그 전쟁을 '자신들의' 전쟁으로 환호했느냐는 점이다.

공화주의와 자유주의 – 정치적 소속의 두 경쟁 모델

18세기 말 이래 군주권력이 헌법을 통해 제한된 – 내지는 제한되어야 했던 – 곳에서는, 완전한 시민권의 부여를 어떤 조건과 연계해야 하느냐는 토론이 벌어졌다. 토지재산이냐 그러니까 소유자를 그가 시민으로 소속된 국가에 확고히 결부해주는 부동산 재산이냐(특히 토지 소유 귀족계층에 퍼져 있던 보수적 입장), 아니면 동산이든 부동산이든 상관없이 해당 인물이 스스로 생계를 해결하고 그럼으로써 타인에 종속되는 일이 없도록 해주는 재산 자체냐(이 입장은 주로 자유주의적 유산 시민계층에서 대변되었는데, 이들은 참정권을 주장했지만 이 권리가 모든 사람에게 확장될 수 있다는 것에는 관심이 없었다), 아니면 국방이 필요한 경우 '목숨을 걸고' 조국과 조국 영토의 수호에 나서려는 자세냐가 논의되었다. 이런 자세는 원칙적으로 모든 – 남성 – 신민에게 가능했고, 이를 통해 신민은 국민으로 변신했다(이는 공화주의적·민주주의적 입장으로, 특히 소시민계층과 하층시민계층에서 지지를 받았다).

완전한 권리를 가진 국민에 대한 보수적·토지귀족적 관념, 자유주의적·도시부르주아적 관념, 공화주의적·민주주의적 관념은 불가피하게 병역법에 대한 상이한 판단으로 이어졌다. 공화주의자들이 보편적 병역 의무의 이념을 가장 좋아했고, 발생할 전쟁의 위험에 대해서도 겁내지 않았음은 분명했다. 그들의 관점에서 전쟁은 현존하는 내지는 앞으로도 예상되는 시민권의 제한을 극복하고, 칸트Immanuel Kant가 지칭한 '국가동지Staatsgenossen'에서 '국가시민Staatsbürger'으로 변신할 기회를 열어주었다.[3] 자유주의자들은 그에 비해 만일의 전쟁에 대해 뚜렷이 더 조심스러운 반응을 보였다. 왜냐면 이 경우 자신들이 선호하는 시민권과 재산의 연계가 양쪽에서 압박을 받을 것으로 보았기 때문이다. 즉 프로이센에서 ─그리고 다른 독일 국가들에서도─ 장교 집단을 이루며 전장에서 명성을 쌓지 못한 모든 이들을 경멸하는 토

---

3 칸트의 『윤리형이상학Metaphysik der Sitten』(§46)은 다음과 같이 말하고 있다. "타인들의 의지에 대한 이러한 의존성과 불평등이 그럼에도 함께 국민을 이루는 인간으로서의 그들의 자유와 평등에 결코 대립적인 것은 아니다. 오히려 순전히 이러한 것들의 조건들에 의거해서만 이 국민은 하나의 국가가 될 수 있고, 하나의 시민적 체제[헌법]에 들어설 수 있는 것이다. 그러나 이 체제[헌법] 안에서 투표권을 갖는 것, 다시 말해 한낱 국가동지가 아니라 국가시민이 되는 것, 이에 대해 모두가 같은 자격을 갖는 것은 아니다." 이것이 무슨 의미인지, 칸트는 몇 줄 앞에서 설명했다. "상인이나 수공업자 집에서 일하는 직인, (국가 공직에 있지 않은) 사환, (자연적으로 혹 시민적으로) 미성년인 자, 모든 규중부인들, 그리고 자신의 실존(생계와 방호)을 유지하는 데 있어서 자신의 경영에 따르는 것이 아니라 (국가의 처분 외에) 타인의 처분에 강요받게 된 자는 누구나 시민적 인격을 결여하고 있으며, 그들의 실존은 말하자면 단지 내속물일 뿐이다."(Immanuel Kant, *Werke*, 제7권, 433쪽[임마누엘 칸트 지음, 백종현 옮김, 『윤리형이상학』(아카넷, 2012), 268~269쪽]).

지귀족 측으로부터, 그리고 '목숨을 걸고' 조국을 지켰고 그로써 재산이나 생산수단 소유자들이 가진 정치적 권리와 동일한 권리를 요구할 수 있었던 단순한 병사들 측으로부터. 그러니까 독일 부르주아계층은 정치적 참여의 '객관적' 이해관계에서 볼 때, 대규모 전쟁에 흥미가 있을 수가 없었다.

19세기 유럽에서 헌정 논쟁은 완전한 국가시민권 취득에 대한 이세 모델을 둘러싸고 벌어졌다. 여기서 부르주아는 자유주의와 공화주의 사이에서 흔들리고 있었다. 귀족의 지배적 권력은 독일 특히 프로이센에서는 자유주의자들과 공화주의자 내지 민주주의자들의 동맹을 통해서만 무너뜨릴 수 있었다. 역으로 보수주의자들은 자유주의자들을 공화주의자들 및 민주주의자들로부터 떼어놓는 데 골몰했다. 그래서 그들은 유산시민계층에게 국방 의무 수행에서 특전을 부여했다.[4] 그 외 잠재적 국방 의무자들을 철저히 발굴하지 않았으며, 또 일반 병사는 대도시가 아니라 시골에서 모집하려고 노력했다. 그 결과 제1차 세계대전이 발발했을 때 독일제국에서는 국방 의무자 중 50퍼센트 약간 넘게만 군사훈련 경험이 있었다. 반면 프랑스에서는 그 비율이 80퍼센트가 넘었다.[5] 프로이센 전쟁부 입장에서는 현역병 부대에서 시민계층 장교 수를 제한하는 것, 또 사민당이 하급장교 집단에 침투하지 못하는 것이 중요했다. 그렇지 못하면 군대를 더는 국내 투

---

4 여기서 무엇보다 '1년 지원병' 제도를 언급할 수 있다. 이 제도를 통해 시민계층 가족의 아들들은 단축된 국방 의무를 했고, 근무시간 외에는 막사에 머물지 않고 사적으로 숙소를 얻을 수 있었다. Ute Frevert, *Die kasernierte Nation*, 207쪽 이하 참조.
5 Münkler, *Der Große Krieg*, 62~71쪽.

입용 도구로 이용할 수 없을 것을 우려했던 것이다.

　전쟁이 발발해 시민 대중이 무기를 잡도록 촉구하지 않고는 독일
제국이 이 전쟁〔제1차 세계대전〕을 치를 수 없을 거라는 점이 분명해졌
을 때, 그러니만큼 특히 소시민계층이 무기를 들려고 몰려들 이유는
충분히 있었던 것이다. 자신이 귀족과 동등하다는 것을 바로 귀족의
고유한 영역에서 증명하고 싶은 시민계층의 꿈은 '조국의 적들'을 물
리쳐야만 한다는 민족주의적 상상과 결합했다. 여기서부터 남자라면
'목숨을 걸고' 조국을 지켜야 한다는 영웅적 사회의 표상이 자라난 것
이었다. 원래 비영웅적 시민을 이처럼 정신적으로 영웅화하는 데 원
동력이 된 요소는 무엇보다 프랑스혁명과 국민개병제의 전통이었다.
그 결과, 1914년 여름 유럽 사회들은 칸트가 영원한 평화를 논하는 저
서에서 기대했던 것과 아주 다른 태도를 취했다. 〔독일〕 역사가이자 철
학자인 하인츠 디터 키트슈타이너Heinz Dieter Kittsteiner는 이 시기에 대
해 '영웅적 현대'라는 개념을 제안했다.[6] 그런데 동일한 정치적 권리
를 행사하는 요구를 키운 조국 수호의 이념은 사민당 계열에까지 깊
이 뻗어 있었다. 만일 조국에 대한 충성으로부터 동일한 정치적 권리
를 행사하는 권한이 생겨난다면, 영웅 지위를 시민계층에게만 넘겨주
는 것은 현명하지 않다는 것이 사민당 수뇌부와 원내 의원 다수의 생
각이었다. 돌이켜보면 그것은 마치 달려가 떨어져 죽는 쥐 떼의 행태
처럼 보이지만, 전쟁이 터졌을 당시 많은 사람들의 눈에는 장기적인
정치적 이해관계를 고려한 전적으로 합리적인 태도였다.

---

6 Heinz Dieter Kittsteiner, *Die Stabilisierungsmoderne*, 24쪽.

시민 중산층과 희생 관념

희생 개념은, 앞서 언급했듯이, 독일어에서 양가적이다. 그것은 희생되어 사라진다는 의미로, 피할 수 없는 압도적 사건에 내맡겨졌다는 의미로 해석할 수 있지만, 동시에 자기 자신을 공양물로 바친다는 의미로도, 사건의 진행에 영웅적으로 개입한다는, 자신의 희생을 통해 적극적으로 무엇을 만들어낸다는, 구원의 행동이라는 의미로도 해석할 수 있다. 전자는 희생 개념의 희생물적viktim 차원이고, 후자는 공양물적sakrifiziell 차원이다. 분명 양자 모두 사건의 객관적 묘사가 아니라 사건에 대한 뜻풀이며 해석인데, 한 경우〔공양물적 차원〕는 의미를 부여하고 다른 한 경우〔희생물적 차원〕는 의미를 부정하거나 적어도 사건의 목적성을 의문시한다.[7]

전쟁이 오래 지속되면, 보통 병사와 주민들의 분위기가 공양물에서 희생물 쪽으로 전환되는데 그러고 나서 이 변화를 다시 되돌리려면 정말 많은 노력을 기울여야 한다. 이때 승전보나 사망자 수는 전쟁 기간과 전쟁 결과에 대한 원래의 기대만큼이나 중요한 역할을 한다.[8] 공양물적 분위기가 우세하느냐 희생물적 분위기가 점점 더 확산하느냐에 따라 승리와 패배가 결정되기도 한다. 군대와 주민의 인내심을 고양하기 위해 교전국의 정치 지도부는 검열과 선전에 기대곤 한다. 자신의 승리는 과장하고, 적의 승리는 축소해 말하기도 한다. 18세기 '왕

---

7 이에 대해서는 현실의 사망자와 신화적 희생자에 관한 앞의 장(제3장)을 참조할 것.
8 그에 대해서는 제1차 세계대전 관련해서 다음을 참조. Münkler, *Der Große Krieg*, 267쪽 이하, 459쪽 이하.

자王者들의 전쟁'[•]에서는 선전 목적으로 통치권자와 그 각료들이 공표하는 것만으로도 충분했었다. 19세기에는 언론이 확장되면서 상황이 어려워졌다. 하지만 정부기관을 통한 통제는 여전히 가능했다. 제1차 세계대전의 경우 그런 통제는 처음부터 불가능했다. 희생물보다 공양물의 우위를 유지하려면 사회의 자발적 동원, 말하자면 자발적 공양이 필요했다. 그리고 이는 시민 중산층의 단결된 협조 없이는 가능하지 않았다. 발생 이후 독일에서 곧바로 1914년 '8월체험'[••]으로 명명된 사건은 자발적 공양의 축제로 기술할 수 있다. 희생물 느낌에 맞서 희생자를 공양물로 이해하도록 규범화된 것이다.[9]

모든 국가에서 시민계층이 가장 중요한 역할을 담당했다. 그러니까 한 국가가 전쟁을 버텨내는 힘은 사회의 자발적 동원을 위해 의미를 정립하고, 희생물 분위기를 다시 공양물 정신으로 변화시키는 시민계층의 능력에 달렸다고 말할 수 있는 정도였다. 전선의 상황은 한 문제였고, 승리에의 확신, 어떠하든 포기하거나 상대편에 굴복하지 않겠다는 의지를 이끌어내는 것은 또 다른 문제였다. 두 문제는, 1916년 가을과 1916~1917년 겨울 러시아에서 관찰할 수 있듯이, 서로 영향을 미쳤다. 전선에서 승전보가 날아들지 않았지만 [러시아] 귀족과 시민계층 주요 집단들의 승리 의지는 강고했는데, 그러자 그들은 차르를

• Kabinettskrieg. 1648년 베스트팔렌조약부터 1789년 프랑스혁명 사이의 절대군주제 유럽에서 벌어진 전쟁 형태를 이르는 독일어 표현(영어 표현은 Cabinet Wars). 소규모 군대, 귀족 장교단, 제한된 전쟁 목표, 교전국 사이 연정의 잦은 변화가 특징이다. 정부 간의 전쟁.
•• 이 책의 81쪽 옮긴이 주 참조.
9 같은 책, 222쪽 이하.

하야시켰다. 차르의 독일계 부인을 염두에 두고 적과 협조했다는 비난까지는 아니어도, 전쟁 수행에서 우유부단하다고 차르를 비난하면서 이제 러시아를 승리로 이끌기 위해 스스로 권력을 손에 넣은 것이다.● 그러나 1917년 여름 공격이 진행되면서 농민병사들은 자신들이 자신들의 이해관계와 무관한 정치의 무력한 희생양일 뿐이라는 결론에 도달했고, 늦어도 이즈음에 그들은 무리를 지어 부대를 이탈하면서,[10] 볼셰비키의 국가 전복에 길을 터주었다. 그 결과, 러시아는 중앙동맹국에 대한 전쟁을 끝내게 되었다.

연합국 측의 어마어마한 자원의 우세에도 불구하고, 또한 동맹국들을 지긋지긋하게 원조해야 했음에도 불구하고 독일제국이 4년 넘게 버틸 수 있었던 것은 전방 부대들의 전술학습 강화 때문만은 아니었다. 그것은 '전몰자들의 유업'을 부르짖으며 전쟁을 이어갈 의무를 만들려고 했던 '고향전선'의 의미 정립자들 때문이기도 했다. 그들은 자꾸 새롭게 승리의 믿음을 확산시켰다. 이제야말로 스스로 부과한 제약을 떨쳐내고 전쟁을 확산시킬 자세를 갖춰야 한다는 것이었다. 그 중심에는 무제한 잠수함전에 대한 요청과, 전쟁을 최종적으로 결판낼 마지막 서부 대공세를 개시하려는 결단이 있었다. 두 가지가 치명적이었다. 상대편의 자원 우위에 맞서 반복적으로 균형을 맞추어주는 전선에

● 여기서 '차르'는 1917년 2월혁명으로 퇴위한 제정러시아 최후의 황제 니콜라이 2세를 말하고, '독일계 부인'은 알렉산드라 표도로브나 황후 즉 헤센 대공국의 제4대 군주(대공) 루트비히 4세와 빅토리아 여왕의 딸인 영국 공주 앨리스 사이에서 태어난 헤센의 알릭스를 말한다.

10 다음을 참조. Wildman, *The End of the Russian Imperial Army*, 제2권, 여러 곳.

서의 노련함, 그리고 전쟁의 지속을 위해 '성스러운 희생'을 외치고 승리의 믿음을 부추기는 행위. 참모부장 팔켄하인이 이미 1914년 11월 제국 수상 베트만-홀베크에게 선언했듯이,[11] 중앙동맹국은 이 전쟁을 사실 더는 이길 수 없었다. 그럼에도 휴전에 이르지 못하게끔 한 사람들은 무엇보다 시민 중산층이었다. 이들은 전선의 장교로서 전투 수행을 효율화하는 데 기여했고, 또한 종교와 세속의 의미 정립자로서 주민들의 인내 의지를 고취했다.

독일에서 전쟁의 '의미'와 정치적 목적의 부재

시민계층의, 정확히 말하자면 교양시민계층의 양대 대표자가 여기서 특별한 역할을 담당했다. 목사와 신학자들, 그리고 학자들 특히 인문대학 교수들 즉 역사학자, 철학자, 독문학자들이. 목사와 신학교수들은 1914년 여름 전쟁을 신성화하는 데 주도적 역할을 했다. 이들은 설교와 연설에서 전쟁을 신의 섭리에 따른 구원 사건에 편입시켰고, 신은 당신의 '독일인들'로 위대하고 엄청난 것을 계획하시며 그렇기 때문에 〔전쟁의〕 승리를 약속하셨다고 설명했다. 희생을 감내할 마음이 크면 클수록 그만큼 승리가 더 확실하다고 했다. 이로써 종교의 의미 경영자들은 선전포고 및 전쟁 수행의 책임자들에게 그 정치적 책임을 면제해주었다. 전쟁의 의미와 독일인의 승리에 대한 의심은 신

---

11 Münkler, *Der Große Krieg*, 292~293쪽.

의 의지와 결정을 범하는 죄를 짓는 것이었다.

한편 일종의 세속적 의미 경영자인 대학의 학자들은 보다 세속적인 이야기에 의지했다. 그들은 장기간의 평화가 원인인 이 윤리적 쇠퇴의 시대를 벗어나게 할 민족의 도덕적 정화를 운운했다. 그들은 차가운 이익사회(게젤샤프트)가 따뜻함이 가득한 공동사회(게마인샤프트)로 다시 변할 것으로 예견하며, 영국인들의 감정도 없고 정신도 없는 자본주의와 물질주의에 맞서 싸우자고 호소했다. 또는 독일을 위협하는 차르 전제정치의 진압을 전쟁의 의미로 설명했다. 여기서는 신적 구원 사건이 아니라 주로 낭만적 미래상이 사유의 중심에 있었다.[12] 이 두 의미 정립의 형식은 하지만 전쟁의 목적, 그리고 전쟁 안에서 추구되는 **목표** 같은 고유한 정치적 질문을 뒷전으로 치웠다는 면에서 공통점을 갖는다.

독일의 경우 의미 정립자들은 여타 참전국에서보다 더 큰 역할을 했다. 비록 이들 국가에서도 의미 정립자의 영향과 의미가 없었던 건 아니었지만. 하지만 독일의 의미 정립자들에게는 부족한 또는 최소한 불확실한 전쟁의 목표를 대리 보상 해야 하는 과제가 있었다. 클라우제비츠에 따르면, "하나의 전쟁으로" 무엇을 달성해야 하느냐는 질문에 대한 답변에서 전쟁의 목적을 찾을 수 있다. 그에 반해 전쟁의 목표는 "하나의 전쟁 안에서" 달성되어야 하는 것을 규정해준다.[13] 그러니

---

12 이에 대해 자세한 설명은 다음을 참조. 같은 책, 215~288쪽; Kurt Flasch, *Die geistige Mobilmachung*; Karl Hammer, *Deutsche Kriegstheologie*, 37쪽 이하; 그 외에 Matthias Schöning, *Versprengte Gemeinschaft*; Steffen Bruendel, *Zeitenwende 1914*.
13 Clausewitz, *Vom Kriege*, 214쪽 이하.

까 전자가 본질적으로 정치적인 과제라면, 후자는 보다 정치적·군사적인 과제다. 독일인들의 문제는 1914년 여름 자신들이 어떤 목적에 따라 이 전쟁을 수행하는지 말할 수 없었다는 점이다. 그래서 얼마 지나지 않아 바로 전쟁 목표를 놓고 불꽃 튀는 논쟁이 벌어졌다. 이 논쟁에서 시민계층은 격렬하게 나섰다. 늘 새로운 그리고 더 큰 목표들을 주장했는데, 그 근거는 무엇보다 그때까지 치른 희생의 규모였다. 어느덧 거룩한 희생은 전쟁이 끝나면 분명히 상환될 '선금'이 되었다. 교환의 논리가 희생의 의미론에 덧붙여졌다. 그러나 무엇보다도 목표를 이끌어줄 목적이 없었다. 병합론자들의 건의서에서 언급되는 전쟁의 목적을 보면, 목적은 매번 제시된 목표에 따라 설정되었고, 목표는 그때그때 전쟁 상황과 함께 달라졌다. 전쟁 목표를 둘러싼 논쟁에서 목소리를 높이던 학자와 지식인들은 고유의 영역 즉 정확하고 분석적인 사유의 영역에서는 무능했다.[14] 그들의 절대다수가 시민계층 출신이었다. 따라서 그들의 실패는 바로 독일제국의 정치적·사회적 구조에서 드디어 이 계층에 부여된 과제 앞에서 시민계층이 실패한 것이었다. 좀 더 정확히 표현하자면, 독일 시민계층은 정치권력에 달려들었는데 실제로 권력의 일부를 손에 쥐게 되자 어쩔 줄 모르고 쩔쩔맸던 것이다. 막스 베버Max Weber는 그 누구보다 이 상황을 잘 간파했다. 베버가 자신의 동포들이 "정치적으로 교육받지 못한 민족"이라고 했을 때, 그는 무엇보다 시민계층을 염두에 두었다.[15]

---

14 이 실패에 대한 한 날카로운 분석은 다음을 참조. Fritz Ringer, *Die Gelehrten*, 169쪽 이하 및 그 외.
15 Wolfgang Mommsen, *Max Weber und die deutsche Politik*, 206쪽 이하 참조.

그러나 이것은 시민 지식인들이 전쟁에 관여한 한 측면이었을 뿐이다. 다른 하나는 '목적'의 자리에 '의미'를 내세운 그들의 의미 정립 행위 자체였다. 전쟁의 의미에 대한 과도한 장광설은 독일인들이 '그 전쟁으로' 도대체 무엇을 얻으려는지 스스로 모른다는 걸 은폐하려는 것이었다. 그래서 전쟁의 목적에 대한 해명을 내놓지 않아도 되도록, 그들은 신의 의지와 신적 구원 사건, 도덕적 정화, 인간의 고양 등등을 지어냈던 것이다. 이는 그토록 갈망했던 과제 앞에서 독일 시민계층이 저지른 두 번째 치명적인 실패였다.

물론 교양시민계층 내에도 비판적 두뇌들이 있었다. 베버 외에 역사가인 한스 델브뤼크Hans Delbrück와 철학자 에른스트 트뢸치Ernst Troeltsch가 그렇다. 그러나 초기 공양의 기쁨의 열광 속에서도 냉철한 머리를 유지하며 원래 시민적 사유의 고유한 특징인 세심한 목적 규정과 합리적 비용-편익 분석을 시도한 사람은 거의 없었다.

오히려 시민계층은 전쟁을 계획과 경제적 계산의 정신에서 벗어나, 자신들의 일상에서 바로 계획 정신의 통제 아래 있는 낭만적 영감을 마음껏 펼치는 기회로 여기는 듯한 인상이었다. 전쟁은 합리적 계산의 족쇄를 떨쳐내고, 지금까지의 삶을 하찮게 느끼도록 하는 '엄청난 사건'에 헌신할 아마 단 한 번뿐일 큰 기회를 제공했다. 1914년 7월 말 8월 초의 성명들은 이런 분위기를 반영하고 있다. 전쟁은 평소 꼼꼼하게 억압했던 자기증오를 한번 마음껏 펼쳐볼 기회를 제공했다. 규칙에 매인 인생과 물질적 재화에 대한 걱정, 간략히 말하면 속물 개념에 들어 있는 모든 것에 대한 혐오를 펼쳐볼 기회를.[16] 이것이 '8월 체험'의 열광으로 표현되었다. 그러나 곧 계획 정신이 가동되면서, 전쟁을 열광하는 거대한 축제와 어느덧 발생한 수많은 희생자들이 어떻게든 가치가 있고 [그 희생에] 결실이 따르게 만들어야 한다는 생각이 자리를 잡았다. 이러한 생각이 앞선 전쟁의 열광만큼이나 장광설로 포장된 전쟁 목표를 둘러싼 논쟁, 특히 시민계층에서 진행된 이 논쟁의 배경이었다.

역사 인식과 정치적 지향

전쟁은 심화된 불확실성의 상태다. 전투의 결말에서부터 전략적 계획의 성공을 넘어 누구를 동맹 파트너로 얻을 수 있을지, 또 그를 믿을 수 있는지의 문제까지. 이렇게 심화된 불확실성으로 인해 방향 설정의 필요는 더욱 커지게 된다. 이 점에서는 엘리트들이나 폭넓은 층의 주민들이나 마찬가지다. 보통 이 같은 불확실성의 조건에서는 역사학이 중요해진다. 역사학은 현재의 사건을 역사적으로 유사한 사례와 대비할 수 있게 해준다. 그러면 그 유사성에서 현재 사건의 진행에 대한 암시들을 얻어내야 한다. 독일 교양시민계층에게 역사학은 불확실성이 지배하는 곳에 확실성을 부여하는 일종의 세속신학 역할을 했다. 동시에 역사 지식과 미래 탐구를 위해 과거를 노련하게 다루는 솜씨는 교양시민계층을 차별화하는 자원이 되었다. 시민계층은 이러

---

16 이에 대해서는, 현실의 사망자와 신화적 희생자에 관한 앞의 장에서 축적된 부를 파괴하는 축제에 대한 프랑스 종교사회학자들의 서술을 참조하라.

한 자원을 통해 탄탄한 지식을 쌓기에는 너무 우아한 귀족과도 그리고 교양 없다고 간주된 대중과도 스스로를 구별했다. 〔현재에 대해〕역사적 유사성을 찾아냄으로써, 현재에 대한 해석의 최고권를 주장했다. 역사적으로 유사한 사례를 제공할 수 있는 자라면 아마 무엇을 해야 하는지도 알고 있을 터였다. 아무튼 그렇게 주장했다. 그리고 불확실성의 조건 아래서 많은 사람들이 그것을 믿을 태세가 되어 있었다. 이런 관점에서도 시민 중산층에 속한 사람들은 ―독일에서만 그런 것은 결코 아닌데― 전쟁을 권력과 영향력에 대한 요구를 관철할 기회로 보았다. 수많은 '전쟁 내 전쟁' 중 하나는 오로지 역사적·정치적 해석 권능의 문제를 둘러싸고 벌어졌다.

마른 강 전투*에서 슐리펜 계획이 실패하고 나자, 독일에서는 방향 설정의 필요가 폭증했다. 참모부는 전쟁을 세부 사항까지 계획했고, 병력 동원의 조직을 그에 맞추었다. 황제와 그의 장군들이 늦어도 크리스마스에는 병사들이 다시 집에 있을 거라고 장담했을 때, 주민들은 그들을 믿었다. 마른 강에서 엔 강으로 후퇴한 후, 소위 완벽한 전쟁 계획에 대한 신뢰가 무너지자 이제는 보다 더 역사에 소급함으로써 결국 모든 것이 다 잘 끝날 거라는 느낌을 주어 이 상실을 보상해야 했다. 토마스 만은 「전쟁에 대한 고찰」에서 〔독일이 처한 제1차 세계대전의 상황을〕 7년전쟁** 및 단연 우월한 적의 연합에 맞서 버텨냈던 프리드리히 대왕〔프리드리히 2세〕과 비교했다. 지금 독일은 프리드리히

• 1914년 9월 5~12일 마른 강 변에서 독일과 프랑스 간에 벌어진 전투. 독일군은 벨기에를 공격한 이후 프랑스로 진격을 계속했으나 파리 근처의 마른 강 전투에서 패함으로써 서부전선에서의 신속한 승리라는 슐리펜 계획도 실패하게 된다.

이며, 독일은 프리드리히가 그랬듯이 일련의 후퇴와 실망을 감내해야 한다고, 그렇지만 결국은 적의 강한 힘을 막아낼 것이라는 거였다.[17] 만은 슐리펜 계획의 실패 후에 스스로에게 또 독자들에게 용기를 불어넣고자 했다. 즉 전쟁은 결코 진 것이 아니다, 단념해서는 안 된다, 강한 끈기와 더 큰 희생의 각오가 필요하다, 그래야 7년전쟁의 종결에 견줄 만한 결말을 이뤄낼 것이라 말하고 싶었다.

그것은 나름 일리가 있는 비교였지만, 독일인의 승리 의지를 끈질긴 인내심으로 바꾸었다는 약점 즉 추가적 영토 획득의 전망 없이 앞의 전쟁에서 달성한 것(알자스-로트링겐과 슐레지엔의 비교)●●●의 방어를 약속하며, 상대방 힘의 우위를 고려할 때 달성이 어려우니만큼 너무 높은 전쟁 목표를 좇지 말 것을 사실상 분명히 해준다는 약점이 있었다. 프리드리히 대왕 및 7년전쟁과의 비교를 내세우는 사람은 제1차 세계대전을 방어전으로 파악한 것이었다. 개별 전투에서는 계속 승리할 수는 있지만 그 결과가 전쟁 자체의 승리로 귀결되지 못하는

●● 1756~1763년에 프리드리히 2세의 프로이센 등과 오스트리아 등이 슐레지엔 영유권을 놓고 벌인 전쟁. 유럽의 주요 세력 대부분이 참가한 전쟁이었다. 전쟁 결과 프로이센은 슐레지엔 영유권을 확정하게 된다. 또한 7년전쟁은 해외 식민지를 둘러싼 영국과 프랑스 양국의 오랜 싸움이기도 한데, 프로이센을 지원한 영국은 오스트리아를 지원한 프랑스와의 식민지 전쟁에서 이겨 캐나다와 인도를 얻으며 대영제국의 기초를 닦게 된다. 처칠은 7년전쟁을 "최초의 세계대전the first word war"이라고 했다.

17 Thomas Mann, "Gedanken im Kriege"; 출처. Mann, *Essays*, 제1권, 188~205쪽.

●●● 알자스-로트링겐(알자스-로렌)은 30년전쟁의 강화조약인 베스트팔렌조약(1648)으로 프랑스령으로 복속·병합되었다가 1871년 프로이센-프랑스전쟁의 강화조약인 프랑크푸르트조약에 따라, 새로 만들어진 독일제국의 영토가 되었다(이후 알자스-로렌 지방은 1919년 제1차 세계대전의 베르사유조약으로 프랑스에 반환된다). 여기서는 7년전쟁으로 슐레지엔을, 프로이센-프랑스전쟁으로 알자스-로트링겐을 획득하게 된 것을 말한다.

4. 제1차 세계대전과 부르주아 세계의 종말

상황으로 파악한 것이었다. (제1차 세계대전을) 7년전쟁과 비교한다는 것은 결국 군사적 무승부를 지향하는 것이었다.

토마스 만은 결과적으로 매우 우울한 관점을 내놓은 셈이었다. 밀려드는 희생물의 느낌에 맞서 공양물의 분위기를 고취하려면, 현상 유지에 수많은 희생을 지불해야만 한다는 생각을 내세우는 건 전혀 적절치 않았다. 무엇보다 7년전쟁의 끝에 승리의 평화를 얻어내지 못했다. 반면 제1차 세계대전에서는 사람들이 승리의 평화를 원하도록 고취해야 했다. 결과적으로 7년전쟁과의 비교는 뒷전으로 밀려나게 되었다. 그러한 비교로는 힘도 확신도 이끌어낼 수가 없었다.[18] 바로 시민계층에서 이와 같은 주장이 있었다. 그래서 사실은 가장 교묘하면서도 정치적·군사적 함의에서는 전쟁의 과제 — 즉 협상할 수 있으려면 이겨야만 한다는 과제 — 에 가장 근접한 비교 대상(7년전쟁)이 더는 논의되지 못했다.

그에 반해 (제1차 세계대전과) 펠로폰네소스전쟁 및 제1차 포에니전쟁●의 역사적 비교는 훨씬 더 큰 역할을 했다. 이 고대의 전쟁들은 훨씬 여유롭게 관찰하면서 이런저런 비교를 해보고, 그로부터 현재에 대한 시사점을 얻어낼 수 있었다.[19] 동시에 이는 고대사가 당시에 누리던 명성을 보여주는 것이었다. 현재의 자기확인을 위해 끌어들인

---

18 제2차 세계대전이 끝나갈 무렵, (독일) 정권으로서는 가망이 없는 상황에서 다시 한 번 7년전쟁 당시 프리드리히 대왕과의 비교가 이루어졌다. 계기는 (미국 대통령) 시어도어 루스벨트의 죽음이었다. 요제프 괴벨은 이 죽음을 (러시아) 여제 예카테리나(예카테리나 2세)의 죽음과 비교했다. 러시아는 예카테리나 여제의 죽음(1796) 이후 반프로이센 연합에서 탈퇴했다. 이에 대해서는 다음을 참조. Herfried Münkler, *Die Deutschen und ihre Mythen*, 252쪽 이하.

것이 고대의 전쟁이었으니 말이다. 그런데 여기서 독일제국을 아테네와 병치한, 제1차 세계대전과 펠로폰네소스전쟁의 비교는 방어 전략을 향하고 있었다. 투키디데스의 서술에 따르면, 이 전략은 〔펠로폰네소스전쟁 당시 고대 그리스 아테네의〕 정치 지도자 페리클레스Perikles가 아테네인들에게 추천한 것이었다. 페리클레스의 관심은 자기 힘에 벅찬 일을 피하고, 야전野戰에서 패배하는 위험을 면하려는 것이었다. 하지만 그와 같은 대기 전략은 독일이 치르는 전쟁에 적용하기가 매우 어려웠다. 게다가 독일은 아테네처럼 해군 강국도 아니었다. 굳이 펠로폰네소스전쟁에 주목한다면, 여러 면에서 스파르타인과의 비교가 더 그럴듯했을 것이다. 그러나 전혀 그처럼 세밀한 비교가 중요한 게 아니었다. 아테네인들이 사실 패배했으며 (일시적이나마) 에게 해 지역의 주도권을 잃는 대가를 치른 펠로폰네소스전쟁과 〔제1차 세계대전을〕 비교한다면, 무엇보다 페리클레스가 제안한 세계제패 전략이 중요했다. 이 전략의 핵심은 광역의 제국 지배권을 군사적 수단을 이용해 관철하는 것을 포기하는 데 있었다. 즉 이 비교의 메시지는 독일이 전쟁에 지지 않는다면 결국 독일은 이길 것이며, 또 정복전을 감행하고 이 목표를 떠들어댈수록 전쟁에 패할 위험이 더 커진다는 점이었다. 그러

● 펠로폰네소스전쟁은 기원전 431년부터 기원전 404년에 걸쳐 아테네(민주정)가 주도하는 델로스 동맹과 스파르타(과두정)가 주도하는 펠로폰네소스 동맹 사이에 벌어진 전쟁으로, 펠로폰네소스 동맹이 승리하며 스파르타가 그리스에 대해 헤게모니를 쥐게 되었다. 제1차 포에니전쟁은 기원전 264년부터 기원전 146년에 걸쳐 로마와 카르타고가 서부 지중해의 패권을 놓고 벌인 전쟁으로, 로마가 승리하고 해군 강국 카르타고가 패망하는 것으로 끝났다(로마와 카르타고의 포에니전쟁은 3차례에 걸쳐 벌어진다).

19 이에 대한 자세한 설명은 다음을 참조. Münkler, "Die Antike im Krieg", 55~70쪽.

니까〔제1차 세계대전의〕펠로폰네소스전쟁과의 비교는 무엇보다도 광범위한 합병 위주 정치에 보내는 경고였다. 페리클레스가 민회에서 아테네인들에게 제시했던 전쟁 계획은[20] 아테네인들에게 경제적 부상 즉 무역 및 산업의 확대 그리고 그와 동반된 에게 해 지역의 지배권이 가져다준 위상을 군사적으로 안정화하려는 것이었다. 페리클레스에 따르면, 전쟁을 원한 측은 상대편인데 왜냐면 상대는 아테네가 평화 시기에 더욱 강해지고 힘이 세진다고 여긴 때문이었다. 즉 아테네로 서는 전쟁에서 이미 이룩한 것을 수호하는 걸로 충분했다. 그다음 평화의 조건 아래서 더욱 확장할 수 있기 때문이었다.

바로 이 점이 제1차 세계대전과 펠로폰네소스전쟁의 비교가 제1차 세계대전과 7년전쟁의 비교와 구분되는 핵심이었다. 7년전쟁과의 비교도 사실 방어적 기본 입장을 향하고 있었다. 즉 1871년 이후 독일 제국의 급속한 부상은 평화로운 경쟁 속에서 이루어졌다(프리드리히 대왕의 슐레지엔 정복과 같은 전쟁을 통해서가 아니었다). 독일은 어느덧 산업 생산에서 영국을, 인구 성장에서 프랑스를 멀찍이 앞서 나가고 있었다. 다시 말해 장차 독일의 위상을 높이는 문제에서 전쟁이라는 수단이 필요하지 않았다. 그러나 독일인들은, 과거 페리클레스와 아테네인들이 그랬듯이, 상대편이 전쟁이라는 수단을 택했기 때문에 내지는 〔상대편이〕조만간 공격해올 거라고 전제했기 때문에, 전쟁을 택할 수밖에 없었다. 그 단초에서 전쟁의 목적은 바로 이 점이었다. 즉 전쟁은

---

20 Thukydides, *Der Peloponnesische Krieg*, 제1책, 140~144쪽〔투퀴디데스 지음, 천병희 옮김, 『펠로폰네소스 전쟁사』(도서출판 숲, 2011), 133~139쪽〕.

현 상태를 유지하는 데 기여해야 했다. 이는 정치적으로나 전략적으로나 방어적 성격을 띠었다. 그렇다고 공격작전을 배제하는 건 아니었다. 하지만 이 과정에서 이루어진 정복은 기껏해야 정치적 담보물이며, 독일제국의 영역으로 편입되어서는 안 되었다.

제1차 세계대전 발발 시점에서 독일제국의 상황과 펠로폰네소스 전쟁을 앞둔 아테네의 상황 사이의 유사성은 오늘날의 입장에서 보면 시사하는 바가 있다. 두 경우 모두 제한적인 군사적 승리를 바탕으로 승리를 예견하는 입장에 맞서 방어적 기본 입장을 고수하는 것이 불가능했다. 투키디데스는 그 원인을 아테네의 경우 페리클레스의 때이른 죽음과 그의 후계자들의 정치적·전략적 어리석음 및 야망에서 찾았다. 후계자 클레온에서 알키비아데스로 이어지면서, 장기적 정책을 국민의 단기적 소망에 맞서서라도 지속시키는 능력이 점점 더 줄어들었다. 이 비교를 계속해보자면, 독일의 경우 제국 수상 베트만-홀베크의 정치적 약점을 지적할 수 있을 것이다. 그는 군대, 이름을 대자면 힌덴부르크와 루덴도르프의 요구나 병합론자 및 무제한 잠수함전 옹호론자들이 획책한 언론의 선전에 맞서 자신을 관철하지 못했다.[21] 단지 현 상태를 유지하는 데 장기전을 하게 될 수도 있으며 또 주민들에게 큰 희생을 요구할 수도 있다는 발상은, 인내의 요구나 군사적 성공이 촉발하는 사회심리학적 동력을 경시한 것이었다. 참고 견디면서

---

21 이에 대한 자세한 설명은 다음을 참조. Herfried Münkler, Der Große Krieg, 289쪽 이하, 403쪽 이하; 페리클레스와 베트만-홀베크의 유사성은 매우 근접한 시점(1919년)에 다음에서 볼 수 있다. Eduard Schwartz, *Das Geschichtswerk des Thukydides*, 여러 곳.

희생물 감정이 부상했고 확신이 사라졌던 것이다. 그리고 개별 승리들은, 전략적으로는 별 의미가 없다고 해도, 군사적 결정이 가능할 것이라는 생각, 또 전쟁을 승리로 끝낼 수 있을 것이라는 생각을 키웠다.

독일 시민계층 대부분은 최종 결정을 목적으로 전쟁(제1차 세계대전)의 단계적 확장을 원했으며, (제1차 세계대전의) 펠로폰네소스전쟁과의 비교가 주는 교훈을 부정했다. 그것은 무엇보다 국소적인 군사적 성공에 눈이 흐려져 호도되었던 아테네인들처럼 해서는 안 된다는 부정적 교훈이었다. 하지만 펠로폰네소스전쟁과의 비교가 정치 엘리트들의 머리에서는 핵심 역할을 했다는 것을 제국 수상 베트만-홀베크의 발언이 보여준다. 1917년 1월 9일 영국에 맞서 무제한 잠수함전을 결정한 후, 그는 이건 "우리의 시칠리아 원정"[22]이라고 말했던 것이다. 이 결정은 미국의 참전을 불러왔다. 시칠리아의 시라쿠사를 공격함으로써 확전한다는 아테네의 계획 즉 객관적으로 서로 다른 갈등을 합치고자 한 아테네의 계획은 치명적 패배들의 시작이었고, 결국 (펠로폰네소스전쟁은) 아테네의 항복으로 끝났다. 그에 비해 베트만-홀베크 무제한 잠수함전으로 촉발된 미국의 참전이 아니었더라면 독일이 세계대전에서 자국에 훨씬 더 유리한 협상을 통해 평화를 얻어낼 수 있을 거라는 생각이었다.

독일인들이 펠로폰네소스전쟁이 주는 자명한 교훈을 이끌어낼 마음이 없었던 것은 다수 역사가들이 선호했던 비교 즉 이탈리아 남부

---

22 이렇게 얘기하는 경우로는 다음을 참조. Hans Delbrück, *Weltgeschichte*, 제1권, 263 ~264쪽.

에서 시칠리아까지 확장한 로마가 그곳에서 우세했던 해군 강국 카르타고와 대립한 제1차 포에니전쟁과의 비교와도 상관이 있었다.[23] 이 비교(제1차 세계대전과 제1차 포에니전쟁)는 그 발상에서 어떤 매력이 있었다. 왜냐면 로마는 육군 강국이었는데, 카르타고와 대립이 전개되면서 비로소 페니키아 해군력에 맞설 함대를 구축하기 시작한 때문이었다. 이는 금방 독일제국과 영국에 전이될 수 있었다. 황제 빌헬름 2세와 티르피츠 제독은 특히 제1차 포에니전쟁과의 역사 비교를 추종했는데, 이들이 독일함대 건설을 이끈 것은 우연이 아니었다. 이 비교에서 이끌어낸 '역사의 교훈'은 펠로폰네소스전쟁과의 비교와는 정반대를 지향했다. 그 교훈이란 로마가 제1차 포에니전쟁에서 카르타고를 철저히 진압하려 하지 않고 타협을 통해 평화를 체결했다는 것이다. 그 결과 이 해군 강국이 지중해 맞은편에서 시간을 벌 수 있었고, 전쟁의 패배를 소화하고 재무장했고, 그다음 (카르타고의) 야전사령관 한니발Hanibal이라는 인물이 전쟁을 이탈리아를 향해 로마 코앞까지 끌고 왔고, 그래서 로마를 멸망 직전까지 몰고 갔다는 식이었다. 이 주장의 결론은 서지중해에서 카르타고의 지배를 확실히 끝낸다는 목적으로 제1차 카르타고전을 철저히 밀어붙였다면, 제2차 포에니전쟁(기원전 218~201)은 피할 수 있었고 이로 인한 엄청난 희생을 면할 수 있었다는 것이다. 몇몇 이름을 대자면, 적어도 좀바르트, (독일 학자) 오토 회츠시Otto Hoetzsch, (독일 사회학자) 요한 플렝게Johann Plenge, (독일 역사가) 에두아르트 마이어Eduard Meyer는 이렇게 보았다.[24]

---

23 상세한 논증은 다음을 참조. Münkler, "Die Antike im Krieg", 63~64쪽.

4. 제1차 세계대전과 부르주아 세계의 종말

포에니전쟁과의 비교는 이처럼 타협이나 협상을 통한 평화에 반대하는 주장을 뒷받침했다. 이 비교는 〔제1차 세계대전에서〕 대영국전을 승리할 때까지 밀고 나가 평화를 쟁취할 것을 요구했다. 병합론자들의 주장 즉 벨기에를 반드시 독일의 통제 아래 두고 플랑드르 해안에 군사 거점을 마련하자는 요구는 무엇보다 독일과 새로 전쟁이 벌어지면 벨기에가 영국인들의 진입로가 될 거라는 게 그 이유였다. 그리고 이 위험을 강조하기 위해 자꾸 제2차 포에니전쟁에서 한니발과 그의 승리를 지적했다. "지속적 평화를 위한 담보들"을 논하는 1915년 6월 20일의 '제베르크 청원서Seeberg-Adresse '●는 이에 대해 시사하는 바가 많다. 평화의 담보로 언급된 것은 특히 "영국에 대한 전략적 안보를 위해서, 대양에 보다 유리한 접근로를 확보하기 위해서, 북프랑스 운하 연안 일부를 가능한 한 우리가 정복해야만 한다"는 것이었다. 그리고 "어떤 반대 이유를 떠들더라도, 그 많은 고귀한 독일인의 피를 흘려 얻은 벨기에를 정치적·군사적으로 그리고 경제적으로 확고히 수중에 넣어야 한다. 국민의 생각이 이보다 더 단결된 경우는 없다. 벨기에를 고수하는 것은 가장 자명한 의무다. 그렇지 않으면 벨기에는 바로 독일에 가장 위협적인 영국의 공격 기지가 즉 적들이 우리를 공격하기 위해 새로 결집할 때 방패막이가 될 것임이 정치적·군사적으로 명백하다"[25]라고 했다.

　이와 같은 비교는 한니발 군대의 힘이 모집한 용병들에 기반을 두

---

24 Klaus Schwabe, *Wissenschaft und Kriegsmoral*, 28쪽 이하, 54쪽 이하.
● 라인홀트 제베르크Reinhold Seeberg는 독일 역사신학자(1859~1935)다.

134
파편화한 전쟁

고 있고, 영국과 관련해볼 때 다가올 전쟁에서 독일에 맞서 식민지 출신 부대를 더 많이 내세울 것이며, 이 "이방인종 용병들의 손에" 독일이 "피 흘려 죽게 될" 것이라는 두려움 때문에 더 힘을 얻었다. 따라서 영국인들이 독일에 대해 다시 새로운 전쟁을 "시작할" 가능성을 없애기 위해서는, 지금 영국인들을 최종적으로 굴복시켜야 한다는 것이었다. 포에니전쟁과의 비교에는, 사실상 영국인들이 전쟁〔제1차 세계대전〕을 조종한다는 생각도 한몫을 했다. '제베르크 청원서'에서 말하는 바로는, "이 전쟁은 그 최종 근원을 보자면 독일의 세계경제적 역할, 독일의 해상과 대양에서의 역할을 공격하는 전쟁이다." 그리고 "자신의 피를 바치는 데 늘 인색한 영국에 우리가 전쟁 손실의 배상을 요구할 수 있다면, 아무리 큰돈이라도 충분치 않을 것이다. 특히 돈을 이용해서 영국은 전 세계가 우리를 적대시하게 부추겼다. 돈주머니는 이 장사꾼 민족에게 가장 예민한 부분이다."[26]

1918년 늦가을 전쟁이 끝나갈 때, 포에니전쟁에 대한 반추는 치명적인 것으로 드러났다. 그러니까 강력한 방어전을 고수했더라면 아마 확보했을 협상력이 사라져버린 것이다. 독일은 〔제1차 세계대전〕 승전국들이 명령하는 평화 조건에 따라야만 했다. 그와 더불어 역사 인식

---

25 출처. Klaus Böhme (Hg.), *Aufrufe und Reden deutscher Professoren*, 126쪽, 128쪽. 역사학자 디트리히 셰퍼Dietrich Schäfer도 이런 식으로 주장했다. "두 번 다시 우리는 비슷하게라도 이처럼 성공적으로 벨기에로 진입하지 못할 것이다. 반대로, 적이 신속하게, 어쩌면 선전포고에 앞서 돌격을 감행함으로써 독일 전쟁 수행의 핵심 지역을 제압하고 우리의 저항 능력을 마비시키는 위험이, 결코 무시할 수 없는 위험이 존재한다. 이 위험 지역은 그러니까 라인 강 하류, 모젤 강과 자르 강 유역이다."(같은 책, 189쪽).

26 출처. Böhme (Hg.), *Aufrufe und Reden deutscher Professoren*, 131쪽, 133쪽.

이 미래를 지배하는 힘을 준다는 교양시민계층의 주장도 무용지물이 되었다. 아니 치명적인 것으로 드러났다. 그것은 정치적으로 깊은 파장을 남겼다. 즉 시민계층이 잃어버린 것은 그들의 아들들만이 아니었다. 사실 시민계층은 지원병 또는 전선의 장교로 헌신하는 것을 의무로 느꼈었던 만큼, 바로 이 계층의 전사율이 특별히 높았다. 또한 전시채권에 '투자했던' 상당량의 재산 역시 잃었다. 이뿐만 아니라 시민계층은 해석의 최고권도 잃어버렸으며, 이제 패배와 군주정의 몰락 이후 등장할 새로운 권력 구도에서 정치적으로 '주변부로 몰려날' 것을 염두에 두어야만 했다.

산업화와 산업프롤레타리아트의 탄생 이후, 특히 이들에 고유한 이해를 대변한다고 주장하는 정당들이 형성된 이후, 시민계층이 순수히 양적 토대에서 권력을 인수하기는 어렵다는 게 분명했다. 이 약점을 최소화하기 위해 자유주의는 적극적 국가시민권과 소극적 국가시민권의 구분을 논하며, 이 차이를 다른 사람의 의지에 복속됨 없이 자신의 생계를 독립적으로 해결할 수 있는 능력과 결부했었다. 그에 따라 칸트가 말하는 자족성sibisufficientia의 기준이 '국가시민Staatsbürger'과 '국가동지Staatsgenossen'를 구분하는 경계가 되었다. 따라서 생산수단의 소유자들과 국가의 관리들만이 적극적 국가시민의 지위를 얻을 수 있었다. 그러나 이 기준은 대체로 모든 남성이 '목숨을 걸고' 조국에 충성해야 하는 전쟁을 거치면서 기존의 설득력을 잃게 되었다. 즉 최전방에서 싸웠으며 그 과정에서 여러 차례 부상을 당한 노동자가 자기 사업이 전쟁에 중요하다는 이유로 군복무를 면제받은 공장 소유주보다 더 적은 정치적 참여권을 가져야 한다는 것은 더는 설득력이 없었다. 전쟁이, 아니 무엇보다 대량의 죽음이 평등화라는 결과를 낳았다.

전쟁이 진행되는 중에 이미 프로이센의 3계급 선거법(납세액에 따른 차등선거제도) 폐지를 놓고 격렬한 논쟁이 벌어졌다. 선거권 개혁은 토지 소유 귀족만이 아니라 시민계급에도 영향을 미쳤다. 왜냐면 등급별 선거권이 종식되면 시민계층 고유의 정당은 더는 어떤 의회에서도 다수가 될 수 없을 것이기 때문이었다. 시민계층은 이를 예상하면서 투표 숫자가 아닌 다른 방법으로도 정치적 주도권을 관철했는데, 이때 해석의 최고권 즉 안토니오 그람시Antonio Gramsci의 의미에서 문화적 헤게모니가 중심 역할을 했다. 만일 우리가 다수가 아니라면, 차라리 다수를 이끌고, 조정하고, 지도하고자 했다. 그리고 이는 무엇보다 문화적 헤게모니의 형식으로 가능했다. 하지만 역사에 근거한 (시민계층의) 정치적 해석 권능이 무너짐으로써, 시민계층의 주도권이라는 왕관에서 한 봉우리 이상이 부서져나갔다. 그것이 어떤 구체적인 정치적 결과를 불러올지는 1918년 말과 1919년 초에 아직 예상할 수 없었다. 하지만 독일의 정치 및 영향력 구도에 전폭적인 변화가 올 것임을 염두에 두어야만 했다.

시민계층이 요구한 해석의 헤게모니가 역사 지식과 그 지식의 정치적 이용에 근거했다면, 노동자운동 정당들의 헤게모니 주장은 역사 이론에 기초한 미래 권리에 근거를 두었다. 마르크스주의가 독일 노동자운동에 의미하는 핵심 내용은 미래가 (노동자) 자신들의 것이라는 확신이었다. 이로써 시민계급은 과거 세력으로 분류될 위험에 처했다. 적어도 종전 후 정치적 좌파에 가담했던 일련의 시민계급 출신 학자와 지식인들은 그렇게 보았다. 반면에 다른 사람들은 자신들의 자유주의적 기본 입장을 버리고 전쟁 전에는 없었던 공격적인 정치적 우파의 대변자가 되었다. 전쟁 내지 그 결말은 그때까지 독일 시민계급 대부분에 지배적이던 자유주의적 기본 입장이 종식되는 기점이었다.

고대사 분야의 태두 마이어 그리고 그의 두 제자 빅토르 에렌베르크Victor Ehrenberg와 아르투어 로젠베르크Arthur Rosenberg, 이 세 학자의 이야기는 그것을 잘 보여준다. 마이어는, 서부전선의 포병부대에 있던 에렌베르크와의 서신 교환에서 드러나듯이, 전쟁이 전개됨에 따라 단계적으로 극단적인 우경화로 나아갔다. 그는 처음에는 외국 대학의 명예박사학위를 반환했다. 그다음에는 무제한 잠수함전의 개시를 요구했다. 그리고 최종적으로 독일 서부와 동부의 광대한 지역을 지리 전략적 이유에서 병합하길 원했다.[27] 독일의 정치는 실패했다는, 독일 정치가 훨씬 더 단호하게 전쟁을 밀고 나갔어야 했다는 이 입장을 그는 바이마르공화국* 시기에도 유지하고 있었다. 그에 걸맞게 마이어는 공화국의 정치적 적이었다. 반면 에렌베르크는 이미 전쟁 중에 너무 큰 기대를 갖지 말 것을 경고했으며, 광역의 병합에 반대하는 주장을 펼쳤다. 이럼으로써 적극적인 참전자였던 그는 종전 후 바이마르공화국과 그 정치적 질서에 호의적 태도를 취하게 되었다. 한편 마이어의 애제자였던 로젠베르크는 종전 직전까지도 참모부의 선전부에

---

27 Eduard Meyer/Victor Ehrenberg, *Briefwechsel*을 참조
● 제1차 세계대전 후인 1918년에 일어난 독일혁명으로 독일제국이 붕괴되고 1919년에 성립한 독일공화국을 이르는 말. 1933년 히틀러의 나치스 정권 수립으로 소멸되었다. 국민의회가 독일 중동부 도시 바이마르에서 공화국의 골격을 규정하는 바이마르헌법(1919년 8월 11일 공포)을 논의·채택한 데서 이 이름이 붙었다.

서 승리의 확신을 퍼뜨리는 데 애쓰고 있었다. 힌덴부르크를 알렉산더 대왕에 비교하면서, 동쪽을 정복한 이 두 인물을 동급으로 세우면서 말이다. 하지만 그러다가 종전과 함께 로젠베르크는 독립사민당으로 그리고 연이어 공산당으로 향했고, 바이마르공화국을 좌로부터 공격했다.[28] 이 셋 중 에렌베르크만이 1914년 이전 대부분 독일 시민계층의 특징이었던 자유주의적 기본 태도를 유지했다.

시민계급 – 의미의 대위기와 물질적 파산

전쟁이 끝나자 찾아온 정신적 공허는 4년 넘게 전쟁에 쏟았던 방만한 의미 투자가 낳은 직접적 결과였다. 희생을 각오하고 참고 버티느라 사람들은 온 힘을 소모했다. 이제 더 끌어낼 그 무엇도 남아 있지 않았다. 전후 몇 년간 팽배한 의미 위기는 관련 문헌들에서 수차례 묘사되었다.[29] 그것은 무엇보다 역사상 전례가 없을 정도로 전쟁에 열심이었던 – 그리고 실패했던 – 시민계층의 문제였다. 의미 위기는 참전했던 모든 유럽 국가의 시민계층을 파고들었다. 하지만 독일 시민계층의 경우는 그에 더해 잘못된 진단과 근거 없는 장담으로 인해 체면이 땅에 떨어져버렸다. 이는 어느 정도까지 – 수적으로 훨씬 적었

---

28 다음을 참조. Münkler, "Die Antike im Krieg", 57쪽 이하; Luciano Canfora, *Politische Philologie*, 176쪽 이하.

29 예를 들면 다음을 참조. Philipp Blom, *Die zerrissenen Jahre*, 31쪽 이하.

던— 이탈리아의 시민계층에도 해당되었다. 이탈리아는 1914년 7월 위기의 막바지에 극적으로 참전한 것이 아니라, 그 이듬해에 정치적 대안으로 중립을 고려하면서 자발적으로 전쟁에 뛰어들었는데, 이탈리아의 시민계급은 〔자국이〕 참전으로 모두에게 인정받고 존중받는 유럽 강대국이 될 것으로 기대했었다. 독일인들이 패배를 겪었다면, 이탈리아인들은 '불구不具의 승리vittoria mutilata'를 겪었다. 20세기에 두 국가의 역사적 유사성은 의미 위기와 시민계급의 정치적 치욕이 비슷하게 동반되었다는 사실과도 상관이 있다.

물론 의미 위기와 해석 권리의 붕괴가 그 자체로 시민세계의 종말과 같은 것은 아니다. 의미의 위기는 극복되고 해석의 권리는 갱신될 수 있으니 말이다. 그러나 '시민세계'가 시민계급이 존재한다는 것 이상이며, 이는 언제나 시민적 가치가 문화를 각인하고 시민적 가치로 정치에 영향을 끼치는 문제이기도 함을 전제로 하면, 제1차 세계대전 막바지에 시민세계는 실제로 근본적 의문에 처했던 것이다.

의미 위기에 경제 위기가 더해졌다. 독일의 경우 전쟁이 매주 삼켜버렸던 엄청난 액수의 돈은 민간에서 차입으로 끌어낸 것이었다. 그것은 파격적 증세를 피할 수 있다는 정치적 장점이 있었다.[30] 누구보다 시민계급이 이 전시채권에 서명을 했는데, 이는 물론 애국적 열정 때문이기도 했지만 약속된 5퍼센트라는 높은 이자율을 염두에 둔 것이기도 했다. 이 재정 계획은 승리를 전제로 한 것이었고, 돈은 승리

---

30 이에 대해 자세한 설명은 다음을 참조. Gerd Hardach, *Der Erste Weltkrieg*, 162쪽 이하.

이후에 돌려줄 것이었다. 〔차입한 돈의〕 반환은 패배한 적들이 내놓아야 할 돈으로 충당할 참이었다.[31] 아무튼 전쟁 개막 시점에는 그렇게 생각했다. 그러나 전쟁이 길어질수록 점점 더 커지는 전쟁 비용을 배상금으로 감당한다는 것은 그만큼 더 믿기 어려워졌다. 전쟁 비용을 패자 쪽에 부담 지운다는 발상은 신속한 출정과 승리로 종결될 단기 전쟁을 전제로 했다.

비용은 전쟁이 지속되면서 기하급수적으로 증가했다. 비축된 탄약을 다 써버리고 특히 포병에서 무기 보충의 필요가 점점 더 커지자, 1914년 가을 산업 생산은 전시경제로 전환되어야 했다. 이제부터〔전쟁〕 양측은 아군 인력의 손실을 더 많은 물자의 투입으로 줄이고자 했다. 이것이 전쟁 비용을 더욱 치솟게 했다. 서부전선에서 물자전이 시작되면서, 전쟁 비용은 다시 한 번 치솟았다. 독일에서는 전시채권에 여전히 서명하는 사람이 많기는 했지만, 전쟁 비용을 더는 차입으로만 치를 수는 없었다. 따라서 기존의 세금은 올리고, 새로운 세금을 도입해야만 했다. 그러면 국가 재정은 커지고 개인 가계의 가처분 수입은 줄어든다. 이는, 많은 세금이 누진적으로 매겨진 터라, 다른 대다수 가계보다 특히 시민계급의 가계에 충격을 주었다. 비교적 부담이 낮은 조세의 시대는 지나갔으며, 전쟁 이후에도 다시 돌아오지 않을 것이 점점 더 분명해졌다. 이는 시민세계의 종말이기도 했다. 시민세계의 영광의 시대는 비교적 낮은 조세의 시대와 일치했다. 전쟁 중인 국가들은 세금을 마구 높였으며, 종전 후 들어선 사회복지국가는 돌봐

---

31 Münkler, *Der Große Krieg*, 566쪽 이하를 참조.

야 할 과부와 고아, 그리고 상이군인들에 대한 지원금의 지불 때문에 세금을 다시 낮출 수 없었다.[32]

전시채권의 손실은 많은 [독일] 시민계급 가족들에게 충격을 주었다. 그들은 금융자산의 상당 부분을 전시채권에 넣었는데, 그 '투자된' 자본을 이제 차감해야만 했다. 막스 베버와 [아내] 마리아네 베버는 그 한 사례다.[33] 전쟁 전 수년간 베버는 월급을 받지 않는 대신 대학의 강의 부담을 면할 수 있었다. 그래도 물질적으로 염려가 없었다. 자신과 아내가 물려받은 재산에서 나오는 이자소득이 충분했고, 그래서 하이델베르크에서 학문에 몰두하며 살 수가 있었다. 비록 베버가 확전을 지향한 전쟁 목표 논쟁을 비판했고, 잠수함전의 확산에 단호하게 반대했지만, 그는 자기 자산의 상당 부분을 전시채권에 넣었다. 이는 대다수 시민들처럼 베버 역시 벗어날 수 없었던, 그리고 벗어나려고 하지도 않았던 애국적 의무였다.[34] 베버는 종전 훨씬 전에 이미 자신이 이 전쟁 이전에 영위했던 삶을 종전 후에 누릴 수 없을 것임을 분명히 알았다. 그래서 결론을 내렸고, 그는 대학에 복귀했다. 베버의 가족은 뮌헨에서 이후로도 여전히 시민계급의 삶을 영위했지만, 더는 과거처

---

32 같은 책, 581쪽 이하.

33 다음을 참조. Mommsen, *Max Weber und die deutsche Politik*, 206쪽 이하; 그 외 Dirk Kaesler, *Max Weber*, 737쪽 이하.

34 1917년 7월 16일 베버는 에렌베르크에게 편지를 썼다. "이 전쟁이 민족전쟁이 아니었다면, 이 전쟁이 국가의 형태에 대한 것이라면, 그러니까 [이 전쟁이] 우리가 이 무능한 왕조와 비정치적 관료들을 유지하기 위한 전쟁이라면, 나는 총알 하나 값도 쓰지 않았을 것이고 단 한 푼의 전시채권에도 서명하지 않았을 것이다." 출처. Mommsen, *Max Weber und die deutsche Politik*, 264쪽.

럼 아무 물질적 걱정이 없는 상황은 아니었다. 베버 가족의 사례에서 우리는 제1차 세계대전이 가져온 시민세계의 변화를 실감 나게 체험할 수 있다. 금리 생활자로 사는 시기는 지나갔고, 이제부터 시민적 삶은 일생 일해서 얻는 직업적 수입에 기초하게 되었다.

이 점에서 시민계층의 삶은 노동자의 삶과 유사해졌다. 여전히 더 높은 수입과 보통은 보다 안정적인 고용관계라는 점에서 노동자의 삶과 구별되었지만, 이제부터 시민계층의 삶 역시 사회의 대다수와 동일한 구조적 조건 아래 놓이게 되었다. 전쟁이 사회적 균등화를 촉진한 것이었다. 프랑스군과 벨기에군의 루르 지역 점령에 대한 저항의 직접적 여파였던 1923년의 인플레이션, 또 1929년의 경제위기는 이 과정을 더 가속화했다. 독일민족사회주의노동자당NSDAP이 동조를 호소했던 '민족공동체' 이데올로기는 시민계층에서도 아니 바로 시민계층에서 비옥한 토양을 만났다. 왜냐하면 이 이데올로기는 보통은 분명 퇴행으로 경험했을 한 사회적 흐름에 목표를 부여하고, 시민계급의 몰락을 독일의 부활로 설명했기 때문이다. 이로써 시민계급 상당수가 히틀러와 민족사회주의(나치즘)에 관여할 태세가 되어 있었던 것이 적어도 어느 정도는 설명이 된다.

시민계급 과시문화의 종말

제1차 세계대전과 그 종말이 시민계급의 자의식에 그어놓은 단절은 무엇보다 시민계급의 자기표현의 변화, 자신의 미적 가치와 규준

4. 제1차 세계대전과 부르주아 세계의 종말

에 대한 자신감 상실에서 가장 잘 드러난다. 제1차 세계대전 이전 시기에 이미 예술과 문화의 아방가르드들은 시민적 가치평가에 위배되는 생각들을 표현했다.[35] 하지만 시민계급의 절대다수가 자신 및 자신의 미적 판단력을 너무나 확신했기에, 그것을 단호하게 거부했었다. 아마도 미적 현대는 20세기를 거치며 전쟁이 아니었어도 진·선·미에 대한 시민계급의 표상과 싸우며 자신을 관철했을 것이다. 하지만 그랬다면 〔미적 현대는〕 훨씬 천천히 그리고 급격한 단절 없이 진행되었을 것이다. 미적 현대는 아마 시민계급 건축주나 후원자에게 더 많이 종속될 수밖에 없었을 것이다. 전쟁을 치르고 그와 함께 시민계급의 재산이 축소된 이후 상황보다는 즉 후원자나 주문자로서 시민계급의 역할이 축소된 이후 상황보다는 심했을 것이다. 시민계급의 자산 상실이 바로 예술과 문화에서의 영향력 상실이라는 결과로 이어진 것이다.

이는 건축에서 가장 분명하게 알 수 있다. 1914년 이전에는 주택이나 다세대주택은 기능적 관점뿐 아니라 곡선화한 집 전면부, 석고 장식, 돌출 창, 첨탑으로 표현되는 과시문화의 규범에도 맞아야 했다. 시민계급은 자신을 귀족과 동격으로 증명하고자 또는 귀족을 넘어서려고 갈구하면서, 자신의 재산을 드러내는 건축을 선호했다. 자기를 표현하는 데 절제란 없었고 오히려 화려하게 과장하는 쪽이었다. 이 점에서 시민계급은 황제의 제국이 큰 규모로 벌이던 행태를 작은 규모로 반복했다. 그러나 빌헬름주의의 위세치레에 대한 정당한 비판에도

---

35 다음을 참조. Beyme, *Das Zeitalter der Avantgarden*, 여러 곳.

불구하고, 시민계급의 과시적 건축은 (시민계급 과시문화의 가장 가시적인 부분으로) 외부를 향한 인상을 위한, 빠르게 확장되는 도시에서 시민계급 구역의 특징을 갖추는 외적 인상을 위한 투자였다. 오늘날까지 우리가 '고상하게' 그리고 '위엄 있게' 느끼는 특징을 말이다.

전쟁은 이와 같은 〔시민계급의〕 자부심에 찬 자기표현에 끝장을 냈다. 물질적 측면에서나 그 가치관에서 비록 소멸된 것은 아니었지만, 시민세계는 이제부터 자기 자신으로 물러났으며 공론의 눈에 스스로를 드러내지 않았다. 시민세계의 이런 태도는 일례를 들면 바우하우스에 반영된 기능주의 정신에 미학적으로 동화하는 식으로 나타났다. 그로써 1914년 이전 시기에 시민계급과 그들의 과시적 건축을 '나머지 사회'와 분리해주었던 미학적 거리가 사라졌다. 시민세계는 그 주변에 스스로 동화하고 특수성의 강조를 포기하면서 끝나게 되었다.

전통적으로 별로 호전적이지 않던 독일 시민계급은 1914년 전쟁을 자신의 정치적 영향력을 확대할 기회로 기대했고, 그러면서 자신들이 지녔던 자원 즉 돈, 해석 권력, 아들들을 사건의 저울 위로 던져놓았다. 그러면서 독일제국의 패전은 무엇보다 독일 시민계급의 패배가 되었다. 〔독일 시민계급은〕 국제 경쟁에서의 위신 상실, 차감해준 전시 채권으로 인한 재산 손실, 개인적 트라우마에 더해, 군주정의 종말로 그들에게 떨어진 권력을 전쟁 중에 그리고 전쟁을 통해 정치적으로 강화된 노동자운동과 공유해야 하는 요구에 직면했다. 정치 지도층은 적어도 부분적으로는 사실 비슷한 전략을 추구했고, 전쟁정치에 대한 지지를 국내 영향력 증대의 기회로 이용했다. 제2차 세계대전 이후 시민계급과 노동자운동 사이에 성사된 장기적 전망의 정치적 타협은 본

Bonn공화국〔서독〕의 정치적 안정과 경제적 번영의 토대가 되었다. 하지만 바이마르공화국 시기 시민계층의 상당 부분에 그러한 타협은 적절한 기회에 취소하고 싶었던 비상 조처이자 임시 해법일 뿐이었다. 이것이 광범위한 독일 시민계층이 히틀러와 민족사회주의노동자당과 동맹을 맺게 된 전제였다.

05

제2차 세계대전

세계질서를 둘러싼 전쟁

세계전쟁의 유형론

보통 '세계대전' 개념은 전투가 세계적으로 벌어졌다는 것으로 해석된다. 그러나 전투의 현장이 —전 지구적은 아니어도— 여러 대륙이었다는 사실이 개념 정의에 충분할 수는 없다. 이 전투행위들 간의 정치적 연계성도 확인이 가능해야 할 것이다. 그렇지 않다면 사실 모든 대륙 어디선가는 거의 늘 전투가 벌어지고 있으니, 언제나 세계전쟁이 일어나고 있다고 말해야 할 것이다. 실제로는 두 강대국 또는 두 동맹체제가 전 지구적 맥락에서 주도권을 두고 싸울 때, 또는 강대국 간의 싸움에서 전 지구적 질서가 어떤 원칙과 규칙을 따라야 하느냐는 문제가 그 중심에 있을 때만 우리는 세계전쟁이라고 한다. 그러니까 세계전쟁은 세계 지배권 내지 그 지배권의 분할을 둘러싼 전쟁, 또는 세계질서를 둘러싼 전쟁이다.

이와 같은 의미에서 18세기 후반 프랑스와 영국이 유럽과 북아메리카, 대양에서 벌인 싸움〔7년전쟁〕역시 세계전쟁으로, '18세기의 세계전쟁'으로 지칭되었다. 영국인들과 프랑스인들, 또한 그 각각의 동맹자들(프랑스 측에는 몇몇 인디언 부족이 그런 동맹이었고, 프리드리히 대왕의 프로이센은 '대륙 내 영국의 검'● 으로 그런 동맹자였다) 간의 이 전쟁은 서로 상반된 원칙 때문에 벌어진 건 분명 아니었다. 중요한 것은 오로지 누가 '세계적으로' 결정권을 가질 것인가 하는 문제였다. 이는 이데올로기적 요소가 개입되지 않은 권력투쟁이었다.

3국협상국과 미국은 제1차 세계대전이 독일군국주의를 진압하기 위한 것이라는 주장을 개진했지만, 참전국들의 군비 지출을 잘 살펴보면 이 주장은 유지되기 어렵다.[1] 이러한 주장을 제외하고 보자면, 1914~1918년의 대전쟁〔제1차 세계대전〕은 세계 지배권의 재분배를 둘러싼 전쟁이었다. 대립적인 세계질서의 원칙을 둘러싼 것이 아니었다. 강대국들의 지배권과 영향권만이 아니라 세계질서의 원칙과 규칙이 문제가 된 것은 제2차 세계대전이었다. 이때는 세계질서가 자본주의적·중상주의적으로, 또는 파쇼적·인종주의적·군국주의적으로, 또는 사회주의적·공산주의적으로 정향되느냐 아니냐가 문제였다. 이 전쟁이 다르게 끝났다면, 권력 배분이 달라졌을 뿐 아니라 원칙적으로 다른 세계질서가 생겨났을 것이다. 이런 이유에서 제2차 세계대전은 세계질서 전쟁이었고 그 점에서 이전의 세계전쟁들과 구별된다.

● 18~19세기 유럽의 국제정치와 언론에서 유행하던 표현. 유럽대륙 내에서 영국의 이익을 위해, 마치 검처럼, 영국의 적을 멀리 유지해주는 역할을 하는 국가를 지칭한다.

1 Münkler, *Der Große Krieg*, 62쪽 이하를 참조.

그렇다고 다른 두 세계전쟁('18세기의 세계전쟁'과 '1914~1918년의 대전쟁')이 세계질서를 바꿔놓지 않았다는 뜻은 아니다. 하지만 세계질서를 바꾸기 위해 전쟁을 한 것은 아니었다. 질서의 변화는 '슬그머니' 찾아왔다. 18세기 미국인들의 독립전쟁은 바로 그런 의도치 않은 결과물이었다. 영국은 모국의 전쟁 비용 일부를 미국 이주민들로부터 조달하려고 조세정책을 펼쳤는데, [미국] 독립전쟁은 이 조세정책에 대한 반작용이었다. 프랑스혁명의 발발 역시 그에 앞선 전쟁들에서 발생한 국가 채무가 적잖은 역할을 했다. 그렇다면 프랑스혁명 역시 저 18세기 세계전쟁의 장기적 결과로 평가할 수 있다. 제1차 세계대전의 경우 중유럽과 동유럽 제국 및 근동의 제국을 붕괴시키는 것이 몇몇 참전국의 목표이긴 했다. 하지만 러시아 볼셰비키체제의 장기적 확립이나 미합중국의 전 지구적 주도국으로의 부상은 분명 의도한 게 아니었다.

17세기 이후 유럽에서 국가 간 전쟁의 특징은 국경 변화인데, 세계전쟁에서는 국경 변화가 문제가 아니었다. 중요한 것은 영향권의 구축 내지 확대, 광역 지배, 그리고 최종적으로 이 지역들에 확립될 질서의 기본 원칙이었다. 그래서 이러한 전쟁들은 합의를 통해 종결하거나, 또는 교전 당사자들이 무승부 방식으로 서로 양해하는 것이 거의 불가능해진다. 공식으로 종전이 이루어져도, 이 같은 상황에서는 전쟁이 모든 곳에서 실제로도 중단되는 건 아니다. 일례를 들면 1918년 11월 11일 서유럽에서는 전쟁[제1차 세계대전]이 끝났다. 그러나 발칸 지역과 슐레지엔 일부 지역에서는 의용단과 민병대의 전투가 계속되었다. 러시아에서는 백군白軍과 적군赤軍 사이에 내전이 벌어졌고, 이는 1922년까지 이어졌다. 부활한 폴란드는 국경을 확정하기 위해 6개 전쟁을 치렀다. 헝가리와 루마니아는 트란실바니아를 놓고 전쟁을 벌였다. 그리스는 파산한 오스만제국에서 소아시아 해안 지역 일부를 획득하려고 시도했으나, 결국 패배했고 주민 상당수가 추방되어 이주하는 결과를 낳았다.[2] 이 중 어느 경우도 국가 간 전쟁으로 머무르지 않았다. 이 모든 전쟁은 해당 국가의 정치적·사회적 질서를 둘러싼 사회 내부 전쟁의 요소를 포함하고 있었다. 1918년 11월 공식 종전 이후 4, 5년이 지나서야 진정한 평화가 유럽에 찾아왔다. 제2차 세계대전 후에도 그리 심하지는 않아도 전쟁 후 전쟁의 현상이 있었다. 예를 들면 그리스에서는 공산주의자들과 시민계급 집단 간에 원한에 찬 내전이 벌어졌다. 이 후속 전쟁이 발칸 동부에 국한되었던 것은 얄타와 포츠담에서 승전국들이 합의한 유럽 분할과 상관이 있었다. 서쪽과 동쪽으로 정확히 반씩 분할하고, 양측이 상대 영향권 지역의 봉기를 지원하지 않을 것을 암묵적으로 합의함으로써, 공식 종전 후 유럽에서는 또 다른 내전을 억제할 수 있었다.

세계질서 전쟁의 의미로서 세계전쟁은, 의도했든 혹은 결과적으로 그렇게 되었든, 그 결과가 근본적인 지정학적 구도 변화로 이어진다는 특징이 있다. ─ 권력 투사의 공간들이 새롭게 평가되거나, 주도권 경쟁의 수단이 되는 권력 유형마다의 특별한 비중이 전쟁 과정과 결과로 인해 달라지기 때문이다. 권력 유형이란 권력의 다양한 토대

---

2 전쟁 후 전쟁에 대한 개관을 위해서는 다음을 참조. Adam Tooze, *Sintflut*, 181쪽 이하; Dan Diner, *Das Jahrhundert verstehen*, 195쪽 이하.

이자 자원이다. 그래서 군사적 권력, 경제적 권력, 문화적 권력은 서로 구별되어야 한다. 이러한 권력 유형의 생산물은 한 국가의 정치적 권력을 보충해준다. 20세기 초 영국의 지정학자 해퍼드 J. 매킨더Halford J. Mackinder는 철도 건설로 대륙 내 이동이 교통기술적으로 자유로워지면서, 그때까지 대양의 통제가 주었던 이점이 이제 무의미해졌다는 주장을 내세웠다. 그래서 이제부터 세계 지배의 열쇠는 대륙의 지배, 특히 유라시아의 지배에 있다고 했다. 그리고 결과적으로 '유라시아 심장 지역'을 둘러싼 내곽 반월半月(영국, 인도, 일본)과 외곽 반월(대서양과 태평양 지역에 잠재적 권력 계획을 가진 북아메리카와 남아메리카)은 상대적으로 권력을 잃었다는 것이었다. 그 주장은 중유럽 및 동유럽 국가들의 경제적 부상과 미국과 독일에 대한 영국의 산업적 우위가 점차 사라지고 있는 점을 고려할 때 분명 설득력 있는 가정이었다.

하지만 제1차 세계대전의 결과는 정확히 그 반대로 흘렀다. 유라시아대륙은 세계정치적 중요성을 잃어버렸다. 패전국인 독일제국도 차르제국의 후계자인 소비에트러시아도 새로운 세계질서의 구성에 별 영향을 미칠 수 없었다. 게다가 두 국가는 그 자신에 또 국내 문제들에 골몰해 있었다. 그러는 동안 프랑스와 영국은 파리 교외에서 맺은 조약들〔베르사유조약, 생제르맹조약, 트리아농조약〕로 유럽과 근동의 새로운 정치질서를 조직하고 있었고, 미합중국은 국제연맹의 설립을 관철했다. 국제연맹은 미합중국 대통령 윌슨이 기획한 새로운 세계질서의 핵심을 이룰 것이었다.[3] 그러니까 새로운 세계질서는 유라시아의 중심이

---

3 Tooze, *Sintflut*, 273쪽 이하를 참조.

아니라 '내곽 반월과 외곽 반월'의 강대국들에 의해 만들어졌다.

제2차 세계대전을 살펴보면, 이 전쟁은 다양한 권력관계를 수정하려는 기획으로 생각해볼 수 있다. 즉 육군 강국에 대한 해군 강국의 승리, 군사적 힘에 대한 경제적 힘의 승리, 최종적으로 적어도 민족사회주의자들과 볼셰비키의 감각에서는 토지, 노동, 조합적 결속의 힘에 대한 유동적 자본의 승리로 볼 수 있다. 분명 일본의 참전은 이 모든 것에 잘 들어맞지 않는다. 왜냐면 일본은 지정학적으로 유라시아대륙이 아니라, 적어도 매킨더의 개념에 따르면, '내곽 반월'에 속하기 때문이다. 그러나 일본의 팽창욕은 20세기 초부터 만주를 향해 있었다. 일본의 참전에 결정적이었던 일본과 미합중국 사이의 갈등은 미국이 중국 내 정치적 상황에 대한 일본인들의 영향력을 더는 허용하지 않으려 하면서 시작되었다.[4] 그러면서 나치 독일과 소련과 일본은 비록 완전히 다른 목표와 목적에서이긴 했으나 잠시나마 협력했고, 이때 그들의 주적은 대영제국 또는 미합중국이었다. 다시 한 번, 적어도 전쟁의 초기 단계에 강대국 사이의 이데올로기 대립보다 지정학의 절대명령이 우선시된 것이었다.

독일에는 이데올로기보다 지정학의 우선권을 고수하고 소련과의 장기적 협력을 지향했던 소수의 사람들이 있었다. 특히 장교이자 지리학자 카를 하우스호퍼Karl Haushofer와 그의 지지자들이 그랬다. 이들은 ―히틀러가 택한 소련 공격보다― 대영제국에 대한 전쟁의 확산을 선호했다.[5] 영국의 영공권을 장악해서 영국에 대한 군사 침략의 조건을 갖추려고 했던 1940년 여름 독일의 시도가 실패한 이후에, 그들이 생각한 대對영 전쟁은 무엇보다 지중해와 북아프리카와 근동에서 벌어져야 했다. 스탈린은 독일인들이 자신들에게 유리한 소련과의 협력을 고수할 것으로 확신하고 있었다. 그 때문에 그는 독일군의 공격이 임박했다는 수많은 지표들을 진지하게 받아들이지 않았고, 그것을 영국인들이 의도적으로 왜곡한 정보라고 여겼다. 따라서 1941년 6월 22일 독일군이 실제로 공격을 감행하면서〔바르바로사 작전〕● 그때까진 시공간적으로 제한된 일련의 전투였던 것을 새로운 세계전쟁으로 바꿔버렸을 때, 스탈린은 크게 당황했다.[6]

---

4 일본 정치의 전환 및 미국에 의존해야 하느냐 아니면 대립해야 하느냐는 문제를 둘러싼 일본 내 논쟁에 대해서는 다음을 참조. 같은 책, 183쪽 이하, 322쪽, 498쪽 이하, 605쪽.

5 하우스호퍼와 그의 지정학적 생각에 대해서는 다음을 참조. Hans-Adolf Jacobsen, *Karl Haushofer*, 여러 곳.

● 제2차 세계대전 당시 나치 독일이 독소불가침조약을 깨고 동부전선에서 소비에트연방을 공격한 작전이다. '바르바로사Barbarossa'는 '붉은 수염'이란 뜻이다.

6 소련에 맞서 전쟁을 하려는 히틀러의 결정에 대해서는 여전히 다음을 참조할 수 있다. Andreas Hillgruber, *Hitlers Strategie*. 그런데 힐그루버의 분석에서는 일본이 독일(및 이탈리아)과의 동맹에 '거리를 취한 것'이 히틀러가 소련에 대한 전쟁을 결정하는 데 중요한 역할을 한다(같은 책, 278쪽 이하, 398쪽 이하). 그 외에 힐그루버는 히틀러가 아랍·인도 지역에서 영국인에 맞선 전쟁에서 독일이 이길 전망은 별로 없는 것으로 여겼다고 전제한다(473쪽 이하). '바르바로사 작전'의 결정에 대한 연구 관점들을 논의하기 위해서는 그 밖에도 다음을 참조. Michael Salewski, *Deutschland und der Zweite Weltkrieg*, 157~168쪽; Rolf-Dieter Müller, *Der Zweite Weltkrieg*, 85~90쪽. 소련에 맞서 전쟁을 하려는 히틀러의 이유에 대한 연구에서 두 학파가 형성되었다. 그중 한 학파는 전략적 측면을, 다른 한 학파는 이데올로기적 동기를 강조한다(이와 관련해 다음을 참조. Rolf-Dieter Müller/Gerd R. Ueberschär, *Hitlers Krieg im Osten*, 31쪽 이하). 이 결정의 이유에 따라, 히틀러가 유럽 전쟁을 하려고 했던 것인지 아니면 세계 지배를 위해 전쟁을 하려고 했던 것인지 하는 물음에 대한 대답이 달라진다. 그 이전까지의 전쟁 전개에 비해 소련 침공이 가져다준 분기점의 깊이를 아르노 J. 마이어Arno J. Mayer는 무엇보다 제2차 세계대전에 대한 그의 서술 *Krieg als Kreuzzug*을 처음부터 '동부 전쟁'으로 제한함으로써 드러냈다.

양차 세계대전: 새로운 '30년전쟁'인가?

제1차 세계대전은 각각 치러질 수도 있었던 (적어도) 3개 전쟁이 합쳐진 것이며, 이 3개 부분전쟁의 합류가 오로지 독일제국의 정치적·군사적 결정에서 비롯했다는 데서 출발하면,[7] 제2차 세계대전은 적어도 독일 관점에서는 이 세 전쟁의 연장으로 이해할 수 있다.—비록 세 전쟁 간 비중이 달라졌고, 개별 전쟁으로 분리해내려고 시도했지만 말이다. 상당수의 독일 엘리트들은 제1차 세계대전의 경과에서 배웠으니만큼, 1918년의 패배로 실패한 독일의 '세계적 입지' 기획을 이번에는 성공적으로 재시도하고 싶어 했다. 제1차 세계대전의 3개 부분전쟁은 다음과 같았다. 무엇보다 서유럽과 중유럽의 주도권을 둘러싼 프랑스와 독일 간의 전쟁. 이탈리아라는 '전쟁의 부수적 무대'가 있긴 했다. 그리고 독일인들의 해상 지배권 참여 내지는 대양에서 독일인들의 입지를 둘러싼 특히 독일과 영국 간의 전쟁. 이 전쟁의 무대는 영국, 플랑드르 섬, 플랑드르 해안 주변 해상 및 '근동'이었다. 마지막으로 중유럽과 동유럽의 정치질서와 이 지역의 경제적 자원 접근을 둘러싼 전쟁. 독일제국은 무엇보다 이 세 갈등을 동시에 진행되는 하나의 전쟁으로 합쳐놓았고, 그럼으로써 능력을 넘어 무리했기 때문에 제1차 세계대전에서 패배했다. 이제 독일인들은 좀 더 영리하게 움직이려고 했다. 〔제1차 세계대전에서는〕 동맹을 맺은 강대국들의 우세한 힘에 맞섰기 때문에 실패했으니, 이제는 개별적이며 순차적으로 상대국

---

7 이와 관련해서 이 책의 제2장 「폭력의 격화」를 참조할 것.

에 맞서 싸울 것이었다. 이런 관점에서 보면 제1차 세계대전과 제2차 세계대전은 하나의 전쟁으로 통합될 수 있는데, 1618년에서 1648년 사이의 대전쟁과 비교해서 또 하나의 30년전쟁으로 지칭되었다. 예를 들면, 윈스턴 처칠Winston Churchill은 자신의 제2차 세계대전 기록●에서 그렇게 보았다.[8]

휴전이나 평화조약, 또는 평화 시기가 그 중간에 있더라도 개별 전쟁들이 전체로서 통합체를 이루어 역사상 하나의 전쟁으로 간주될 수 있다는 생각은 그리스 역사학자 투키디데스에게서 유래한다. 투키디데스는 기원전 5세기 마지막 수십 년간 아테네가 특히 스파르타, 코린토스, 시라쿠사에 맞서 싸웠던 여러 전쟁들을 펠로폰네소스전쟁 하나로 '묶어서 기술'했다. 그래서 투키디데스 저서(『펠로폰네소스 전쟁사』)의 원제목은 진그라페Xyngraphe 즉 통합서술이기도 했다. 그런데 투키디데스는 이 책에서 자신이 서술한 전쟁을 모든 전쟁 중에 가장 큰 전쟁 즉 전쟁 그 자체의 모범으로 제시하려는 의도가 있었다. 호머의 서술에 따르면, 트로이전쟁은 10년이 걸렸으며, 헤로도토스가 기술한 페르시아전쟁●●은 −헤로도토스는 여러 전투들을 하나의 전쟁으로

● 처칠은 회고록 『제2차 세계대전The Second World War』(전 6권, 1948∼1953)의 제1권 『더 커져가는 폭풍The Gathering Storm』(1948) 서문에서 제2차 세계대전을 "또 다른 30년전쟁 another Thirty Years War"이라고 했다. 『제2차 세계대전』은 1953년 노벨문학상 수상작이기도 하다.

8 20세기 초반의 30년전쟁이라는 생각에 대한 개괄적 서술은 다음을 참조. Traverso, *Im Bann der Gewalt*, 특히 41쪽 이하.

●● 기원전 492∼479년에 그리스의 도시국가 연합과 페르시아 사이에 벌어진 전쟁. '페르시아전쟁'이라는 명칭은 그리스 중심적 의미를 지녀서 '그리스-페르시아 전쟁'이라는 중립적 명칭으로 부르는 학자도 있다.

결합했다─ 20년 넘게 끌었다. 후대의 전쟁사 서술에 기준이 되기 위해 투키디데스가 서술한 전쟁〔펠로폰네소스전쟁〕은 전쟁의 전형을 밝히고자 경쟁한 다른 두 전쟁〔트로이전쟁, 페르시아전쟁〕보다 더 길고 더 큰 영역을 포괄해야만 했다. 투키디데스가 자신 시대의 전쟁들 사이 상호 연관성을 탐구했고 그 전쟁들을 하나의 복합 전쟁으로 묘사했다는 것은 이 때문에도 예상할 수 있었다. 그래서 투키디데스는 〔전쟁이〕 한 사회 내부의 전쟁과 국가 간 전쟁으로 구분되는 것을 통합했다. 투키디데스의 서술에 따르면, 펠로폰네소스전쟁은 그리스 내의 지배권을 둘러싼 아테네와 스파르타 간의 투쟁만이 아니라, 여러 도시국가 내부에서 벌어진 민주주의 파당과 과두정치 파당 간의 투쟁이기도 했다. 이런 결합을 통해 비로소 전쟁은 밀도와 긴 시간을 갖게 되었다.[9] 투키디데스 이후, 후대의 '30년전쟁들'을 포함해 전쟁의 핵심적 특징 하나는 전체 맥락에서 전쟁이 결코 단순히 국가 간 전쟁일 뿐만 아니라 언제나 동시에 내전이라는 점이다. 이런 측면에서 20세기 전반의 전쟁들을 '세계내전Weltbürgerkrieg'으로 지칭한다면, 그것은 '30년전쟁'이라는 유형에 고유한 한 특징을 그저 더 강조하는 것이다.[10]

국가 간 전쟁과 사회 내부 전쟁 사이의 결합은 17세기와 20세기의 '30년전쟁'에서 나타난다. 사실 이 두 전쟁에 1792년에서 1815년 사

9 투키디데스에 대한 수많은 관련 문헌 중에 다음을 참조. Wolfgang Schadewaldt, *Die Anfänge der Geschichtsschreibung bei den Griechen*, 223~394쪽; Klaus Meister, *Thukydides als Vorbild der Historiker*, 여러 곳.
10 다음을 참조. Hanno Kesting, *Geschichtsphilosophie und Weltbürgerkrieg*; Roman Schnur, *Revolution und Weltbürgerkrieg*.

이의 전쟁을 추가해야 한다. 이 전쟁은 프로이센과 오스트리아의 반反혁명 개입 전쟁으로 시작되어서, 나폴레옹전쟁으로 이어지다가, 워털루에서 황제의 최종적 패배로 종결되었다. 놀랍게도 이 일련의 전쟁에 대해 '30년전쟁' 개념이 적용되지는 않았다(실제로도 이 전쟁은 '단지' 20여 년 남짓 진행되었다). 이런 점에서 '30년전쟁'이라는 다소 강렬한 개념의 자의성 역시 드러난다. 이 개념은 역사 분석을 위한 개념이라기보다 주목을 끌기 위한 표식인 것이다. 처칠에게 양차 세계대전의 '통합서술'은 서술상의 한 요점이었으며 체계적으로 전개된 사유는 아니었다. 그 30년이 시작될 때 강대국들의 해군 규모에 대한 워싱턴협약●과 독일을 유럽 국가공동체에 귀환시킨 로카르노조약●●으로 장기 지속될 세계정치질서가 정립되었다고 처칠 자신이 확신했으니 말이다.[11] 그래서 엄격한 의미로는 1618년에서 1648년의 전쟁만이 '30년전쟁'이라는 확정된 명칭을 갖게 되었다.[12] 모든 다른 경우들은 주목

● 1921년에서 1922년까지 미국 워싱턴에서 열린 국제 군비 축소 회의. 미국의 주창으로 제1차 세계대전 뒤에 태평양 · 원동遠東 문제, 해군 군축 문제를 해결하기 위해 미국, 영국, 프랑스, 일본, 이탈리아, 중국, 벨기에, 네덜란드, 포르투갈 등 9개국이 참가해 중국에 관한 9개국 조약, 태평양에 관한 4개국 조약, 각국의 주력함 보유율을 포함한 해군 군축 조약을 체결했다. 워싱턴군축회의.

●● 1925년 10월 스위스 남부 로카르노에서 체결한 중유럽의 안전보장에 관한 조약. 영국, 프랑스, 독일, 이탈리아, 벨기에 5개국 간의 상호 안전을 보장하고 독일과 벨기에, 프랑스, 폴란드, 체코슬로바키아 사이에 독일 국경의 현상 유지, 상호 불가침, 중재 재판 따위를 규정하여 제1차 세계대전 후의 유럽 안정을 꾀했으나, 1936년 독일에 의해 파기되었다.

11 Tooze, *Sintflut*, 12쪽 이하.

12 역사학에서는 보헤미아-팔츠전쟁, 니더작센-덴마크전쟁, 스웨덴전쟁, 스웨덴-프랑스(또는 유럽) 전쟁을 구분한다. 이 전쟁들 사이에는 모두 전쟁행위가 중단되는 휴지기가 있다. Gerhard Schormann, *Der Dreißigjährige Krieg*, 25~59쪽 참조.

을 끌기 위한 정치적·역사적 비유였다.

제1차 세계대전과 제2차 세계대전이 서로 다르며 그 자체로 분석되어야 할 전쟁임을 전제로 비교하는 게 그 두 전쟁을 '통합서술' 하는 것보다 실제로 훨씬 많은 것을 시사해준다. 비교는 유사점만이 아니라 전쟁 각각의 경과 분석에 매우 중요한 차이점들도 분명하게 드러내준다. 1914년과 1918년 사이의 전체 전쟁에서 핵심이었던 독일과 프랑스 간 전쟁이 1940년에는 6주의 전투●로 낙착되었다.[13] 〔제2차 세계대전 당시〕 서방 연합군의 노르망디 침투〔1944년 6월 6일〕 이후 프랑스가 다시 전장이 되었을 때, 그것 역시 짧은 시간 동안만이었다. 전쟁의 이 단계에서 프랑스 군대는 결정적 역할보다는 상징적 역할을 담당했다. 그에 반해 1941년에서 1945년 사이의 동부 전쟁은 가장 큰 손실을 동반한, 가장 잔인한 전쟁 공간이 되었다. ─ 제1차 세계대전의 경험에 따르면서 독일군 지휘부는 바로 이 점을 예상하지 못했던 것이다. 그와 반대로 '바르바로사 작전'의 계획자들은 고를리체-타르누프 돌파전 후 독일 및 오스트리아-헝가리 군대가 러시아군 상당 부분을 고립시켜 포로로 만드는 데 수차례 성공했던 1915년의 전투를 염두에 두고 있었다.[14] 분명 그들은 러시아군이 1915년 여름 엄청난 손

● 1940년 5월 10일, 독일은 프랑스가 자랑하던 마지노선(프랑스가 대對독일 방어선으로 국경에 구축한 요새선)을 우회하여 벨기에에 침공해 프랑스·영국 연합군을 유인한 뒤 프랑스를 공격해 6주(1940. 5. 10~6. 25) 만에 승리를 거둔다. 흔히 '프랑스공방전'이라 불린다.

13 다음을 참조. John Keegan, *Der Zweite Weltkrieg*, 83~134쪽; Michael Salewski, *Deutschland und der Zweite Weltkrieg*, 120~132쪽; Rolf-Dieter Müller, *Der letzte deutsche Krieg*, 44~55쪽; Antony Beevor, *Der Zweite Weltkrieg*, 97~145쪽.

14 Münkler, *Der Große Krieg*, 342쪽 이하.

실을 입었음에도 진압당하지 않았던 사실을 기억할 수도 있었을 텐데 말이다. 1916년 여름 러시아군은 다시 대규모 공격(브루실로프 공세)을 시작했고, 독일은 예비군 부대까지 몽땅 동원해서야 그 공격을 간신히 막아낼 수 있었다. 그러나 1917년 여름 러시아군이 붕괴되었다는 사실과, 그해 늦은 가을 독일군 부대가 백러시아와 우크라이나를 최소한의 사상자로 손쉽게 정복했던 것에 대한 기억이 압도했다.[15] 무엇보다 ('1941년에서 1945년 사이의 동부 전쟁'의) 1917~1918년과의 비교는 적군赤軍의 전투력을 얕잡아 보게 했고, 이는 심각한 결과를 낳았다. 적군은 1941년 여름과 가을에 치명적 패배를 겪고도 무너지지 않고 독일군의 전진을 저지했으며, 겨울이 다가오자 독일군에 쓰라린 패배를 처음으로 안겨주었다. 이런 상황은 이듬해에도 반복되었다. 독일군은 볼가 강과 캅카스를 향해 진격했으나 연이어 스탈린그라드에서 패배했다.[16] 독일의 관점에서 전쟁(제2차 세계대전)은 이번에는 서쪽이 아니라 동쪽에서 결정되었다. 1918년 후 집단기억에 서부전선의 대치전과 물자전이 있었다면, 이번에는 동부에서의 전투와 점점 더 불어나는 손실이 있었다. 문학적 형상화를 보면, 과거 (독일 작가) 에른스트 윙거Ernst Jünger의 『강철 뇌우 속에서In Stahlgewittern』(1920)*와 에리

---

15 같은 책, 661쪽 이하를 참조.

16 다음을 참조. Keegan, *Der Zweite Weltkrieg*, 252~344쪽; Salewski, *Deutschland und der Zweite Weltkrieg*, 181~210쪽, 237~261쪽 이하; Müller, *Der letzte deutsche Krieg*, 81~117쪽, 164~180쪽; Beevor, *Der Zweite Weltkrieg*, 218~285쪽, 376~394쪽, 409~428쪽; Richard Overy, *Russlands Krieg*. (원저명은 *Russia's War*이며 국내에서는 『스탈린과 히틀러의 전쟁』(리처드 오버리 지음, 류한수 옮김, 지식의풍경, 2003)으로 번역·출간되었다.)

히 마리아 레마르크Erich Maria Remarque의『서부전선 이상 없다Im Westen nichts Neues』(1929)가 차지했던 자리는 테오도어 플리비어Theodor Plievier의『스탈린그라드Stalingrad』(1945)와 요제프 마르틴 바우어Josef Martin Bauer의『발길이 닿는 대로So weit die Füße tragen』(1955)에 돌아갔다.

가장 유사한 것은 해전이었다. 해전은 두 번 다 처음에는 독일과 영국 간에 벌어졌지만, 그다음 미국이 결정적 개입을 했다. 잠수함을 이용해 영국제도諸島로 가는 물자 보급을 제한함으로써 영국인들로 하여금 마음을 돌려 평화를 체결할 수밖에 없도록 하려는 독일의 시도는 제2차 세계대전에서 또다시 실패했다. 적의 무력 부대가 아니라 일반 주민에 대한 물자 보급과 한 국가의 산업 생산 능력을 목표로 삼는 방식의 전쟁 수행에 더해 제2차 세계대전에서는 전략적 공중전이 있었다. 제1차 세계대전에서도 이미 적의 도시에 대한 폭격이 있기는 했다. 하지만 그 이후 몇몇 국가는 공군을 단지 지상작전의 지원에 사용하는 것을 넘어서 전략적 전력의 일부로 구축했다. 공군은 독립적으로 전쟁을 수행할 수 있는 상태였고 그러면서 그 자신만의 목표도 세웠다. 여기서 독일인들은 금방 뒷전으로 밀리게 되었다. 왜냐면 독일인들에게는 중량급 폭탄이 없었고, 공중 군사력의 행사는 근본적으로 지상군을 지원하는 목적이었기 때문이다. 이는 독일제국의 자원과 생산력이 제한적이었기 때문에 필요한 결정이었다. 히틀러의 공군은 도시들을 ─바르샤바, 로테르담, 런던을─ 공격하기 시작했다. 그러나

● 국내에서는『강철 폭풍 속에서』(에른스트 윙거 지음, 노선정 옮김, 뿌리와이파리, 2014)로 번역·출간되었다.

그 장비를 보면 전략적 공중전을 치를 수 있는 상태는 사실 아니었다. 그에 반해 영국인들과 미국인들은 이미 공중전을 수행할 수 있는 상태에 있었다. 그들은 이런 우월함을 1943년부터 전쟁의 저울대 위에 올려놓았고, 이는 결정적이었다. 공군을 육성하면서 독일인들은 육상전의 요구와 필요를 지향점으로 삼았다. 반면 영국인들과 미국인들은 해전의 원칙을 공중전에 적용했다. 동부에서 독일군의 '전격전'이 실패하고 1943년 이후 독일군이 점점 더 빠르게 퇴각했던 것 외에, 영국인들과 미국인들에 맞선 공중전의 실패는 독일인들이 패배한 두 번째 원인이었다. 전쟁의 전환점 이후 독일군이 적군赤軍의 진격을 거의 막을 수 없었던 것처럼, 독일 공군은 영국과 미국의 폭격기에서 날아드는 독일 도시에 대한 공격 역시 막을 수 없는 상태였다.[17]

무엇보다도 20세기의 세계전쟁들은 전쟁이 치러진 공간에서 서로 구분된다. 유럽 내에서 제2차 세계대전이 벌어진 공간은 비록 그 강도는 다르지만 바로 1914년에서 1918년에 싸웠던 곳과 근본적으로 같은 공간이었다. 그러나 유럽 밖에서 1939년에서 1945년에 벌어진 전쟁은 전혀 다른 것이었다. 〔제2차 세계대전의 경우〕 제1차 세계대전에서 서로 차지하려고 치열하게 전투가 벌어진 두 장소 즉 동아프리카 지역 그리고 수에즈운하와 메소포타미아 사이 지역에서는 ─ 이탈리아 식민지였던 소말리아에서의 전투와 이탈리아인들이 방금 정복한 에티오피아를 예외로 하면 ─ 전쟁이 없었다. 그러나 그에 비해 제1차 세

---

17 Rolf-Dieter Müller, *Der Bombenkrieg*, 157쪽 이하; Richard Overy, *Der Bombenkrieg*, 433쪽 이하.

계대전에서 조용했던 튀니지와 이집트 사이의 북아프리카에서는 전쟁이 벌어졌다. 가장 큰 차이는 분명 전쟁의 제2의 핵이었던 동아시아와 태평양 전쟁이었다(제1차 세계대전에서는 이 지역에서 독일 조차지인 〔중국 산둥반도 남쪽 연안의〕 자오저우 만膠州灣 때문에 단 몇 주간만 전투•가 벌어졌었다). 전쟁의 경과는 유럽의 경우와 유사했다. 즉 짧은 기간에 태평양 공간의 지배세력으로 부상한 일본인들이 엄청난 성공을 거두었고, 그러자 미 군사력이 점차 투입되었고 해상과 육상에서 일본군을 물리쳤다. 여기서도 전략적 공중전, 무엇보다 히로시마와 나가사키의 원폭 투하가 전쟁에 결정적 의미를 갖게 되었다.

제2차 세계대전은, 비유럽 지역으로는 국소적으로만 확산되었고 본질적으로 유럽 전쟁이었던 제1차 세계대전에 비해, 유라시아대륙의 양쪽 끝에서 그리고 대서양과 태평양 둘 다에서 벌어졌다. 이 두 곳 모두에서 제2차 세계대전은 인종주의 이데올로기의 신념이 넘치고 군국주의적 태도가 뚜렷했던 세력들에 의해 시작되었고, 결국 그들이 패배했다. 그러나 나치 독일만이 전쟁을 이용해 은밀하게 체계적으로 인종학살의 죄를 저질렀다. 독일 특수부대와 그 조력자들이 벌인 유럽유대인 학살은 유럽의 전쟁 현장에서 제1차 세계대전과 제2차 세계대전을 분명하게 구분해준다.

• 독일인 선교사 2명이 살해당한 사건 등을 구실로 삼아 독일이 1897년 11월 14일 자오저우 만에 상륙했다.

제1차 세계대전으로부터의 '학습'과 제2차 세계대전

미래의 전쟁을 막거나 아니면 성공적으로 치르려는 목표 아래, 지나간 전쟁으로부터의 '학습'은 전쟁폭력 및 전쟁폭력 전략의 진화에서 핵심적 요소다. 이 경우 일반적으로 전쟁의 패자가 승자에 비해 더 철저하게 배우는데, 그렇다고 사후적으로 볼 때 목표 달성이란 의미에서 올바르게 배우기도 했다는 말은 아니다. 제1차 세계대전으로부터의 학습은 이런 관점에서 특히 실망스럽다. 왜냐면 적어도 독일인들은 (그러나 이탈리아인들도) 제1차 세계대전 이전의 견문과 입장보다 후퇴했기 때문이다. 즉 1914년 이전에는 상당한 범위의 시민계층에서까지 유럽의 미래에 큰 전쟁은 없을 것이며, 국가 간 경쟁은 이제부터는 무역과 산업 영역에서 벌어질 것이라는 생각이 지배적이었다.[18] 1914년 많은 독일인들이 열광 속에 전쟁에 나갔다. 1939년에는 그렇지 않았지만, 그 대신 제2차 세계대전이 터지기 전 시기에 한 민족의 자기주장 능력의 기준은 자신의 이해관계를 폭력적으로 관철하려는 자세에 있다는 생각이 고착되었다. 그로써 독일제국 시기에 사실 사회 주변부에 있던 생각이 중심까지 파고든 것이었다. 이와 같은 입장 변화에는 제1차 세계대전에 대한 기억과 이 전쟁에서 장기간 지속된 폭력의 도취가 어느 정도 역할을 했다. 그러나 이는 참전했던 다른 유럽 사회들에서도 마찬가지였다. 하지만 독일에서는 패배, 그리고 굴욕으로 느낀 베르사유조약, 또 프랑스군과 벨기에군의 루르 지방

---

18 이와 관련해서는 이 책의 43~45쪽을 참조.

점령 동안 경험한 무방비 상태로 인해 더욱 그러했다. 전쟁의 결과들이 불구자와 부상자들의 모습으로 가시화되었고, 이는 처음 몇 년간 전쟁기억을 지배했다.[19] 그러나 그 모습들은 회복된 전투력의 멋진 외양과 그에 결부된 암시들 뒤편으로 숨어버렸다.

제1차 세계대전의 경험은 작전과 전략적 관점에서 교훈을 줄 수 있었다. 그리고 여기서 이끌어내는 교훈은 각국마다 그 전쟁의 결말에 부합했다. 프랑스인들은 베르됭*에 집중했다. 프랑스인들이 스스로 느끼기에 여기서 자신들은 독일인들의 돌파를 성공적으로 막아냈고, 그러면서 승리를 위한 전제들을 확보했다. 몸소 중상의 상흔을 간직한 세계대전의 베테랑 국방장관 앙드레 마지노André Maginot는 독일 국경을 따라 철근 콘크리트로 엄청난 방어체제를 구축하도록 했다. 독일이 다시 프랑스를 공격한다면 이 방어체제에 좌절하게 될 것이었다. 이제 프랑스인들은, 나폴레옹의 공격 정신이 프랑스인들의 전략적 사유를 지배하던 1914년 전의 시기와 달리, 방어를 중시했고 과거의 요새화 발상으로 귀환했다. 여기에는 발생할 손실을 줄여줄 거라는 기대가 있었다. 방어체제 발상은 세계대전의 경험에서 직접적으로 나온 것이었다.

독일인들이 전쟁[제1차 세계대전]에서 이끌어낸 결론은 정반대 방

---

19 이와 관련해서는 다음을 참조. Blom, *Die zerrissenen Jahre*, 31~54쪽.
● 제1차 세계대전 당시인 1916년 2~12월 프랑스와 독일 육군이 공방전을 벌인 프랑스 동북쪽의 도시. 베르됭전투는 제1차 세계대전 서부전선에서 벌어진 가장 큰 전투 중 하나다. 양측 모두 막대한 피해를 입었으며 전투는 결국 독일의 공격을 이겨낸 프랑스의 승리로 끝나며 독일 패망의 한 원인이 되었다.

파편화한 전쟁

향을 향했다. 이들은 주로 공격작전의 실패에 대해 숙고했고, 적의 전선을 돌파한 경우 공간 깊숙이 치고 들어가 적의 후방 연결을 파괴하고 적을 패닉에 빠뜨릴 가능성을 탐색했다. 그들은 이런 임무를 탱크부대가 담당할 것으로 생각했다. 탱크부대는 더는 제1차 세계대전에서처럼 공격하는 보병을 무기 측면에서 지원해야 하는 것이 아니라, 독립적으로 움직이면서 보병보다 빠른 속도를 활용해야 했다. 급강하 폭격기는 '날아다니는 포병'으로서 돌진하는 탱크부대를 지원해야 했다. 프랑스인들이 요새체계를 우선시하며 감속을 택했다면, 독일 측은 새로운 전력의 구축에서 핵심 기준을 가속에 놓았다. 이는 후에 독일군이 전쟁〔제2차 세계대전〕 초기 몇 년간 승리하게 한 소위 '전격전'[20]의 토대였다.

영국인들의 학습은 또 전혀 다른 방향으로 나갔다. 그들의 학습은 〔영국〕 군사학자인 배질 헨리 리들 하트Basil Henry Liddell Hart가 명명한 '간접 접근 전략Strategy of indirect approach'을 중심으로 움직였다. 이 전략에서는 적 병력과의 직접 충돌을 피하고 측면과 보급로를 공격하는 작전을 펼쳤다. 제1차 세계대전에서 영국 해군의 역할은 그렇게 이해될 수 있었다. 영국 해군은 무역을 봉쇄해 독일 경제를 약화시키고, 주

---

[20] 이와 관련해서는 다음을 참조. Karl-Heinz Frieser, "Die deutschen Blitzkriege", 182쪽 이하. 프리저는 이러한 형태의 전쟁 수행은 독일 측에서는 전혀 계획된 것이 아니었으며, 그것은 프랑스 침공에서 '낫질작전'이 성공한 결과라는 주장을 내세운다(전격전의 전설). 그런데 그러고 나서 소련에 대해 실제로 전격전을 계획했을 때는 실패했다는 것이다. 다른 한편, 탱크부대의 결집은 신속한 진격을 위한 것이지 지연전을 위한 것은 아니었다. 그것은 이후 전쟁이 진행되면서 비로소 달라졌다.

민들의 인내 의지를 무르게 만들었고, 그럼으로써 1918년 가을 독일 제국의 붕괴에 결정적으로 기여했다. 하지만 전쟁은 4년 넘게 지속되었고, 무역 봉쇄는 2년 넘게 지나서야 효과를 나타냈다. 그에 따라 그들은 보다 빨리 목적에 도달할 방법을 강구했고, 그 방법을 전략적 폭격전에서 찾았다.[21] 전략적 폭격전이란 적의 군수 거점, 철도 교차 중심지, 그리고 적의 대도시까지도 공격하는 것을 말한다. 이는 제1차 세계대전에서처럼 전투에서 적의 군대와 맞붙어 유사한 큰 손실을 겪을 필요 없이 적이 전쟁을 지속할 능력을 제거하려는 것이었다.

제1차 세계대전 중에 겪은 극적인 손실은 모든 유럽 강대국의 군사 전략가들이 고민한 문제였다. 자신들의 사회가 그와 같은 일을 두 번 겪기는 어렵다는 게 분명했기 때문이다. ― 적어도 그 사회가 민주주의적 헌법을 가졌다면 그랬다. 1914년 전쟁에 나섰던 영웅적 유럽 사회들은 이 전쟁을 거치며 탈영웅적 사회로 거듭나게 되었다.[22] 희생 자세가 약해졌다는 점도 염두에 두어야 했다. 제1차 세계대전에서 상대적으로 가장 큰 손실을 감내해야 했던 프랑스는[23] 요새 시설로 아군 전사자 수를 최소로 유지하게 할 전략을 택했다. 프랑스에 비해 그 손실이 확연히 적었던, 그런데 그 희생이 1916년까지 시행된 지원병 제도로 인해 정치적 발언력이 있는 중산층에 높은 비율로 몰렸던, 영국인들은 희생자 수를 일정 수준으로 묶기 위해 간접 전략을 택했다. 그

<hr>

21 전략적 폭격전에 대한 리들 하트의 열광에 대해서는 다음을 참조. Müller, *Der Bombenkrieg*, 27~28쪽; 그 외 Heuser, *Den Krieg denken*, 353쪽 이하.

22 이에 대해서는 이 책의 제7장 「영웅적 사회와 탈영웅적 사회」를 참조.

23 Kolko, *Das Jahrhundert der Kriege*, 107쪽 참조.

리고 독일인들은 공격작전을 번개처럼 가속화함으로써 전쟁을 다시 몇 주의 출정으로 치를 수 있게 하고 그럼으로써 손실을 국한시키기를 희망했다.

유일하게 소련에서만은 그 출발점이 달랐다. 러시아는 제1차 세계대전에서 심각한 희생을 겪어야만 했고, 1917년 여름 차르의 군대가 붕괴했다. 그러나 이 세계전쟁에 또다시 4년간 내전이 이어졌고 이 결과 사회는 심하게 거칠어졌다.[24] 1930년대 소련 사회는 폭력이 난무하는 공간이었다. 그래서 여기서는 전쟁이 일어나는 만약의 경우 유혈을 줄일 전술에 대한 고민 같은 것은 별로 없었다. 생명을 귀하게 다뤄야 한다는 생각은 소련의 지도부에는 너무나 낯선 것이었다. 그런 의미에서 그들에게는 희생 축소 전략에 대한 고민이라는 문제 역시 존재하지 않았다. 게다가 스탈린은 미하일 투하쳅스키Mikhail Tukhachevski 사령관 및 군현대화를 이끈 많은 고위 장교들을 처형해버렸다. 소련 사회는, 정치적 구호와 그들의 자기묘사에 따르면, 그 어떤 희생도 불사할 만큼 큰 목적을 추구하는 영웅적 사회였다. 독일에서도 민족사회주의자들이 부상하면서 유사한 견해가 지배했다. 사회는 영웅적 공동체로 담금질되고 변화되어야 했다. 독일과 소련에서는 강력한 이데올로기가 영향을 미쳤다. 그리고 이데올로기 뒤에는 자발적으로 따르지 않는 사람들에게 그에 순종하는 자세를 강요하는 억압적 체제가 있었다. 하지만 소비에트에 비해 독일의 전술과 전략은 목적

---

24 다음을 참조. Laura Engelstein, "Verhaltensweisen des Krieges in der Russischen Revolution", 149쪽 이하.

달성을 위해 무조건 병사를 소모하는 걸 지향하지는 않았다. 이는 이후 제2차 세계대전의 희생자 수에서도 드러나는데, 적군赤軍의 희생자 수는 독일군 희생자 수보다 훨씬 많았다.

따라서 제2차 세계대전이 발발하기 전 유럽의 정치세계는 전쟁 태세 및 전쟁 수행 능력의 관점에서 볼 때 분할선이 여럿 가로지르고 있었고, 그로부터 다양한 행위자 그룹이 형성되었다. 우선 제1차 세계대전과 같은 전쟁을 결코 다시 치르고 싶어 하지 않으며 또한 결코 두 번은 할 수도 없었던 행위자들이 있었다. 바로 유럽의 탈영웅적 사회들이었다. 이를 알고 있었기에 그 정치적 책임자들은 전쟁의 위험에 직면해서 조심스럽고 소극적이었다. 거친 단호함을 과시했던 히틀러에 대한 프랑스와 영국의 정치가 그 한 사례다. 이에 비해 처음에는 동일한 탈영웅화의 과정을 겪었으나, 그 후 집단적 굴욕감 아래 전쟁이 정치적 수단으로 다시 중심적 역할을 하는 반反탈영웅화 운동이 생겨난 사회들이 있었다. 이런 사회에서는 민족의 (재)상승이라는 목적을 협상과 경제적 발전의 방법으로 추구하는 측과 군사적 폭력 수단을 포함한 공격적 정치를 옹호하는 측 사이에 첨예한 대립이 생겨났다. 이탈리아와 독일은 이 그룹의 가장 중요한 대표들이다. 이들 경우는 결국 민주주의적 피드백이 차단되었고, 이는 무솔리니나 히틀러가 추구한 전쟁 준비 정치를 유리하게 만들었다. 게다가 파쇼 이탈리아와 민족사회주의 독일에서는 탈영웅적 사회를 다시 전쟁 의지를 갖춘 영웅적 공동체로 변화시키려는 목적에서 엄청난 세뇌가 이루어졌다. ─ 물론 정치가 더 단호해지고 무장이 더 잘 갖춰지면, 이번에는 희생은 더 적고 승리는 더 클 것이라는 약속이 동반된 세뇌였다.

이는 일본의 경우와 너무 비슷했다. 단, 일본은 제1차 세계대전에는 부차적으로만 가담했는데, 그 대신 1904~1905년 러시아와 큰 손실을 겪으며 전쟁을 치렀고 1930년대 초 이래 만주를 두고 반복해서 군사적 갈등에 휘말렸다. 일본에서는 민족주의의 전통적 수단을 이용해 사회의 영웅화가 가능했다. 아무튼 일본은 전쟁을 반대하는 내부의 정치세력을 제압하거나 제거하기 위해 이탈리아나 독일처럼 전체주의 이데올로기 및 그와 연계된 억압 장치를 동원할 필요가 없었다. 이탈리아 파시즘 내지 독일의 민족사회주의처럼 전쟁을 삶의 발전 법칙으로 선전하지 않았지만, 호전적인 군대를 통해 민족적 목표들을 관철할 수단으로 전쟁을 정치의 활동 범위 내에 포함하고 있었던 일본의 노선은 몇 가지를 빼면 새로 탄생한 몇몇 동유럽 국가, 특히 폴란드와 (지배하던 영토의 3분의 2를, 그리고 인종적으로 동포인 주민의 40퍼센트를 제1차 세계대전에서 잃어버린) 헝가리에서도 나타났다.[25]

폴란드 사회도 제1차 세계대전을 트라우마 사건으로 경험했다. 폴란드 사회에서 동원된 병사들은 폴란드를 위해 싸운 게 아니었다. 그들은 오스트리아-헝가리 군대와 독일제국의 군대(정확히는 프로이센 군대), 그리고 특히 러시아 차르의 군대에서도 싸웠다. 그들은 남의 목표와 목적을 위해 희생되었던 것이다. 1918년 이후 다시 부활한 폴란드가 치른 전쟁에서 비로소 그들은 순수하게 폴란드의 목표와 목적을 위해 희생을 바쳤다. 따라서 폴란드 사회는 여전히 전적으로 공양물의 의미론에 머물러 있었고, 영웅적 사회에서 탈영웅적 사회로의 이

---

25 Kolko, *Das Jahrhundert der Kriege*, 107쪽.

행을 특징짓는 현상 즉 공양물을 희생물의 왜곡된 의식으로 해석하는 경향이 전혀 없었다.[26] 이는 폴란드 정부가 1938년과 1939년에 구사한 정치 즉 처음에 소련에 맞서 민족사회주의 독일과 협약을 맺었고, 그다음에 폴란드가 히틀러 협박정치의 희생양이 될 것이 드러났을 때 소비에트 군대의 통과를 거부하여 반히틀러 대연합 협상을 좌절시킨 행위의 사회도덕적 토대였다.[27] 폴란드는 프랑스와 영국의 보호 및 지원 약속을 믿었다. 그러면서 바르샤바의 정치가들은 이 국가들도 자신과 같이 희생과 고통을 감내할 의지가 있다고 전제해버렸다. 이는 심각한 결과를 초래한 오류였다. 프랑스와 영국은 독일군이 폴란드를 침공하자 독일을 향해 선전포고를 하긴 했지만, 독일 서부 방벽을 공격함으로써 곤궁에 처한 동맹국을 돕는 그 어떤 행동도 하지 않았다. 오히려 그 반대로, 3주 후 스탈린이 〔독일 외교관〕 요아힘 폰 리벤트로프 Joachim von Ribbentrop와 〔소련 외교관〕 뱌체슬라프 미하일로비치 몰로토프Vyacheslav Mihailovich Molotov 사이에 맺어진 불가침협정의 비밀 추가 합의에 따라 자신의 군대가 폴란드 국경을 넘게 했을 때, 프랑스와 영국은 스탈린에게 선전포고를 하지 않았고 폴란드에 대한 이 제2의 침략을 그냥 수용했다. 이로써 폴란드의 운명은 결정된 것이었다.

그런데 유럽에는 또 다른 제4 유형의 영웅주의가 있었는데, 소련에서 풍미했다. 사회주의 사회, 후에는 공산주의 사회를 건설하려는 볼셰비키의 계획은 과도한 희생 자세에 기대고 있었고, 정치적 적과 배

---

26 이에 대해서는 이 책의 제3장 「신화적 희생자와 현실의 사망자」를 참조.
27 Müller, *Der Zweite Weltkrieg*, 7~9쪽.

신자에 대한 대량학살을 포함하고 있었다. 스탈린이 권력을 장악한 이후 공산당과 국가 및 군대 조직은 연이은 '숙청'의 충격을 입었고, 전쟁 발발까지 수백만이 그 희생자가 되었다. 소비에트 사회에서는 그 어떤 사회에서도, 하다못해 파쇼 이탈리아와 민족사회주의 독일에서조차도 보기 어려운 정도로 희생과 공양이 긴밀하게 연결된 채 인간들의 삶을 지배했다. 소련은 거룩한 희생을 바친 사회인 동시에 피해로 점철된 사회였다. 이것이 1941년과 1945년 사이 러시아인들이 보여준 엄청난 고통 감수와 인내심의 토대였고, 이에 히틀러와 독일군 지휘부의 계획은 결국 실패했다.

피해와 거룩한 희생의 융합은 동시에 소비에트 지휘부가 제2차 세계대전에 참전한 모든 강대국 중에 손실의 통제를 가장 적게 신경 써도 되었던 이유였다. 적군赤軍의 전투 전략은 그에 맞게 짜여 있었다. 적군은 주어진 목표를 달성하기 위해서 ― 이 점에서 1943~1944년까지의 독일군과 차이가 나는데― 모든 희생을 감수했다. 〔적군〕 병사들의 희생은 약 1,300만 명에 달했다. 독일인들은 전쟁 막바지 단계에 와서야 이런 식의 전쟁 수행을 감행했다. 따라서 전쟁 마지막 해 독일군이 입은 손실은 그 앞의 전체 전쟁 기간에 겪은 손실을 합친 것과 같은 정도였다. 전쟁 전체로 보자면, 사망자에서 독일은 최소 530만 명에 달했다. 미국은 40만 7,000명이고 영국은 27만 명이었던 것을 보면, 독일의 전쟁 수행과 서방 강대국들의 탈영웅적 전쟁 수행 사이의 차이가 분명해진다.[28]

28 같은 책, 69쪽

그러니까 제2차 세계대전의 진행에는 전쟁 수행 및 인내심의 토대에서 서로 다른 네 영웅적 잠재력이 영향을 미쳤다. 정치적으로 호전성이 미약하고 전쟁을 가능한 한 피하려고 했던, 원칙적으로 탈영웅적인 서방 사회들이 있었다. 그에 따라 프랑스와 영국은 1936년 이래 히틀러에 대해 유화정책을 펼쳤다. 무솔리니가 아비시니아(에티오피아)를 자국의 식민지로 바꾸고 그럼으로써 이탈리아를 유럽 열강의 선두 대열에 올려놓고자 이 국가를 침공●했을 때도 (프랑스와 영국은) 이탈리아에 맞서는 어떤 결정적인 행동도 취하지 않았다. 1936년 이탈리아 군대가 에티오피아에 독가스를 투입하여 전시 국제법을 위반했을 때도 제네바 국제연맹의 지도적 국가들은 개입하지 않았다.[29] 서방의 불간섭은 스페인내전(1936. 7. 17~1939. 4 1)에서도 계속 드러났다. 프랑스의 좌파 정권은 프란시스코 프랑코Francisco Franco 장군의 휘하에 있던 군 일부가 일으킨 쿠데타에 맞서 스페인공화국과 투표로 선출된 공화국 정부를 지원하려 들지 않았다. 그에 반해 이탈리아와 독일은 쿠데타를 일으킨 자들 편에서 전쟁 물자와 자국의 병사들을 투입해 적극적으로 개입했다.[30] 소련도 개입했다. 그러나 소련은 합법적 정부가 아니라 자기들 편에서 싸우던 공산주의자들을 지원했다. 스페인내전이 제2차 세계대전의 서막이라는 주장은 그럴 관심이 있

● 제2차 이탈리아-에티오피아전쟁(1935. 10. 3~1936. 5. 5). 참고로, 제1차 이탈리아-에티오피아전쟁은 1894년 12월 15일~1895년 10월 23일에 벌어졌다.

29 이에 대해 자세한 설명은 다음을 참조. Aram Mattioli, *Experimentierfeld der Gewalt*, 94쪽 이하, 125쪽 이하.

30 Blom, *Die zerrissenen Jahre*, 460쪽 이하 참조.

었던 측이 퍼뜨린 전설 중 하나였다. 제2차 세계대전의 서막을 연 히틀러와 스탈린 동맹을 그렇게 은폐하려는 것이었다.

스탈린과 히틀러의 동맹은 서방 강대국들이 1939년 봄까지 히틀러의 압박정치에 자꾸 물러섰던 것 때문으로도 설명해볼 수 있다. 독일군이 비무장화된 라인란트에 진입했을 때도, 독일에 일반 국민개병제가 다시 도입되었을 때도, 1938년 봄 오스트리아가 독일에 합병되었을 때도, 그리고 최종적으로 〔독일·이탈리아·영국·프랑스가〕 체코슬로바키아의 동의 없이 수데텐 지방을 독일제국에 양도〔합병〕하기로 승인한 1938년 가을 뮌헨회담에 대해서도. 물론 그것은 자국민들의 반전분위기와도 큰 상관이 있었다. 뮌헨에서 돌아간 〔영국 총리〕 네빌 체임벌린Nevill Chamberlain과 〔프랑스 총리〕 에두아르 달라디에Édouard Daladier는 유럽의 평화를 지켜냈다고 박수를 받았다. 게다가 그들은 제1차 세계대전을 불러온 7월위기에서 배운 것을 실행했는데, 둘은 동맹의무에서 도출되는 연이은 선전포고를 무력화하기 위해 외교 카드를 계속 사용하면서 모든 힘을 기울였다. 이 의무화된 선전포고는 1914년 발칸 갈등이 유럽의 대전쟁이 되도록 만든 요소였다. 스탈린으로서는 서방 강대국들을 불신하고 그들을 반히틀러 동맹의 파트너로 대할 수 없었던 이유가 충분했다. 오히려 그는 프랑스와 영국이 러시아의 사회주의 실험을 끝내고 싶은 마음에 히틀러의 소련 공격을 당연히 지지할 것으로 생각했다. 이런 상황에서 스탈린은 소련의 경계를 1917년까지 러시아 소유였던 지역들로 다시 확장하기 위해 차라리 히틀러와의 동맹을 택했다.

프랑스와 영국이 1936년과 1938년 사이에 히틀러를 인정한 만큼

베르사유평화협상에서 바이마르공화국을 인정했더라면, 20세기 유럽의 역사는 다르게 흘러갔을 개연성이 매우 높다. 그랬다면 대다수 독일인들이 베르사유조약을 '치욕의 강제평화'가 아니라 관대하다고까지는 말 못해도 공정한 평화협정으로 간주했을 테니, 히틀러는 권력에 오를 수 없었을 것이다. 1919년이라면 프랑스와 영국의 그러한 양보가 독일의 신생 민주주의에 행운일 수 있었을 텐데, 하지만 히틀러에게는 맹수의 더욱 구미를 당기는 먹잇감이었을 뿐이었다. 〔영국 정치가〕데이비드 로이드 조지David Lloyd George의 표현을 빌려오자면, 전쟁으로 '빨려 들어간' 경험에서 서방의 정치가들은 배운 교훈이 있었다. 하지만 그들은 이제 그 교훈을 틀린 것에 제시하고 있음을 알아채지 못했다. 그들은 구체적 상황에 대해 잘못 배운 것이었다.

1939년 초여름 단치히〔그단스크. 폴란드의 발트 해 연안의 주〕와 그 접근 통로를 독일에 돌려줄 것을 요구하며, 그 대신 소련에 맞서 함께 전쟁을 하기 위해서라도 폴란드의 영토 주권을 인정하겠다는 히틀러의 제안에 폴란드인들은 응하지 않았다. 이때 폴란드인들도 그것이 역사의 교훈이라고 믿었다. 폴란드인들은 독일이 자국을 침공할 경우에도 마찬가지로 스탈린의 적군赤軍이 대독일 전쟁을 수행하기 위해 〔자국을〕통과하는 권한을 주지 않으려고 했다. 그 생각의 배경에는 폴란드의 분할은 동쪽과 서쪽에서 그들을 압박하는 국가들을 용인하면서 시작되었으며, 반면에 폴란드가 프랑스에 의지했을 때는 언제나 잘해나갔다는 확신이 있었다. 프로이센을 불신하고 러시아인들을 두려워할 이유는 충분했다. 하지만 〔폴란드인들이〕1939년 9월에 역사의 교훈으로 역설했던 이 계산은 맞아떨어지지 않았고, 폴란드는 다시 독일과 러시아에 분할되었다.

최종적으로 독일 측도 제1차 세계대전에서 배웠다고 믿었다. 그것은 어떤 경우에도 이중전선을 피하라는 명령으로 수렴되었다. 추정컨대, 히틀러는 폴란드를 침공〔1939. 9. 1~10. 6〕하면서 프랑스만이 폴란드 편에 설 것이고, 그에 반해 영국은 몸을 사릴 것으로 계산했다. 따라서 그는 영국의 〔대獨독일〕 선전포고에 놀랐다. 하지만 히틀러는 〔1939년 8월〕 스탈린과의 불가침조약을 통해 폴란드 자체가 오래 버틸 수 없도록 조처를 취해놓았다. 특히 동부에서 러시아 군대가 밀려들어 폴란드가 두 전선에서 전쟁을 치르게 될 테니까 말이다. 실제로 히틀러의 계산은 1939년 9월에만 맞아떨어진 것이 아니었다. 1940년 봄 독일군 지도부는 그 힘을 온전히 서부에 결집해서, 프랑스를 〔그다음에는 영국 원정대를〕 신속한 전투로 진압했다. 반면에 동부에서 소련은 어떤 위협도 하지 않았고 오히려 원자재 공급으로 독일제국을 지원했다. 독일군이 1941년 6월 22일 소련을 침공했을 때〔바르바로사 작전〕, 독일군은 그 힘을 이제 동부에 집중할 수 있었다. 서쪽에서는 유럽대륙의 모든 중요한 적들이 제거된 때문이었다. 1944년 6월 6일 연합군이 노르망디를 침공할 때까지 독일인들은 진정한 이중전선 전쟁을 하지 않아도 되었었다. 만일 영국인들과 미국인들의 이탈리아 공격을 독일군을 대규모로 묶어두지 않았던 부수적 전장으로 평가하고, 영미의 대독일 공중전도 제2의 전선으로 여기지 않는다면 말이다. 처칠은 공중전이 제2의 전선이라고 생각했다. 하지만 스탈린은 제2의 전선이 아니라고 주장했고, 따라서 서방 강대국들에 실질적인 제2의 전선의 포진을 요구했다. 하지만 처칠은 침공의 실패와 그에 동반될 수 있을 큰 손실을 두려워했다. 그러면 대히틀러 전쟁에서 영국이 제외되는 결과에 이를 수도 있다고 여겼다. 그래서 그는 침공이 성공할 전망을 높여줄 시간을 노리고 있었다.[31] 그러다가 실제로 침공이 이루어졌을 때, 그것은 전쟁에 결정적 전환을 가져다주었다. 왜냐면 같은 시기에 러시아 적군이 독일 동부전선의 중간 지역을 격파하는 데 성공했고, 그럼으로써 이후 10개월 더 지속되었지만 전쟁은 그 최종 판세가 결정 났던 것이다.

그런데 왜 1939년 8월 스탈린은 히틀러와의 조약(독소불가침조약)에 응했으며, 후에 동맹이 된 국가들에 맞서기로 결정했던 것일까? 스탈린 역시 역사에서 교훈을 이끌어낸 것이 분명했다. 이때 다시 제1차 세계대전의 경과가 중요한 역할을 했다. 전쟁의 경과에 대한 러시아식 해석에 따르면, 러시아인들은 적어도 두 번은 서방 동맹국들을 구해준 셈이었다. 자신들이 독일을 공격하면서 독일인들이 힘의 대부분을 프랑스인들을 공격하는 데 투입하는 것을 방해했으니 말이다. 바로 전쟁(제1차 세계대전)이 막 발발했을 때, 러시아의 두 군대가 동프로이센으로 진입하면서 독일인들로 하여금 상당한 힘을 동쪽으로 옮겨놓을 수밖에 없도록 했었다. 마른 강 전투(1914. 9. 5.~9. 12.)에서 이 힘이 독일인들에게 부족했고, 그것이 슐리펜 계획의 실패를 확정지었다. 러시아의 관점에서는 마른 강 전투에서 프랑스가 승리하도록 자신들이 동프로이센에서 싸운 것이었다. 그리고 러시아는 타넨베르크

---

31 침공 문제에서 처칠의 계산에 대한 자세한 설명은 다음을 참조. Keegan, *Der Zweite Weltkrieg*, 449쪽 이하.

전투〔1914. 8. 26~8. 30.〕에서 〔독일에〕 군대가 전멸하는 대가를 치른 것이었다. 러시아인들은 프랑스를 구했지만, 그들에게 남은 것은 패배였다. 반면 프랑스인들은 마른 강의 승리를 구가했다. 계속 이런 시각으로 보면, 1916년 여름 프랑스가 베르됭전투에서 나락으로 떨어지기 직전에 러시아 군대는 두 번째로 프랑스에 도움을 주었다. 독일이 베르됭 지역에서 전투력이 우수한 사단을 동쪽으로 빼낼 수밖에 없게 만들어 프랑스를 두 번째로 구원해준 것은, 러시아 장군 알렉세이 브루실로프Aleksei Brusilov의 이름을 딴 동부전선 남단의 공격•이었다. 반면 브루실로프 공격은 초기의 성공 이후 교착 상태에 빠졌고, 그러면서 차르 군대의 종말의 시작이 되었다. 그에 반해 서방 강대국들은 제1차 세계대전에서 러시아를 위해 무엇을 했던가? 독일인들이 1915년 러시아를 공격하려고 그 힘을 결집했을 때, 서방 강대국들은 그에 견줄 만한 대규모 공격으로 러시아를 돕지 않았다. 그리고 다르다넬스 해협에서 영불 함대의 돌파 시도는 실패로 돌아갔다. 스탈린은 서방을 믿지 않았다. 서방이 다시 러시아를 이용하고 그다음 〔러시아가〕 무너지게 놔둘 것을 두려워했다. 그러니까 스탈린 역시 제1차 세계대전에서 교훈을 배웠다고 믿고 있었다. 돌이켜보면, 스탈린의 경우도 잘못된 교훈을 배운 것임이 확인된다.

• 이 책의 74쪽 옮긴이 주 참조.

전쟁의 경과 및 그 후속 결과

유럽의 전쟁 그리고 동아시아의 전쟁도 두 단계로 나뉜다. 첫 번째는 파쇼 내지 군국주의적 강대국들이 성공하는 단계다. 이는 제1차 세계대전의 전투 과정을 보면 예상하기 어려운 성공이었다. 제1차 세계대전을 잘 아는 사람이라면 그처럼 단시간에 독일이 프랑스에 승리하리라고 전혀 예상치 않았을 것이다. 그리고 일본의 승리 행진이 인도 바로 코앞까지 갔다는 것은 동아시아의 영국과 프랑스 식민제국에 충격을 던졌다. 그 승리는 이 지역의 정치적 구도를 근본적으로 바꾸어놓았다. 제2차 세계대전은 제1차 세계대전에 견주어 돌이킬 수 없는 결과들을 초래했다. 제1차 세계대전이 초래한 국경 변화는 종전 20년이 되자 드러났듯이 무력으로 수정될 수 있었다. 그러나 독일군의 정복전쟁 결과 유럽유대인에게 행해진 민족학살은 더는 되돌릴 수 없었다. 마찬가지로 전쟁 중에 그리고 종전 후 일어난 전체 주민의 집단 이주와 추방 역시 되돌릴 수 없었다. 그와 병행해서 일본의 승리 행렬이 이어지는 동안 동아시아에서 유럽의 식민지배가 얼마나 허약한지를 경험했다. 종전 후 프랑스인, 영국인, 네덜란드인들은 이 지역에서 자신들의 지배를 복원하려고 시도했다. 하지만 그들은 군사적으로 실패했거나, 아니면 지속적 군대 운영의 필요 때문에 식민지배의 유지 비용이 너무 커져서 식민정책을 지속하는 게 수익성이 없음이 드러났다. 벌어들이는 것보다 나가는 게 더 많았다. 그리고 동아시아에서 벌어진 상황은 곧 남아시아와 연이어 아프리카로도 확산되었다. 유럽 강대국의 식민지배는 끝나게 되었다.

하지만 전쟁은 전환을 맞게 되고, 그와 더불어 독일인들과 일본인들의 승리 행진은 끝나버렸다. 그것은 더 멀어진 보급로 또는 상대의 강력한 저항에 기인했을 수 있다. 아무튼 전쟁이 길어질수록 참전국들의 생산력과 경제적 자원이 점점 더 중요해졌고, 그러면서 독일인들과 일본인들의 성공 전망은 계속 악화되었다. 단지 군사력이 문제가 되는 한에서는, 민족사회주의 독일과 황국 일본이 전쟁을 이길 것처럼 보였다. 하지만 이제 바람이 바뀌었다. 공식公式으로 압축하자면 다음과 같다. 전쟁이 길어질수록 경제적 힘에서 군사적 힘으로의 전환이 더 중요한 의미를 얻게 되었다. 그리고 이러한 상황에 가까워질수록, 그만큼 독일인들과 일본인들의 승리의 전망은 어두워졌다.

근본적으로 이들 국가(독일과 일본)의 정치엘리트와 군사엘리트들은 산업생산 시대 전쟁 수행의 '성공 공식'을 잘 알고 있었다. 그러나 그들은 군사작전의 가속화를 통해 시간과의 경주를 이기고, 그래서 전쟁을 이길 수 있을 것으로 기대했다. 그들의 대항 공식은 다음과 같았다. 즉 정복 전투를 신속하게 승리로 이끌면 이끌수록, 아군 자원의 소비는 더 적어지고 정복 지역의 자원과 생산력의 활용 기회는 더 많아진다. 그리고 정복자의 수중에 많은 것이 들어오면 올수록, 정복자는 경제력 관점에서 상대편과 점점 더 균형을 이루게 될 것이다. 약탈과 탈취 전쟁의 의미로 정복을 일단 시작하고 나자, 독일과 일본은 자신들이 이미 장악한 것을 안전하게 지키기 위해서 정복을 계속해나가야만 했다. 달리 말하자면, 이 논리에 따라 그들은 중단할 수가 없었다. 수중에 들어온 것으로 이제 충분하다고 말할 수가 없었다. 즉 독일과 일본이 시작한 세계질서 전쟁의 조건 아래서는 이제 '충분하다'는 것이 있을 수 없었다.

이것이 아마도 히틀러가 1940년 여름 또는 가을에 러시아 핵심부를 침공하는 결정을 하게 된 결정적 이유이기도 했을 것이다. 여기서 '동방생활권Lebensraum im Osten'이라는 편집적 이념 같은 이데올로기적 확신이 분명 상당한 역할을 했다. 그러나 이런 관념이 없었다고 해도 독일인들은 조만간 약탈전을 소련으로까지 확장했을 터였다. 나치지도부의 일부가 가능한 대안으로 고려했던 북아프리카와 근동 지역의 정복은, 그러려면 영국제국을 진압해야만 했는데, 소련에 경제적으로 종속되는 결과를 낳게 될 것이었다. 게다가 그것은 그 배경에 버티고 있는 미국의 도발 여부에 대해 답을 주지 않았다. 만일 영국인들이 패배 직전까지 몰린다면, 미국은 제1차 세계대전에서처럼 공공연히 전쟁에 뛰어들 것이라고 사람들은 가정하고 있었다. 히틀러는 일본의 대미 공격이 미국의 힘을 오랫동안 묶어두기를 희망했지만, 이 역시 잘못된 계산이었다. 1941년 6월 22일 〔독일의〕 대소련 기습은 독일인들이 해외 강대국들에 장기적으로 맞서려면 필요했던 자원과 생산력을 수중에 넣는 결과로 이어져야 했다. 1941년 11~12월 〔독일의〕 소련 출정이 처음에는 진흙탕에 그다음에는 눈 속에 갇혀버리자, 독일인들은 전쟁에서 패배했다. 그러나 이 결과가 군사적으로 추인되기까지 거의 3년 반이 더 걸렸다.

양차 세계대전을 또 다른 30년전쟁으로 '통합서술' 하는 것보다 체계적으로 비교해보는 것이 20세기 전반기를 이해하는 데 더 도움이 된다. 지정학적 계획, 그리고 이들 계획에서 도출된 잠재적 위협과 확장 기회, 또 육군 강국과 해군 강국의 충돌, 그러나 이들의 갑작스러운

동맹.－양차 세계대전을 단순히 그 경과의 고찰에만 머물지 않고, 교전 당사자들이 품었던 기대와 당사자들이 세웠던 목표들을 함께 분석해보면 '역사의 교훈'이라는 관념에 고유한 위험스러운 추정들이 드러난다. 제2차 세계대전이 시작되었을 때, 거의 모든 강대국이 제1차 세계대전의 경위와 경과를 통해 배웠다고 믿었다. 그러나 그다음 대부분 국가들이 잘못 배웠음이, 아무튼 잘못된 결론을 내렸음이 바로 드러났다. 과거의 실수를 피하기 위해서는, 저지른 오류를 그 반대행위로 대신하고 지난 성공을 단순히 반복하는 것으로는 분명 충분치 않았다. 그보다는 상황을 분석하면서 파고들어 실패와 성공의 깊은 원인을 분석하는 것이 필요하다. 참전국들의 전략적 입장들을 고려하며 양차 세계대전을 체계적으로 비교함으로써 현재의 도전들을 분석하는 시각이 예리해질 것이다.

제 2 부

탈영웅적 사회와
전사 에토스

06

영웅, 승자, 질서 설립자

대칭적 전쟁 시대와 비대칭적 전쟁 시대의
전사 에토스와 전시 국제법

상이한 전쟁 공간으로서 육지와 해양

전 지구적 역사로 보자면, 무장 충돌에 이른 갈등에서 대칭성은 성립하지 않는 것이 일반적이다. 무기 선택에서 시작해서, 마지막으로 육군 강국과 해군 강국의 대립에 이르기까지 그렇다. 근거리 전투 무기와 원거리 전투 무기 사이의 차이는 양측 전사들이 똑같이 검과 투창으로, 창과 활로 무장함으로써 해소될 수 있다. 하지만 그것은 직업적 전사들에게만 가능할 뿐 비상시에나 무기를 잡는 시민병사들에게는 가능하지 않다. 시민병사들이 스스로를 양자 대결의 달인으로 발전시킨다는 것은 불가능한데, 그들은 이런 불가능성을 기원전 6세기와 5세기에 그리스 도시민들이 처음 했던 것처럼 '대오를 갖추어' 싸움으로써 상쇄했다.[1] 그들은 협동이라는 시민정신을 전장으로 가져가 전투에서 실행함으로써, 직업적 개별 전사들에 대한 자신들의 열세를 상쇄했다. 이렇게 해서 그들은 새로운 종류의 대칭성을 만들어냈다. 개별 전사들의 대칭성 대신에 밀집방진密集方陣을 친 중무장한 시민병사들끼리의 충돌이라는 새로운 대칭성이 등장했다. 우수한 개별 전사들의 양자 대결에서는 힘과 숙련, 경험과 결의가 승부를 가르는 반면, 서로 충돌하는 밀집방진 사이의 싸움에서는 단결이 결정적이었다. 대형을 갖춘 시민동원군은 명성과 명예가 삶의 의미이며 목적인 전쟁 전문가들로 이루어지진 않았다. 하지만 옆사람의 엄호를 받으며 창을 던지고 칼로 내려치는 그들은 두려움을 불러일으키는 힘이었다.

그러니까 대칭성은 항상 다시 새롭게 생겨난다. 그리고 그와 함께 그때그때의 전투 규칙과 규범도 즉 전사 에토스와 그때그때의 종교적 의무나 윤리적 자기구속을 통한 그 에토스의 '보증'도 생겨난다. 전시 국제법—여기서 이는 생각해볼 수 있는 온갖 의무와 자기구속을 묶어 총칭하는 개념이다—은 대칭성이 흔들리는 전쟁사 국면들에서 (일군의 개별 전사가 대형을 갖춘 밀집방진에 맞설 때, 혹은 새로운 종류의 무기가, 예컨대 훈련된 궁수가 전쟁사건에 끼어들 때 등) 위태롭게 된다. 그러면 상대편의 비열함과 배신에 가해지는 상호 비난이 쌓여가며, 오랜 시간 존속해온 폭력 제한의 관행이 힘을 잃는다. 무기기술 측면에서 불리한 처지에 몰렸던 측은 보통 언젠가는 — 예컨대 자기들도 궁수를 동원하는 식으로 해서 — 만회하며, 대칭성은 다시 산출된다. 그러면 대칭성은 보통 이전보다 더 복잡해진다. 하지만 그것은 전투원 사이에

---

1 중무장 보병대의 발생에 대해서는 다음을 참조. Hans Delbrück, *Geschichte der Kriegskunst*, 제1권, 34쪽 이하. 〔국내에서는 『병법사: 정치사의 범주 내에서』(한스 델브뤼크 지음, 민경길 옮김, 한국학술정보, 2009, 전 4권)로 번역·출간되었다.〕

서 갱신된 대칭성이다. 이 경우엔, 대칭적 구도가 한번 무너지더라도, 승리에 대한 관심과 자신들의 영웅성에 대한 인정을 중시하는 전사들의 에토스는 점차 대칭적 구도가 재건되도록 한다.[2]

그런데 육군 강국과 해군 강국이 대립할 경우에는 대칭성의 (재)산출이 훨씬 어렵다. 육군 강국도 해군 강국에 대항해 싸우기 위해 배를 건조하고 함대를 무장시킬 수 있다. 마찬가지로 해군 강국 편에서도 육상전을 치르기 위해 무장 병력을 상륙시킬 수 있다. 하지만 전쟁과 전쟁의 목표 및 목적에 대한 전략적 사고는 상당히 다르다. 육군 강국의 전략은 결전을 목표로 하며, 반면에 해군 강국은 소진과 피로의 전쟁을 선호한다. 육군 강국에는 전쟁의 정점인 회전會戰으로 능력이 검증된다. 반면에 해군 강국에 전쟁은 항상 가용 자원을 상계相計하는 방향으로도 나아간다.

민주주의 아테네의 대표적 정치가인 페리클레스는 자국 사람들을 귀족 지배 스파르타에 맞선 전쟁에 참여하도록 독려하는 연설에서 육지와 바다의 차이를 논지의 중심으로 삼았다. 스파르타인들은 손으로 하는 노동으로 먹고살며, 이렇다 할 금전적 수단이 없고, 오래 지속되는 전쟁을 수행하는 데에는 미숙하다는 것이다. "펠로폰네소스인들과 그들의 동맹국들은 단 한 번의 전투라면 헬라스인들 전체와도 맞설 수 있지만, 이질적인 적에 맞서 전쟁을 수행할 수는 없습니다."[3] 페리

---

2 대칭성 개념 및 분석 모델에 대해서는 다음을 참조. Herfried Münkler, *Der Wandel des Krieges*, 256~274쪽.

3 Thukydides, *Der Peloponnesische Krieg I*, 141, 107~108쪽(투퀴디데스 지음, 천병희 옮김, 『펠로폰네소스 전쟁사』(도서출판 숲, 2011), 107~108쪽).

클레스 내지는 이 말을 그의 입에 올린 역사가 투키디데스는 해전과 육전의 비대칭성을 전략적으로 철저히 고찰하고, 그 비대칭성을 스파르타의 직업전사들에 맞선 전투에서 그리스의 시민병사들에게 용기를 불어넣고자 논지로 사용한 최초의 사람들 가운데 하나다. 스파르타인들이 결전을 치를 수 없고 아테네인들이 전쟁을 길게 끌고 가면, 영웅 전사들이 해상의 지원을 받는 시민병사들의 지구력을 이기지 못한다는 게 결국 드러날 것이다. "가장 중요한 것은, 그들(스파르타인들)은 돈이 없어 방해받을 것이라는 점입니다. 자금을 마련하자면 시간이 걸릴 테고, 그러면 계획이 지연될 수밖에 없는데, 전쟁의 좋은 기회는 기다려주지 않기 때문입니다." 또 "그들이 지상기지에서 해군작전을 해본 경험보다는 우리가 해군기지에서 지상작전을 해본 경험이 더 많기 때문입니다. 그들은 항해술을 획득하기가 쉽지 않을 것입니다."[4] 아테네가 스파르타에 맞선 전쟁에서 결국 졌지만, 여기서 처음으로 육전과 해전의 무대칭성Nichtsymmetrie이 완전히 포착되었다. 페리클레스의 연설에서, 육지와 바다 사이의 단순한 무대칭성은 전략적으로 숙고된 비대칭성Asymmetrie으로 된다.

스파르타인들의 시각에서 보면, 아테네인들의 전략은 상인들의 전략이지 영웅들의 전략이 아니었다.[5] 이에 대한 반응으로 그들은 아주

---

4 같은 책, I, 142, 108~109쪽(같은 책, 135~136쪽); 스파르타와 벌인 전쟁에서 페리클레스의 전략에 대해서는 다음을 참조. Donald Kagan, *Perikles*, 313~336쪽; Gustav Adolf Lehmann, *Perikles*, 222~226쪽.

5 좀바르트는 이와 같은 대립을 전쟁에 관한 그의 논쟁적인 글 『상인과 영웅Händler und Helden』에서 폭넓게 개진했으며 영국인들과 독일인들 사이의 대립으로 옮겨놓았다.

비영웅적인 일을 행하기로 결심했다. 아테네인들이 결전에 응하도록 자극하기 위해 아티카의 올리브나무와 포도나무들을 잘라버리는 것이었다. 당시의 관념으로 하자면 그것은 전쟁범죄였다. 새로 심은 올리브나무가 열매를 맺으려면 최소 10년이 걸리고 포도나무도 사정이 다르지 않았기 때문이다. 그것은 한 해의 곡식을 불살라버리는 관행과는 다르다. 후자는 도시에 훨씬 더 큰 물적 피해를 입히긴 하지만 경제적으로 파멸시키고자 하는 것은 아니었다. 실제로 수확 곡물을 불살라버리는 것은 아테네의 해전 전략에도 중심 요소에 속했다. 아테네인들은 바다로부터 여기저기에 부대를 상륙시키고, 스파르타와 동맹을 맺은 도시의 지역을 기습해 초토화하고, 스파르타인들이 그에 반응하고 전투 전문가들을 투입할 수 있기 전에 다시 배로 돌아가버렸다. 그래서 투키디데스는 아테네인들에 대해 다음과 같이 썼다. 그들은 "레우킴메 곳에 상륙하여 농토를 약탈하기 시작했다." 혹은 "아테나이인들은 그들의 영토를 약탈하였다." 또 "그곳에 상륙한 그들은 농토를 약탈하고 쉬라쿠사이의 요새를 공격했지만 함락하지는 못하자 육로와 바닷길로 테리아스 강을 향해 나아갔다. 그곳에서 그들은 내륙으로 들어가 들판을 약탈하며 곡식을 불태웠고 (…) 귀로에 이넷사인들과 휘블라인들의 곡식을 불태웠다."[6]

라카이몬인들이 저지른 커다란 전쟁범죄는 남자 대 남자의 전투에서 스파르타인들이 가진 우위를 피해가는 아테네인들의 능력에 대

6 Thukydides, *Der Peloponnesische Krieg*, 251, 259, 533~534쪽(투퀴디데스 지음, 천병희 옮김, 『펠로폰네소스 전쟁사』, 285, 292, 568~569쪽).

한 반응으로 행해진 것이었다. 스파르타인들은 결전을 추구했기에 전쟁을 격화시켰다. 장시간이 지나야만 대체될 수 있는 자원들을 파괴하는 것과 같은 경제전쟁을 수행하기는 원칙적으로 그들에게는 맞지 않았다. 스파르타 왕 아르키다모스는 아테네인들이 전장으로 나와 스파르타인들에 맞서길 기대했다. 그는 아테네인들이 정치적 양보도 할 준비가 되어 있을지도 모른다고, 어쨌거나 "자신들의 나라가 완전히 초토화되면서 파괴되어갈 것이라는 데에" 경악하여 물러설 것이라고 생각했다. 그래서 아르키다모스는 자신의 병사들이 파괴 작업을 시작하는 것을 그렇게 오랫동안 제지했다.[7] 하지만 아테네인들이 자신의 뜻대로 움직이지 않자 아르키다모스는 아티카를 초토화하도록 했다. 이런 것을 보면 전쟁의 비대칭화는, 한쪽 편이 규칙에 순응하는 것이 그 편에 계산상 불리하게 작용한다는 느낌을 갖게 되자마자, 〔그 편에서〕 규칙을 위반하려는 태세도 강화한다. 달리 표현하자면, 윤리적 규범과 법적 규칙의 구속력은 분명 대칭적 전투 구도와 결부되어 있다. 이 구도가 사라지면, 규칙과 규범에 순응하려는 태세도 무너진다.

전사의 영웅으로의 변모

그런데 어떻게 그러한 대칭성의 형성에 이르게 되었는가? 대칭성은 저절로 있는 게 아니라 약속과 관습에 의해 비로소 산출되어야 한

---

7 같은 책, II, 18, 127쪽〔같은 책, 157쪽〕

다. 이때 대칭성에 관심을 갖고 그 조건에 스스로를 종속시키는 것은 처음에는 전사들 자신이다. 그들은 직업적 전사로서 결코 단순한 승리에만 관심이 있지 않은 것이다. 그들에게는 항상 인정認定과 존중도, 칭송과 명예도 중요하다. 헤겔은 이를 『정신현상학』에서 인정을 둘러싼 자기의식의 싸움으로 기술했다. 죽음을 각오할 수 있느냐의 물음이 테스트 케이스가 된다. 인정을 추구하는 하나의 자기의식이 자신의 신체적 목숨을 부지하는 데 더 매달리는가, 그래서 생사를 걸고 펼쳐지는 투쟁을 꺼리는가? 아니면 그에게 인정이 목숨까지 걸 태세가 되어 있을 만큼 중요한가?[8]

이때 헤겔이 서술하지 않은 것은, 이와 결부된 투쟁의 규칙성에 대한 관심이다. 승자가 규칙에 맞는 투쟁에서 확인될 때만 단순한 살인자가 아니라 칭송받는 승자이기 때문이다. 영웅적인 것의 이념은 ─ 용이나 괴물에 맞서는 싸움이 아니라 ─ 다른 전사와의 싸움이 관건일 경우에는 대칭성의 구도에 묶여 있다. 규칙에 맞는 투쟁을 실행한 경우에만 승자는 그가 '더 나은 남자'였다는 주장을 할 수 있다. 여기에 더해 투쟁에 대한 보고서를 쓰는 시인이나 역사가가 있으면, 그 승자는 '영웅'으로 통하게 된다. 전사를 빛나는 영웅으로 만드는 것은 시인이다. 그리하여 영웅서사시는 투쟁의 대칭성의 파수꾼이 된다. 영웅서사시는 영웅적인 것의 보고寶庫일 뿐만 아니라 규칙 구속력의 보존자이기도 하다. 영웅서사시는 극도로 보수적이며 혁신의 도입을 거

---

8 Hegel, *Phänomenologie*, 144쪽[G. W. F. 헤겔 지음, 임석진 옮김, 『정신현상학 1』(한길사, 2005), 225쪽].

부한다.

전사들은 윤리적·미적 규범에 의지해 자신들을 독자적 신분으로 서 사회의 남은 다른 사람들과 구별했는데, 그러한 규범을 형성하게 된 것은 그들이 영웅 이상을 지향했기 때문이다. 그들은 친구와 적의 구별을 넘어서는 에토스를 발전시켰다. 서로 싸우긴 했지만, 싸움의 방식에서 그들은 자신들을 전사가 아닌 사람들과 구별해주는 공통성 을 형성했다. 프리드리히 폰 실러Friedrich von Schiller 작作『발렌슈타인 Wallenstein』•의 경기병輕騎兵의 노래는 병사들의 실존을 ─ 그들이 어느 편을 위해 싸웠든 상관없이 ─ 하나로 묶어주는 것을, 동시에 그들이 사회의 남은 다른 사람들과 거리를 취했음을 분명하게 표현하고 있다. 첫 번째 연聯에서 경기병과 자유의 이념 사이에 우의가 맺어진 후, 둘 째 연에서 실러는 이 생각을 윤리적 측면과 미적 측면에서 첨예화한다. 병사들은 아직 남아 있는 용기와 자유, 정직성과 진정성을 구현한다.

> 이 세상에는 자유가 사라졌다오.
> 주인과 종이 있을 뿐이오.
> 비겁한 인간세계는
> 거짓과 간계가 지배한다오.
> 죽음을 대면할 수 있는 자,
> 군인만이 자유인이라오.

• 실러의 희곡(1799). 30년전쟁의 보헤미아 출신 독일 명장 알브레히트 폴 발렌슈타인 (1583~1634)의 비극적 몰락 과정을 그렸다. 3부 11막.

경기병의 세계관에서는 두려움과 근심이 없다는 것이 영웅적 자유의 전제다. 이 세계관에는 자유롭지 못한 자에 대한 반대 이미지도 속하는데, 그는 죽음에 대한 두려움 때문에 모든 짐과 고역을 떠맡는 자다.

> 부역자는 대지의 품속에서,
> 보물을 캐낼 거라고 생각한다오.
> 살아 있는 한 그는 파고 삽질하지요.
> 마침내 자기 자신의 무덤이 될 때까지 판다오.[9]

하지만 영웅 이상은 실러 작품에서 보이는 경기병의 자기묘사와 달리 결코 사회에 대해 근본적으로 거리를 취하고 거부하는 것은 아니다. 영웅 이상은 전사들이 보호자로서 연결되어 있고 전사들의 물질적 생계를 책임져주는 사회단체들에도 영향을 미친다. 베버는 전사와 성자가 카리스마를 지닌 자로서 스스로 자신의 물질적 생계에 신경을 쓰지 않고 그 노고를 자신 주변의 사회 환경에 부과한다는 것을 보여주었다.[10] 그런데 실러에게서 그것은 순전히 폭력과 약탈의 관계로 기술된다.

---

9 Friedrich Schiller, *Werke*, 제4권, 67, 68쪽(프리드리히 실러 지음, 이원양 옮김, 『발렌슈타인』 (지식을만드는지식, 2012), 102쪽과 103쪽).

10 Max Weber, *Wirtschaft und Gesellschaft*, 142쪽.

기병과 그의 신속한 말,

이들은 무서운 손님이지요.

결혼식을 올리는 성에서는 등불이 깜빡이는데,

초대도 받지 않고 축제에 오지요.

그는 오래 구혼하지 않아요. 그는 황금을 보이지 않아요.

그는 공격해서 사랑의 대가를 쟁취하지요.[11]

이러한 토대 위에서는 안정적인 질서가 세워질 수 없다. 이는 오히려 30년전쟁 시기에 병사의 에토스가 퇴락했음을 보여주는 것이다. 이 시기에는 농민과 기사, 시민과 병사가 서로에게 적이 되었는데, 그들 사이에는 어떤 신뢰관계도, 심지어 효용관계마저도 없어서, 모든 것은 결국 노골적인 폭력에 기초했기에 그랬다. 그 결과 사회와 병사들 사이의 공공연한 적대관계를 다시 상호성의 관계로, 보호와 경제적 뒷받침의 관계로 바꾸기 위해, 1648년의 평화 체결[베스트팔렌조약]과 함께 군사제도의 근본적 개혁이 일어날 수밖에 없었다. 군사제도를 경제적으로 뒷받침하려는 사회의 태세는, 합목적성에 대한 고려만이 중시되지 않고, 그에 더해 영웅 이상이 안전의 효용에 모든 것을 무색하게 하는 광채를 부여할 때 강화된다. 영웅적인 것의 이상은 세계내재성의 제한된 유의미성 속에 초월성이 반사된 것이다. 영웅적인 것의 이상은 오늘날까지도 전쟁과 전투에 대한 우리 관념의 토대를 이루고 있다. ─ 자기 자신을 군대에 대해 비판적이라고, 어쩌면 평화

---

11 Schiller, *Werke*, 제4권, 68쪽[프리드리히 실러 지음, 이원양 옮김, 『발렌슈타인』, 103쪽].

주의자라고까지 여기는 사람들에게서도 그렇다. 이는 오늘날 바로 평화주의 측이 전투 드론 투입에 대해 가하는 비판에서 드러난다. 전사들이 게이머가 되었고, 이는 전쟁 윤리에 위배된다는 것이다.[12]

전사의 영웅으로의 전환은 전사의 행동과 태도를 두 방향으로 달라지게 한다. 그 전환은 '영웅들의 인터내셔널' 같은 어떤 것을 성립시킨다. 어떤 측과 연결되어 있고 누구를 위해 싸우는지와 상관없이, 아름답고 영예로운 승리가 무엇인지에 대해 공통의 관념을 갖는 것이다. 공통의 에토스는 상호 인정의 토대가 되며, 이 에토스를 통해 전사들은 자신들의 생계를 책임져주는 사회단체들과 구별된다. 동시에 그들은 자신들을 부양하는 사람들과의 관계를 자신들의 에토스를 통해 이상화한다. 이제 그 관계는 단순한 안전보장과 보호라는 목적관계 이상이며, 거기에는 효용 계산에 포함할 수 없는 게 있는 것으로 된다. 바로 명성과 명예다. 그러한 영웅들은 과거에는 자신들이 보호하는 단체에 대해서 그 대가로 지배권을 요구했다. 혹은 지배자들이 추가적 정당성을 확보하기 위해 영웅적인 것의 아우라를 갖추려고 애를 썼다. 하지만 그렇게 함으로써 그들은 동시에 민중이 그들에게 ─ 영웅적인 것의 현실이 어쩌면 선전된 이상에 일치하지 않을 수도 있음을 확인하기 위해─ 댈 수 있었던 척도에 스스로를 종속시켰다. 영웅성의 지배이데올로기는 비교적 쉽게 실제 지배자들 쪽으로 방향을 바꾸어 작용할 수 있다. 가인歌人과 시인들은 이런 이데올로기의 수호자

---

12 이 논쟁에 대해서는 하인리히 뵐 재단Heinrich-Böll-Stiftung에서 나온 소책자 *High-Tech-Kriege* 및 Grégoire Chamayou, *Ferngesteuerte Gewalt*를 참조.

였고, 그 역할에 상응하는 선물로 보답을 받았다. 하지만 정당성이 붕괴되지 않으려면 최소한 정도의 현실적 내용이 필요했다.

규칙화된 영웅성에 대한 도전자로서 다비드와 오디세우스

하지만 영웅성은, 적어도 그에 대한 주도적인 이야기들에서는, 효율성이라는 척도에 대해 일단은 항상 면역되어 있다. 효율성을 중시할 경우, 영웅주의에 대한 비판적 시각에서 전투 및 전쟁 사건을 바라보게 된다. 효율성에서 중요한 것은 윤리적·미적 이상이 아니라 비용과 수익의 관계다. 영웅은 그의 이상에 따라서가 아니라 그에게 과업을 부과하고 재정적 지원을 해준 사람의 이상에 따라 평가된다. 이때 영웅은 실상 너무 고비용이라는 것이 즉 그에게 드는 비용에 비해 그가 내는 성과가 너무 적다는 것이 밝혀진다. 하지만 여기서 영웅에 대한 비판은 그에 의해 야기되는 비용을 노골적으로 지적하는 식으로가 아니라, 더 효율적이고 더 비용이 적게 드는 보완적인 영웅 유형의 서사적 구성을 통해 행해진다. 이때 이러한 사실 자체가 적시될 필요는 없다. 새로운 영웅 유형은 고유한 매력을 펼치는데, 이 매력은 다시금 낡은 영웅 이상이 그 윤리적 자기구속과 함께 무너지고 있음을 보이지 않게 가려준다.

『구약』에서 다비드〔다윗〕와 『일리아드』 및 『오디세이』에서 오디세우스는 여러모로 상이한 신화적 인물이지만, 고전적 영웅상에 대한 평가라는 점에서, 그리고 새로운 즉 효율성을 지향하는 영웅 유형을 구현한다는 점에서는 공통적이다. 다비드는 지극히 가성비가 높은 원거리 무기 즉 목동들 사이에서 맹수를 퇴치하는 데 통상적으로 쓰이던 투석기 덕에 새로운 영웅으로 부상할 수 있었고, 오디세우스는 부단한 전략적 혁신을 통해 양자 대결에서 많이 승리하는 데 고착된 영웅들과 자신을 구분했다.[13] 중무장한 속물 영웅 골리앗을 무찌른 목동 다비드는 오랫동안 이길 수 없는 상대로 여겨진 적에 대한 승리만을 뜻하는 것이 아니다. 다비드는 또한 그가 가벼운 손으로 해내는 것을 할 수 없었던 자기 편 전사들에게 굴욕을 안긴다. 그는 독립분화된 전사계층과 이들에 의해 유발되는 비용에 대한 대안을 구현한다. 수주가 지나도록 사울 왕의 군대에서 그 누구도 골리앗과 양자 대결을 벌이려 하지 않았다는 점에서, 비용에 성과가 상응하지 않는다. 하지만 목동이 많은 병사들보다 양자 대결을 더 잘 해낼 수 있는 것은 〔목동이〕 오직 스스로를 전사의 에토스에 묶지 않았기 때문이다. 물리적 힘과 무기 숙련성에서 자신보다 무한히 우월한 상대를 무기가 없는 듯 속여서 혼란스럽게 하고, 투석기의 돌을 써서 전투 불능으로 만든 후 바로 상대방의 칼로 〔상대의〕 목을 베었던 것이다. 다비드는 양자 대결에 비대칭성을 도입하는 데 성공한다. 그런데 우리가 소년에 공감하면서 통상 놓치는 것이 있다. 다비드는 전투의 규칙을 허물어뜨리면서 전쟁을 격화시킨 쪽이다. 후세의 골리앗들은 다시는 목동이 그렇게 자신에게 가까이 오도록 하지 않을 것이다. 그들은 겉보기 비

---

13 이에 대한 상세한 내용은 다음을 참조. Herfried Münkler, "Goliath und David" 및 "Odysseus und Kassandra". 두 논문 모두 다음의 책에 실려 있다. Herfried Münkler, *Odysseus und Kassandra*, 25쪽 이하와 78쪽 이하.

전투원이 전투원으로 변할 때까지 기다리지 않고 예방하는 차원에서 타격할 것이다. 다비드는 기습의 이점을 누렸다. 하지만 이로부터 싸움을 위한 일관된 전술을 만들어낼 수는 없다. 왕이 되자, 다비드는 관습적 방식의 전쟁 수행으로 돌아간다.

오디세우스 역시 전쟁에 비대칭성을 도입하고자 하는데, 다비드와는 완전히 다른 유형을 구현한다. 영웅들의 싸움에 참여하며 그 자신이 틀림없이 아카이아 영웅들의 대열에 속하기는 하지만, 그는 양자 대결에서의 승리만이 아닌 다른 것에 대해서도 숙고한다. 오디세우스에게는 트로이의 정복이 중요하다. 아카이아 군대의 영웅들에게 전쟁에서의 승리란 이긴 양자 대결의 수에서 나온다. 오디세우스는 이를 의심한다. 그는 영웅들의 결투가 전쟁의 결말에 의미가 없음을 예감한다. 또 그에게는 아카이아인 편에서는 최고 영웅인 아킬레우스를 전투에 끌어들인 명예에 대한 집착도 낯설다. 오디세우스는 트로이가 함락되길 원한다. 그리고 이 목적을 위해 비밀 통로를 통해서 포위된 도시로 잠입해 아테네 여신상(팔라디온)을 훔치고는, 마침내 대형 목마라는 속임수를 고안한다. 목마는 공양물로 제시되지만 실제로는 교활한 전쟁 수행의 구성 요소다. 트로이 목마는 전쟁을 확산시키는, 전쟁을 대량 살상으로 격화시키는 결정적 발걸음이 된다. 일단 트로이에 침입하고 나서는, 영웅들은 더는 영웅적 결투를 펼치는 자들이 아니라 그저 도륙자들이기 때문이다. 어떤 규칙도, 어떤 명예 부여도, 어떤 상호 인정도 없다. 전쟁은 끔찍한 피바다로 종결된다.

오디세우스는 전쟁범죄자인가? 영웅시대의 관점에서는 그렇게 볼 수도 있을 것이며, 오디세우스 자신도 그 점을 두려워했던 것으로 보인다. 오랫동안 그는 자신의 이름을 대는 것이나 〔자신이〕 트로이의 승리자로 칭송되는 것을 꺼려 했다. 오디세우스가 알몸으로 〔스케리아 섬〕 파이아케스 해변에 떠밀려오고 왕의 딸 나우시카가 그를 거기서 발견할 때도, 그는 처음에 자신의 정체성을 숨긴다. 자신은 나그네라는 것이다. 저녁에 한 가인이 정치적 사건들을 모르는 파이아케스인들에게 트로이를 둘러싼 전쟁과 그 도시의 몰락에 대해 알려주면서 오디세우스를 영웅으로 칭송할 때에야 비로소 이방인의 뺨에 눈물이 흐른다. 왜 우는지 묻자, 그는 대답한다. "내가 오디세우스요." 여기서 우리는 유럽 문화권에서 개인적 자기의식이 탄생하는 순간을 볼 수 있는데,**14** 하지만 그 대답을 다음과 같이도 해석할 수 있다. 전략가 오디세우스는 가인이 그에게 영웅 지위를 부여한 후에야 비로소 자신의 정체성을 밝히고 싶어 한다고. 오디세우스가 효율성 기준과 합목적성 계산을 낡은 영웅 이상보다 상위에 놓았을 때, 그는 누구보다도 더 비대칭성을 전쟁에 도입했고 사회가 그에 대해 어떻게 반응하는지를 먼저 확인해야 했다. 그가 그럼에도 영웅으로 통한다는 것은 그를 안심시킨다. 이제 그는 자신이 누구인지 밝힌다. 오디세우스, 트로이의 정복자라고.

다비드와 오디세우스 이야기에서 우리는 전사들을 부양하는 사회가 자립화한 전사계층과 그 계층의 엘리트 이상理想에 미치는 영향을 감지할 수 있다. 어쨌거나 영웅적 전사들의 구舊엘리트가 그들의 자기

---

14 이에 대해서는 다음을 참조. Bernd Seidensticker, "'Ich bin Odysseus,' Zur Entstehung der Individualität bei den Griechen", 163~184쪽.

이해에 위협이 되는 오디세우스와 다비드의 이야기를 영웅적 텍스트의 규준에서 제거하는 데 성공하지 못한 상황은 그렇게 해석할 수밖에 없다. 구영웅들은 전쟁 사건에 대한 해석의 최고권을 상실했다. 사회는 성과물을 보고자 한다. 하지만 그것을 공개적으로 발설할 수는 없고, 그래서 효율성을 요구할 때 전통적 영웅 의미론 안에 머무는 것이다. 현금 지불 ─ 이는 마르크스에게는 귀족사회의 신성화와 신비화에 대항하는 부르주아적 합목적성의 핵심 개념이었다 ─ 에 대해 말하지도 않으며 적 한 명을 죽이는 데 얼마가 드는지를 믿을 만하게 계산할 수 있기 위해 〔적의〕 '전사자 수bodycount'를 요구하지도 않는다. 합목적성 논리는 영웅 담론에 동화된다. 영웅 담론에 부정적으로 맞서는 것이 아니라, 코드를 바꾸고 의미를 이동시킴으로써 그 안으로 파고드는 것이다. 목적 사고가 영웅의 자기준거성을 건드리는 것은 전복적 효과를 낳는다. 엄격한 규칙과 구속을 완화하고 영웅 에토스를 안으로부터 파괴한다. 다비드와 오디세우스는 사람들이 신분제적 영웅 이상에 맞서 끌어들이는 영웅으로, 전자는 목가적 영웅이고 후자는 초기 부르주아적 영웅이다. 양자는 전투의 탈규칙화를 상징한다.

'정의로운 전쟁'의 이념,
그리고 국가 간 전쟁 시대의 결투 이상의 부활

새로운 다비드와 오디세우스 인물들이 계속 등장하면서, 또 페리클레스 유형의 전략가들이 주도권을 가지면서, 자기구속 양식으로서 전쟁 에토스는 구속력을 상실했다. 전사들의 윤리적 규칙 위에 그들이 더는 좌지우지할 수 없고 철학자, 신학자, 법률가들이 구상한 법 규범이 덮어씌워져야 했다. 키케로에서 아우구스티누스를 거쳐 토마스 아퀴나스에 이르기까지 일종의 '정의로운 전쟁' 이론이 발전하는데, 이 이론은 결국 전쟁 수행의 비대칭적 구도도 어떤 규칙 아래 놓이게 했다.[15] 규범의 효력이라는 차원에서만 보면, 정의로운 전쟁 이론은 신성성에 기초한 전래의 폭력 제한과 전사 영웅들의 윤리적 규칙을 보완하는 것으로 볼 수 있다. 전사들 자신이 규제할 수 없었던 것이 규범 전문가들의 추상화하는 사고에 넘겨졌다. 규칙 구조의 이러한 추상화는 전사들이 더는 그들 자신의 주인이 아니고 그들을 행진하게한 정치적 단체의 평가적 통제하에 놓이도록 했다.

이것은, 규범의 체계가 영웅적 가치의 체계보다 더 유연하기에, 일견 전쟁의 규칙화가 확대되어 규칙 위반자들과 규칙 회피자들이 다시 '포획'되는 결과를 가져올 것처럼 보인다. 그러나 실상은 전쟁에서 통제관계 및 구속관계가 근본적으로 뒤집히는 결과로 이어졌다. 과거 영웅적 가치는 전사집단에, 그리고 오직 그들에게만 해당되었다. 하지만 그 가치의 타당성은 이쪽 편 혹은 저쪽 편에만 제한되는 것이 아니라 친구와 적을 마찬가지로 구속했다. 영웅적 가치의 규칙성은 전사들 전체를 전사가 아닌 사람들과 구분하는 것으로, 당면한 정치적 갈등선을 넘어서는 하나의 신분의 에토스였다. 이에 반해 '정의로운/정

---

15 이에 대해서는 다음을 참조. Georg Kreis 편, *Der "gerechte Krieg"*, 및 Skadi Krause, *"Gerechte Kriege, ungerechte Feinde"*, 113쪽 이하.

의롭지 못한', '정직한/부정직한', '적법한/불법한', '적절한/부적절한'
같은 대립 쌍에 기초한 규범적 규칙체계는 선하고 정당한 것을 위해
싸우는 사람들을 그렇게 하지 않는 사람들과 대립시킴으로써 완전히
다른 유형에 따르는 분리선들을 만들어냈다. 후자는 말하자면 세계의
악의 무장한 대리인인 것이다. 영웅적인 것의 평가 기준 및 그와 결부
된 용맹·용기·결단성 같은 전사 덕목들은 제거되지는 않았지만, 그
러나 이제 선한 것과 정의로운 것이라는 정당화 기준이 지휘권을 떠
맡으면서 부차적 역할만을 할 따름이었다. 간단히 말해서, 전사들은
그들이 좌지우지할 수 없는 하나의 규칙체계에 복속되었다. 그리고
이를 통해 그들은 영웅적인 것의 입증이 중요한 것이 아니라 영웅적
인 것을 특정한 의미에서 세계 개선에 이용하고자 하는 정치적 기획
의 수단이 되었다.

　정의로운 전쟁 이론은, 군사적 수단을 통해 관철되는 의지를 정당
한 이유causa iusta와 올바른 의도intentio recta에 묶는 것 외에도, 전쟁 선
언의 권한과 사용된 폭력수단의 적절성을 문제 삼을 수 있게 했다. 하
지만 정의로운 전쟁 내지 정당화된 전쟁 이론의 문제점은, 이 네 기준
을 충족하는지를 최종적으로 전쟁 수행 당사자들 자신이 검사한다는
것이다. 무엇보다도, 누가 도대체 범법자를 범법자로 확인하고 그의
범법자 신분을 이유로 그에 대항해 전쟁을 수행할 권리를 갖느냐가
문제인 것이다.

　서로 비대칭적으로 대립하는 두 대척자 즉 대제국들과 저항운동들
이 정의로운 전쟁 이론이나 혹은 적어도 이 이론에서 나온 소도구들
에 즐겨 의지했던 것은 우연한 일이 아니다. 고전적 유형의 양자 전쟁

대신에 이제 평정전쟁이나 해방전쟁이 등장했다. 두 경우 모두 각각의 상대편은, 악의 위치에 있지는 않는다고 하더라도, 규범적으로 하위에 있다. 이와 같은 전쟁의 규범적 비대칭화에 선행하는 물음은, 행위자들이 '권리의 관철' 수단으로서 스스로 폭력을 행사하는 대신 보다 높은 곳에 권리를 청원할 때 어느 심급까지 해야 하느냐다. 폭력수단을 사용하기 전에 먼저 법의 길을 가는 것은 정의로운 전쟁 내지 정당화된 전쟁 이론에서 항상 선행하는 의무였다. 중세의 정치적 질서에서 이러한 보다 높은 곳은 —이상적으로는— 교황이나 황제였고, 그 결과 전쟁폭력은 —역시 이상적으로는— 의지 관철 행위에서 법관철 행위가 되었다. 법적 판결을 인정하지 않고 무시해버리는 자들에 대해서 말이다. 그리하여 교황이나 황제의 결정에 대한 무장 저항은 반란행위였고, 그런 반란을 쳐부수는 것이 세속적 폭력의 소명이 되었다. 20세기 중반 자노위츠가 '전쟁의 경찰화'라고 표현했던 것[16] 즉 전쟁을 경찰의 사안과 같이 이해하는 방식, 혹은 (독일의 물리학자이자 철학자) 카를 프리드리히 폰 바이츠제커Carl Friedrich von Weizsäcker를 따라 '세계내정Weltinnenpolitik'이라고 부를 수 있을 것이 이미 중세 전성기에 시작되었다.[17]

전쟁의 경찰화의 중세적 모델은 결국 대답되지 못한 몇 가지 물음 때문에 실패한다. 하나는 황제와 교황의 관계에 대한 물음이다. 성속聖俗의 과제들과 관련하여 양측이 분명한 권한 배분에 합의할 수 없었기

---

16 Janowitz, *The Professional Soldier*, 420쪽.
17 다음을 참조. Ulrich Bartosch, *Weltinnenpolitik*, 62쪽 이하.

때문이다. 다른 하나의 물음은, 누가 본래 이 최고 심급들을 세우고 그 심급들이 일반적 동의를 받도록 보장할 것이냐다. 교황의 지원을 확신하면서 대립 황제를 선출했던 경우나 황제를 등에 업고 대위對位교황●을 선출했던 경우는 라틴어권 기독교 세계에서 이중 정점을 조직할 때 명백히 해결 불가능한 문제들이 있었음을 보여준다. 역사적으로는 처음에 황제의 권위가 교황의 권위에 꺾이고, 다음에는 교황의 권위가 프랑스에서 등장한 영토주권 이념에 꺾인다. 그 공식은, (프랑스의) 왕이 자신의 지배 영역 내의 세속적 사안에서는 황제와 같다는 것이다. 곧 많은 지배자들이 그러한 주권을 요구했고, 그리하여 위계적 질서는 원칙적으로 동등한 권리를 가진 지배자들의 앙상블로 대체되었다.

주권자가 복수가 되면서, 전쟁은 다시 양자 간 전쟁이 되었고 정의로운 전쟁의 이념은 중요성을 상실했다. 원칙적으로 황제나 교황만이 전쟁 수행권을 가졌던 규범적 비대칭성은 전쟁권의 재대칭화로 대체되었다. 정의로운 전쟁bellum iustum이란 이념 대신에 적당한 적iustus hostis이라는 이념이 등장했다. 영웅적 전사들의 결투는 서로를 적법한 것으로 인정하는 주권자들 사이의 양자 간 전쟁으로 변모되었고, 헤이그 육전 질서도 이와 같은 기본 생각에 기초하고 있다. 비전투원들은 없는 영토(전장)에서 전투원들이 맞부딪친다는 생각을 중심으로, 전투원과 비전투원이 구별될 수 있고 후자는 보호되어야 하는 공간(전쟁의

● 정당하게 선출된 교황에 대립하여 교황의 자리를 주장하고, 또한 실지로 실권을 장악했던 성직자.

무대) 안에서 군사적 힘을 집중시킨다는 생각을 중심으로, 다시금 모든 것이 돌았다. 이와 같은 대칭적 규범 구성은, 전쟁의 현실과 어느 정도 부합할 수 있었던 한에서, 구속력을 펼칠 수 있었다. 그리고 전쟁을 수행하는 측들은 각자의 힘이 미치는 영역에서 군事형법의 도움으로 규범들에 효력을 부여하려고 노력했다. 영토국가와 주권 이념에 묶인 이러한 비차별적 전쟁─규칙에 맞게 선언되면 적법한 전쟁─의 규칙체계가 1648년 즉 베스트팔렌조약부터 1919년 즉 베르사유조약까지 전쟁과 평화에 대한 유럽의 관념을 규정했다.

무기기술과 군사 전략의 비대칭성과 전쟁의 경찰화

그런데 국가 간의 전시 국제법적 대칭성은 국가들이 전쟁을 독점할 힘을 가지며 전쟁 수행에서 대체로 상호 대등한 능력을 보인다는 점과 결부되어 있었다. 육상과 해양이라는 지리 전략상의 기본 비대칭성은 존속했는데,[18] 이는 전쟁이 본질상 육상전으로 치러졌던 한에서는 육군 강국들의 대칭적 관계에 파괴적으로 작용하지 않았다. 이런 사정은 나폴레옹전쟁에서 달라졌다. 스페인 게릴라가 비대칭화의 방향으로 중대한 진전을 불러왔을 뿐만 아니라, 프랑스와 영국 사이의 전쟁도 상이한 공간에서 비대칭적 시간관념에 따라 일어났다. 영

---

[18] 이에 대해서는 여전히 카를 슈미트Carl Schmitt의 소책자 *Land und Meer*(칼 슈미트 지음, 김남시 옮김, 『땅과 바다』, 꾸리에북스, 2016)를 참조.

국인들은 나폴레옹의 가속화 전략에 맞서 장기적 효과를 노린 경제 전쟁 전략에 주안점을 두었다. 무역 봉쇄와 적선 나포 해전이 그 사례다.[19] 그렇게 해서 영국인들은 페리클레스의 '비영웅적' 숙고에 합류했고, 결국 영국의 최후 대륙 기반으로서의 러시아를 공격함으로써 영국을 굴복시키려 했던 나폴레옹의 시도가 그의 정치적 종말의 시작이 되도록 했다. 난공불락의 영국은 그때까지 패배를 모르던 육상전의 대가인 나폴레옹으로 하여금 러시아를 공격하고 모스크바로 진격한다는 불행한 결단을 내리게 했다. 거기서 황제가 자신의 부대 대부분과 불패 신화를 잃게 될 터인데 말이다.[20] 진압전쟁과 경제전쟁의 이러한 상보성은 점점 더 현대 전쟁의 특징이 되었다. 20세기의 거의 모든 대규모 전쟁은 군사적 대립만이 아니라 경제전쟁으로도 수행되었다. 제1차 세계대전은 그 시작점이다. 제1차 세계대전은 결국 지상군의 전투에서가 아니라 경제 강국들과 그들 자원의 대립에서 결판이 났다.[21]

동시에 제1차 세계대전은, 독가스 사용과 탱크 및 전투기의 발달에 이르기까지, 무기기술의 혁신이 전투 사건의 전개에 결정적 영향을 미친 최초의 전쟁이었다. 더 핵심을 짚어 말하자면, 더는 무기를 더 숙

---

19 전쟁의 대칭적 내지 비대칭적 시간 리듬에 대해서는 다음을 참조. Münkler, *Der Wandel des Krieges*, 169쪽 이하.

20 이에 대해 상세한 사항은 Adam Zamoyski, *1812*를 참조. 군대 내에서는 처음에 러시아를 치는 게 전혀 아니고 영국령 인도를 공격할 것이라고, 이런 식으로 영국을 제압하려 할 것이라고 소문이 돌았는데, 위 책에는(99~124쪽) 이 소문에 대해서도 언급되어 있다.

21 이에 대해서는 Münkler, *Der Große Krieg*, 563쪽 이하를 참조.

6. 영웅, 승자, 질서 설립자

런되고 더 능란하게 다루는 것이 전투의 결말을 결정하지 않았다. 상대편이 할 수 있는 것보다 더 많은, 무엇보다도 더 나은 무기를 공급할 수 있는 엔지니어와 산업의 능력이 〔전투의 결말을〕 결정했다. 무기기술에서 우월성을 확보한 측은 승리 가도에 있었고, 이에 따라 열세한 측은 무기기술의 후진성을 만회하고 전쟁 사건을 재대칭화하는 데 진력했다. 과학자와 엔지니어, 기술자와 무기산업 종사자가 곧 전선의 병사들만큼이나 중요해졌다. 그리고 이는 이미 어떤 측에서 보더라도 전장에서 결판을 내주지 못한다는 문제점이 있었던 '영웅들'의 에토스와 관련하여 영향이 없지 않았다. 전투의 이와 같은 탈영웅화를 통해 제1차 세계대전은 전쟁사에서 하나의 깊은 단절선이 되었다. 이제부터 통용되는 것은, 우월한 무장 능력을 보일 수 있는 측이 전쟁을 이기며 가장 용맹한 병사들을 가진 측이 이기기는 게 아니라는 점이다. 이렇게 해서 싸움 혹은 전투의 대칭성 이념은 끝났다. 전쟁을 전사 에토스와 전시법으로 규제하려는 기획은 종말을 맞았다. 특히 제2차 세계대전의 경험 이후에는 전쟁의 규제가 아니라 철폐가, 혹은 전쟁을 최종적으로 경찰행위로 변모시키는 것이 즉 권리와 법을 그에 반하여 행동하는 자에 맞서 관철하는 것이 정치적으로 관건이 되었다. 이와 함께 정의로운 전쟁 이론도 정치 이론적 숙고 안으로 다시 들어왔다.

고전적인 국가 간 전쟁이 이제 역사적으로 단종 모델임은 그와 같은 전쟁에 대한 국제법적 추방 때문만이 아니다. 매우 상처받기 쉬운 현대 사회들이 그런 전쟁을 더는 수행할 수 없기 때문이기도 하다. 합리적 국가행위자들에게 전쟁은, 유리하게 끝나는 경우조차도, 득이 될 수 있을 것에 비해 도덕적·물질적 비용이 너무 크다. 그런데 국제적인 전쟁 사건에서 하위국가적 행위자들이 점점 더 큰 역할을 한다. 최근 몇십 년 동안 생겨나고 또 생겨나는 테러 네트워크들이든, 이슬람 세계 내에서 폭력적으로 전개되는 갈등이 발생하는 곳에 그때그때마다 집결하는 지하디스트〔이슬람성전주의자〕들의 '국제여단'('이슬람국가', 보코 하람 등)이든,● 코카인이나 헤로인 같은 불법적 재화들의 재배와 운반을 통해 재원을 조달하는 군벌이든, 민간 군사회사 즉 군사적 폭력을 행사할 수 있는 능력을 제공하는 것으로 수익성 높은 사업 모델을 만들어 군벌에 대한 고상한 짝패로서 자본주의 세계에 터를 잡은 전쟁 기업이든 말이다.[22] 국가들은 적법한 전쟁 수행 능력에 대한 독점도, 사실적 전쟁 수행 능력에 대한 독점도 상실했다. 이 독점이 1648년에 형성된 '베스트팔렌 질서'의 중심 요소였다.

이로부터 그사이 '하이브리드' 전쟁이라 칭해지는 것이 생겨났다. 우크라이나 동부의 전쟁에서 러시아는, 의용단으로든 자체의 군사로든, 어쨌든 중무기 지원을 통해 분쟁에 개입하면서, 이 개입을 체계적으로 은폐했고 분리주의자들의 반란이라고 말했다. 러시아 측의 설명에 의하자면, 분리주의자들의 동기는 충분히 이해할 수 있지만 자국이 그들의 군사적 행동에 참여하진 않았다는 것이다. 그렇게 러시아

● 원래 국제여단Brigadas Internacionales은 1936년 스페인내전 당시 좌파 인민전선 정부를 돕기 위해 구성된 국제적인 좌파 연대 의용군을 지칭한다. 보코 하람Boko Haram 즉 '전도와 지하드를 위해 선지자의 가르침에 헌신하는 사람들'은 2002년 결성된 나이지리아의 이슬람 극단주의 무장단체다. 이슬람 신정국가 건설을 목표로 한다.

22 이런 내용을 요약해놓은 것으로는 Münkler, *Die neuen Krieg*〔헤어프리트 뮌클러 지음, 공진성 옮김, 『새로운 전쟁』(책세상, 2012)〕, 여러 곳을 참조.

는 주권국가에 대한 공격전쟁 수행에 참여했거나 내지는 그런 전쟁을 일으켰다는 국제법적 의미를 갖는 비난을 피해갔다.ㅡ 그러면서도 동시에 〔러시아는〕 그 갈등의 제한과 억제를 다루는 모든 정치적 협상에 분리주의자들의 비공식적 후원자 역할로 참여했다. 유럽 협상 파트너들 측에선 러시아의 이 기묘한 정책을 받아들였는데, 이는 우크라이나 영토의 미래에 대해 대화할 때 다양한 분리주의자 집단들을 정치적 협상 파트너로 인정하지 않아도 되고, 그러면서도 동시에 러시아를 통해 분리주의자들에게 영향력을 행사할 수 있었기 때문이다.ㅡ 러시아가 유럽과 마련한 합의안을 분리주의자들에게 관철하거나, 내지는 다른 식으로는 산출할 수 없을 어떤 구속력에 분리주의자들이 따르게 할 수 있을 것이라고 항상 가정하면서 말이다. 우크라이나 역시, 분리주의자들에게 대항해 전투에 의용단을 보내긴 했지만, 전체는 좀 더 단순하다. 우크라이나 지역에서 우크라이나 깃발 아래 수행되는 전투행위이기 때문이다. 이 경우 ㅡ 적어도 전시 국제법적 측면에서ㅡ 책임성은 분명하다.

뜨거운 전쟁을 구소련 주변부에 몇몇 있는 바와 같은 동결된 갈등으로 만들기는 했지만, 이와 같은 규제들의 저편에서 하이브리드 전쟁을 가지고 하는 유희는 매우 위험한 발전이다. 이는 유엔의 전쟁 금지 체계들과 유럽안보협력기구OSZE의 전쟁 회피 규제들을 와해시키고 개념들을 혼란에 빠트리며, 그렇게 해서 전쟁이 ㅡ 처음에는 전쟁으로 명명되지 않으면서 ㅡ 정치적 사건으로 귀환하는 수로들을 열 소지가 있다. 이는 선례先例의 성격을 띨 수 있다. 단번에 우리는, 처음에는 누구도 전쟁에 대해서 ㅡ 이 의미론의 문은 어떤 상황에서도 열리면 안 되는 것이기 때문에 — 말하지 않지만, 그러는 동안 전쟁과 평화 사이의 틈에서 — 국제법적 질서의 개념틀에서 이런 틈은 원래 아예 있어서는 안 되는 공간이다— 폭력이 자리 잡고 확산되며, 마침내 전체 체계를 안으로부터 폭파하는 구도에 마주하게 된다. 어느덧 우리는 이 위험 앞에 서 있다. 전쟁의 하이브리드화 전략이 확산될 경우, 이는 전 지구적 평화 이념의 종말이기도 할 것이다. 이 이념에 따르면, 모든 국가는 자국의 시민을 보호할 책임이 있으며, 이를 충족하지 못할 경우 혹은 이를 유지할 처지에 있지 못할 경우, 국제 공동체가 이러한 보호 책임을 이유로 개입하여 제한된 기간 동안 그 파탄국가failed state의 과제를 떠맡는다. 한동안 이것은 전쟁이 인도적 이유의 군사적 개입에 의해 대체되는 발전의 종착점으로 보였다. 그런데 어떤 국가의 부대가 하위국가적 행위자들에 대항해 전쟁에 파견된다면, 그 부대는 헤이그육전협약의 규칙에 따라 행동해야 하는가? 아니면 이를 위해 새로운 전시법 규범을 찾아야 하는가? 어느덧 상황은 거의 헤어날 수 없으리만큼 복잡해졌다.[23] 우리가 여기서 전쟁 규제 질서들의 역사를 관통하면서 행하는 짧은 여행은 몇 가지 시사점을 줄 수 있다.

---

23 Gerd Hankel 편, *Die Macht und das Recht*에서 Kress, Hankel과 Münkler의 글을 참조.

인도적 군사개입의 규범적 비대칭성

　보호 책임과 인도적 개입에 대해 생각할 때, 누가 세계경찰의 역할을 할 수 있고 또 하고자 하는가 하는 물음이 먼저 떠오른다. 유력한 답은 유엔이었지만, 이는 대부분 안전보장이사회의 몇몇 상임 멤버의 거부권 때문에 실패했다. 게다가 유엔평화유지군은 원칙적으로 불안정한 평화 상태를 안정화해야 할 때만 투입될 수 있다. 반면에 악명 높은 평화파괴자를 무력화하거나 평화에 반하는 당파들에 맞서 평화를 관철하는 일은 평화유지군의 위임 사항과 능력을 넘어서는 것이다.[24] 그래서 이런 문제에서 사람들은 어떤 강대국 혹은 동맹체계의 군대에 의지했고 지금도 마찬가지인데, 이는 그들의 투입과 함께 또한 그들의 특별한 이익관심에 효력을 부여하지 않고서는 거의 일어날 수 없는 일이다. 하지만 그러면 정당한 이유와 올바른 의도가 의심스럽게 된다. 평화가 집합적 재화라면, 즉 평화가 그 투자와 소비의 몫이 정비례관계에 있지 않은 재화라면, 무임승차 경향이 발달한다. 이로부터 벗어나는 것은 유엔이 국가들 혹은 동맹들에 평화 질서 관철을 위한 의무 과제를 할당할 때나 가능할 것이다. 현재의 상황은 이와 거리가 멀고, 또 전쟁이 하이브리드화 방향으로 가는 최근의 발달을 볼 때 과연 그러한 질서에 도대체 이를 수 있을까 의심스럽기도 하다. 그래서 인도적 군사개입은 당분간은 선별적으로만 행해질 것이고, 이

---

24 이런 견해의 전형적인 경우로는 Tobias Debiel, *UN-Friedensoperationen in Afrika*를 참조.

때 결정의 토대 하나는 과연 개입이 개입 국가의 보다 광범위한 이익관심에 부합하는가 하는 점일 것이다. 이 이익관심은 자신의 지정학적 영향력의 확대로부터 —내전 지속 시에 발생하며 어쩌면 개입하는 국가의 영역에까지 이를— 난민 흐름의 저지에까지 이를 수 있다.

그런데 그와 같은 전쟁에서 개입 태세는 무엇보다도 개입 권력의 비대칭적 우월성과 결부되어 있다. 이때 우월성은 대부분 무기기술적 성격의 것이다. 한 지역에 평화를 가져오기 위한 목적으로 군사개입을 할 때, 이런 우월성 덕에 개입 권력 측에 보다 큰 손실이 발생하는 것을 막을 수 있다. 큰 손실이 날 가능성은, 개입하는 측의 실존적 이익관심이 걸려 있는 게 아니라면, 개입 태세를 제한한다. 그리고 인도적 군사개입에서 정의定義상 이익관심이 걸린 경우는 배제되어 있다. 개입 군대의 무기기술상 비대칭성은 그와 같은 개입과 고전적인 국가 간 전쟁의 양자 대결 구도와의 근본적 차이를 나타내며, 후자를 위해 발달된 규칙체계들의 적용을 상대화한다. 어떤 측면에서는 여기서 우월한 해군 강국이 육군 강국과 맞닥뜨려 있을 때의 구도가 재생산된다. 한 측은 공격당하며 의지를 변화시켜야 하는 압박을 받는데, 다른 측은 별로 다칠 가능성이 없다. 이와 함께 영웅적인 것의 윤리적 자기구속도 낡은 것이 된다. 규범 차원에서 대칭적으로 인정된 상대가 결국 없기 때문이다. 그래서 영웅적 자기구속이라는 모델은 양자 대결 규칙으로 소급해갈 수 없고, 오히려 세계를 괴물과 고통으로부터 해방시키는 영웅 유형을 지향해야 할 것이다. 여기서 평화를 위한 개입 작전을 영웅 이상에 결부하는 것의 불가능성이 드러난다. 서양의 신화에서 세상의 가장 위대한 괴물퇴치자인 헤라클레스는 개입작전의 자기이해를 위해 적합한 아이콘이 아니기 때문이다.

오히려 비대칭화하는 승리자 유형 – 다비드와 오디세우스 – 이 반대편에서 등장할 거라고 예상해야 할 것이다. 이때 이들은 특히 개입하는 측의 규범적 목적설정과 자기구속을 겨냥한다. 개입하는 측은 그런 규범적 목적설정과 자기구속을 포기할 수 없다. 그렇게 하면 자신들 작전의 기본적 정당성을 의문시하게 되기 때문이다. 이때 출발점은 기본적인 비대칭성으로, 그 근본적 성격에서 육상과 해양의 비대칭성과 비견할 만하다. 즉 개입 군대는 통상적으로 출산율이 낮은 국가들로부터 오는데, 반면에 개입 지역들은 전반적으로 출산율이 높은 국가들이다. 그래서 양측은 인명 손실에서 상처 받는 정도가 다르다. 그리고 이는 적은 수의 전사자나 부상자만으로도 개입하는 측에서 작전을 중단하고 철수하게 되는 결과를 가져온다. 사정이 이러해서, 개입하는 측은 신중하게 행동하며 모든 위험을 회피한다. 말하자면, 이제 깨닫고는 어떤 목동도 가까이 오지 못하게 하는 골리앗처럼 행동하는 것이다. 하지만 이처럼 해서는 개입 지역 사람들의 마음과 머리를 자기편으로 만들기란 불가능하다.[25]

하이브리드 전쟁에서의 전투 구도는 이와 달리, 예컨대 우크라이나 동부(돈바스)나 혹은 '이슬람국가' 무장집단 개입 이후의 시리아와 이라크의 내전에서도, 거의 대칭적 성격을 보인다. – 어쨌거나 무장집단들이 자신들의 상대편과 전투를 하는 한에서, 그리고 형언할 수 없이 잔혹한 비디오 영상을 이용해 두려움과 공포를 불러일으켜서 자신

---

25 이런 식의 반란 진압이 실패한 역사에 대해서는 William Polk, *Aufstand*를 참조.

들의 통제하에 있는 주민들을 고분고분하게 만들려고 하지 않는 한에서는 그렇다. 후자의 일이 일어나는 경우, '이슬람국가' 무장집단은 단호하게 테러리스트 전략을 따른다. 두려움과 공포는 이 집단이 물질적 측면에서 보이는 상대적 약점을 보상하기 위한 것이다. 하지만 이러한 순전히 비대칭적인 전략 요소는, '이슬람국가' 전사들이 시리아군이나 이라크군 부대들 혹은 부족 민병대들에 맞서 특정 영토의 통제권을 놓고 싸울 경우, 전래적 의미에서의 대칭성을 통해 보완된다. 이와 비슷한 형태를 우크라이나 동부에서 관찰할 수 있는데, 새로운 유형의 영웅적 전사들이 등장한다. 이 유형에서는 소규모 전쟁 수행과 대규모 전투의 혼합이 특징적이다. 이런 전사들을 많이 갖는 측이 이러한 종류의 전쟁에서는 주도권을 갖는다. 하지만 전시법적 규칙을 고려하면, 레반트 지역의 '이슬람국가' 무장집단과 돈바스• 지역의 카자흐 전사들 사이에는 커다란 차이가 있다. 후자는 전시법의 어떤 규칙들을 상당 부분 준수하는데, 이에 반해 '이슬람국가' 무장집단은 그렇게 하지 않는다. 이들은 이들 규칙의 무시를 공개적으로 축하라도 하듯이 실행한다.

이와 같은 조건 아래서, 동서 갈등의 종언 이후 선언된 인권적 개입주의 시대가 이미 다시 종언을 고하게 된 것은 거의 놀랄 일도 아니다. 개입하는 측은 개입 지역 내 행위자들의 비대칭화하는 대항 행동에 막혀 인도주의적 국제법을 자신들이 대변할 수 있는 조건으로 관

• 우크라이나 동남부와 러시아 서남부, 도네츠 강 유역 일대에 펼쳐져 있는 분지이자 역사적·경제적·문화적 지역. 도네츠 분지. 돈바스전쟁에 대해서는 이 책의 330쪽 옮긴이주 참조.

철할 수 없었다. 그리고 우크라이나 동부의 전쟁[돈바스전쟁]처럼, 평화를 가져올 목적으로 전쟁에 개입하는 것은 오직 외교적 수단으로만 가능하다. 그래서 상당히 오래전부터 질서 수립은 '무질서'의 제한에 한정된다.─그리고 사회 전체를 평화롭게 한다는 기획에서 이탈한다. 무질서를 이처럼 ─제거한다고 주장하지는 않으면서─ 공간적으로 제한하는 전략 쪽에 서 있는 것은 한편으로는 불붙은 전쟁을 동결된 갈등으로 전환하는 기획이고, 다른 한편으로는 거의 다칠 염려가 없는 위치로부터 수행되는 테러리스트 네트워크들에 대한 격퇴다. 이에 대한 상징이자 수단이 전투 드론이다. 전투 드론으로 작전 지역의 사람들을 자기편으로 만들지는 못하지만, 그러나 개입하는 측의 비대칭적 우위가 무기기술적 측면에서 효과를 발휘하게는 할 수 있다. 전투 드론은 탈영웅적 사회의 무기다. 전투 드론은 자기편의 손실을 줄이는데, 하지만 전사들 사이에서마저 어떤 상호 인정의 형식도 성립할 수 없게 한다. 전투 드론의 투입은 전시 국제법의 규제를 통해 제한되어야 한다. 다만 그 제한은 투입 지역의 주민에 의해 받아들여진다기보다는 자국 주민에게 유의미한 것이다. 그런데 드론은 서로 대항해 싸우는 자들의 상호성과는 더는 상관이 없는 전투 로봇과 전투 기계의 선발대에 불과할 따름인지도 모른다.[26] 이렇게 해서 비대칭성은 규범적 구속 자체의 차원에 이르렀다. 넘을 수 없는 게 된 것이다.

---

26 이에 대해서는 이 책의 제8장 「새로운 전투체계와 전쟁 윤리」를 참조.

07

영웅적 사회와 탈영웅적 사회

영웅과 시인

영웅적 인물은 사회적 매력의 발산체다. 영웅적 가치와 생활형식에 대한 최초의 위대한 서술인『일리아드』로부터 오늘날의 할리우드 영화에 이르기까지 그렇다. 할리우드 영화들은 흥행을 좌우하는 긴장을 드물지 않게 영웅의 부상浮上, 승리, 몰락에서 끌어온다. 우리가 영웅으로 보는 인물들이 꼭 전사인 건 아니다. 그들의 영웅성이 무기를 들고 적을 죽이는 데서 입증되는 것이 아닌 '일상의 영웅들'도 있다. 하지만 대부분 영웅에 대한 우리의 관념은 폭력 및 전쟁과 결부되어 있다. 그러나 어떻든 한 인물의 행동이 영웅적인 것으로 특징지어질 경우에는 희생이라는 생각이 중심적이다. 희생을 바칠 준비가 되어 있는 자만이 영웅이 될 수 있다. ─ 여기엔 가장 큰 희생 즉 자기 목숨의 희생도 포함된다. 목숨을 바쳐 다른 사람들을, 동료들을, 하지만 무엇보다도 무방비의 공동체를 구했을 때 영웅이 영웅으로 된다. 이런 희생 자세에 대해 영웅에게는 인정, 명예, 명성이 부여된다. 영웅의 희생 덕에 재앙이나 패배를 면한 공동체는 그에게 생전에는 명망으로, 사후에는 영예로운 기념으로 감사한다. 이처럼 영웅과 사회는 구원적 행동과 보호적 희생이라는 관념을 통해 서로 결합되어 있다.

영웅적 사회들은, 한 사람이 전체를 위해 헌신한다는 의미의 희생 관념이 종교적인 것과의 연관 없이는 생각되기 어려운 만큼, 대부분 종교적 핵심을 가지고 있다. 역으로 확인할 수 있는 것은, 종교적인 것의 침식이 탈영웅적 성향의 발달을 촉진한다는 점이다. 이와 같은 종교적 핵심에 〔독일 태생의 미국〕철학자이자 정치학자인 에릭 푀겔린Eric Voegelin이 말한 정치적 종교들도 속한다고 할 수 있다.[1] 사회를 공동체처럼 결속하고, 전투에서의 죽음을 영웅적 희생으로 변모시키는 상징들을 사회에 제공하는 이데올로기들 말이다. 죽음을 의미와 상징으로 채울 수 있는 사회만이 영웅적 사회라고 할 수 있다. 전前영웅적 사회나 탈영웅적 사회에서는 전쟁과 전투 행위에서의 죽음이 단지 살육의 결과로 파악되고 또 그렇게 취급된다. 전사의 무기에 묻은 피가 그를 영웅으로 만드는 것이 아니라 다른 사람들을 구하기 위해 스스로를 희생하고자 하는 그의 태도가 그렇게 한다. 그래서 영웅은 전투 능력이 아니라 희생 자세를 통해 정의된다.

사회정치적 유형학에서 어떤 인물 유형도 영웅처럼 그렇게 내러티브를 통한 복제에 의존하지 않는다. 영웅에 대해서는 보고가 이루어

---

1 Eric Voegelin, *Die Politischen Religionen*, 58쪽 이하.

져야 한다. 영웅이 영웅적으로 행동했더라도 그것을 관찰하고 이야기를 통해 전달하는 이가 없으면, 그의 위상은 불확실하다. 이 경우 그는 자신이 어떤 영웅인지 스스로 이야기해야 한다. 하지만 사람들이 그의 말을 믿을 때조차도, 그의 보고는 자화자찬의 냄새가 난다. 관찰자의 칭송하는 서술이 없으면 영웅의 영웅적 실존은 영웅적으로 등장하는 순간 시들어버린다. 그래서 영웅은 헤겔이 『정신현상학』의 '주인과 노예' 장을 열면서 언급하는 전사와 유사한 운명을 겪는다. 고독한 양자 대결에서 자신의 적을 무찔러 죽인 자는 영웅 지위를 보장하는 자신의 승리를 '지양'할 가능성을 갖지 못한다. 그것을 증언할 수 있을 자 즉 패배한 적이 죽었기 때문이다.[2] 승자가 적의 무기나 신체 부위를 과시적으로 지참할 수는 있다. 예컨대 적의 머리 가죽을 허리춤에 차고, 탱크 포신에 흰색 반지를 끼워 (그 탱크가) 피격된 적의 탱크임을 보여줄 수는 있다. 하지만 순전히 전리품만으로는 어떤 종류의 전투였는지, 그리고 얼마나 영웅적이었는지에 대해 아무것도 말해지지 않는다. 그것은 간계와 속임수에 의해서도 똑같이 잘 획득될 수 있다. 전리품의 출처인 적이 약골이거나 겁쟁이였을 가능성을 배제할 수 없다. 영웅에게 전리품이란 가인歌人도 저널리스트도 근처에 없을 때 쓰는 응급수단에 불과하다. "영속하는 것은 시인들이 세운다"라고 횔덜린●이 말했다. 이 말은 다른 어떤 것보다도 영웅에 잘 들어맞는다.

---

2 Hegel, *Phänomenologie*, 143쪽 이하(G. W. F. 헤겔 지음, 임석진 옮김, 『정신현상학 1』, 224쪽 이하).

● 독일 시인 요한 크리스티안 프리드리히 횔덜린Johann Christian Friedrich Hölderlin의 시 「회상Andenken」(1803)에 나오는 시구詩句다.

『오디세이』는 오디세우스가 파이아케스인들과 함께 있으면서, 어떤 가인이 만찬에서 트로이전쟁에 대해, 그리고 10년의 싸움 끝에 그리스인들이 거둔 최종 승리에서 오디세우스의 몫이 어떤 것인지에 대해 칭송하면서 밝히기 전까지, 오랫동안 자신의 정체성을 숨겼다고 보고한다.[3] 가인이 노래를 읊을 때 오디세우스는 눈물을 흘리기 시작했고, 그의 곁에 앉았던 파이아케스족 왕 알키노스는 그가 신음하는 소리를 여러 번 들었다. 왜 그랬는지 묻는 질문에 영웅은 그전에 조심스럽게 숨겼던 자신의 정체성의 비밀을 털어놓았고, 트로이 함락 후 자신이 겪은 모험들에 대해 이야기했다. 가인의 보고에 의한 확인, 그리고 그것에 대한 오디세우스 자신의 감동이 비로소 그에게 자신이 실제로 어떤 사람인지를 드러낼 수 있는 가능성을 준다. 오디세우스의 영웅 지위에 대한 이 같은 확인이 없었다면, 그는 그저 허풍쟁이로 여겨질 수도 있었을 것이다. 그런 한에서 영웅과 시인은 뗄 수 없는 짝을 이룬다. 둘은 서로에게 의존한다. 영웅이 없으면 시인은 보고할 것이 없고, 시인이 없으면 영웅은 실존적 무에 직면한다.

이것이 말해주는 바는, 사회적 단체들은 영웅적인 것에 대해 칭송하고 경우에 따라 성찰하기도 하는 문학을 가진 경우에만 ─ 적어도 영웅들이 행한 것을 말로 전하면서 여기저기 떠돌아다니는 가인들이 있는 경우에만─ 영웅적이라는 점이다. 그런데 이것이 또한 의미하는 바는, 문학이 없는 사회는 영웅적 사회일 수 없고 기껏해야 폭력행위가 일상인 사회일 뿐이라는 점이다. 영웅의 정체성을 보증하는 것은,

---

3 이 책의 197~199쪽 참조.

폭력행위자와 살해자를 비로소 영웅으로 만드는 것은, 문학적 복제다. 영웅의 내적 삶으로 더욱 밀고 들어갈수록, 내지는 영웅에게 그러한 내적 삶을 갖춰줄수록, 문학은 영웅을 만드는 일을 더욱더 잘해낸다. (아가멤논에 대한) 아킬레우스의 분노와 이 분노로 말미암은 그의 전투 거부 선언,[4] 그 후 친구 파트로클로스가 전장으로 돌아가는 것에 대한 그의 승인, 파트로클로스의 구원적 자기희생, 마지막으로 이로부터 비롯하는 아킬레우스의 고통이 비로소 전투기계를 영웅으로 만든다.

하지만 단순한 전사를 문학을 통해 빛나는 영웅으로 변모시키는 것은 그저 폭력을 명성과 명예로 치장하는 것 이상이다. 중요한 것은 그보다는 어떤 승화 과정이다. 폭력 사용자가 명예를 잃지 않으려면 어겨서는 안 되는 어떤 행동 규약에 종속되게 하는 것이다. 그래서 시인은 그저 영웅을 원숭이 흉내 내듯 찬미하는 자 이상이다. 시인은 영웅의 영웅성에 대한 보증자이자 통제자이고, 영웅을 파멸시키고 싶으면 자신의 서술로 그렇게 할 수 있다. 문학은 자신의 목적을 위해 영웅을 창조할 뿐만 아니라 폭력 사용이 허용되고 명예롭게 하는 규칙과 규약을 산출함으로써 영웅을 장악한다. 그 어디서보다도 12세기와 13세기 유럽에서의 기사 명예 규약의 형성에서 이 점을 잘 실감할 수 있다.[5] 약자를 아끼고 보호하기, 악한을 무찌르고 처벌하기, 이때 항상 기사의 결투 규칙을 준수하기, 이것이 진정한 기사를 만드는 것이며

---

4 Peter Sloterdijk, *Zorn und Zeit*, 9쪽 이하를 참조.

5 다음을 참조. Günter Eifler 편, *Ritterliches Tugendsystem*; Arno Borst, *Das Ritter-tum im Mittelalter*; Josef Fleckenstein, *Rittertum*, 특히 123쪽 이하.

단순한 깡패와 구별되게 하는 것이다. 이렇게 해서 영웅에 대한 문학적 복제는 비판적 거울이 된다. 이를 통해 기사가 기사로 구성되고, 동시에 무장하지 않은 자들이 무기를 든 자들도 통제한다. 그런 한에서 영웅상은 양가적이다. 영웅상은 전사를 높여주지만, 동시에 전사를 사회의 통제에 종속시키기도 한다.

문학적으로 고정된 명예 규약들에 더해서 나중에는 그 위반을 처벌하는 전시 국제법 규정들이 추가되었다. 하지만 폭력 전문가들이 힘도 방어력도 없는 자들을 지켜줄 때만 명예를 누릴 수 있다는 생각은 헤이그육전협약과 제네바조약에 의해 **전시법**$_{ius\ in\ bello}$이 정해지고 나서도 중요성을 잃지 않았다. 한때 발칸에서의 전쟁 사건에 대한 가장 정통하며 가장 심오한 관찰자였던 〔캐나다 작가이자 정치인〕 마이클 이그나티에프$_{Michael\ Ignatieff}$는 전쟁 당사자들에서 에토스가 침식되는 것을 개탄하면서 전사들을 다시 윤리화하는 게, 계속되는 민간인에 대한 침해 특히 여자들과 아이들에 대한 침해를 막는 가장 신뢰할 만한 수단이라고 강조한다.[6] 이그나티에프의 지적은 현재도 문학적으로 정초되고 확산되는 전사 에토스가 폭력을 제한하는 기능을 갖는다는 데에 대한 하나의 암시다. 하지만 '새로운 전쟁'의 군벌들과 그들의 무장 측근들에게는 그와 같은 형식의 폭력 제한이 통하지 않는다. 그들에게 중요한 것은 명예가 아니라 돈과 권력이다. 그래서 그들은 영웅이 아니라 전쟁사업가다. 그들을 다시 명성과 명예에 좀 더 관심을 갖도록 할 수 있을 때만 이그나티에프가 제안한 길에서 진전을 볼 수 있

---

6 Michael Ignatieff, *Die Zivilisierung des Krieges*, 138쪽 이하.

을 것이다. 하지만 과연 돈과 권력의 탈승화하는 힘을 생각해볼 때 그일이 가능할지는 의심해도 좋을 것이다. 그런 한에서 '새로운 전쟁'이 수행되는 사회[7] 가운데 영웅적 사회라고 칭할 수 있는 사회는 거의 없다. 학살 사회라는 개념이 오히려 적합할 것이다.

몰락의 정서

그런데 문학적 명예 규약을 수단으로 전사를 영웅으로 바꾸는 데에는 대가가 따른다. 영웅문학에 특징적인 것처럼, 타락과 쇠퇴에 대한 자자한 원망이 그것이다. 예전에 영웅들은 더 영웅적이었고 전투는 더 격렬했으며 승리는 더 대단했다는 식이다. 영웅 찬가를 부르는 시인들은 뒤를 돌아보면서 자신들의 현재는 곧 최종적인 붕괴가 이어질 퇴락 시대의 시작으로 파악한다. 지금 살아 있는 영웅들은 미약한 힘으로 이런 방향으로의 전개를 저지하고 있는 자들이다. 그들은 그러한 전개를 늦출 수 있을지는 몰라도 막을 수는 없다. 모든 영웅시가의 지독히 비관주의적인 음조는 영웅적 의식 속으로 파고든다. 영웅적 공동체들은 어떤 비극적 기본 정서에 휩싸여 있다. 영웅들은 자신들을 자신들류類의 마지막 혹은 그 직전으로 이해한다. 그들 주변으로

---

7 이에 대해서는 Mary Kaldor, *Neue und alte Kriege* 및 Münkler, *Die neuen Krieg*〔헤어프리트 뮌클러 지음, 공진성 옮김, 『새로운 전쟁』〕, 그리고 이 책의 제9장 「새로운 전쟁에서 무엇이 새로운가?」를 참조.

비영웅적 태도가 퍼져나가며, 사람들이 그 태도에 대해 저항할 수는 있지만 결국 굴복하게 될 거라는 식이다.

1915년에 나온 좀바르트의 전쟁서인 『상인과 영웅』조차도, 그가 생각하기에 비영웅적 적들로 가득 찬 세계에 직면하여 진정 고집스럽게 영웅성을 대변하는 이 텍스트조차도, 영웅들의 어쩔 수 없는 몰락이라는 정서에 휩싸여 있다. ─ 물론 이는 좀바르트가 자본주의의 역사에 관한 그의 주저(『근대 자본주의』)에서 초기 자본주의와 후기 자본주의를 하나의 선으로 연결하면서 모험심에 가득 찬 초기의 상인들이 점차 이자 수익으로 사는 자본 소유자들에게 굴복할 수밖에 없다고 썼던 점을 생각하면 놀랄 일은 아니다. 좀바르트는 이를 "자본주의의 비만화"라고 명명했다.[8] 좀바르트가 "독일의 영웅들"이 "영국의 상인들"에 대한 이 전쟁〔제1차 세계대전〕에서 스스로를 성공적으로 방어하는 것이 한동안은 가능할 걸로 여겼다손 치더라도, 그들〔"독일의 영웅들"〕이 장기적으로 자신들의 입장을 견지할 수 있을 거라고는 거의 믿지 않았다. 이와 같은 생각을 하는 사람이 좀바르트 혼자가 아니었다. 영웅적 비관주의는 좀바르트 세대의 사상가들 사이에 널리 퍼져 있었다. 타락에 대해 저항하긴 했으나, 태도만 그렇지 승리에 대한 확신이 있어서 그런 건 아니었다.

영웅적 공동체들은 불안정한 상태에 있다. 현실은 영웅적 자기기획의 요구와 기대에 비추어볼 때 명백히 불충분한 것으로 입증된다. 그래서 『일리아드』는 목전의 몰락에 대한 의식에 휩싸여 있다. 포위된

8 Sombart, *Händler und Helden*, 174~175쪽.

트로이인들의 의식만 그런 게 아니다. 〔트로이전쟁에서〕 승리해서 귀향하는 그리스인들의 의식도 마찬가지다. 이들의 배를 풍랑이 흩어버리고 바다가 삼켜버린다. 풍랑을 이겨낸 자들 가운데 많은 사람들이 귀향 후 가족 간의 반목 속에서 치욕스러운 죽음을 맞는다. 영웅들에 대한 이야기는 거의 언제나 그들의 몰락에서 정점에 이른다. 이는 부르군트족의 영웅들이 에첼의 왕궁에서 몰락하는 것으로 끝나는 『니벨룽겐의 노래Das Nibelungenlied』●의 영웅적인 죽음의 정서에서도 드러난다.

영웅들은 '불행한 자기의식'에 묶여 있다. 이 자기의식과 거기에 포함된 사회 기획은 과거에 고착되어 있고 후방 지향적이다. 그들에겐 현재에 대한 확신이, 그리고 미래에 대한 신뢰가 결여되어 있기 때문이다. 영웅적인 것에 각인되어 있는 희생이라는 생각은 분명 미래에 대한 긍정적 시각에는 거의 적합하지 않다. — 적어도 영웅 자신의 시각에서는 그러하다. 영웅의 희생을 통해 구원되는 사회는 영웅과 동류의 사람들로 이루어져 있지 않다. 그렇지 않다면 그 사회는 희생이 필요하지도 않았을 테니 말이다. 하지만 영웅은 자신과 동류의 사람들 사이에서도 장기적으로는 편하게 느끼지 못한다. 도처에 배신이 도사리고 있다. 자신의 길을 가면서 배신과 음모에 둘러싸이지 않은 영웅은 없다. 이런 상황에서 남는 것은 몰락의 미학 즉 영웅적인, 아름다운 죽음뿐이다. 〔독일 작가이자 역사가〕 펠릭스 단Felix Dahn은 20세기

● 13세기 초에 오스트리아의 궁정시인이 썼다고 추정되는, 중세 독일의 장편 영웅서사시. 게르만족의 대이동 시기 다양한 영웅 전설들을 소재로 하고 있으며 모두 39장으로 이루어져 있다. 작품 전체가 비극적 분위기다.

전반부에 많이 읽힌 〔역사〕소설 『로마 전쟁Ein Kampf um Rom』〔1876〕에서 이 점을 훌륭하게 표현해냈다. 그가 동고트인들의 몰락에 대한 이야기 속에 집어넣었던 것은 자기 자신 시대의 영웅적·비극적 비관주의였다.

그와 같은 기본 정서가 정치적 폭발력을 갖는다는 것은 의심할 여지가 없다. 몰락과 종말이 이미 불가피하다면, 병든 상태를 질질 끄는 것이라도 피해야 한다. 이로부터 나오는 그럴듯한 결론은, 힘이 남아 있을 때 전쟁을 통해 결판을 낸다는 것이다.— 어떤 희생을 치르든 말이다. 영웅적 의식의 호전적 기본 정서는 승리에 대한 분명한 확신에서보다는 투쟁을 통해 저지하고자 하는 닥쳐오는 몰락에 대한 생각에서 비롯한다. 이러한 기본 정서는 1914년 제1차 세계대전 발발의 한 요인이었다. 오스트리아의 참모부장 회첸도르프가 전쟁을 원한 이유는, 전쟁을 통해 도나우왕조〔합스부르크군주국〕의 내적 타락을 저지하길 희망했기 때문이다. 차르의 러시아에서도 귀족 출신 장교들 사이에서 비슷한 생각이 돌았다. 영웅적 공동체들은 몰락과 쇠퇴에 대해 도덕적 혁신행위로서의 전쟁에 기대를 거는 것 외에 다른 방식으로 방어할 줄 모른다. 영웅적 공동체들은 평화 시기에 일들이 흘러가는 모습에 대한 절망 때문에 전쟁을 칭송한다. 그래서 영웅적 사회들은 끊임없이 불장난을 한다. 그리고 하나의 특정한 지역에 여러 영웅적 사회가 있을 경우, 그 사회들이 커다란 전쟁을 통해 자기파괴를 감행할 개연성이 있다. 그게 20세기 초 유럽에서 일어난 일이다.

공동체와 사회

　지금까지 우리는 영웅적 성향이 지배하는 공동체와 사회에 대해 보다 정확한 구별 없이 이야기했다. 하지만 몰락 정서의 후속 결과에 관련해서도, 아니 바로 이와 관련해서, 공동체와 사회를 구별할 필요가 있다. 이 구별은 사회학자 페르디난트 퇴니에스Ferdinand Tönnies에게로 소급된다. 퇴니에스는 이 구별로 인간의 사회성의 두 기본 형식을 나타내고자 했다. 본질적으로 결속이 지배하는 유기적 형식과, 인간 상호 간의 분리와 거리를 본질로 하는 기계적 형식이 그것이다. 후자의 경우, 거리는 교환과 협조를 통해 이어지면서 동시에 확인된다.[9] 그런데 지금 우리의 구별을 위해서는 퇴니에스의 설명이 크게 필요치 않다. 우리는 공동체로 공통의 유래, 공통의 주거공간과 생활공간, 혹은 공통의 가치 이해와 규범 이해를 통해 주변 환경과 거리를 취하는 집단을 가리키고자 한다. 영웅적 공동체는 종종 남성 동맹적 성격을 띠는데, 이를 통해 공동체 내부의 동질성이 마련된다.[10] 이에 반해 사회는 상이한 특성의 인간과 집단의 집적체로, 이들은 기능적 협력의 효과를 통해 서로 연결되어 있고 협력의 효용에 대해 다소간 분명한 생각을 가지고 있다. 공동체는 공통의 유래에 대한 관념 혹은 공통의

---

9 Ferdinand Tönnies, *Gemeinschaft und Gesellschaft*, 7쪽 이하와 34쪽 이하.

10 이에 대해서는 다음을 참조. Gisela Völger/Karin v. Welck 편, *Männerbande, Männerbunde*, 제1권. 특히 Jürgen Reulecke의 논문(3쪽 이하), Thomas Schweitzer의 논문(23쪽 이하), Klaus v. See의 논문(93쪽 이하). 제2권에서는 Aloys Winterling의 논문(15쪽 이하).

가치에 대한 관념에 기초하고, 사회는 협력의 효용에 기초한다. 이것이 뜻하는 바는, 대규모 집단의 영웅적 자기이해와 관련해서 말하자면, 영웅적 공동체는 문자로 고정된 인류 역사의 아주 오랜 시간에 걸쳐 있었고, 영웅적 사회는 이에 반해 예외를 나타낸다는 것이다.

이는 사실 놀랄 일이 아니다. 영웅적 희생 자세라는 이상과 그러한 자세를 보이지 않거나 다른 가치를 추구하는 환경에 대해 엄격히 거리를 취하는 것은 사회보다는 공동체의 사회성 양상에 맞다. 무엇보다도 물리적 재생산의 문제가 제기된다. 영웅들은 대개 일상적 노동의 벗은 아니다. 그 노동이 육체적 노고로 변질되면 더욱 그러하다. 영웅들은 노동을 다른 사람들에게 맡기고 그들로부터 편안하게 생산물을 공급받는다. ─ 그게 완전히 호의 때문일 수도 있고, 아니면 생산물 공급이 영웅들의 폭력이나 폭력 위협을 통해 강제되기 때문일 수도 있다. 이렇게 해서 영웅들은 노동하는 자들에게 의존한다. 영웅의 수는, 모두가 영웅일 수는 없기에, 어쩔 수 없이 제한되어 있다. 영웅적 공동체는 필요한 모든 것을 공급하고 그 대신 영웅들에 의해 외부의 위험과 위협으로부터 보호되는 비영웅적 사회에 뿌리를 내리고 있다. 이때 영웅들은 자신들이 노동하는 자들과 혼동되지 않도록 매우 신경을 쓴다. 그렇게 자신들을 구별하는 가장 중요한 형식 가운데 하나가 영웅적 에토스, 그리고 그와 결부된 명예 지향성이다. 이것이 영웅적 공동체의 내부와 외부 사이의 경계를 표시하며 영웅 공동체의 배타성을 보증한다. 실러는 이를 그의 3부작 『발렌슈타인』에서(제1부, 『발렌슈타인 진영Wallensteins Lager』에서) 한 흉갑기마병에게 읊조리게 한다. 목숨을 가지고 유희하는 자는 자신에게 그보다 더 가치 있는 것을 목전에 가져야 한다. ─ 그것은 명예일 수밖에 없다.

> 검劍은 삽이나 쟁기가 아니오.
> 그걸 가지고 밭을 갈려는 사람이 있다면 지혜롭지 못한
> 겁니다.
> 우리에겐 줄기도 돋아나지 않고, 씨앗도 싹이 트지 않습
> 니다.
> 군인은 고향도 없이
> 지구상을 떠돌아다녀야 됩니다.
> 자기 집 부엌에서 몸을 녹이지 못하고
> 도시의 영화를 지나치며,
> 조그만 마을의 흥겹고 푸른 풀밭을,
> 포도 수확을, 추수감사절의 화환을
> 방랑길에서 멀리 바라봐야 됩니다.
> 군인이 자신을 존경하지 않는다면,
> 무슨 재산과 가치를 가지고 있는지 말해 보시오.
> 그는 무엇인가를 자기 것이라고 할 수 있어야지요.
> 그렇지 않고선 살해하고 방해나 하겠지요.[11]

에토스와 명예 주장은 ─ 특정한 의례에서 제복에 이르기까지 ─ 여

---

11 Friedrich Schiller, *Sämtliche Werke*, 제2권, 305~306쪽〔프리드리히 실러 지음, 이원양 옮김, 『발렌슈타인』, 93~94쪽〕.

러 형식으로 표현될 수 있다. 그것은 항상 영웅적 공동체를 비영웅적 사회와 구분하고 동시에 폭력 태세와 무기 사용에 고삐를 매는 데에 사용된다. 명예 주장과 희생 관념 없이는 영웅적 사회도 없다.[12]

몰락 정서의 약화된 형태로서의 퇴락이라는 생각은, 비영웅적 주변 환경과 경계를 긋기가 어려울 것이라는, 그리고 후자의 가치와 행동 방식이 영웅적 공동체의 핵심 영역으로 밀고 들어올 것이라는 두려움 에서 나온다. 영웅적 공동체는 비영웅적 사회에 의해 잡아먹힐 것이 라는 끊이지 않는 두려움 속에서 산다. 이 두려움이 클수록 자기폐쇄 와 자기고립의 경향도 강하다. 영웅적 공동체는 주변 환경과의 교환 에 의존하기 때문에, 이를 통해 스스로의 몰락을 가속화한다. 희생과 명예가 공동체 안에서만 순환할 경우, 그 공동체는 시간이 지나면서 경직되고 무너져버린다. 영웅적 공동체는 말라 죽는다. 그리고 주변의 사회가 영웅적 공동체를 받들고 존중하는 게 아니라 무시하거나 심지 어 경멸하면, 그런 영웅적 공동체는 주기적으로 활력을 주는 영약靈藥 도 빼앗긴다.[13] 영웅적 공동체는 항상 다시금 전쟁과 전투가 필요하 다. 전쟁과 전투에서 자신을 부양하는 사회에 대해 자신의 효용을 입 증해야 하고, 그 대가로 다시금 받들어지는 것이다. 그러면 영웅적 공 동체는 다시 번영한다. 영웅적 공동체는 전쟁이 필요하다. 전쟁을 통 해서만 자신의 생존에 중요한 명예라는 상징 자본을 갱신하고 축적할 수 있기 때문이다.[14] 여기서도 이들 공동체에 고유한 퇴락이라는 생각

---

12 Ludgera Vogt, *Zur Logik der Ehre in der Gegenwartsgesellschaft*, 65쪽 이하.

13 이 책의 215쪽 이하를 참조.

14 Pierre Bourdieu, "Ehre und Ehrgefühl", 11쪽 이하를 참조.

이 작용한다. 일이 조용히 정상적으로 진행되면, 이것은 영웅적 시회들에는 위협적이다. 이들을 구원하는 것은 예외적이고 극단적인 것의 돌연한 출현이다. 이때가 이들의 위대한 시간이고, 그 덕에 이후 다시 소소한 시간들을 견디는 것이다. 이런 의미에서 역시 실러의 『발렌슈타인』에 나오는 경기병의 노래는 다음과 같이 말한다.

전우여, 무사하길, 말을 타고, 말을 타고!
전쟁터로, 자유를 향해 출정하세.
전쟁터에선, 거기선 아직 남자가 가치 있네,
거기선 심장이 아직 무게가 있죠.
거기선 누가 그를 위해 싸워주지 않아요.
거기선 온전히 혼자일 뿐이라네.[15]

그다음에는,

이 세상에는 자유가 사라졌다오.
주인과 종이 있을 뿐이오.
비겁한 인간세계는
거짓과 간계가 지배한다오.
죽음을 대면할 수 있는 자,

---

15 Schiller, *Sämtliche Werke*, 제2권, 309쪽(프리드리히 실러 지음, 이원양 옮김, 『발렌슈타인』, 101~102쪽).

군인만이 자유인이라오.[16]

마지막으로,

전우들이여, 그러니 용감하게 가라말•에 재갈을 물리고
전투에서 가슴을 열어라.
청춘은 쏴쏴거리고, 인생은 거품을 뿜는다.
힘차게 출발하라! 아직 정신이 혼미해지기 전에,
인생을 걸지 않으면, 인생을 얻을 수 없을 것이다.[17]

이것이 자신을 둘러싼 사회로부터 자신을 구별하기 때문에만, 그리
고 오직 그렇게 함으로써만 존속할 수 있는 하나의 공동체의 윤리이
며 자기이해다.

희생 자세와 명예욕으로 특징지어지는 영웅적 성향이, 분명하게 구
분된 소규모 공동체들에 제한되어 있지 않고 사회 전체를 장악하는
경우는 역사적으로 예외다. 실제로 역사에서 그와 같은 경우는 아주
소수만 발견된다. 고대 그리스의 폴리스들과 근대 유럽의 국가체계
에서 볼 수 있는 바처럼, 동등한 권리와 동등한 인정을 요구하는 어느
정도 많은 수의 정치적 행위자들을 가진 정치적 질서에서는 영웅적인

---

16 같은 곳(같은 책, 102쪽).
• 털빛이 온통 검은 말.
17 같은 책, 311쪽(같은 책, 104쪽).

것을 '사회화'하기 위해 분명 어떤 요건이 발달한다. 여기서는 영웅주의의 잠재력을 보다 긴 시간 동안 보다 많이 보일 수 있는 측이 우위를 점한다. 이는 영웅적 공동체를 최적화하는 식으로든가, 아니면 영웅적 성향을 사회 전체로 확대하는 식으로 시도될 수 있다. 고대 그리스에서의 스파르타와 도리스계 스파르타인들, 근대 유럽에서는 프리드리히 대왕의 프로이센과 그의 군대가 전자의 사례고, 기원적 5세기와 4세기의 아테네 민주주의, 혁명기의 프랑스와 그에 대해 반작용을 보인 프로이센 내지 독일이 후자의 사례다.

참정권이 모든 (남성) 국민에게 확대되면서, 그리고 사회적 상승의 기회가 훨씬 높아지면서, 영웅적 사회에서는 전쟁에서의 자기희생 자세에 대한 기대가 모든 (남성) 국민에게 거는 기대가 되었다. 아테네의 시민 징집, 로마공화국의 병역법, 19세기와 20세기 유럽에서의 일반 병역 의무는 다소간 뚜렷한 형식으로 사회의 내적 군사화를 향해 나아간 발전의 표현이다. 이들 사회를 특징지었던 제복, 군 명예훈장, 그리고 마지막으로 예비역 (하급) 장교 임명은 하나의 배타적 신분에 대한 소속의 표현이라기보다는 사회에 속하는 모든 사람을 포괄하는 포용력의 표현이었다고 할 수 있다.[18] 물론 여기서도 ─ 빌헬름(빌헬름 2세) 시대의 독일과 공화국인 프랑스에서 모두─ 군대를 배타적 신분으로 만들려는 노력이 항상 다시금 있었지만, 다른 국가들과의 정치적 경쟁 때문에 좁게 제한되었다. 유럽 강대국들과의 협주 속에서 정

---

18 이에 대해서는 Jakob Vogel, *Nationen im Gleichschritt*의 여러 곳; Frevert, *Die kasernierte Nation*을 참조.

7. 영웅적 사회와 탈영웅적 사회

치적 역할을 하고자 하는 한, 어떤 국가도 영웅적인 것이 사회로부터 빠져나와 작은 공동체에 제한되는 것을 수수방관할 수는 없었다. 여기서 영국은 예외인데, 그건 지정학적 상황 덕이다.

영웅적 사회는, 영웅적 공동체와 달리, 악명 높은 동반자로서의 퇴락 관념을 고유한 특징으로 하지 않는다. 그 반대다. 영웅적 사회는 거의 주체할 수 없을 정도의 힘찬 느낌, 그리고 그와 결부된 뚜렷한 미래 확신이 특징이다. 영웅적 사회는 힘과 승리에 대한 확신의 부단한 황홀경 속에 있다. 영웅적 사회는 민족적 명예에 대한 관념에 의해 지배된다. 민족적 명예는 아주 사소한 계기에 의해서도 이미 손상된 것으로 여겨지며 오직 전투를 통해서만 회복될 수 있다. 영웅적 사회에는 지속적 흥분 상태가 즉 영속적 전쟁 태세가 전형적이다. 그리하여 전쟁에 이르게 되면, 그 전쟁은 더는 사회로부터 재정적 뒷받침을 받으며 수행되는 영웅적 공동체들의 대결이 아니라 물적 자원과 심적 자원 전체를 포괄하는 총체적 동원의 조건하에서 치러지는 전쟁이다. 그런 전쟁은 사회를 지치게 하고 소진시키며, 그러면 영웅적 사회는 탈영웅적 사회로 변모된다. 그런 사회는 영웅적 잠재력으로 가졌던 것을 지출했고, 이것이 ―패배의 경우에는― 전혀 소용없었다는 결론에, ―승리의 경우에는― 결코 기대한 결과를 가져오지 않았다는 결론에 이른다.

이와 같은 상황에서 통상 나오는 반응은 두 가지다. 하나는 지난번에 충분히 영웅적 희생 자세로 임하지 못했다고 생각하면서, 그 같은 자세였다면 좀 더 결연하게 동원을 했어야 했다고 생각하면서, 다음 기회에 다시 한 번 전투를 시도하는 것이다. 다른 하나는 희생 자세와 명예 축적이라는 모델을 사회적으로 잘못된 길로 배척하고 향후 그 길을 회피하고자 하는 것이다. 첫 번째 반응에 비중을 두는 것은 보통 패자다. 이루지 못한 승리에 대해 아직 기대를 할 수 있기 때문이다. 반면에 승자는 오히려 실망하는 편이며 후자의 반응으로 기운다.[19] 이것이 양차 세계대전 사이 유럽의 상황이었다. 프랑스와 영국은 유화 정책을 추구했고, 다시는 제1차 세계대전 때와 같은 엄청난 희생을 요구하지 않을 군사 전략을 지향했다. 독일에서는 이에 반해 강한 정치적 세력들이 전쟁의 결과를 군사적으로 수정하고자 했고, 이때 상당한 정도로 영웅적 성향에 맞춘 전술을 발전시켰다.[20] 제2차 세계대전이 진행될 때, 그 초기 국면에서 이러한 〔서로 다른〕 성향이 반영되었다. 제1차 세계대전을 떠올려보면 도무지 이해하기 어려워 보이는 프랑스인들의 항복부터, 영국인들이 서둘러 대륙에서 철수한 것까지 생각해보라. 이후 독일은 이 전쟁을 완전히 패배할 때까지 끝끝내 싸웠으며, 싸울 이유가 될 수 있을 게 거의 아무것도 남지 않았을 때야 비로소 항복했다.[21] 결과는, 독일에서 탈영웅적 성향이 유럽 어떤 사회에서보다 강도 높게 관철되었다.

영웅적 사회가 몰락 정서를 향한 본래적 경향성을 갖지 않는 것만

---

19 패배를 정치적 · 심리적으로 소화하는 문제는 복잡한 주제로, 아주 최근에야 보다 집중적으로 연구되었다. 개관을 위해서는 Holger Afflerbach, *Die Kunst der Niederlage*를 참조. 미국의 남부 주들, 1871년의 프랑스, 1918년의 독일의 비교를 위해서는 Wolfgang Schivelbusch, *Die Kultur der Niederlage*를, 또 Horst Carl 외 편, *Kriegsniederlagen*을 참조.

20 이에 대해 상세하게는 다음을 참조. Münkler, *Über den Krieg*, 227쪽 이하.

21 이 책의 180~181쪽 참조.

큼이나, 탈영웅적 사회는 자신이 영웅적 사회의 뒤를 잇는 것을 퇴락의 과정으로 파악하지 않는 경향이 있다. 탈영웅적 사회는 보통 이 이행을 정치적 진보나 사회적 학습과정으로, 돌이켜볼 때 어쨌든 대부분 병적인 것으로 파악되는 사회도덕적 구도의 극복으로 해석한다. 그래서 탈영웅적 사회는 보통 자기 자신과 일체가 되어 있다. 탈영웅적 사회는 자기 자신을 사회 발전의 마지막 직선주로를 달리고 있는 것으로 보는 경향이 다소 있다. 하지만 이로부터 이제 다시 한 번 모든 에너지의 동원이 중요하다는 식의 귀결을 끌어내지는 않고, 도달한 도정道程을 지속적으로 유지하려는 성향이 있다. 필요한 개혁을 주제화할 경우, 그 변화는 조정 나사를 돌리는 것에 비유할 수 있는 정도다. 제반 상황은 기본적으로 좋고, 그저 가끔 약간씩 조정하면 된다는 것이다.

인구구성과 영웅주의

최근에는 영웅주의의 호황이 특정한 정치적 이념의 영향, 호전적 종교의 지배, 혹은 그 외의 어떤 학습과정과 상관이 있다기보다는 한 사회의 인구구성 요인과, 18세 이하 청소년의 비율과 더 상관이 있다는 지적이 점차 늘어났다. 원래 제노사이드 비교연구 전문가인 브레멘대학의 사회학자 군나르 하인존Gunnar Heinsohn은 얼마 전 이런 생각을 하나의 명제로 첨예화했다. 청소년 무리youth bulges는 자신들의 이데올로기와 정당성을 스스로 찾는 것이지, 정치적 이념이나 종교가 앞장서서 폭력 및 희생 자세를 일깨우는 게 결코 아니라는 것이다. 이는 좀 결정론적으로 들리며, 하인존은 몇몇 곳에서 그런 조로 논지를 펼치기도 한다. 하지만 그의 연구는 한 사회의 인구 증가와 그 사회가 대내외적으로 펼치는 폭력의 강도 사이에 성립하는 인상적인 상관관계를 보여준다. 이렇게 해서 영웅적 사회와 탈영웅적 사회의 —물질주의적이라고까지 말하지 않는다고 해도— 물질적 기초에 눈길이 향했다. 경제협력개발기구OECD 세계의 부유한 국가들과는 달리 "제3세계의 가족들은 아들 하나 혹은 심지어 아들 여럿을 잃고도 여전히 기능할 수 있다. (…) 제3세계 국가들은 둘째 아들 혹은 심지어 넷째 아들로서 집에서는 실제로 아무 쓸모가 없는, 그래서 영웅주의가 현실적 기회로 여겨질 수 있는 청년들로 이루어진 수백만의 군대를 불길 속으로 보낼 수 있다."[22] 이에 대해 미국을 정점으로 하는 북쪽의 부유한 국가들은 기껏해야 기술적 우위로 맞설 수 있을 따름인데, 하지만 우월한 기술력의 행사는 즉각 위험한 도덕적 역설로 끌려 들어간다. "적들은, 그들의 자식들 속에서 다음의 대규모 군대가 이미 준비되어 있기에, 무수히 많은 새로운 아들로 항상 다시금 불을 지필 수 있는 반면, 미국과 동맹국들은 그들의 타격으로 상대편에서 어린이도 희생될 경우 급속도로 모든 체면을 잃을 위험에 처한다."[23]

이것이 탈영웅적 사회의 발생과 관련된 문제다. 탈영웅적 사회의 발생은 전 지구적 차원에서 공시적으로 일어나지 않는다. 북쪽의 부유한 사회들은 탈영웅적 단계로 들어선 반면에, 부유한 지역 주변부

---

22 Heinsohn, *Söhne und Weltmacht*, 16쪽.
23 같은 곳. 이에 대해서는 또한 이 책의 250쪽 참조.

사회 그러니까 남쪽의 많은 사회들은, 동시적인 것의 비동시성이라는 의미에서, 이제 전 영웅적 단계에서 영웅적 단계로 옮겨가고 있다. 그 것이 영웅주의의 물질적 기초로서의 아들의 풍요든 혹은 이념적 기 초로서의 종교적 관념들의 강도强度든, 이들 사회는 거의 언제나 자기 파괴적 동력을 발전시킨다. 하지만 몇몇 경우에서 그 자기파괴적 동 력은 공격적으로 외부로 향하기도 하는데, 그러면 금세 위협받는 것 으로 느끼는 탈영웅적 사회에서는 두려움과 공포가 엄습한다. 때로는 테러집단들의 예고나 혹은 자살 테러범들의 훈련에 대한 비디오 영상 만으로도 이미 탈영웅적 사회들에서 히스테리적 반응이 야기되기조 차 한다. 자살 테러범들이 행한 테러가 처음 일어났던 곳일 경우는 더 욱 그러하다. 열정적으로 표현되는 희생의 에토스에 대한 몰이해는 무방비 상태에 있다는 엄습하는 느낌과 짝을 이룬다. 이에 대한 최초 의 반응 가운데 하나는 가난과 불행으로 이어지는 원인을 찾아내는 것이다. 폭력성에 대한 열광을 물질적 지원을 통해 누그러뜨릴 수 있 기를, 그렇게 해서 '테러리즘의 원인'을 제거할 수 있기를 희망하는 것 이다. 하지만 이는 정치적으로 현명한 반응도 아니고 전략적으로 멀 리 내다보는 반응도 아니며, 탈영웅적 사회에 전형적인 심층적 면죄 심리의 표현일 따름이다. 명예심에 사로잡힌 죽음의 달인들로부터 오 는 위협을 약간의 돈으로 막아보고자 하는 것이다.

　실제로 테러리즘은, 객관적으로 볼 때 그로부터 오는 위협이 제한 적 규모라 할지라도, 탈영웅적 사회에는 가장 큰 도전이다.[24] 왜냐하 면 테러리즘은 이런 사회들이 대개 무방비 상태인 지점을 공격하기 때문이다. 영웅적 사회에서 탈영웅적 사회로 넘어갔다고 해서 내외부의 위협을 방어하는 임무를 맡는 제도와 조직을, 그리고 그에 맞게 훈련되고 장비를 갖춘 제도와 조직을 독립분화시키기를 중단했다는 것은 결코 아니다. 탈영웅적 사회는 다만 그런 조직들에 대해서 다른 관계를 가질 따름이다. 특히 이들 조직을 명예보다는 사실상 돈으로만 부양한다는 점에서 그러하다. 탈영웅적 사회는 이들 조직 – 이들은 정도는 매우 다르지만 분명 영웅적 공동체의 특징들을 보인다 – 의 보호 아래 평화와 안전 속에서 발전할 수 있기를 희망한다. 그런데 테러 공격은, 적어도 최근 유형의 경우, 안전을 생성하는 이런 제도와 조직을 우회한다는 것이, 말하자면 무시해버린다는 것이, 그리고 직접적으로 민간인들을 공격한다는 것이 특징이다. 테러 공격은 적은 비용으로 큰 효과를 내는 것을 중시하며, 실제로 탈영웅적 사회는 그러한 공격에 비교적 좋은 성공 기회를 제공한다. 동시에 자기희생 자세를 가진 테러리스트 네트워크의 전사들은 탈영웅적 사회를 퇴락적인 것으로 경멸한다. 서양은 코카콜라를 사랑하고 반면에 이슬람 전사들은 죽음을 사랑한다는, 많이 인용되는 어느 탈레반의 말은 그 점을 극명하게 표현해준다. 탈영웅적 사회는 평화가 정착된 세계를 마주하고 있지 않다. 그래서 탈영웅적 사회는 자신의 불안정한 집단심리를 보호하는 영웅적 공동체를 독립분화시켜야 한다. 그리고 테러리즘으로부터의 도전에 맞서 자신의 입지를 주장하려면, 테러 공격을 견딜 수 있게 해주는 '잔여 영웅주의'를 준비해놓고 있어야 한다.

---

24 객관적인 위험과 위험에 대한 주관적인 느낌의 비교에 대해서는 Cass R. Sunstein, *Gesetze der Angst*, 97쪽을 참조.

08

새로운 전투체계와 전쟁 윤리

철학자 헤겔은 『법철학』 §328에 대해 자신이 단 보충설명에서, 어떻게 화기火器의 발명을 통해 "단순히 개인적 용맹성의 형태가 보다 추상적인" 형식으로 변모되었는지를 서술하고 있다. 이에 따르면, 화약과 화약을 이용해 적에게 탄환을 발사할 수 있는 무기들의 발달은 구체적인 것에서 일반적인 것으로 나아가는 한 걸음이며, 그런 한에서 헤겔이 진보로 파악한 역사의 과정에 들어맞았다. 그의 설명은 다음과 같다. "근대 세계의 원리" 즉 "사상思想과 일반자는 용맹성에 보다 고차적인 형태를 부여하였다. 이제 용맹성의 표현은 보다 기계적인 것으로 보이며, 이 특수한 개인의 행위로서가 아니라 전체 마디의 행위로서만 있는 것으로 보인다. 또 용맹성은 개별적 인격이 아니라 적 전체를 겨냥해" 있다.[1] 근대의 민족전쟁을 〔사람들이〕 단순히 목숨을 거는 자세와 구별해주는 것은 개별자가 일반 원리에 의해 소비된다는 생각이다. 헤겔에 따르면, 강도와 살인자도 죽음을 두려워하지 않을 경우 어떤 목적을 추구한다. 하지만 이러한 목적은 범죄다. 모험가도 자신이 생각한 어떤 목적을 위해 마찬가지로 목숨을 건다. 이 모든 특수한 목적들은 프랑스혁명 이래 전쟁 사건을 규정하는 일반자란 사상에 의해 제거되었다.

주목할 점은, 헤겔이 여기서 영웅적 개인이 전체 군사 조직에 통합되고 전위 투사가 후위 병사와 동등해지는 과정을 설명하면서 헤겔 세대의 사고를 각인했던 프랑스혁명과 결부시키지 않는다는 것, 그리고 정치적 질서나 병역법이 아니라 전쟁기술을 [전쟁 상황의] 가속화 요인으로 밝혀낸다는 것이다. 고대 그리스의 중무장 보병대가 민주주의의 선행 조건이었다는 것은 관련 문헌들의 한 상투적 문구다. 모든 성인 남성이 동일한 방식으로 공동체 즉 폴리스에 봉사했던 곳에서 비로소, 전쟁에서 동등한 자들은 민회에서도 동등한 자들이어야 한다는 생각에 이를 수 있었다는 것이다. 하지만 중무장 보병대에서 싸운다는 것은 전술적 규율, 옆 사람에 대한 무조건적 신뢰, 우완 사용의 절대 고수固守[오른손에 장창, 왼손에 방패]라는 여건에서만, 간단히 말해서 의도적으로 시민들을 동등하게 만들고 또 그것이 관철될 때만 가능했다. 이에 반해 화약과 화기 즉 무기기술의 발전은 처음에는 적의 무차별화라는 전혀 의도치 않은 효과를 낳았고, 이를 통해 헤겔이 강조하는 바와 같이 전사의 에토스도 바꾸어놓았다. 헌법과 병역법 사이의 상호관계보다는 행위를 하는 인격들의 '배후에서' 이들의 목표

---

1 Georg Wilhelm Friedrich Hegel, *Grundlinien der Philosophie des Rechts*, 283쪽[G. W. F. 헤겔 지음, 임석진 옮김, 『법철학』(한길사, 2008), 570쪽 참조. 번역을 그대로 따르지는 않았다].

와 의도에 반해 효과를 전개했던 하나의 발전이 헤겔의 구상에는 훨씬 더 잘 맞았다. 헤겔에 따르면, 화기와 화약은 귀족 출신 기사들이 그것들이 등장할 때 주장했던 것처럼 용맹성의 파괴자가 아니다. 화기와 화약은 정치적 동등화라는 효과를 낳았고, 이는 부르주아계층의 부상을 가능하게 하고 가속화했다. 헤겔에게 용맹성은 ― 이 점에서 그는 철저하게 부르주아적으로 사고했다― 무기기술의 진보를 통해 사라진 게 아니라 일반화되었고 보다 높은 단계로 고양되었다. 새로운 전쟁 방식의 특징은 적진의 개인들에 대해, "개인으로서의 그들에 대해선 완전히 무관심하면서도, 아니 선의마저 가지면서도" 극한의 적대감을 표현하는 것을 가능케 했다는 것이다.[2]

무기기술의 진보에 대한 이와 같은 철학적 해석은 오늘날의 우리에겐 낯설다. 그런데 이뿐만이 아니다. 우리는 그런 해석에 맞서며 그런 해석을 단호히 거부한다. 그리고 이때 우리는 무기기술의 진보와 전쟁 수행에 대한 후속 결과들을 ― 저지하지는 못하더라도― 제한하기 위해 통상 도덕을 끌어들인다. 이에 반해 헤겔은 무기기술의 진보를 도덕 내지 윤리 진보의 동인으로 보았다. 무기체계들의 발전에 대항하면서 이것들을 제한하기 위해 전사의 에토스나 전쟁 윤리에 호소하는 일은 그에게는 ― 반동은 아니더라도― 보수주의 편에 서는 것과 같은 의미였을 것이다. 우리가 여기서 다루고 있는 물음 즉 새로운 무기체계와 전쟁 윤리 사이의 연관성에 대한 물음의 유효 범위를 이해하기 위해선 이 점을 염두에 두어야 한다. 우리는 우리를 더는 무기

---

2 같은 곳[같은 책, 569쪽 참조].

기술 진보의 수혜자로 보지 않는다. 우리는 이러한 발전에 맞서고자 하며, 이때 윤리와 법을 구속체계로 사용해서 위협적이 된 과정에 제동을 걸고 특정한 궤도로 돌리고자 한다.[3]

진보와 윤리는 같이 간다는 헤겔의 확신으로부터의 이 방향 전환은 19세기 말 20세기 초의 헤이그회의[●]로까지로 소급된다. 이 회의에서 사람들은 무엇보다도 전쟁 중 독극물 사용에 재갈을 물리려고 시도했다.[4] ─ 이 시도는, 잘 알려져 있다시피, 제1차 세계대전에서 독가스 투입과 관련해서는 성공하지 못했다. 저 방향 전환은 또한 1910년경, 라이트 형제가 그들의 독특한 장치를 이제 처음으로 날게 한 후, 선견지명이 있는 몇몇 언론인이 공중을 군사화하는 데에 경고했던 것으로도 소급된다. 〔오스트리아 작가이자 평화주의자, 1905년 노벨평화상 수상자〕베르타 폰 주트너Bertha von Suttner는 '전쟁의 야만화'로서 공중전의 후

---

3 이런 방향의 글로 가장 잘 알려진 것은 〔독일 저널리스트·철학자〕 귄터 안더스Günther Anders의 『골동품화된 인간Die Antiquiertheit des Menschen』(1985)이다. 이 책은 1980년대 나토의 재무장에 반대하는 운동을 고무하는 기록이 되었다. 안더스의 명제에 따르면, 원거리 무기의 발전으로 상대편의 고통과 고뇌와 관련한 인간적 감성이 무너지고 있다. 안더스는 맞서 싸우는 사람들의 물리적 거리가 가까우면 폭력 태세와 폭력 능력이 제한될 것이라고 믿었다. 하지만 이 가정의 경험적 타당성을 뒷받침해줄 증거는 별로 없다. 최근의 전투 드론과 전투 로봇의 발전에 반대하는 유사한 주장들의 요약은 다음을 참조. Thomas Wagner, "Der Vormarsch der Robokraten", 특히 118쪽 이하.

● 〔헤이그〕만국평화회의. 헤이그평화회의. 제정러시아 황제 니콜라이 2세의 주창으로 1899년(5~7월)과 1907년(6~10월) 두 차례에 걸쳐 세계 여러 나라의 대표가 네덜란드의 헤이그에 모여 군비 축소와 전쟁 법규, 세계 평화 등을 논의한 국제회의. 국제분쟁의 평화적 처리 협약과 독가스 및 특수 탄환 사용 금지 선언 등을 채택하고 국제중재재판소를 설치했다.

4 독극물 사용 금지에 대해서는 *Haager Landkriegsordnung* 85쪽; Jost Dülffer, *Regeln gegen den Krieg?*, 275쪽 이하를 참조.

8. 새로운 전투체계와 전쟁 윤리

속 결과를 지적한 최초 인물들 가운데 하나다. 하지만 여기서도 경고는 아무런 효과를 내지 못했다. 이미 제1차 세계대전에서 전략적 폭격전의 최초 형식들이 등장했기 때문이다.[5] 무기체계의 발전은 우리가 감당하기 어렵게 되었다. 우리는 무기체계의 발전을 높이 평가하기보다는 두려워한다. 그래서 우리는 무기체계의 발전을 다시 통제하려고 시도했다. 하지만 이룩한 성과는 매우 제한적이다. 보통 새로운 군사기술 발전은 얼마 시간이 지나면 기어이 관철되었던 것이다. 기술적으로 가능했던 것은 결국 또한 발전되었고 투입 준비 단계에 이르렀다.

이제 우리는 정찰 드론과 전투 드론으로 상징되는 최근의 군사기술 발전을 항상 더 크고 항상 더 강하고 항상 더 효과적인 무기를 발전시키려는 수백 년에 걸친 경향에 대한 방향 전환으로 이해할 수도 있을 것이다. 현대의 전자공학, 유도탄, 그리고 특히 전투 드론은 일반적인 적을 다시 특정한 적으로 즉 정확히 적으로 선별되고 격퇴되는 구체적인 적으로 다시 바꿔놓았다. 무기기술과 관련해서 보자면, 이것은 헤겔이 말하는 적의 탈개인화와 추상화 과정에 반대되는 과정이다. 어쨌거나 이러한 발전을 통해서 본래 공격 목표가 아닌데 피해를 당하는 사람들 즉 '무고한 희생자'의 수를 뚜렷이 줄일 수 있게 되었다. 여러 증거에 비추어볼 때, 폭탄과 로켓포로 공격했던 전투기 대신 목표에 정확히 로켓포를 쏘는 드론이 등장하는 것에 비례해서 쌍방 피해의 규모가 작아졌다.[6] 드론 공격에서 오류가 있긴 하지만, 통상 그것은 무기체계의 부정확성이나 낮은 명중률 때문이 아니라 목표 확

---

5 Münkler, *Der Große Krieg*, 526쪽 이하.

인에서의 오류 때문이었다. 기술이 아니라 인간이 잘못 작동한 것이다. – 그리고 그것도, 적어도 통상의 경우에는, 윤리적 결함 때문이 아니라 인지적 결함 때문이었다.

여기서 한걸음 더 나아가, 정찰 드론과 전투 드론은 그 기술적 능력으로 목표물 관찰 시간은 늘리고 공격 상황에서 결정의 스트레스는 최소화함으로써 이와 같은 인지적 결함을 최소화하는 데 중점을 둔다는 명제를 대변할 수도 있을 것이다.[7] 드론은 전쟁 사건의 속도를 늦추는 수단이고, 그런 한에서 가속화 능력과 전투 능력 향상을 결합했던 수백 년에 걸친 발전의 방향을 전환하기 위한 것이다.[8] 목표물로부터 수천 킬로미터는 아니더라도 수백 킬로미터 떨어진 곳의 관제管制 장교가, 목표물이 역시 적의 전사집단이고 결혼식 모임이 아니라는 것을 확인하기 위해, 드론을 한 번 날리고 또다시 한 번 날릴 수 있다. – 아프가니스탄에서는 특히 축제 의례상 총〔축포〕을 쏘는 일 때문에 종종 그와 같은 혼동이 일어난다. 그리고 바로 드론 조종사가 투입

---

6 폭력이 개별 대상에 선택적으로 사용된다는 것을 드론 사용 비판자들이 부정하진 않는다. 전투 드론의 사용으로, 〔전투 드론을〕 고전적인 폭격기와 직접 비교할 때 쌍방 사망자가 뚜렷이 감소했다는 것 역시 부정하지 않는다. Krishnan, *Gezielte Tötung*, 136쪽 이하; Mazzetti, *Killing Business*의 여러 곳; Jeremy Scahill, *Schmutzige Kriege*, 310쪽 이하와 434쪽 이하 참조. 비판의 핵심은 쌍방 희생자 수가 아니라 살해 방식이다.
7 기술적 세부 사항에 대해서는 Krishnan, *Gezielte Tötung*, 74쪽 이하; Kai Biermann/Thomas Wiegold, *Drohnen*, 30~112쪽을 참조.
8 우위 확보 수단으로서의 전투 사건의 가속화는 〔프랑스 문화이론가·사상가 폴 비릴리오가〕 "속도의 논리Dromologie"라는 제목 아래 다루는 대주제다. 다음을 참조. Paul Virilio/Sylvère Lotringer, *Der reine Krieg*, 47쪽 이하; Virilio, *Ereignislandschaft*, 162쪽 이하; Virilio, *Fluchtgeschwindigkeit*, 37쪽 이하; Virilio, *Rasender Stillstand*, 126쪽 이하.

8. 새로운 전투체계와 전쟁 윤리

장소에서 그렇게 멀리 떨어져 있는 만큼, 그는 자신의 결정을 보다 숙고해서 내릴 수 있다. 그는 전쟁 게임과 유사한 조종기의 조이스틱 앞에 앉아 있지만, 그렇다고 전쟁 게임의 게이머 상황에 있는 것은 아니다. 게이머는 갑자기 돌발적으로 도전 상황이 등장하고 그에 대해 직접적으로 반응해야 하는 반면, 드론 조종사는 기술 덕에 오히려 시간을 즉 관찰 시간을 얻는다. 바로 이 점이 전투 드론의 도입과 투입을 둘러싼 최근의 논의에서 분란의 대상이 되었다.[9]

먼저 정찰 및 전투 드론의 무기기술만 살펴보면, 투입 계획 및 전투 사건과 관련하여 세 근본적인 변화를 확인할 수 있다. 폭력 사용의 재개인화, 무기 투입의 감속화, 그리고 마지막으로 드론 투입 지역과 드론을 조종하고 로켓포를 발사하는 병사 사이의 커다란 공간적 거리가 그것이다. 지난 몇 년간 이 세 변화에 대한 논의는 특히 윤리적 문제를 둘러싸고 벌어졌다. 하지만 그 가운데서 전투 드론이 전쟁 사건의 근본적 변화를 나타내진 않는지, 아니 그리하여 지난 3,000년 동안 발전되어온 전쟁 수행 방식의 종말을 나타내는 것은 아닌지 하는 물음도 제기되었다. 분명 드론은 양자 전쟁으로서의 전쟁의 역사가 아니라 전쟁의 경찰화 역사에 속한다. 그래서 미국에서 드론 투입의 아주 많은 경우가 군대가 아닌 정보기관 CIA에 의해 실행되는 것은 놀랄 일이 아니다.[10] 먼저 이런 변화를 좀 더 자세히 살펴보자.

조직화된 집단적 폭력 사용이란 의미에서 전쟁의 역사는 전투의

---

9 전형적인 경우로는 Chamayou, *Ferngesteuerte Gewalt*, 특히 137쪽 이하.

탈개인화 역사다. 『일리아드』가 보고하는 〔트로이군의 영웅〕 헥토르와 〔그리스군의 영웅〕 아킬레우스 사이의 결투, 혹은 훈족 왕 에첼의 대궁전에서 부르군트족이 타도되는 장면을 그린 『니벨룽겐의 노래』 제2부에서의 수많은 결투는 모두 전적으로 개인화된 전투 장면이다. 여기서는 서로 알고 서로 존중하거나 혹은 증오하는 전사들이 서로 마주하고 싸운다. 그들은 자신들의 전사 에토스에 책임감을 느껴서, 혹은 바로 이 결투를 통해 명성을 높이려고 서로 싸운다. 어쨌든 누구를 상대로 싸우는지, 그리고 전투가 어떻게 진행되는지는 결코 아무 상관이 없는 일일 수 없다. 쉽게 성취한 승리는 힘겨운 전투 끝의 승리보다 명예를 덜 가져온다. 그리고 유명한 적을 죽이는 것은 별로 들어보지 못한 전사를 이기는 것보다 ― 설령 이 전사가 유명한 적만큼 잘 싸웠더라도― 훨씬 더 영예로운 일이다. 영웅서사시나 영웅시가에서 서술되는 전쟁은 영웅적 개인 간의 전투다.[11] 하지만 늦어도 고대 그리스에서의 중무장 보병대나 고대 로마의 보병대대 같은 전술 부대가 형성되면서 개인화된 영웅성의 시대는 지나갔다. 전술적 규율과 작전의 숙련성이 싸움의 결말을 결정했고, 전장에 투입되는 병사들의 수가 많을수록 그 안에서 개인은 더욱더 사라졌다. 헤겔이 『법철학』에서 화약의 발명 및 총기의 사용과 연결한 바와 같은, 개인적 용맹성의 추

---

10 이것이 자원과 영향력을 둘러싼 펜타곤과 CIA 사이의 다툼을 그리는, 전반적으로 다소 저널리스트풍으로 쓰인 〔미국 저널리스트〕 마크 마제티Mark Mazzetti의 『살인 사업Killing Business』의 기본 명제다. 드론 사용이 이 다툼에서 결정적인 문제가 된다. 〔원저명은 *The Way of the Knife: The CIA, a Secret Army, and a War at the Ends of the Earth*, Penguin Press, 2013이다.〕

11 C. M. Bowra, *Heldendichtung*, 특히 98~142쪽을 참조.

상적 용맹성으로의 변형은 이런 발전의 한 요소였다. 어쨌든 헤겔은 개인적 명성과 명예에 향해 있지 않은 용맹성을 선행 형식보다 훨씬 높게 평가했다. 그러한 용맹성은 개인의 자기고양이 아니라 일반자에 대한 봉사로 나아가기 때문이었다. 이 같은 발전은 '무명용사'라는 상징 형태로 간명하게 표현되었다.

명단에 표기된 인물을 공격하기 위한 드론 투입의 경우, 사정은 완전히 다르다. 이는 적의 의지를 꺾거나 적으로부터 그의 정치적 의지에 효력을 부여하는 수단을 빼앗자는 것이 아니다. 여기서 관건은 특정한 개인의 '제거'다. 이 인물을, 정확히 이 인물을, 그가 더 이상의 테러 공격이나 태업행위를 계획하고 실행하는 것을 막기 위해 죽여야 하는 것이다. 여기서 목표물의 개인화는 제2차 세계대전 이후에 시작되었고 냉전 종식 이래 현저하게 가속화된 전쟁의 경찰화의 표현이다. 서로를 동등한 자로 인정하는 군사적 행위자가 맞서는 것이 더는 아니라, 정의로운 전쟁의 이론이란 의미에서 올바르고 선한 것을 구현하는 측이[12] 범법자와 평화를 교란하는 자들에 대해 군사적 수단으로 법과 정의를 관철하는 것이다. ─ 어쨌거나 자기이해와 자기서술에 따르면 그렇다. 우리는 이것을 일반적으로 확인되는 전쟁의 비대칭화 경향의 잠정적 정점으로 파악할 수 있다. 하지만 이와 마찬가지로 우리는 그것을 앞서 진행된 테러리즘의 변형에 대한 반응으로도 즉 테러가 혁명적 전복을 준비하기 위한 사회 내 폭력 전략으로부터 점점 더 국제적 및 초국적 의지 관철과 영향력 증대의 전략으로 된 것에 대

---

12 이에 대해서는 이 책의 199쪽 이하를 참조.

한 반응으로 볼 수도 있다.[13] 어쨌거나 드론 투입 형식으로 일어나는 전쟁의 재개인화는 '영웅시대'에 전형적이었던 바와 같은 영웅적 개인의 대결로 귀환하는 건 아니다. '범죄자'는 개인화되고 추적자는 탈개인화된 구도가 만들어졌다. 이를 감안하여 드론 투입 시에는 '전쟁' 개념을 '사냥' 개념으로 대체하자는 제안이 있었다.[14]

지난 몇 세기의 (유럽) 전쟁사는, 이미 강조된 바와 같이, 점증하는 탈개인화만이 아니라 가속화 능력의 증가라는 특징도 보인다. 나폴레옹이 승리를 거둔 이유 가운데 하나는, 그가 자신의 군대를 적보다 빠르게 움직일 수 있었기 때문이다. 1870년 전쟁에서 프로이센-독일이 프랑스에 승리한 것은 철도를 보다 효과적으로 이용한 덕이기도 했다. 제2차 세계대전 초기 몇 년의 '전격전 전략'은 기계화 부대의 신속성에 기초했다. 마지막으로, 공중전에서는 더 빠른 추격기와 폭격기를 보유한 측이 이겼다. 두 번에 걸친 미국의 이라크 개입에서도 장기적으로 더 큰 가속 잠재력을 가진 측이 전쟁에서 이긴다는 원리가 아직 유효한 것으로 보였다. 하지만 이때 간과된 것은, 모든 형식의 파르티잔 전쟁에 새겨져 있는 감속화 경향이다. 파르티잔 전쟁에서 비정규군은 사건의 진행을 지연시킴으로써 저지력을 높였고, 이를 통해 정규군의 우월한 가속 잠재력을 무력화했다. 이런 감속화는 높은 산맥이나 깊은 정글 같은 지리적 여건을 전략적으로 이용해서 행해질 수도 있지만, 예컨대 많은 병사와 민간인을 잃고도 항복하길 거부하는

---

13 Herfried Münkler, "Ältere und jüngere Formen des Terrorismus", 특히 30~31쪽.
14 일례로 Krishnan, *Gezielte Tötung*, 14쪽.

측의 뚜렷이 높은 희생 자세를 통해서도 행해질 수 있다. 가속화는 총합에서 볼 때 손실을 제한하는 방식이다. 가속 순간에는, 예를 들어 돌격전 시에는, 손실이 많아지더라도, 손실률이 높은 시간 구간은 가속화를 통해 제한된다. 가속화 능력은 19세기 초에 진압 전략이 피로 전략을 이길 수 있는 전제였다.

파르티잔 전쟁과 테러리즘은 이에 반해 감속화의 원리에 따른다. 사건들의 진행을 늦추고, 예컨대 공간적으로 확장함으로써 〔사건을〕 길게 가져가고, 이처럼 해서 무기기술과 군사조직 측면에서 우월한 적으로부터 가해 능력 즉 적에게 (치명적) 상처를 입힐 능력을 상당 부분 빼앗는 것이다. 물론 본래 우월한 측은 이것을 그냥 받아들이려 하지 않으며, 자신의 가해 능력이 다시 효과를 낼 조건을 산출하려고 한다. 양측은 전쟁 사건을 승리와 패배의 특징이 점점 더 확인되기 어렵게 될 때까지 공간과 시간 속에서 비대칭화한다. 정규군이 적에 비해 군사적으로 우월한 경우는 적지 않다. 하지만 정규군을 파견한 사회는 오래 끄는 전쟁에 지겨워하며 부대를 철수하라고 압박한다. 파르티잔 전쟁은 결국 적의 전쟁 수행 능력만이 아니라 이 능력을 장기간에 걸쳐 사용하려는 사회의 의지도 겨냥하는 전략에 기초한다. 전쟁의 감속화는 관습적 측면에서 우월한 측의 군사적 승리가 정치적 성공으로 전환되지 않게 하고자 한다. 그리고 다시금 그 결과로, 신속성을 지향하는 현대의 사회는 빠르고 분명하게 이기지 못하는 전쟁은 곧 진 것으로 치부한다. 무기기술과 군사조직 측면에서 열세인 측이 실행하는 감속화 전략은 현대 사회가 상처를 입을 수 있는 주요 지점 가운데 하나에서 시작한다.[15] 부족한 인내심, 그리고 성공적이려

248
파편화한 전쟁

면 10년 이상 걸리는 기획들에 관여하길 싫어하는 성향이 그것이다.

기술적으로 앞서 있는 전쟁행위자들이 〔전쟁 상황의〕 감속화를 목표로 해서 만든 무기체계인 전투 드론은 그에 대한 응답이다. 어떤 측면에서 드론은, 강한 행위자와 약한 행위자가 오랫동안 다른 방향으로 비대칭적 발전을 한 후, (제한적으로) 재대칭화가 이루어지고 있음을 보여준다. 드론은 강자에게 그의 잃어버린 강점을 돌려주어야 할 무기인데, 그에게 시간을 공급해줌으로써 그렇게 한다. 이때 재대칭화는 가용한 시간과 탈경계화한 공간과만 관련되지, 고전적 의미에서의 결투 상황 재건과는 상관이 없다. 실제로 드론이 헬파이어Hellfire 로켓포로 어떤 인물을 공격하고 살해할 때, 이보다 (대칭적) 결투로부터 더 멀리 떨어져 있는 폭력 사용의 구도는 거의 생각할 수 없다. 공격은 기습적으로 이루어지며, 공격받는 자는 방어의 기회가 없다. 그것은 전사들 사이의 전투가 아니다. 위험한 자로 분류된 적을 오랫동안 추적하고 이제 잡아 제거하는 것이다.

정찰 드론과 전투 드론은 분명 정치적·전략적 측면에서 재대칭화의 한 형식인데, 하지만 특별한 적에 대해서만 즉 영역 통제를 추구하지도 않고 하나의 정치체를 형성하려고도 하지 않으며 네트워크 조직 형식으로 사회적 공간 깊숙이 은신해 있어 거의 포착 불가능한 적에 대해서만 그렇다. 이러한 적은 여기저기서 크고 작은 테러 공격으로 자신의 존재를 알린다. 이때 테러 공격은 보통 피격되는 사회의 전문

---

15 가해 가능성과 피해 가능성의 상호 작용에 대해서는 다음을 참조. Herfried Münkler/ Felix Wassermann, "Von strategischer Vulnerabilität zu strategischer Resilienz", 81 ~86쪽.

안보기관에 가해지는 것이 아니라 두려움과 공포를 퍼뜨림으로써 이 사회의 불안정한 심리적 기반을 직접 겨냥한다. 그런 적을 겁먹게 할 수 있는 방법이 없다. 〔그들은〕 네트워크 구조로 인해, 〔상대가〕 보복 공격을 가할 수 있을 어떤 정치체도 형성하지 않기 때문이다. 테러리스트 네트워크가 현대 사회에 대한 지속적인 도전으로 발전한 데는 그 네트워크가 해를 입을 가능성이 거의 없다는 것도 한 가지 중요한 이유다. 네트워크는 해를 입을 가능성이 없기 때문에 시간적 여지를 갖는다. 테러리스트 네트워크가 폭력 사건의 리듬을 결정할 수 있는 것이다. 테러리스트 네트워크는 피격된 측이 대응하도록 압박할 수도 있고 기다리게 할 수도 있다. 그러다가 또 기습적으로 일격을 가한다.

테러리즘으로부터 오는 이와 같은 새로운 종류의 도전에 대한 '서방의', 특히 미국의 세 연속적인 대응 유형은 원칙적으로 다음처럼 구분할 수 있다. 먼저, 크루즈미사일로 훈련 캠프 및 유사 시설을 공격하고 거기서 가능한 한 많은 손실을 발생시키는 식의 대응이다. 이는 클린턴 시대의 대응 유형이었는데, 별 성과는 없었다. 테러리스트들이 자신들의 공격 후 보복 공격을 계산하고 있었기 때문이다. 그들은 개연성이 높은 공격 목표물을 비우거나 혹은 평범한 공장, 심지어 병원 같은 시설을 공격 목표물로 위장했고, 그리하여 미국은 감성도 지성도 없이 보복한, 그러면서 커다란 정치적 손해를 발생시킨 거친 무뢰한 꼴이 되었다. 두 번째 대응 유형은 이어지는 부시〔아들 부시. 조지 W. 부시〕 시대와 연관되는데, 테러리스트 네트워크가 사회적으로 뿌리를 내린 것으로 여겨지는 공간에 대한 군사적 개입이 특징이다. 이 대응 유형에서 주 개입 지역은 아프가니스탄이었다. 아프가니스탄 개입으로 〔미국이〕 기대한 것은, 거기서 제대로 작동하는 국가를 세우고 그럼으로써 힌두쿠시에 테러리스트 집단이 다시 정착하는 걸 막을 수 있을 것이라는 점, 그리고 테러리즘 격퇴가 경찰의 과제로 변모될 것이라는 점이었다. 아프가니스탄 점령 기간에 이룩한 성과는 미미하고 병사들의 손실은 컸다는 점에서, 이 대응 모델은 경제적으로 비용이 너무 많이 들고, 군사적으로 너무 위험하며, 정치적으로 시간을 너무 오래 끄는 것으로 입증되었다. 아프가니스탄에 평화를 정착시키고 견실한 경제(즉 헤로인 생산이 중심 역할을 하지 않는 경제)를 발전시키기 위해 해결해야 할 직접적 문제들에 더하여, 최초의 성과들이 가시화되려면 개입이 오래 지속되어야만 한다는 문제가 더해졌다. 아프가니스탄 개입을 위해 군대를 파견한 국가들의 국민은 점차 인내심을 잃었고, 그럼으로써 가용한 시간의 비대칭성이 작용하면서 두 번째 대응 모델은 실행 불가능하게 되었다.

세 번째 모델은 버락 오바마Barack Obama 대통령의 임기 초부터 실행되는 드론 전쟁이다. 여기서는 첫 번째 모델에서처럼 대규모 보복 공격이 수행되지도 않고, 두 번째 모델에서처럼 원하는 변화 과정을 작동시키기 위해 한 국가를 ―수십 년은 아니더라도― 수년간 점령해야 하는 것도 아니다. 드론 전쟁은 네트워크 개념을 진지하게 고려하는 (대응) 행위 형식이다. 드론 공격으로 '제거'하고자 하는 즉 살해하고자 하는 인물은 주로 네트워크의 매듭 지점에서 확인된다. 이 같은 공격은 원칙적으로 언제든 그리고 어디서든 행해질 수 있다. 실제로 드론 공격은 국가적 성격이 결여되어 있거나, 내전에 준하는 상태에 있거나, 혹은 부패한 경찰 기구 때문에 그런 인물을 경찰 방식으로 추적·체포할 수 없는 곳에서 일어난다. 테러 네트워크의 상부 지도층과 중간 지도층 인물은 대부분 이러한 종류의 지역에 머문다. 여기서 드론은 헬리콥터와 경무장 보병으로 문제의 인물들을 제거하려 시도하는 특수부대의 작전과 경찰을 통한 고전적 방식의 체포 사이에서 중간 역할을 한다. 드론은 경찰적 행위의 요소와 군사적 행위의 요소를 결합하며, 그런 한에서 전쟁과 평화 사이의 경계에 위치해 있다. 그런데 전쟁과 평화 사이의 경계는 드론의 공격 대상이 되는 테러리스트 집단도 활동하는 지점이다. 그러니까 테러리즘을 격퇴하는 측에서 테러리스트들이 공격의 출발점으로 삼는 공간들로 그저 따라 들어가는 것이다. 하지만 우리는 법치국가가 자신의 적을 그리로 따라 들어가도 좋은 것인지, 그 자신이 설정한 경계를 의문시해도 좋은 것인지 물어볼 이유가 충분히 있다. 이것이 드론 논쟁에서 대두되는 정치적 난점이다.

드론 전쟁은 요란하지 않다. 드론 전쟁은 사건이라고 할 만한 사건이 아니다. 드론 전쟁은 오히려 부단히 일어나며 어떤 제한된 지역에 한정되지 않는다. 드론 전쟁은 도처에 있으면서 동시에 보이지 않는다. 드론 전쟁은 존재하지만, 그러나 그것을 수행하는 국가들의 정치적 공론장에서 주제가 아니다. 어쨌든 군사적 침략의 경우 논의될 법한 형식의 주제는 아니다. 드론 전쟁은 어둠 속에서 비밀스럽게 행해지는 전쟁으로, 군대가 행하는 고전적 전쟁보다는 정보기관의 관례적 전쟁과 더 비슷하다.

드론 전쟁이 다소간 은밀하게 일어나는 것은 그것을 수행하는 정부에는 커다란 이점이다. 드론 전쟁은 이를 통해 신속하게 〔상황을〕 종결하라는 현대 사회의 명령에서 벗어나기 때문이다. 원칙적으로 여기서 테러행위자들의 시간 자원에 대한 등가성이 산출된다. 또 행위의 척도로서의 승리나 정치적 집결 상태의 규범으로서의 평화 같은 성가신 개념이 이 경우엔 큰 중요성을 갖지 않는다. 전투 드론을 통해 현대 국가는 테러리스트 네트워크에 −동화되진 않았더라도− 근접했고, 이를 통해 테러리스트 네트워크와 효과적으로 싸울 수 있다.

이때 전략적으로 중요한 것은 특정 집단이나 네트워크들을 무찌르는 것 즉 포기하도록 강제하거나 소멸시키는 것이 아니다. 이 행위자들이 지속적인 스트레스 상황에 처하게 하는 것으로, 그럼으로써 이들이 무엇보다 자기보존에 몰두하느라 서방 사회에서 큰 규모의 연쇄 테러를 계획하거나 실행할 처지에 있지 않게 하는 것으로 충분하다. 드론 전쟁으로 테러리스트 집단을 무찌르는 것이 아니라, 그들이 이길 수 없는 특수한 소진전쟁 내지 피로전쟁으로 끌어들이는 것이다. 테러리즘이 이제 탈영웅적 사회의 불안정한 심리적 기반을 겨냥하는 전략이라면 즉 특정한 사회의 집단심리를 겨냥한 피로 전략이라면, 드론 전쟁 역시 테러집단의 상부 지도층과 중간 지도층을 겨냥해 피로를 가중시키는 전략이다. 테러집단의 간부들은 항상적인 추적 압박을 통해 소진되거나 아니면 신속하게 대체되어야 하는데, 그러면 동질의 대체 자원을 사용할 수 없다. 순전히 기술적으로만 보자면, 현재로서는 테러리즘의 도전에 대한 세 번째 대응 모델이 모든 면에서 가장 효과적이다.

하지만 〔드론 전쟁에서는〕 모든 전사 도덕의 기초인 죽이고 죽는 것의 상호성이 무너졌다는 문제가 남는다. 로켓포를 발사하고 목표물을 '제거'하는 드론 조종사는 모니터상에서 드론을 조종한다. 인공위성이 조종 센터와 투입 지역을 연결해준다. 공격당하는 (추정상의 혹은 실제의) 테러집단 소속원은 공격자에 대해 자신을 방어할 기회를 갖지 못한다. 피공격자가 갑작스러운 드론 공격에 놀라지 않고 드론 방어 무기로 자신을 방어할 수 있는 경우까지도, 그는 기껏해야 무기기술 즉 드론을 격추할 뿐 드론을 조종하는 적을 격추하는 게 아니다. 전투 드론 투입을 비판할 때 무엇보다도 목숨을 잃을 위험에서의 이런 불평등이 지적된다.**16**

드론의 도움을 받는 '전장戰場 경영' 기술에 제기되는 비판들 ─ 전사들의 대립에서 대칭성의 결여, 스스로 전투에 나서는 것이 아니라 장치들을 가지고 전투를 수행하는, 그래서 '비겁하게' 행동하는 측은 보이지도 다치지도 않는 경향 같은 것 ─ 은 영웅적 사회의 이상과 상상에서 비롯하는 것이다. 요점을 말하자면, 여기서 현대적 무기의 발전에 대비되는 것은 공정한 결투에서 더 나은 자가 이긴다는 서부영화의 에토스다. 일반적 적이 아니라 특정한 적을 살해 공격의 목표로 삼는다는 점에서 무기 발전과 윤리적 진보 사이에 포스트헤겔주의 식으로 새로운 일치를 확인할 수 있을 법도 하다. 하지만 〔드론 '전장 경영'〕 비판자들은 귀족주의적 기사제도의 세계에 속하고 서부영화와

---

16 특히 Chamayou, *Ferngesteuerte Gewalt*, 137쪽 이하를, 그리고 유사한 주장으로 Krishnan, *Gezielte Tötung*, 120쪽 이하를 참조.

이를 모범으로 하는 전쟁영화의 이야기들 속에서 향수 어린 형식으로 보존되어 있는 전통적인 전사 에토스를 불러내는 것이다. 이런 에토스는 사실상 화약과 화기에 의해 이미 붕괴되었다. 한 마디 더하자면, 결투를 지향하는 기사들에게 모든 원거리 무기는 만행이다. 그래서 활이나 석궁을 사용하는 전사들을 잡으면 전범처럼 다뤘고 그들의 신체를 훼손했다. 아쟁쿠르전투●에서 영국의 큰 활 궁수들이 프랑스 기사들을 향해 검지와 중지로 표시했던 것으로 나중에 유명해진 V는 처음에는 전혀 승리의 표시가 아니라 활을 당기고 쏘는 손가락들을 나타내는 것이었다. 궁수들이 기사들의 손에 떨어질 경우, 살려주는 경우에도 그들이 다시는 그와 같은 '전쟁 범죄'를 저지를 수 없도록 검지와 중지를 잘랐다.[17]

하지만 종국에는 궁수들이 이겼다. 그것도 아쟁쿠르에서만이 아니었다. 그리고 기사 윤리는 화약과 화기 때문에 낡은 것이 되었다. 하지만 기사 윤리는 자신의 자리를 지켰는데, 특히 소규모 영웅적 공동체들이 사회의 나머지로부터 자신들을 구별하고 영웅성과 그 특수한 윤리를 가리키면서 예외적이고 특별한 권리를 요구했던 곳에서 그랬다. 이때 제복은 제복을 입은 자가 특별한 에토스를 구현한다는 표시가

● 백년전쟁 중인 1415년 10월 프랑스군과 영국군이 북프랑스 아쟁쿠르에서 벌인 전투. 헨리 5세가 이끄는 영국군이 이기고, 트루아조약(1420)으로 북프랑스가 영국의 지배 아래 들어갔다.

17 아쟁쿠르전투는 종종 군사전술의 전환점으로 서술되고 분석되었다. 이에 대해서는 특히 John Keegan, *Die Schlacht*, 89~134쪽; Hans-Henning Kortüm, "Azincourt 1915", 89~106쪽을 참조.

되었고, 이 표시가 그를 사회의 나머지와 구별해주며 그가 특수 신분에 속한다는 것을 입증해주었다. 오랫동안 근대 유럽의 군대는 사회와 구별하여 자신을 구성할 때 진일보한 전쟁기술의 지배를 통해서가 아니라, 그리고 전쟁 수행을 혁신하는 근대적 무기체계와의 친화성을 통해서가 아니라,[18] 전사의 영웅적 에토스를 통해서 자신을 구성했다. 따라서 전쟁 윤리에 대해 말할 때 우리 사회와 같은 탈영웅적 사회는 아주 조심스럽게 접근해야 한다. 병사들에게 그들 자신이 기대하는 것보다 더 많은 걸 요구하기 위해 전쟁 윤리를 사용할 경우에는 더욱 그렇다. 그런 것을 하는 사람은 실질적으로 특별 신분 의식의 편을 드는 셈이다. 사회의 윤리와 구별되는 군대 에토스는 바로 국가 속에 하나의 국가를 만드는 수단일 수 있다. 무기기술 측면에서 보자면 '제복을 입은 시민'이 특별 신분 의식을 가진 고전적 군대의 병사보다 전투 드론에 훨씬 더 가까이 있다. 그리고 '제복을 입은 시민'은, 적과의 직접적 접촉을 통해 실제의 혹은 추정상의 위협을 제거하는 것이 목표일 경우, 경무장 보병보다는 드론 투입을 선호한다. 첨예화해서 표현하자면, 드론에 대한 비판에서는 영웅적·향수적 이상에 경도된 부르주아 이전 사회의 윤리가 표현되고 있다. 이는 ─정치적으로 보자면─ 자기 자신을 파악하지 못하는 비판이다.

---

18 근대 초기의 군사혁명에 관한 이야기는 마이클 로버츠(Michael Roberts, "The Military Revolution")로부터 시작되었다. 그는 남아시아 및 동아시아의 경쟁자에 대한 유럽인의 군사적 우위를 이 군사혁명을 가지고 설명하는데, 이 군사혁명은 본질적으로 군대로부터가 아니라 대포 주조를 위한 새로운 합금 방법과 대양 지배를 위한 새로운 선박 유형을 발전시킨 수공업자들과 엔지니어들로부터 나왔다. 다음을 참조. Geoffrey Parker, *Die militärische Revolution*; Clifford J. Rogers 편, *The Military Revolution Debate*.

우리는 우리가 탈영웅적 사회에 살고 있으며 우리가 직면한 도전들은 비대칭적 성격의 것이라는 점을 받아들여야 한다. 대칭적 상호성의 조건하에서의 전투가 아니라 우리가 다칠 수 있는 가능성과 그 가능성을 어떻게 줄일 것인가에 대한 성찰이 탈영웅적 사회를 위한 안보 윤리의 열쇠다. 여기서 '탈영웅적', '비대칭적', '다칠 수 있는'이라는 세 주도 개념이 우리 생각의 중심이 된다. 탈영웅적 사회란, 사회에서 희생과 명예라는 관념이 사라진 경우를 말한다. 보다 구체적으로 말하자면, 희생자들이 더는 성스러운 공양물sacrificia이 아니라 그저 희생물victima로 이야기되는 경우다. 공양물이 아니라 희생물로 된다는 것은, 희생이 구조하거나 구원하는 행동으로가 아니라 보상 요구에 효력을 부여하는 것으로 파악됨을 뜻한다.[19] 국민의 재산에서 보험 누계액이 차지하는 비중은 탈영웅적 사회의 진척 정도를 나타내는 한 가지 지표다. 그와 같은 사회는 전쟁 갈등에 휘말릴 경우 원칙적으로 자신의 희생을 피하거나 적어도 줄이는 것을 지향한다. 그저 손실이 크지 않아야 한다는 것이 그런 갈등에 들어설 때 그들의 구호다.

영웅적 사회가 탈영웅적 사회로 전환되는 결정적 요인은 인구 재생산 비율이 감소하고 종교적인 것의 중요성이 약화되는 것이다.[20] 전자는 영웅적인 것의 가능 조건과 관련되고, 후자는 영웅적으로 행동하기 위해 필요한 의미를 창출하는 자극체계와 관련된다. 영웅적 죽음은 교환과는 다른 논리를 따르기 때문에, 필요한 경우 영웅적 죽음

---

19 이 책의 113쪽 이하 참조.
20 이에 대해 상세하게는 이 책의 234쪽 이하 참조.

을 요구하거나 그렇게 하도록 동기를 부여하기 위해서는 종교적 주도 이념이나 정치적 종교[21]가 필요하다. 탈영웅적 사회에는 그럴 능력이 별로 남아 있지 않다. 20세기 전반부 유럽의 전쟁사는 영웅적 사회의 붕괴와 탈영웅적 시대로의 진입이 21세기 초 유럽의 평화를 위한 전제임을 보여준다. 거기까지는 모두 좋다. 문제는, 탈영웅적 사회들이 영웅적 사회 즉 여전히 희생 능력도 희생 자세도 가지고 있는 사회들과 맞부딪칠 경우 다치고 협박당할 수 있는 가능성이 극도로 높아진다는 것이다.

탈영웅적인 것은 모든 곳에서 발생하지도 않았고 동시에 관철되지도 않았다. 탈영웅적 사회는 영웅적 사회에 의해 혹은 소규모 전투 공동체들에 의해서도 도전을 받는다. 이제 탈영웅적 사회는 이러한 영웅적 단체나 집단에 대해 보통 무기기술 측면에서는 우월하다. 그것도 대칭적 대립의 경우 영웅에게는 승리 가망성이 전혀 없을 정도로 그렇다. 그래서 영웅들은 비대칭적 전쟁수행 방법을 발전시킨다. 이 방법들은, 일반적으로 말하자면, 피공격자의 상대적 강점을 그의 약점으로 바꾼다는 것이 특징이다. 이를 통해 약자가 기회를 얻는데, 하지만 강한 영웅적 자기희생 자세를 통해서만 기회를 살릴 수 있다. 자살 테러범이 현재 비대칭적 전사의 화신이 된 것은 우연이 아니다. 자살 테러범은 안전에 대한 증대된 필요를 공격하기 위해 탈영웅적 사회의 인프라 즉 지하철, 항공 노선. 고층건물 등을 이용한다. 증대된 희생

---

21 '정치적 종교'란 표현은 푀겔린에서 나온 것으로, 그는 이 표현으로 의미정립과 희생 자세가 종교적인 것에서 정치적인 것으로 이전되는 것을 나타내고자 했다.

자세가 안전에 대한 증대된 필요에 맞서 있다. 특히 이 지점에서 탈영웅적 사회는 취약하다. 탈영웅적 사회는 자신들에 특수한 이런 다칠 가능성을 사실상 집단적 퇴행을 통해서만 제거할 수 있다. 다시 영웅적 사회로 되어야 할 것이기 때문이다. 그와 같은 일은 정치적 결정을 통해 가능한 것이 아니라는 점 외에도, 수많은 바람직하지 않은 부작용 때문에 진지하게 추구할 수 있는 정치적 선택도 아니다.

그러니까 다칠 가능성은 21세기의 안보 구상에서 핵심 개념이다. 대칭성의 조건에서 다칠 가능성은 해칠 가능성 즉 동류의 적에게 그가 이편에 입힌 피해와 동일한 것을 가할 수 있는 능력의 증가를 통해 제한되었다.[22] 가해 가능성의 그러한 대칭적 체계는 통상 위협이란 개념으로 표현되는데, 그 전제는 행위자가 동류라는 것 즉 하나의 정치체body politic라는 것이다. 정치체일 때 다칠 가능성이 생겨나고, 이 다칠 가능성이 해치기 위한 공격의 영역이 된다. 정치체는, 그러니까 국가의 경우 그 영토성과 국가 영역에 사는 주민은, 다칠 가능성을 만들고, 이는 그 정치체가 다른 정치체를 해칠 수 있는 능력을 상대화한다. 정치체로서의 행위자에게는 똑같이 갚아줄 수 있다. 탈영웅적 시대에 영웅적인 것을 보유하고 있는 자들에게는 바로 이 점이 결여되어 있다. 네트워크들은 정치체를 형성하지 않으며 상당 부분 보이지도 않고 공격당할 수도 없다. 그래서 그들을 확실히 위협할 수 있지도 않다. 이것이 21세기 초 안보 상황에 특징적인 바와 같은 비대칭성들이

---

22 Münkler/Wassermann, "Von strategischer Vulnerabilität zu strategischer Vulneranz", 81쪽 이하를 참조.

얽히면서 생겨나는 또 하나의 측면이다.[23] 드론, 로봇, 그리고 그와 유사한 것들이, 탈영웅적 사회가 영웅적 공동체가 가하는 위협으로부터 스스로를 방어할 때 선호하는 수단들이다. 물론 이런 식의 자기방어도 윤리가 필요하다. 하지만 그 윤리는 영웅적 사회의 윤리일 수 없다. 헤겔은 『정신현상학』에서 "무기는 전사의 본질"이라고 했다.[24] 드론과 감시체계는 탈영웅적 사회의 무기다.

이에 대한 대안이 있는가? 최근의 전쟁사에서 관찰할 수 있는바, 지불 능력이 강한 사회는 군사 노동력이 거래되는 국제시장도 이용하며, 여기서 자신의 목표와 목적을 위해 투입할 전사들을 조달할 수 있다. 이를 총칭하는 개념이 민간 군사회사Private Military Company(PMC)다.[25] 탈영웅적 사회의 가용 자본은 여기서 우월한 무기기술에 우선적으로 투자되는 것이 아니라, 영웅적 공동체들로부터 오는 도전들과 대결할 때 자신들에게 부족한 희생 자세를 보완하기 위해서, 외부 군사 노동력에 투자된다. 이 영역의 선도적 행위자로서 미국은 오래전부터 둘 모두에 즉 '민간 군사회사'와 전투 드론에 기대를 걸고 있다. 그렇더라도 탈영웅적 사회가 전쟁을 통해 자기주장을 하는 방식에 대

---

23 상세하게는 Felix Wassermann, *Asymmetrische Kriege*를 참조.

24 Hegel, *Phänomenologie*, 276쪽(G. W. F. 헤겔 지음, 임석진 옮김, 『정신현상학 1』, 398쪽 참조).

25 피터 싱어Peter Singer의 유명한 저작(*Die Kriegs-AGs*) 외에 여기선 다음의 연구들이 언급될 수 있다. Philip Utesch, *Private Military Companies*; Thomas Jäger/Gerhard Kümmel 편, *Private Military and Security Companies*; Laurent Joachim, *Der Einsatz von 《Private Military Companies》 im modernen Konflikt*. 〔피터 싱어 책의 원저명은 *Corporate Warriors: The Rise of the Privatized Military*(2003)이며 국내에서는 『전쟁 대행 주식회사』(피터 싱어 지음, 유강은 옮김, 지식의풍경, 2005)로 번역·출간되었다.〕

해 윤리적 물음이 제기된다. 희생할 수 있는 전투원을 필요한 수만큼 가지고 있지 않을 경우, 다른 사회들에서 전투원을 사오는 것과 전투원을 최신 무기체계로 대체하는 것 중 어느 쪽이 윤리적으로 더 나은가? 이것이 새로운 전투체계의 조건하에서 전쟁 윤리에 관해 논의할 때 등장하는 핵심 물음이다.

09

새로운 전쟁에서 무엇이 새로운가?

틀에 박힌 평화연구와 갈등연구가 신전쟁 이론에 반응하기까지, 그리고 국제관계 이론가들이 자신들이 그처럼 강하게 대변해온 민주적 평화의 이론으로는 20세기 말과 21세기 초의 전쟁 도전들을 포착할 수 없다는 것에 주목하기까지, 상당한 시간이 걸렸다. 그런 만큼 신전쟁 이론에 가해지는 공격도 한동안 격렬했다. 제기된 이의는 특히 다음의 네 가지다. 첫째, 신전쟁 이론에서 새로운 것으로 레테르를 붙인 것 중 많은 건 그렇게 새로운 게 전혀 아니며 이미 항상 전쟁 사건에 동반되는 것으로 관찰될 수 있다는 점이다. 둘째, 구전쟁에 대한 반대 개념으로서의 신전쟁 개념은 유럽 중심적으로 생각된 것이며, 유럽 식민 강대국들이 유럽 외부에서 수행한 전쟁은 고려하지 않았다는 점이다. 셋째, 신전쟁의 개념과 구상은 여전히 존속하는 핵 위협에 너무 주의를 기울이지 않으며 파르티잔 전쟁과 테러리즘의 세계정치적 의미를 과대평가한다는 점이다. 마지막 염려는, 신전쟁 개념은 전쟁 개

넘의 인간화를 부추기며, 그리하여 전쟁이 정치적으로 조종된다는 것을 놓치고 그저 전쟁의 개별 측면만 고려한다는 점이다.[1]

이와 같은 비판들이 세부적 측면에서는 분명 상당 부분 옳고, 이 점은 부정할 수 없다. 하지만 그 비판들이 신전쟁 개념을 건드리는 일은 거의 없다. 항상 그저 특정 저자만 건드리고 다른 저자들은 전혀 건드리지 않는다. 비판자들은 신전쟁 이론의 개별 대변자들을 적어도 접근법에 따라서라도 분류하고 그들의 논지를 구분해보려는 노력을 별로 하지 않았다. 일례로, 영국의 전쟁사가 존 키건John Keegan은 신전쟁 개념을 사용하지 않았다. [키컨이] 이 개념과 결부된 이론적 구상에 기여를 하지 않은 건 말할 것도 없다.[2] 그런데도 키건은 항상 다시금 신전쟁 이론의 대변자로 인용되고, 그의 작업에 문제를 제기할 때 이 이론이 비판을 받는다. 이에 반해 판 크레펠트는 이미 오래전에 '전쟁의 변형'에 관해 말했고 국가 간 대규모 전쟁이 '저강도 전쟁'으로 대체될 것이라고 예견했다.[3] 판 크레펠트는 이러한 예상을, 클라우제비

---

1 그사이 나온 수많은 문헌 가운데 일부만 추려보자면, 이 비판을 강조점을 다르게 하여 행하는 경우로는 Klaus Jürgen Gantzel, "Neue Kriege? Neue Kämpfer?"를, 좀 조심스럽게 행하는 경우로는 Wolfgang Knöbl, "Krieg, 'neue Kriege' und Terror: Sozialwissenschaftliche Analysen und 'Deutungen' der aktuellen weltpolitischen Lage"를, 이에 반해 강하게 행하는 경우로는 Martin Kahl/Ulrich Teusch, "Sind die 'neuen Kriege' wirklich neu?" 및 Sven Chojnacki, "Wandel der Kriegsformen - Ein kritischer Literaturbericht", 그리고 그사이 나온 경우로는 Dieter Langewiesche, "Wie neu sind die Neuen Kriege?" 및 Harald Kleinschmidt, "Wie neu sind die 'Neuen Kriege'?"를 참조. 이에 반해 동조하는 편인 경우로는 Michael Brzoska, "'New Wars' Discourse in Germany"와 Monika Heupel/Bernd Zangl, "Von 'alten' und 'neuen' Kriegen - Zum Gestaltwandel kriegerischer Gewalt"를 참조.

츠가 전쟁이론가로서 봉직을 다했으며 〔이제는〕 물러나야 한다는 명제와 연결했다. 클라우제비츠에 대한 이런 반감은 판 크레펠트를 키건과 연결한다. 키건은 그의 스승 리들 하트의 전통 속에서 프로이센의 전쟁이론가〔클라우제비츠〕에 대해 결코 큰 공감을 표할 수 없었다.[4] 그런데 판 크레펠트가 클라우제비츠 이론의 부적합성을 자신이 기술한 전쟁 사건의 변화에서 도출한 반면, 키건의 견해에 따르면 클라우제비츠의 이론은 예전의 전쟁 사건을 설명하는 데조차도 유용하지 않았다. 키건에 따르자면, 클라우제비츠의 이론은 처음부터 틀렸다. 클라우제비츠에 대한 이 두 비판은 근본적으로 상이한 전제에 기초하고 있고, 따라서 분명하게 구분되어야 한다. 그런데 신전쟁 이론에 대한 비판자 가운데 그렇게 할 수 있었던 사람이 거의 없다. 이유는 단순하

---

2 비판가들은 통상 키건의 책 *Die Kultur des Krieges*을 전거로 삼는다〔원저명은 *A History of Warfare*(1993)이며 국내에서는 『세계전쟁사』(존 키건 지음, 유병진 옮김, 까치, 1996)로 번역·출간되었다〕. 이 책에서 전쟁은 정치적 수단으로서보다는 삶과 명예 관리의 특수한 형식으로 기술된다. 그런데 키건은 전쟁이론가로서보다는 전쟁사가로서 알려져 있다. 특히 그의 *Die Schlacht, Der Erste Weltkrieg*〔원저명은 *The First World War*(1998)이며 국내에서는 『1차세계대전사』(존 키건 지음, 조행복 옮김, 청어람미디어, 2009)로 번역·출간되었다〕, *Der Zweite Weltkrieg*〔원저명은 *The Second World War*(1989)이며 국내에서는 『2차세계대전사』(존 키건 지음, 류한수 옮김, 청어람미디어, 2007)로 번역·출간되었다〕 같은 책들을 거론할 수 있다. 이에 반해 신전쟁 이론을 위해 중요하기로는, 보다 덜 주목된 책으로서 군사적 지도력에 관한 책이다. *Die Maske des Feldherrn*이라는 제목하에 나온 이 책〔원저명은 *The Mask of Command*(1987)이며 국내에서는 『승자의 리더십 패자의 리더십』(존 키건 지음, 정지인 옮김, 평림, 2002)로 번역·출간되었다〕은 군사적 지도력의 영웅적, 비영웅적, 탈영웅적 형태 사이의 차이를 전개하고 있다.
3 Martin van Creveld, *Die Zukunft des Krieges*.
4 이에 대해 상세하게는 Raymond Aron, *Clausewitz. Den Krieg denken*, 특히 413~415쪽과 730~735쪽을 참조.

다. 그들 자신이 클라우제비츠의 이론을 개략적으로만 알고 있기 때문이다. 이 약점의 후속 영향은 클라우제비츠와 그의 저서 『전쟁론』에 제기되는 상이한 비판들을 혼동하는 것보다 훨씬 더 멀리까지 미친다.[5]

최초로 구전쟁과 신전쟁을 구별한 이는 〔영국의〕 갈등연구가 메리 캘도어Mary Kaldor다.[6] 그녀는 주로 유고슬라비아 해체전쟁을 배경으로 이 구별을 발전시켰다. 하지만 그녀는 구전쟁에 대비해 신전쟁의 윤곽을 드러내주는 이론적 모델을 내놓지는 않았다. 이에 반해 이 방향으로의 첫걸음은 필자가 신전쟁의 특징이라고 할 수 있을 것으로서 다음의 세 가지를 제안한 것이다.

1. 점진적인 전쟁의 민영화. 그 결과 국가는 더는 전쟁의 독점자가 아니다.[7] 사실 국가가 전적으로 전쟁의 독점자였던 적은 결코 없었다고 할 수 있을 것이다. 하지만 17세기 이래 유럽의 전시 국제법이나 정치는 항상 국가가 전쟁의 독점자라고 가정하고 작업했다. 국제법의 많은 정식定式에 기초가 된 이 가정은 그사이 많은 경우에서 더는 유지될 수 없게 되었다. 그러면서 준국가적 내지 하위국가적 행위자가 전쟁 사건에 대해 국가, 그리고 국가가 투입하는 정규 군대와 최소한

5 클라우제비츠 해석의 문제와 도전에 대해서는 다음을 참조. Herfried Münkler, "Carl von Clausewitz", 92~103쪽; Münkler, *Über den Krieg. Stationen der Kriegsgeschichte*, 75~148쪽; Andreas Herberg-Rothe, *Das Rätsel Clausewitz*, 147쪽 이하.
6 Kaldor, *Neue und alte Kriege*.
7 이에 대해서는 다음을 참조. Münkler, *Die neuen Kriege*, 2002, 33쪽 이하〔헤어프리트 뮌클러 지음, 공진성 옮김, 『새로운 전쟁』, 42쪽 이하〕; Münkler, "Die Privatisierung des Krieges. Warlords, Terrornetzwerke und die Reaktion des Westens", 7~22쪽.

같은 정도의 큰 영향력을 획득하게 되었다. 미국 정치학의 많은 모델 분석적 작업의 바탕이었던 베스트팔렌 질서라는 관념은, 국가가 전쟁의 독점자라는 가정에 기초하는 한, 낡은 것이 되었다. 최근 20여 년간 전쟁 사건에 결정적 영향력을 획득한 것은 유래가 다양한 군벌들이다.

2. 극복할 수 없는 군사적 비대칭성의 발생, 그리고 이에 대한 반응으로 다른 식으로는 열세이고 거의 전투 능력이 없는 행위자들에 의한 전쟁폭력의 비대칭화.[8] 이것이 어떤 차원의 문제인지를 파악하기 위해서는 군대와 전쟁의 역사에 대한 일별이 필요하다. 군대와 전쟁의 역사를 살펴보면, 대칭성이 아니라 비대칭성이 전쟁의 정상적 상태임이 드러난다. 대칭성은 처음에는 전사들의 합의와 협정을 통해, 나중에는 전시 국제법을 통해 영토국가와 관련하여 산출되었다. 비대칭성의 발생은 전쟁의 진화 동력에 속하고, 반면에 대칭성은 전쟁윤리적 협정이나 혹은 격차를 따라잡는 군대의 현대화를 통해 성립했다. 그래서 전쟁사에서 대칭성은 처음에는 비개연적인 것이다. 하지만 비대칭화는 자연발생적이라 할 수 있을 비대칭성의 생성과는 구별되어야 한다. 비대칭화는 적의 강점을 약점으로 바꾸려는 전략적 계산의 산물이다.

3. 전쟁의 탈군사화. 이것이 뜻하는 바는 정규군이 더는 전쟁 수행의

---

8 Münkler, *Die neuen Kriege*, 48쪽 이하, 118쪽 이하[헤어프리트 뮌클러 지음, 공진성 옮김, 『새로운 전쟁』, 60쪽 이하, 142쪽 이하]; Münkler, *Der Wandel des Krieges*, 151쪽 이하, 209쪽 이하.

독점자가 아니라는 것이다.[9] 이는 전쟁 수행 당사자들이 점점 더 빈번하게 병사가 아니라 전사로 이루어진다는 점을 보면, 또 전쟁폭력 행사의 목표물이 아주 드물게만 순수하게 군사적 대상이고, 노리는 것이 대부분 민간인과 민간 인프라라는 점을 보면 드러난다. 그 결과 전투원과 비전투원 사이의 구별이, 전시 국제법의 가장 중요한 성취 가운데 하나였던 그 구별이 허물어진다. 그런데 전쟁의 탈군사화와 함께 전쟁과 평화 사이의 분명한 구별도 무너진다. 그리고 전쟁 패러다임 대신에 점점 더 범죄 패러다임이 들어선다.

신전쟁 이론은 이 세 변화가 서로 긴밀하게 연관되어 있으며 어떤 것도 다른 두 변화 없이 이해되거나 묘사될 수 없다는 데서 출발한다. 이것이 신전쟁 이론의 결정적 핵심이다. 새로운 전쟁의 본질적으로 새로운 점은 이 세 변화가 모두 함께 일어난다는 것이다. 이에 반해 각각의 갈래는 이전에도 관찰될 수 있는 것이었다. 이 때문에 신전쟁 이론이 전쟁사에서 이미 벌써부터 있었던 요소들을 새로운 것으로 부각시키고 있다는 비판이 쉽게 제기되는 것이다. 바로 식민전쟁에서 새로운 전쟁의 몇 요소를 볼 수 있다. 하지만 이 같은 비판은 신전쟁 이론 주장의 핵심을 놓치고 있다. 앞서 말한 것처럼, 새로운 전쟁의 새로운 점은 세 변화가 함께 일어난다는 데에, 그리고 그 변화들이 서로를 강화한다는 데에 있다.

이때 보통 인접국끼리 싸우는 국가 간 전쟁은 감소하고 부유한 지

---

9 Münkler, *Die neuen Kriege*, 142쪽 이하(헤어프리트 뮌클러 지음, 공진성 옮김, 『새로운 전쟁』, 171쪽 이하).

역의 가장자리에서 일어나는 전쟁들에 대한 전 지구적 질서 권력들의 개입은 증가하면서 초문화적 전쟁이 늘어났다는 점도 어떤 역할을 한다. 초문화적 전쟁에서는 당사자들이 동일한 문화에 속하는 ─ 그래서 규칙에 대한 합의와 협약의 형성이 유리한─ 전쟁에서보다 대칭성이 형성될 개연성이 좀 더 작다. 그런 한에서 초문화적 전쟁이 증가한다는 것은 신전쟁 이론에는 중요한 사실이다. 물론 초문화적인 것의 차원도 반드시 새로운 것은 아니고 이미 거의 모든 식민전쟁에서 관찰될 수 있다. 유럽의 전쟁사에 초문화적인 것의 차원이 중요하게 되는 것은 신세계의 발견과 정복 이후부터다.[10] 신전쟁 이론이 밝혀내는 새로운 점은, 이런 전쟁 유형이 전쟁폭력 사건의 발전 방향을 각인하며 더는 ─식민전쟁 시대에 그랬던 것처럼 대규모 전쟁을 이끌어가는 문제와 관련해서 어떤 근본적인 것도 가르쳐주는 바 없는─ 전쟁 수행의 하위 양식을 나타내지 않는다는 것이다.[11] 새로운 전쟁에서 전형적인 것은, 20세기 후반 깊숙이 들어서까지 전쟁 수행의 박자를 정했던 대규모 전쟁보다 소규모 전쟁의 양식이 훨씬 더 강하게 전쟁의 발전 방향을 제시한다는 점이다.

---

10 다음을 참조. Tanja Bührer/Christian Stachelbeck/Dierk Walter 편, *Imperialkriege*; Dierk Walter, *Organisierte Gewalt in der europäischen Expansion*.

11 이에 대해서는 다음을 참조. Christopher Daase, *Kleine Kriege – große Wirkung*.

국가 간 전쟁의 감소와 후속 기대의 실망

동서 갈등의 종식과 함께 전쟁과 전쟁 위협은 이제부터 과거에 속할 것이라는 기대가, 인류가 ─ 영원하지는 않더라도─ 지속적인 평화를 실현할 것이며 단기적으로는 군사비를 줄임으로써 상당한 평화 배당금을 챙길 수 있으리라는 기대가 널리 퍼졌다. 이렇게 해서 사람들은 콩트로부터 조지프 슘페터Joseph Schumpeter에 이르는 예전 사회이론가들의 진단에 합류했다. 이들 사회이론가들은 전쟁과 군사 지향성을 상업과 산업이 진전되고 그와 결부된 엘리트들이 등장하면서 점차 사라질 전통적 엘리트들의 성향으로 파악했다. 칸트의 글『영원한 평화를 위하여Zum ewigen Frieden』(1795)도 "상업의 정신"과 "전쟁의 정신"이 장기적으로는 같이 존속할 수 없다는 생각에 기초하고 있다. 냉전 종식 이후 사람들의 사고를 지배했던 것은 이러한 가정이었다. 민족주의와 전체주의가 더는 길을 가로막지 않는 지금, 마침내 전쟁을 사라지게 할 발전 경향들이 효력을 발휘할 거라고 믿었던 것이다.[12] 단수單數로서의 전쟁이 관건이었다. 즉 전쟁들이 드물어질 것이라는 기대가 아니라 전쟁 그 자체가 사라질 것이라는 기대였다.

하지만 이 기대는 어긋났다. 종식된 것은 고전적인 국가 간 전쟁의 시대였지 전쟁 시대 전반은 아니었다. 국가 간 대규모 전쟁을 수행할 수 없게 된 데는 기술 발전도 중요한 이유로 작용했다. 한편으로 절멸

---

12 이에 대해 상세하게는 다음을 참조. Herfried Münkler, "Ist Krieg abschaffbar?", 347~375쪽.

시킬 수 있는 핵무기의 위력 때문이고, 다른 한편으로 현대의 산업 및 서비스 사회들이 해를 입을 가능성이 극적으로 커졌기 때문이다.[13] 둘을 합치면, 국가 간 전쟁은 가장 유리한 경우에도 이익보다 비용이 더 많이 들어간다는 결론에 이른다. 국가 간 전쟁은 보통 — 정치적 해결책으로 여겨지지 않는 건 말할 것도 없고 — 더는 국가를 확대하거나 부유하게 할 기회로 여겨지지 않는다. 앞서 말한 것처럼, 이것이 무조건 새로운 예측인 건 아니다. 이미 19세기 말에 프로이센의 참모부장인 대몰트케, 폴란드의 은행가이자 언론인인 요한 폰 블로흐, 독일과 영국에서의 산업가이자 혁명가인 엥겔스와 같은 아주 다양한 관찰자들이, 유럽에서 치러지는 전쟁은 엄청난 혼란을 가져올 것이고 대륙의 사회적·정치적 질서를 심각하게 뒤바꿔놓을 것이라는 결론에 이르렀다.[14]

제1차 세계대전에서 정확히 그런 일이 일어났다. 유럽은 어떤 측면에서 1990년대까지 이 "20세기의 원초적 재앙"이 낳은 결과들과 씨름했다. 제1차 세계대전과 같은 것이 다시는 반복될 수 없도록, 제2차 세계대전 뒤 유럽인들은 몬탄유니온Montanunion(유럽석탄철강공동체)과 유럽경제공동체EWG로부터 —즉 정치적·경제적 경계를 푸는 것으로부터— 유럽안보협력회의KSZE에 이르는 일련의 조치를 취했다. 유럽

---

13 이 측면은 특히 판 크레펠트(*Die Zukunft des Krieges*)가 중점적으로 밝혔다. 이 발전이 파르티잔 전쟁의 매력을 높이는 결과를 가져왔다는 것은 이미 일찍이 간파되었다. 일례로 다음을 참조. Otto Heilbrunn, *Die Partisanen in der modernen Kriegführung*, 146쪽 이하.

14 이에 대해서는 Münkler, *Über den Krieg*, 128쪽 이하와 149쪽 이하를 참조.

경제공동체가 유럽공동체EG를 거쳐 유럽연합EU으로 더 발전하고 유럽안보협력회의가 유럽안보협력기구로 바뀌면서, 이러한 안보체계들은 냉전의 조건들과 독립적이게 되었고, 이후 유럽의 정치적 · 경제적 질서의 기본 구조를 형성한다. 이 기본 구조는 전쟁이 앞으로 더는 유럽 정치의 수단이 아님을 약속해준다.[15]

하지만 유럽적 발전을 전 지구적인 것으로 볼 수는 없다. 아니, 〔유럽적 발전은〕 유럽 전체를 포괄하지도 못했고 대륙의 남동쪽 옆구리 즉 발칸반도를 빼놓았다. 동서 갈등의 종식이 전쟁의 종식이기도 할 것이라는 기대는 아무리 늦어도 1990년대 중엽에는 날아가버렸다. 그 사이, 고전적 의미에서는 모두 전쟁이 아니지만 높은 폭력 강도와 광범위한 후속 결과를 동반한 일련의 전쟁이 일어난 것이다.[16] 새로운 전쟁의 첫 번째 유형으로서는 이라크가 점령한 쿠웨이트를 해방시키기 위해 수행된 1990~1991년의 걸프전쟁〔페르시아 만 전쟁〕, 독재자 사담 후세인Saddam Hussein을 무너뜨리기 위한 2003년 미국과 영국의 이

---

15 로버트 쿠퍼(Robert Cooper, *The Breaking of Nations*, 26쪽 이하〔로버트 쿠퍼 지음, 홍수원 옮김, 『평화의 조건』, 세종연구원, 2004))는 유럽의 구도를 '탈근대적 세계'라고 칭하면서, 이를 전근대적 세계와 근대적 세계에 대립시켰다. 근대적 세계는 고전적 국가들의 세계로, 국가들은 다른 국가들과 권력 및 영향력을 두고 씨름하며 이들 국가에 전쟁은 정치의 수단이고 또 수단으로 남아 있다(John Mearsheimer, *The Tragedy of Great Power Politics*, 29쪽 이하를 참조〔존 J. 미어셰이머 지음, 이춘근 옮김, 『강대국 국제정치의 비극』, 나남출판, 2004)). 이에 반해 전근대적 세계는 국가 붕괴와 새로운 전쟁들의 세계다. 이에 대해서는 또한 Ulrich Menzel, *Paradoxien der neuen Weltordnung*, 93쪽 이하를 참조.

16 이런 발전을 요약하면서 또한 통계적으로 처리한 서술은 다음에서 볼 수 있다. Wolfgang Schreiber, "Die Kriege in der zweiten Hälfte des 20. Jahrhunderts und danach", 11~46쪽.

라크 점령을 들 수 있다. 유고슬라비아 해체전쟁들에 대한 나토의 개입도 이 유형에 속한다고 할 수 있다. 이들 전쟁은, 유엔에 의한 임무 부여에 따라 혹은 그와 같은 임무 부여 없이, 국제질서의 기본 원리들이 인정되게 하려고 수행된 세계질서 전쟁이다. 그래서 이런 전쟁들은 높은 수준의 정당성이 필요하며, 대부분 정치적으로 심한 논란의 대상이 된다. 많은 관찰자들이 그때그때 거론된 동기의 진정성을 의심하기 때문이다. 다른 한편, 이 전쟁들은 정복하는 제국의 이익을 위해 수행되는 전래의 식민전쟁 및 제국전쟁들과 분명히 구별된다. 기본적으로 보수적 성격의 세계질서 전쟁에서 그러한 자기 이익은 관찰되지 않는다. 후세인이 대량살상 무기를 보유하고 있다는 미국의 전쟁 명분이 틀린 것과 마찬가지로, 개입 국가들에 중요한 것은 이라크의 유전에 대한 통제일 뿐이라는 비판가들의 명제 또한 틀렸다. 실제로 유전 통제가 관건이었다면, 미군은 그처럼 일찍 철수하지 않았을 것이다. 또 2014년 유가油價의 하락도 설명할 수 없을 것이다.

새로운 전쟁의 두 번째 유형으로는 유고슬라비아 해체전쟁을 들 수 있다. 이 전쟁들 중에 세르비아인과 크로아티아인 사이의 전쟁은 대량 학살과 인종 청소를 동반했고, 보스니아전쟁은 민간 주민들에 대한 극단적인 폭력 사용으로 격화했다. 그런 폭력 사용은 유럽의 평화 정치적 진보에 대한 믿음을 뿌리부터 흔들어놓았다. 언제 어디서나 군사적 폭력의 사용을 외교적 협상과 재정적 자극을 통해 우회시킬 수 있다는 유럽적 믿음의 한계가 보스니아전쟁에서 드러났다. 보스니아에서와 같은 잔혹함이 코소보에서 일어나는 것을 막기 위해 나토는 그때까지 유례가 없는 군사적 개입을 감행했다. 이 개입은 세계질서 전쟁이라는 전쟁 유형에 속한다. 반면 해체전쟁 자체는 분리 및 정체성 전쟁이다. 주민 일부가 국가로부터 떨어져 나오길 원하는데, 지배엘리트 및 다른 주민의 주요 부분이 그걸 허용하지 않는 것이다. 이때 발생하는 군사적 대립에서 정규군은 제한된 역할만 한다. 그 곁에서 의용단이 활동하는데, 이들의 폭력은 전투원들에게만이 아니라 무엇보다도 '반항적' 인종에 속하는 민간 주민들에게로 향한다. 이 전쟁유형에는 두 체첸전쟁, 그루지야전쟁, 우크라이나 동부의 전쟁도 속한다. 이러한 전쟁들은, 보스니아, 코소보, 혹은 그루지야에서처럼, 제삼자의 강력한 개입을 통해 종결될 수도 있고, 두 체첸전쟁의 경우처럼 수년을 끌다가 결국 테러 공격과 구조적 범죄의 혼합 상태로 넘어갈 수도 있다. — 후자는 내전의 공식적 종결 이후의 라틴아메리카에서도, 예컨대 콜롬비아와 과테말라에서, 확인된다. 혹은 제3세력 개입하의 협상을 통해 '동결된' 갈등으로 변모될 수도 있다. 우크라이나 동부가 그런 사례다.

마지막으로 새로운 전쟁의 세 번째 유형을 나타내는 것은 소말리아와 르완다에서의 전쟁들이다. 소말리아에서는 유엔 결의에 따른 군사적 개입이 내전을 종식시키지 못하고 보기 좋게 실패하고 말았다. — 전쟁은 거의 30년을 질질 끌고 있으며 언제 끝날지 기약도 없다. 유엔이나 아프리카국가기구OAS의 군사적 개입이 없었던 르완다에서는 100만에 가까운 사람들이 대량 학살의 희생자가 되었다. 르완다내전은 〔토착부족 후투족에 대한 소수민족〕 투치족 군대의 승리로 종결되었는데, 하지만 〔내전은〕 이를 통해 동콩고〔콩고민주공화국, 옛 자이르〕로 이전되었고, 여기서 400만이 넘는 사망자를 낸 제2차 세계대전 종식 이후 전 세계적으로 가장 손실이 큰 또 하나의 전쟁과 결합되었다. 이들 전쟁은 끝나지 않거나, 내지는 제삼자의 개입을 통해 종결되지 않는다. 이들 전쟁에서는 특수한 경제가 생겨나는데, 중유럽의 30년전쟁 때 나온 정식을 사용하자면, 여기선 '전쟁이 전쟁을 부양한다.' 해적단들이 단지 '아프리카의 뿔'●에서만 호경기를 구가한 게 아닌 것과 마찬가지로, 헤로인, 코카인, '블러드 다이아몬드', 고급 목재 같은 불법적 재화들의 거래는 이러한 전쟁 경제에 전형적이다. 전쟁 당사자들은 그들이 재원을 조달하고 생계를 꾸리기 위해 필요로 하는 그 국가의 자원들에 대한 통제권을 둘러싸고 싸운다. 그래서 이 같은 전쟁을 자원전쟁이라고 부를 수 있다.

전쟁 형태 변화의 역사

그러니까 전쟁은 동서 갈등의 종식과 함께 사라지지 않았다. 다만 나타나는 모습을 바꿨을 따름이다. 전쟁이론가 클라우제비츠는 전쟁을 환경 조건에 적응하는 "진정한 카멜레온"이라고 칭했다.[17] 이런 의미에서 전쟁의 탈국유화 내지 민영화도 변화된 환경 조건 즉 국가들의 주도권이 약화되고 경제가 지구화된 조건에 대한 적응이다. 상대

● The Horn of Africa. 아프리카대륙 북동부를 통틀어 이르는 말. 최대의 난민 발생 지대인 에티오피아·소말리아 등을 포함하며 복잡한 종족 구성으로 다양한 종교가 혼재하는 지역이다. 이름은, 모양이 코뿔소의 뿔과 닮은 데서 유래했다.

17 Clausewitz, *Vom Kriege*, 212쪽.

편의 정치적 의지를 꺾고 〔상대를〕 항복하도록 강제하기 위해 서로를 제압하려는 정규 군대 사이의 전쟁[18] 대신에, 국제기구들의 요청에 따른 개입 병력으로부터 지역 군벌들과 전 지구적으로 활동하는 군사서비스 제공업체들에 이르는 다양한 폭력행위자의 모호한 혼합이 등장했다. 전쟁질서에 결정적인 국가 전쟁과 내전의 분리선이, 국가 간 전쟁과 폭력을 동반하며 전개되는 사회 내 갈등의 분리선이 무너졌다. 두 전쟁 유형이 서로에 녹아든다. 동시에 군사적 폭력은 어떤 규범적 정당성을 획득했다. 평화를 강제하는 임무를 받은 다국적군의 파견은 전쟁과 경찰작전을 거의 구별될 수 없을 정도로 서로 근접시켰다.

　전쟁의 이러한 '경찰화'[19]에 폭력 사용의 탈규제화가 마주해 있다. 그것도 헤이그육전협약도 제네바조약도 개의치 않는 행위자가 점점 더 많이 전쟁 사건을 규정하는 식으로 그렇다. 그들에겐 정반대로 전시법 위반이 그들 작전 능력의 원천이다. 그들은 민간 주민들을 전투 행위에 끌어들이는데, 〔민간 주민들을〕 파르티잔 전쟁에서 전형적인 것처럼 위장과 보급의 중추로 사용함으로써만이 아니라, 근래 테러리즘의 형태에서처럼 공격의 주요 목표로 삼음으로써 그렇게 한다. 전 지구적 전략으로서의 테러리즘은 전쟁이 전문적 군사기구들의 대립으로부터 민간인으로 위장한 전사들이 주로 민간인들에게 행하는 학살

---

18 이는 진압 전략의 형식으로도 피로 전략의 형식으로도 일어날 수 있다. 전자가 상대편의 군사 기구만을 겨냥한다면, 후자는 경제 전반의 지탱 능력도 전략적 계산에 포함시킨다. 이 구별은 개념상으로는 전쟁사가인 델브뤼크에게서 비롯하지만, 내용상으로는 클라우제비츠로 소급된다.

19 Janowitz, *The Professional Soldier*, 420~421쪽 참조.

9. 새로운 전쟁에서 무엇이 새로운가?

로 변모된 발전 과정의 잠정적 종착점이다. 그리하여 전투원과 비전투원 사이의 구별이라는 전시 국제법의 가장 중요한 성취가 구시대의 것으로 되었다.[20] 고전적 전쟁과 그 법적 규약의 구별이 약화되고 전쟁을 규제하는 분리선이 무너진 것이 새로운 전쟁의 중심적 특징이다.

우리가 개관해본 발전들은 전쟁 사건에 관한 몇몇 이론가들에게는 원리적으로 새로운 전쟁 수행 형식에 관해, 따라서 새로운 전쟁에 관해 말할 근거로 충분했다. 군사사軍事史 및 전쟁사에서는 이미 일찍부터 군사 혁신들이 관찰되곤 했다. 일례로 군사조직과 무기기술의 혁신을 근거로 16세기와 17세기에 전쟁 수행의 근본적 변혁이 일어났음이 확인되었다(처음에는 포위전쟁에서, 하지만 곧 야전에서, 요새 건설에서, 그리고 군대의 전투 배치에서도 대포 사용이 증가했다).[21] 사람들이 많이 말하는 20세기 말 **군사혁명**Revolution in Military Affairs 즉 소위 지능형 무기의 도입, 장거리 무기의 명중률 개선, 마이크로일렉트로닉스를 이용한 전장에서의 정보 흐름의 가속화는 미국에 근대 초기 **군사혁신**Military Revolution의 발전 국면에 비견될 만한 우위를 가져다주었다.

이러한 비교는 시사해주는 바가 많다. 유사성만이 아니라 근본적 차이도 드러나기 때문이다. 근대 초기의 군사혁신은 유럽 역사에서

---

20 이 발전의 후속 결과들을 다루는 소수의 학자 중 한 사람으로 이그나티에프(Michael Ignati-eff, *Die Zivilisierung des Krieges*, 138쪽 이하)를 들 수 있다. 그는 민간인에 대한 폭력을 제한하기 위해 폭력행위자들의 법 외적 자기구속 문화(예컨대 명예)를 가꿀 것을 제안한다.
21 다음을 참조. Parker, *Die militärische Revolution*; Clifford J. Rogers 편, *The Military Revolution Debate*.

최초의 군비경쟁으로 이어졌다. 이때 관건은 잠재적 적이 기술적·조직적으로 너무 많이 앞서 있게 하지 않는 것이었다. 이 같은 군비 경쟁의 결과로는 비대칭적 구도의 발생에 즉 동등하지 않은 병력의 대립에 이르지 않았다. 한쪽 편이 앞서면 다른 편이 곧 따라잡았고, 군사적 구도는 재대칭화되었다.[22] 이는 마이크로일렉트로닉스를 이용한 군사혁신에는 해당되지 않는다. 그사이 미국은 군사기술적으로 현재의 혹은 잠재적인 어떤 경쟁자도 따라잡을 수 없을 만큼 크게 앞서 있다. 유럽과 중국은 예외일지도 모르겠는데, 하지만 유럽인들에게는 그럴 의지가 결여되어 있다. 이러한 발전의 결과, 미국은 하나의 헤게모니 권력에서 하나의 제국적 권력이 되었다. 그리고 이 같은 권력 주장은 상당 부분 군사적 능력에 기초한다.[23]

하지만 새로운 전쟁이 군사軍事와 전쟁 수행의 변화만을 뜻하는 것은 아니다. 군대를 배치하고 전쟁을 수행할 때의 정치적·사회적 기본 조건도 중요하다. 실제로 양자 즉 전쟁 수행과 정치적·사회적 질서는 서로 분리될 수 없다. 그 둘이 항상 다시금 분리되어 연구되었어도 그렇다. 근대 초기의 군사혁신은 전쟁 수행의 정치적 기본 조건도 근본적으로 변화시켰다. 대포 사용이 증가하면서, 그와 함께 성 및 도시 성곽의 값어치가 떨어지면서 대규모 요새를 건설할 필요로 인해, 그리

---

22 성능은 좋지만 너무 무겁지는 않은 대포의 주조를 예로 하여 카를로 치폴라(Carlo Cipolla, *Segel und Kanonen*)는 당대 최신 무기기술이 유럽 내에서 확산하는 과정을 추적해 그려냈다.

23 이에 대해서는 Münkler, *Imperien*, 224쪽 이하[헤어프리트 뮌클러 지음, 공진성 옮김, 『제국』, 322쪽 이하]를 참조.

고 결합 전투 방식의 전장에 투입하기 위해 세 무기 종류 ─ 보병·기병·포병 ─ 모두를 동등하게 갖춰야 하는 압박으로 인해, 전쟁 비용이 극적으로 상승하게 되었다.[24]

이는 영토국가가 전쟁 수행의 독점자로 부상하는 결과로 이어졌다. ─ 영토국가만이 그런 전쟁에 맞는 대규모 군대의 유지 비용을 댈 수 있었다. 그전에 전쟁 지역들을 누볐던 무수한 하위국가적 행위자와 거의 민간인이라고 할 수 있는 행위자들, 봉건기사로부터 이재에 밝은 전쟁사업가인 용병대장에 이르는 행위자들은 전쟁에서 사라지거나 국가에 소속되었다. 근대 초기에 전쟁의 국유화를 이끈 것은, 베버의 표현을 빌려 말하자면,[25] 노동수단으로부터 노동자의 분리였다. 새로운 무기들은 한 개인이 구입하여 그걸로 봉건영주를 추종하거나 전쟁사업가들의 병사 모집 장소에 출현해서 전쟁 동안 계약금과 임금을 대가로 서비스를 제공하기엔 너무 비쌌다. 게다가 부대들은 새로운 전투 대형을 익히기 위해 오랜 시간에 걸쳐 '맹훈련'을 받아야 했다. 이는 전쟁 개시와 함께 그들과 계약을 맺는 식으로 해서는 불가능했다. 그들은 병영 생활을 하고 규율을 따라야 했으며, 그들이 착용한 복장, 그들이 지닌 무기는 더는 그들의 소유가 아니라 국가의 소유였다.

---

24 방어체계와 포위전쟁의 혁신에 대해서는 Simon Pepper/Nicholas Adams, *Firearms and Fortifications*를 참조. 보병·포병·기병의 발전 및 전투에 따른 세 무기류의 사용에 대해서는 Delbrück, *Geschichte der Kriegskunst im Rahmen der politischen Geschichte*, 제4권, 특히 3쪽 이하, 151쪽 이하, 188쪽 이하를 참조.

25 Max Weber, *Der Sozialismus*, 80쪽 이하. 상세하게는 Hans Schmidt, "Staat und Armee im Zeitalter des 'miles perpetuus'", 213쪽 이하.

병사들로 전환된 전사들은, 사람들이 말하듯이, '왕의 상의'를 입었다. 이렇게 해서 국가는 전쟁의 주인이 되었고, 법률가들은 국가를 따라 이를 법률적 형식들로 주조했다.

　새로운 전쟁으로 지칭되는 것에서는 많은 측면에서 이러한 발전의 지속이, 하지만 다른 측면에서는 이러한 발전의 역전과 후퇴가 확인된다. 관습적 전쟁 수행에서도 미국의 비대칭적 우위의 연원이 된 군사혁명은, 전쟁 기기의 가격 상승이 전쟁 수행 능력을 가진 행위자들 수의 감소로 이어지는 과정을 다시 한 번 강화했다. 실제로 미국은 현재 전 지구적 범위에서 전쟁을 수행할 수 있는 유일한 힘이다. 1990년대 초까지는 대체로 소련도 그랬다. 하지만 소련은 군을 마이크로일렉트로닉스로 무장하는 데 필요한 자원을 조달할 수 없었기 때문에 미국의 경쟁자로서 탈락했고, 미국과 핵무기 잠재력에서 동등한 능력이 있다고 주장하는 정도일 따름이다. 미국의 전 지구적 개입정책은 1990년부터 이라크 철군에 이르기까지 군사기술적 우위에, 그리고 대칭적으로 동등한 능력을 가진 적수를 감안할 필요가 없다는 상황에 기초한다. 즉 대칭적 전쟁 수행은 보다 큰 군사적 손실과 결부되어 있는데, 부유한 북반구의 탈영웅적 사회들은 그런 손실을 감내할 태세가 되어 있지 않다. 그들의 개입 능력은 손실을 최소화할 가능성에 달려 있다. 그리고 이 가능성은 다시금 군사적 능력의 비대칭성에 기초한다.

　그러한 비대칭성은 기술적으로 우위인 세력이, 적이 따라올 수 없는 새로운 전쟁 수행 공간들을 개척하고 여기서부터 전쟁을 수행할 경우 효과를 낸다. 오직 하나의 힘에 의해 통제되는 이 같은 공간은

9. 새로운 전쟁에서 무엇이 새로운가?

예전의 전쟁에서는 바다였고, 20세기 초반에는 공중이었으며, 20세기 말 수십 년에는 우주 공간이 추가되었다. 미국이 지속적 손실로 피곤하게 될 소규모 전쟁에 휘말릴 염려를 하지 않으면서 육상에서 군사적 개입을 할 수 있도록 해주는 것은 해양 공간, 공중 공간, 우주 공간에 대한 통제다. 미국 의지의 관철에 폭력적 수단으로 맞서고자 하는 행위자 모두가 무기기술의 비대칭성을 상쇄하기 위해 전투의 전략적 비대칭화에 대해 숙고하도록 자극한 것은 특히 미국의 이와 같은 비대칭적 우위였다. 미국의 우월한 가속화 능력에 감속화 전략으로 맞서고, 무기 전투를 이미지 전투로 보완하고자 했던 것이다. 그렇게 해서 미국의 군대에 상처를 입히긴 어렵지만, 미국의 민간 주민도 그런 건 아니었다. 하지만 [비대칭화 전략에서] 가장 중요했던 건 이것이다. 자신이 상처를 입을 가능성을 최소화해야 했는데, 독자적 정치체를 형성하지 않고 네트워크 조직으로서 사회적 공간의 깊은 곳으로부터 활동할 때 즉 [상대로부터] 군사적 수단으로는 공격될 수 없는 때 가장 그렇게 할 수 있었다는 것이다.

동시에 1980년대 이후, 부유한 북반구 국가들이 점점 더 값비싼 전쟁 기기를 투입하는 것에 맞서는 발전이 시작되었다. 부유한 지역들의 가장자리에서 벌어지는 무수한 전쟁에서는 값비싸고, 정비에 공을 들여야 하고, 고도로 훈련된 전문가만이 다룰 수 있는 대규모 기기가 투입되지 않는다. 이런 전쟁은 값싸고, 대체로 모두가 사용할 수 있는 무기들로 치러진다. 자동화기, 지뢰, 가벼운 로켓포, 그리고 마지막으로 수송 차량이면서 동시에 신속한 전투 차량인 픽업트럭 등이 그러한 것들이다. 전투를 수행하는 인력도 대개는 전문 병사들로 이루어지지 않는다. 급하게 충원된 전사들이고, 심지어는 종종 청소년들과 어린이들이기도 한데, 이들에게 전쟁은 일종의 생계수단이, 그리고 위신 획득 방식이 되었다.[26] 이들이 수행하는 전쟁은 비교적 저렴하며, 그래서 전쟁 수행 능력을 가진 당사자들의 범위가 최근 다시 확대되었다. 종종 하나의 전쟁을 시작하는 데 몇백만 달러면 된다. 그 돈은 이민자 모임들로부터, 큰 규모의 기업체들로부터, 은밀하게 활동하는 이웃 국가들로부터, 부족 지도자들로부터, 혹은 폭력 사업가로 등장하는 민간인들로부터 조달될 수 있다.[27] 이를 통해 전쟁 수행 능력의 문턱은 무수히 많은 집단들이 넘어설 수 있을 만큼 낮아졌다. 그러니까 우리가 목격하는 것은 상반된 방향의 발전이다. 무기체계의 비대칭성은 전쟁을 수행할 수 있는 힘들의 수를 계속 감소시켰다. 반면에, 비대칭화의 전략은 새로운 행위자들이 전쟁 수행 능력을 획득하는 것으로 이어졌다. 무엇보다도 이런 상반된 방향성이 새로운 전쟁의 특징이다. 이에 반해 예전 전쟁의 경우 준비와 수행에서 진화의 의미는 단 한 가지였다고 할 수 있다.

---

26 이에 대해서는 다음을 참조. Michael Pittwald, *Kindersoldaten, neue Kriege und Gewaltmärkte*; Trutz von Trotha/Georg Klute, "Politik und Gewalt", 491~517쪽.
27 다음을 참조. Astrid Nissen/Katrin Radtke, "Warlords als neue Akteure der internationalen Beziehungen"; in: Ulrich Albrecht 외 편, *Das Kosovo-Dilemma*, 141~155쪽.

부유한 지역 주변에서의 새로운 전쟁 유형

최근 30년 동안 행해진 전쟁 사건의 발전은 혼란스럽고 심각하게 모순적인 그림을 보여준다. 한편으로는 전쟁폭력 사용에 대한 법적 규제가 더욱 진척되었고, 다른 한편으로는 많은 전쟁에서 병사라는 형태가 전사라는 형태로 대체되었다. — 이 전사들은 기사 에토스에도 전시 국제법의 규정에도 묶여 있지 않다고 느끼며, 목적에 맞고 목표를 달성할 수만 있다면 어떤 폭력도 사용한다. 또한 한편으로는 유럽 대부분에서처럼 전쟁이 정치수단으로서 진지하게 고려되지 않는 세계정치 지역들이 형성되었고, 다른 한편으로는 국가가 붕괴되면서 전쟁이 풍토병처럼 된 지역들이 있다. 평화 전망 부재의 원인은 전쟁 참여 행위자의 수가 많다는 것, 그들의 조직이 모호하다는 것, 그리고 마지막으로 새로운 전쟁들에 전형적인 바대로 전쟁 재정과 국제 범죄가 연결되어 있다는 것이다.[28] 새로운 전쟁 중 많은 것이 이와 같은 전쟁 경제 때문에 몇 개월 또는 몇 년이 아니라 몇십 년씩 지속된다.

그러한 발전에 직면해서, 세부 사항을 열거하고 통계를 처리하는 것으로 만족하는 건 충분치 않다. 정치학은 다음의 질문에 집중해야 한다. 최근 20~30년 동안 수행된 전쟁 대부분이 따른 모델은 이전의 것과 다른 모델인가 아닌가? 행위자의 원칙적 대칭성에 기초했고 이

---

28 이에 대해서는 다음을 참조. Werner Ruf 편, *Politische Ökonomie der Gewalt*; Peter Lock, "Ökonomien des Krieges", 269~286쪽; Sabine Kurtenbach/Peter Lock 편, *Kriege als (Über)Lebenswelten*.

대칭성이 윤리적·법적 규제의 기반이 되었던 유럽 전쟁들의 모델을 최근의 전쟁들에 대한 기술과 분석에 적용하는 것은 신빙성이 있는가 없는가? 이는 '예' '아니요'로 대답해야 하는 물음이다. 세부 사항과 통계 데이터는 모델의 변이에 대해선 해명해주지만 모델의 교체에 대해선 그렇지 않다.

분석의 기초에 놓인 전쟁 모델에 대한 물음이 중요한 것은, 이 모델이 전략적 행위의 창조성·합리성·정당성에 대한 척도를 나타내며, 그로부터 전쟁 종식의 기회와 전망도 생각해볼 수 있기 때문이다. 모델 이론적 가정 내에서만 어떤 행동이 창조적인지 전래적인지, 폭력 사용과 결부된 어떤 전망이 합리적인지 비합리적인지, 어떤 결단이 정당한지 부당한지가 평가될 수 있다. 이러한 모델 이론적 틀 없이는 어떤 결단이나 전망, 행동에 관해 적절하게 판단할 수 없다.─〔그러한 결단이나 전망, 행동을〕 구체적인 정치적 구도에서 벗어난 **도덕적 판단**에 종속시키는 것이 아니라면 말이다. 이는 물론 항상 가능하지만, 정치학적 분석으로서는 대부분 거의 생산적이지 못하다. 그런 식의 정치적 구도에서 벗어난 판단은 통상 사전에 확립되어 있기 때문이다. 또 그러한 판단들은 그때그때의 상황과 기본 조건에 대한 보다 정확한 지식 없이도 가능하다. 그러니까 구체적인 경우에 대한 학문적 분석을 바탕으로 해서만 생겨날 수 있는 판단이 아닌 것이다. 이에 반해 학문적으로 뒷받침된 판단은 모델 이론적 가정을 기초로 해서만 가능하다. 대칭적 전쟁인지 비대칭적 전쟁인지, 서로 싸우는 당사자들이 어떤 종류인지, 그들이 추구하는 목적이 어떤 것인지 등에 대한 가정이 그런 것이다. 신전쟁 이론은 여기서 근본적 변화가 일어났다는 데서 출발한다. 클라우제비츠의 말로 표현하자면, 전쟁의 문법이 근본적으로 달라졌다.[29] 전쟁은 이전과 다른 규칙에 따라 수행되며, 그래서 평화로 넘어가는 길은 새로 발견되고 새로 닦여야 한다.

하지만 또 하나의 이의가 제기된다. 그와 같은 다른 구조가 16세기부터 20세기까지 유럽 밖에서 수행된 전쟁들에서는 이미 항상 있지 않았는가? 그럴 수 있다. 하지만 유럽적 모델은 아메리카와 아시아에서 정치적 발전과 군사적 발전의 전망과 리듬을 미리 정했다. 파르티잔 전쟁을 통해 독립을 쟁취한 국가들마저도 이후엔 군대를 유럽적 모범에 따라 편성했다. 파르티잔 집단들은 정규군으로 변모되고 지하 전사들은 병사들로 전환된다. 이것이 보여주는 건, 신생 국가가 완전한 국가적 성격을 갖추려면 비대칭적 기원은 제거되고 대칭적 전쟁 수행 능력을 기초로 상호 인정에 대한 주장이 강조되어야 한다는 점이다. 인정에 대한 이런 전망은 오늘날 각인하는 힘을 잃어버렸다. 부유한 지역들의 주변부에서 일어나는 반쯤 민영화된 전쟁들에서, 수많은 군벌 가운데 거의 하나도 자신이 어떤 지역에 대해 경제적 착취를 목적으로 만들어낸 일시적 통제력을 국가적 질서로 바꾸려 노력하지 않는다. 네트워크 형식으로 조직된 테러집단들도 — 시리아와 이라크 북부에서의 '이슬람국가IS'는 주목할 만한 예외다 — 영토적으로 고정된 하나의 국가라는 정치적 형태를 취하려는 특별한 노력을 기울이지 않는다. 이유도 충분하다. 그렇게 하면 그들이 탈영토화 형태로 있을

---

29 "전쟁은 고유의 문법을 갖지만 고유의 논리를 갖지는 않는다." Clausewitz, *Vom Kriege*, 991쪽.

때는 상당한 피해를 입힐 수 있는 강대국들로부터 〔반대로 그들 자신이〕 쉽게 제압당할 상대가 될 것이기 때문이다. 그래서 새로운 전쟁들이, 오히려 16세기와 17세기 유럽에서의 전쟁이 그랬던 것처럼,[30] 국가형성 전쟁이라는 견해는 근거가 취약하다. 오히려 국가붕괴 전쟁이라고 할 수 있다. 어쨌든 새로운 전쟁의 확산과, 붕괴하는 국가의 수적 증가는 나란히 진행되고 있다.[31]

무기기술상의 그리고 군사조직상의 비대칭성과 이에 대한 전략적 비대칭화라는 반응은 새로운 게 아니다. 아마도 보편사적 관점에서는 대칭적 전쟁보다 비대칭적 전쟁의 수행을 훨씬 더 빈번하게 볼 수 있을 것이다. 하위국가적 전쟁행위자 내지는 반민간인 전쟁행위자의 등장도 새로운 게 아니고 전쟁사에서 항상 다시 확인될 수 있는 것이다. 15세기와 16세기 이탈리아의 용병대장들은 유럽에서 그런 경우의 가장 잘 알려진 대표자들일 것이다.[32] 30년전쟁은 사私경제적 관심이 전투행위의 지속에 상당한 영향력을 획득한 전쟁이었다.[33] 폭력을 군사적인 것에 집중하는 것은 유럽에서 베스트팔렌 체제[34]라는 조건하에 발전된 전쟁 모델의 특징이다. 하지만 20세기가 경과하는 동안 이 체

---

30 역사적 관점에서 그렇게 서술하는 경우로는 Johannes Burkhardt, "Die Friedlosig-keit der Frühen Neuzeit", 509~574쪽. 경제 이론적 경향이 강한 경우로는 Jens Siegelberg, *Kapitalismus und Krieg*, 138~139쪽.

31 다음을 참조. Stefani Weiss/Joscha Schmierer 편, *Prekäre Staatlichkeit und internationale Ordnung*.

32 르네상스기의 용병대장과 근래의 군벌 사이 연결선을 연구한 문헌으로 다음을 참조. Stig Förster 외 편, *Rückkehr der Condottieri?*

33 이에 대해 상세하게는 Münkler, *Die neuen Kriege*, 59쪽 이하〔헤어프리트 뮌클러 지음, 공진성 옮김, 『새로운 전쟁』, 71쪽 이하〕를 참조.

제의 결속력은 약해졌다. 그럼에도 전 지구적 관계에 투사된 유럽적 전쟁 모델은 최근까지도 정치적 관념세계를 각인해왔다. 사람들이 평화에 관한 칸트의 글에서 기획된 영속적 평화의 전망에 서약을 할 때면, 그리고 민주적 평화를 말하는 이론가들이 칸트의 생각이 옳다는 것에 대한 경험적 증거를 자신들이 제시했다고 주장을 할 때면, 그런 입장은 언제나 국가들이 전쟁의 실제 주인이라는 가정에 기초했다. 반면에 전쟁이 국가의 통제를 벗어나고 비국가적 행위자가 전쟁 수행 능력을 갖게 되면, 곧바로 칸트가 기획한 평화 전망은 무너지고 유엔은 역할 가능성을 상당 부분 상실한다. 새로운 도전 앞에서 유엔이 기능을 하지 못한다는 이야기가 점점 많아진다. 신전쟁 이론에 대한 많은 비판가들이 그토록 자신들을 격렬하게 방어하는 것은, 그들이 이 이론의 중심적 관찰들을 받아들여야 할 때 겪어야 하는 정치적 실망과도 연관이 있을 것이다.

그러니까 결정적으로 새로운 점은 전쟁폭력의 민영화, 비대칭화, 탈군사화 각각의 발전이 아니라 그것들이 함께 작용하는 데 있다. 고전적인 유럽의 전쟁 모델은 예전의 각인하는 힘도, 방향을 제시하는 힘도 상실했다. 그렇다고 이 모델이 효력을 상실한 것에 슬퍼할 이유는 없다. 고전적인 국가 간 전쟁은 원자폭탄으로 인해 저지되기 전에 이미 상당한 파괴력을 발전시켜서, 고도로 발전한 산업사회들에는 더

---

34 '베스트팔렌 체제'란 뮌스터와 오스나브뤼크의 조약 즉 소위 베스트팔렌조약 후 유럽에서 전개된 정치질서를 말한다. 이 질서의 특징은 국가들이 전쟁의 법적 독점자일 뿐만 아니라 또한 전쟁 수행 능력의 실질적 독점자가 되었다는 점이다.

는 수행할 수 없는 것이었다. 적어도 직접적으로 서로 대립하는 식으로는 즉 대칭적 전쟁으로서는 그랬다. 이 점은 제1차 세계대전에서, 늦게라 해도 제2차 세계대전에서 드러났다. 1945년 이후에도 수행된 국가 간 전쟁들은 모두 부유한 지역 주변부에서 일어난 전쟁이다. 이 전쟁들에서는 선진 산업국가들로부터 무기와 물자가 공급되지 않았더라면 전투를 수행할 수 없었을 국가들이 서로 싸웠다. 이러한 고전적인 국가 간 전쟁의 마지막 사례는 이라크와 이란 간 전쟁(1980~1988)과 에티오피아와 에리트레아 간 전쟁이었다. 대칭적 전쟁들은, 탈식민지 운동 시대의 파르티잔 전쟁들과 반대로, 국제질서에 제한적 영향만을 미쳤다. 이들 전쟁에서는 국경이 변경되거나 혹은 방어되기도 했지만, 그 이상은 아니었다. 그래서 국가 간 전쟁은, 제1차 세계대전과 제2차 세계대전을 제외한다면, 국제질서에 대해 보수적 효과를 내는 편이다. 이에 반해 문자 그대로 변혁적 효과를 내는 것은 비대칭적 전쟁이다. 이 전쟁들에서는 기존 질서의 규범과 규칙이 공격받고 해체된다.[35]

고전적인 국가 간 전쟁의 시대는 지나갔다고 할 수 있을 것이다. 하지만 그와 함께 전쟁의 역사가 끝난 것은 아니다. 신전쟁 이론은 그것을 말하고 있다. 이와 같은 새로운 전쟁을 특징짓는 많은 것이 이미 과거에도 있었다는 건 적절한 비판이 아니다. 1648년 이후 유럽에서 관행으로 된 대부분의 전쟁 수행 요소 역시 이미 그전에 있었다. 여기서도 새로운 전쟁질서가 각인하는 힘은 그전에 알려지지 않은 몇 가

---

35 이를 상세하게 다루는 것으로는 Daase, *Kleine Kriege – große Wirkung*을 참조.

지 요인과 오래전부터 알려진 많은 요인의 조합에서 나왔다. 당연히 1648년의 베스트팔렌조약은 수십 년이 필요했던 하나의 변화의 상징일 따름이다. 변화는 종종 눈에 띄지 않은 채, 대부분 긴 시간에 걸쳐 일어났다. 현재에도 변화는 같은 형식으로 수행되고 있다. 신전쟁 이론에 제기되는 비난 가운데 하나는 변화를 너무 과장한다는 것이다. 하지만 변화를 일찌감치 내지는 정치적으로 제때에 감지하려면 바로 그런 과장이 필요하다.

이미지 전쟁

비대칭적 전쟁에서 미디어의 역할

객관성의 이상

새로운 전쟁에서는 미디어 또한 성격이 달라지며 고전적 전쟁에서와는 다른 효과를 낳는다. 이런 관찰은 거의 놀랄 게 없다. 사진 초기부터 즉 '전쟁 보도'가 더는 글로 쓰인 텍스트의 증언에만 의지하지 않게 된 이래, 미디어를 통해 진정성을 높일 가능성이 생겼다. 그리고 이는 다시금, 미디어가 원래는 보고만 해야 할 사건에 적극적으로 개입하는 데로 이어졌다. 이 같은 사실은 오래전부터 알려져 있었고 또한 항상 다시금 지적되었다.[1] 전쟁 사건에 대한 객관적이고 비당파적인 보도자는 이러한 변화를 따라 점점 더 빈번하게 전쟁 수행의 한 구성 요소가 되었다. ─ 그가 그렇게 하고자 했든 아니든 그렇다. 미디어들은 테러리즘의 전략에서, 하지만 국가들의 대응 전략에서도 특정한 편의 동조자가 되었다.

'이슬람국가' 무장집단이 서방 저널리스트들이나 개발원조 요원들을 처형하는 장면을 보여주는, 인터넷에서 떠도는 비디오 영상들의 경우 아주 두드러지게 그렇다. 여기서 중요한 것은 어떤 사건을 영상으로 기록한다는 점이 아니다. 처형 장면을 보여주는 것은 '이슬람국가' 무장집단이 서방 사회들에 보내는 다음과 같은 메시지다. 우리는 극단적인 것도 할 용의가 있다. 우리 손에 떨어지는 자는, 몸값을 지불하고 풀려나는 자가 아니면, 죽어야 한다. 그러니 너희들은 우리가 우리의 것으로 주장하는 공간에서 멀찍이 떨어져 있어라. 같은 메시지를 전하려는 것이 아니라면, 〔독일의〕 이슬람학자 기도 슈타인베르크 Guido Steinberg가 추정하듯이,[2] 이런 식으로 서방 강대국들을 자극하여 〔이들로 하여금〕 '이슬람국가' 무장집단과의 싸움에 지상군을 파견하게끔 하려는 것이다. '이슬람국가'는 자신들의 전사들을 기죽게 하는 서방과 아랍 국가들의 공군과 대결할 때보다는 지상군과 싸울 때 〔자신들에게〕 더 승산이 있다고 보기 때문이다. 비디오 영상이 전하는 메시지는 수행적 행위가 된다. 미디어를 통해 행해지는 공격이 되는 것이다. 어쨌든, 비디오 영상은 서방 사회들의 집단심리에 대한 공격의 하나다. 비디오 영상에서 공격 대상이 되는 것은 방위 목적을 위해 전문

1 이에 대해 기본적인 내용은 다음을 참조. Martin Löffelholz 외 편, *Kriegs- und Krisenberichterstattung*(이 가운데 특히 보도 실무자들이 쓴 글들); Hermann Nöring 외 편, *Bilderschlachten*; Christian Büttner 외 편, *Der Krieg in den Medien*; 특히 Gerhard Paul, *Bilder des Krieges, Krieg der Bilder*. 국가의 미디어 이용의 전형으로서 미국의 두 번에 걸친 이라크전쟁에 대해서는 Gerhard Paul, *Der Bilderkrieg*을 참조.
2 Guido Steinberg, *Kalifat des Schreckens*, 166쪽.

적으로 훈련된 서방 사회들의 인력 즉 군대와 경찰이 아니라 서방 사회들 자체다. 미디어는 이 사회들의 방어선을 크게 힘들이지 않고 넘을 수 있게 해준다. 이것이 여기서 대강의 윤곽을 그려보고자 하는 발전의 잠정적 종착점이다.

전쟁 사건에 관한 종래의 보도에서는 진실과 거짓을 구별하는 것이 원칙적으로 가능했다. 이때 진실이란 갈등 당사자들과의 등거리로 이해되었고, 거짓은 한쪽을 편드는 것과 동일시되었다. 새로운 전쟁[3]에서는 그렇지 않다. 여기서도 ─ 어쨌든 나중에는 ─ 저널리즘상의 신중을 기하면 진실과 거짓을 구별할 수 있긴 하다. 하지만 진실은 더는 비당파성을 보증하지 않는다. 이미지가 무기가 되었다. 고지나 교두보를 두고 벌이는 전투가 이미지를 둘러싼 혹은 이미지를 수단으로 하는 전투로 대체되었다. 특정한 이미지의 전파는 이제 전략적 성질을 가진다. 이전의 전쟁에서도 진실한 보도가 편들기로 옮아가는 일이 있었다. 이때 군사적 승자 내지 우위를 점하게 될 자에 대한 **사실적 편들기**와, 보고자가 보기에 옳고 바른 사안을 대변하는 자에 대한 **도덕적 편들기**는 구별되어야 한다. 전자는 사건에 대한 사실적 서술에서 나올 수 있는데, 하지만 명시적으로보다는 암묵적으로 그런 편이다. 보다 성공적인 측 혹은 우월한 측에 대한 편들기임을 알아볼 수 있도록 하려면, 보고자는 사건을 추가로 평가하고 미래의 발전에 대한 전망을 덧붙여야 한다. 이처럼 하면 그는 보도자의 역할에서 평자의 역할로

---

3 여기서 '새로운 전쟁'이란 본질적으로 최근의 전쟁이 아니라 전쟁과 전쟁 수행 유형의 변화를 나타내려는 것이다. 이에 대해서는 이 책의 262~265쪽 참조.

옮겨간다. 도덕적 편들기의 경우 보도자 역할에서 평자 역할로의 이러한 전환은 훨씬 더 두드러진다. 여기서는 사건 자체에가 아니라 그와 독립적인 기준에 정향된 평가가 서술에 도입되어야 하는 것이다. 텍스트에 제한된 전쟁 보도는 다소간 분명하게 사건과 논평을 구별할 수 있다. 이미지는 그 경우가 훨씬 덜하다.

이것은 나폴레옹의 출정에 동행했던 화가들의 거창한 전장 묘사에서 시작되며, 이제 전쟁 사건의 항상적 동반자가 된 인터넷 비디오에까지 이른다. 나폴레옹 주변의 화가들―그리고 이후 총사령관들의 화가들―이 묘사한 것은, 전장이 총사령관들에 의해 결판나는 순간이다. 편을 드는 해석이 전체 묘사를 관통하고 있고, 그 결과 이 그림들은 선전의 성격을 띠었다. 이 같은 발전은 20세기를 경과하며 회화에서 영상으로 넘어가면서 심화되었다.[4] 다른 한편 우리가 목격하는 것은 심층적으로 역설적인 발전이다. 진정성의 제스처가 강도 높은 편들기와 나란히 가기 때문이다. 전장을 그린 19세기의 회화를 본 사람은, 아주 순진하지 않다면, 그림의 묘사 속에 포함되어 있는 편들기를 알아보았다. 이런 편들기는 이미 사건을 보는 시각에서 나왔다.―승자의 어깨너머로 본 것이다. 또 전장 그림들은 어차피 승리를 구가한 측에 의해 전시되었다. 다른 모든 그림들은 점차적인 망각에 맡겨졌다. 지금 일어나고 있는 전쟁으로부터 오는 영상을 보는 관객의 경우는 다르다. 그에게 그것은 현실을 직접적으로 보는 것이다. 그리고 바

---

4 이에 대해서는 Michael Strübel 편, *Film und Krieg*; Rainer Rother/Judith Prokasky 편, *Die Kamera als Waffe*를 참조.

로 미디어의 진정성 암시에 굴복하기 때문에, 〔그는〕 선전의 영향에 취약하다.

이 모든 것은 커뮤니케이션 매체로서의 인터넷과 함께 다시 한 번 달라졌다. 처음에 인터넷망은 권위적 체제를 심각하게 침해하는 것으로서 환영받았다. 뉴스를 통제하고 조종하는 권위적 체제의 능력이 인터넷에 의해 무력화되었기 때문이다. 하지만 인터넷이 부상하면서 뉴스에 대한 권위적 체제의 통제를 우회할 수 있게 된 것만이 아니다. 그사이 드러난 바대로, 더는 고전적인 인쇄 미디어나 시청각 미디어에서처럼 전문적 저널리스트들에 의해 평가되고 경중이 가려지지 않는 정보의 홍수가 동시에 생겨났다. 정보의 홍수는 매개 없이 인터넷 사용자에 닿으며, 이제 인터넷 사용자는 스스로 무엇을 진실인 것으로, 무엇을 개연적인 것으로, 무엇을 비개연적인 것으로, 혹은 무엇을 거짓으로 여길지를 스스로 판단해야 한다. 이는 음모론의 급속한 확산으로 이어졌다. 음모론에는 ─음모를 꾸미는 자들이 누구로 설정되든 간에─ 이미지와 소식 뒤의 진실에 대해 알고 있다고 주장한다는 공통점이 있다. 최근 20여 년간 음모론이 급속히 확산된 것은 음모론이 정보의 과잉에 대해 '선별 기구'의 역할을 한다는 사실과도 연관이 있다. 음모론은 전문적 저널리스들을 대신해 정보를 평가하는 기능적 등가물로 등장했다.

보도자의 머릿속에서 일어나는 검열

전쟁 보도에서 미디어의 역할이 달라진 것과 관련하여, 미디어 기술의 혁신과 정보 전달의 엄청난 가속화가 큰 중요성을 갖는다는 점은 의심의 여지가 없다. 한밤중 어떤 도시에 미사일이 떨어지는 것에서부터 '세계의 다른 끝'에서 일어나는 지상전까지 전쟁 사건이 실시간으로 중계될 경우, 이미지에 의해 뒷받침된 보도들은 전투 사건에 직접적 영향을 미친다. 이는 공격을 받는 상대편이 원래 보면 안 되는 것을 보기 때문이거나, 전쟁에 참여하지 않은 국가의 주민들이 그에 대한 실시간 관찰자가 되고 이때 (이들에게서) 정치적 공감 혹은 정치적 반감을 발전시키기 때문이다. 그러한 피드백을 전쟁 당사자들은 과거의 미디어 혁명에서와 달리 전쟁 수행을 다시 한 번 가속화함으로써 벗어날 수 없다. 실시간을 넘어서 가속화할 가능성은 없기 때문이다.[5] 그래서 미디어 망으로 짜인 세계에서도 사건 자체에 대한 통제를 유지하기 위해 이미지에 대한 통제를 이미지의 발생 순간으로 앞당기려는 시도가 행해진다. 그런데 이는 보도자와 검열자의 분리가 지양되고 검열이 보도자의 머릿속에 심어질 때만 가능하다. 미디어 역사에서 보도에 대한 조기 검열이 무조건 새로운 것은 아니다. 하지만 지금의 것은 사람들이 과거에 말했던 "머릿속의 가위"를 훨씬 뛰어넘는다. 관건은 더는 보도에 대한 제한적 통제가 아니라 보도의 생

---

5 가속화, 그리고 마침내 그 붕괴로 이어지는 연속적 과정은 비릴리오가 행한 많은 작업의 주제다. 특히 그의 *Krieg und Fernsehen*; *Informationen und Apokalypse. Die Strategie der Täuschung*; *Rasender Stillstand*를 참조.

파편화한 전쟁

성 자체이며, 이처럼 해서 실시간으로 관찰되는 사건들을 통제하는 것이다. 결과는 사건과 보도의 역전이다.

그런데 미디어와 전쟁의 관계에서 결정적 전환점은 처음에는 기술적 토양이 아니라 정치적 토양에서, 그것도 전쟁 사건이 전반적으로 비대칭화되고 북반구의 부유한 지역에서 탈영웅적 사회가 발생하는 식으로 생겨났다. 이전에도 비대칭적 전쟁이 있긴 했다. 하지만 그런 전쟁들은 세계정치적 사건의 주변부에서 일어났고 세계정치적 사건을 지배하진 않았다. 예컨대 나폴레옹제국의 종말은 스페인이 아니라 라이프치히와 워털루 전장●에서 결정되었다. 물론 이전에도 노동과 복지를 중시하고 희생과 명예라는 상징적 관행에 거리를 취하는 비영웅적 사회들이 있었다. 하지만 여기서 문제가 되는 것은 몇십 년 전에는 아직 영웅적 사회들이었고 이 같은 토대 위에서 세계적 강국이 되고자 했던 정치적 행위자들이다. 이들은 여전히 큰 정치적 비중을 갖고 있다. 하지만 이들은 이런 영향력을 획득할 때 사용했던 수단 대부분을 더는 이전과 동일한 방식으로 사용할 수 없다. 전쟁의 비대칭화와 서방의 제국 및 강대국들의 탈영웅적 성향은 전쟁 보도만이 아니라 폭력과 폭력 위협에 대한 정보의 역할도 달라지게 했다.

● 라이프치히전투는 1813년 10월 16~18일 독일의 라이프치히에서 나폴레옹 1세가 이끄는 군과 프로이센·러시아·오스트리아·스웨덴의 연합군이 벌인 싸움이다. 나폴레옹은 패배하여 이듬해 4월에 폐위되어 엘바 섬으로 추방되었다. 워털루전투(워털루대회전)는 1815년 6월 18일 벨기에 중부 워털루에서 영국·프로이센 군대가 백일천하를 수립한 나폴레옹 1세의 프랑스 군대를 격파한 큰 싸움이다. 나폴레옹은 세인트헬레나 섬으로 다시 유배되어 이후 그곳에서 죽었다.

비대칭적 전쟁의 딜레마

　비대칭성은 어려운 개념이며, 그래서 종종 잘못 이해되는 개념이다. 비대칭성 개념은 대칭성 및 그것의 전제와 귀결에 대한 지식을 전제한다. 그래야 대칭성에서 나오는 효과들을 (그저 우연적으로가 아니라) 체계적으로 저지할 수 있을 것이기 때문이다. 따라서 비대칭성Asymmetrie을 그러한 지식이 필요치 않은 무대칭성Nichtsymmetrie과 혼동해선 안 된다.[6] 비대칭화는 대칭성의 현존을 전제로 하며, 비대칭 효과를 관찰하면서 그에 대해 미적·정치적·군사적 측면에서 대응한다. 그러니까 비대칭화란 개념은 단순히 대칭성이 없음을 뜻하는 게 아니다. 비대칭화란 현존하는 대칭성에 대한 의도적인 대응을 뜻한다. 비대칭화의 당사자는 대칭성과 결부되는 요구들을 거부한다. 그로부터 비롯하는 자신의 불리함에서 벗어나고자 하기 때문이다. 그는 비대칭화가 자기에게 유리하다고 믿는다. 그의 계산으로 하자면, 비대칭적 관계는 그의 능력과 가능성에 호응한다.

　이제 대칭적 전쟁 시기의 기자나 보도자를 먼저 살펴보자. 이상적인 경우 그는, 1866년 쾨니히그레츠전투 기간에 영국인 윌리엄 하워드 러셀William Howard Russell●이 했던 것처럼, 교회탑으로 올라가 거기

---

6 비대칭성 개념, 그리고 전쟁 수행 전략에 그것을 적용하는 것에 대해서는 다음을 참조. Wassermann, *Asymmetrische Kriege.*
● 아일랜드 태생의 기자(1820~1907). 특히 22개월 동안 《타임스》 종군기자로 크림전쟁을 취재·보도한 기사는 당시에 큰 영향을 끼쳤다는 평가를 받는다. 최초의 현대적 종군기자 중 한 사람으로 꼽힌다.

서부터 부대들의 움직임 및 부대들이 서로에 행한 공격과 반격의 결과를 관찰하고 다음 날 냉정하게 거리를 취하면서 누가 그 전투에서 승리했는지를 보고할 수 있었다. 교회탑 관점은 비유적으로 다년간 전쟁의 경우에도 이전될 수 있다. 전쟁 전체는 대체로 동류인 두 맞수가 서로에 대항해 힘을 겨루는, 시간적으로 며칠, 몇 주, 몇 달, 어쩌면 몇 년에 걸친 결투로 서술된다.

이때 대칭성은 맞수들이 똑같이 강하다는 게 아니라 무장과 장비에서 동류임을 뜻한다. 물론 대칭성이 좀 더 강하게 부각되기도 하고 좀 더 약하게 부각되기도 한다. 기사 에토스에 따라 치러지는 마상 대결은 대칭성의 최고도를 보여준다. 반면에 각자 무기류(보병, 기병, 포병)가 상이한 군대 간의 충돌에서 대칭성은 양측이 사용할 수 있는 힘들의 합에서 비로소 나온다. 마상 대결에서 두 기사가 맞부딪칠 때는, 전사 에토스와 전투 규칙에 의해 산출된 적수 간의 대칭성이 직접적으로 눈에 보인다. 두 군대가 맞부딪칠 때는, 대칭성은 사용 가능한 힘들을 머릿속에서 계산해 비교함으로써 비로소 산출되어야 한다. 마상 대결을 관찰하는 자에게는 대칭성이 감각적으로 눈에 들어오지만, 반면에 규모가 큰 부대들이 벌이는 전쟁을 관찰하는 자에게 대칭성은 계산 및 평가의 과정이다. 후자는 상이한 무기들이 사용되는 전쟁 수행에 대해 전자가 기사 결투의 세부 사항에 대해 이해하는 것보다 훨씬 더 많이 이해해야 한다. 그는 양측이 구조적으로 서로 필적하는 창조성, 합리성, 정당성을 가지고 행동한다는 것을 확인할 때 대칭성을 목격한다. 대칭성은 다시금 보도자에게 필요한 중립성을 갖춰주고, 이는 그를 한쪽을 편드는 자와 구별해준다. 그는 셈하고 측정할 수 있으며, 이때 힘을 영리하게 썼는지 덜 영리하게 썼는지, 또 전투태세는 어 땠는지 서로 비교할 수 있다. 하지만 차이가 더는 셈하고 측정될 수 없어서 보도자가 나름의 고려를 해야 하면, 그의 위치가 흔들리게 된 다. 관찰자의 객관성과 중립성을 갉아먹는 주관적 평가와 개인적 선 호라는 요소가 작용하게 되는 것이다.

어떤 능력도 다른 측에서 거울상과 같은 대응을 갖지 못하는 비대 칭성의 경우, 관찰자 딜레마는 심각해진다. 이 딜레마는 공간과 시간 의 전략적 이용에서 시작된다. 예컨대 한 편은 결전을 추구하면서 자 신의 힘을 시공간적으로 집중시키고, 다른 편은 결전을 피하면서 소 규모 전쟁 수행 방식으로 힘을 공간적으로 분산하고 전쟁을 시간적으 로 확장하는 경우가 그렇다. 전쟁의 시간적 확장 즉 결전의 회피는 지 형 ― 접근하기 어려운 산악지대 혹은 깊은 정글― 외에도 전쟁 지역 의 민간 주민을 어느 한 편이 보호와 위장의 수단으로 이용할 수 있을 때만 가능하다. 그러면 반대편의 타격은 파르티잔 전투원들만이 아니 라 무고한 민간인들도 맞히게 된다. 적어도 희생자들을 목격할 때 사 망자를 의심의 여지 없이 전투원으로 확인하기란 불가능하다. 전쟁의 공간적 확대와 시간적 확장 즉 비대칭화의 기본 구도는 보도자가 전 쟁 사건을 더는 그 전체에서 개관할 수 없고 무엇보다도 소문에 의존 하게 되는 결과로 이어진다. 그의 보도에서는 더는 군사적 사건에 대 한 시각이 지배적이지 않다. 전면에 등장하는 것은 폭력이 사회와 개 인에게 어떤 귀결이 되는가 하는 물음이다. 이는 분명 탈영웅적 사회 들이 주의력을 각각에 발휘하고 상황을 감지하는 관행에도 맞는 것이 지만,[7] 그러나 일차적으로는 오직 보도자의 불충분한 정보 가능성 탓에 생겨나는 일이다.

보도는 파르티잔 방식으로 행동하는 측에 유리하게 나온다. 이들이 보다 큰 희생을 치르며 보다 큰 고통을 감내해야 하기 때문이다. 비대 칭화가 공간과 시간 사용 방식의 상이성에만이 아니라 희생을 치르고 고통을 감수하는 자세의 상이성에도 기초하는 한에서, 이는 비대칭화의 기의 불가피한 귀결이다. 그래서 19세기 초 스페인에서의 반나폴 레옹 게릴라전 이래 파르티잔 전쟁의 모든 변형에 공통적인 것은, 적이 가진 무기기술과 군사조직 측면에서 우월함을 전사들과 그들을 지 지하는 주민들의 강화된 희생 자세로 상쇄하려 한다는 것이다. 따라서 전쟁의 고통과 희생을 중심에 놓은 보도는 저절로 파르티잔 반란 군을 편들고 정규 부대에 반하는 입장을 취하는 방향으로 나아간다. 윤리적으로나 규범적으로나 그렇게 편들 좋은 근거들이 있을 수 있다. 하지만 여기서 결정적인 것은 그런 근거가 아니다. 편들기는 비대 칭성에 의해 구조적으로 결정되어 있다. 파르티잔 측은 이로부터 학 습해서, 기회만 있으면 적의 공격을 민간 주민을 겨냥한 걸로 보이게 할 것이다. 파르티잔 측에 보도는 적으로부터 도덕적 정당성을 빼앗 는 무기가 된다.

이는 파르티잔식으로 싸우는 반란군에는 큰 장점이다. 그와 같은 보도가 반란군에는 전혀 비용이 들지 않다시피 하고, 상대편의 미디 어나 제삼국으로부터 재정적으로 지원되기 때문이다. 이는 전략적 비 대칭화의 또 하나의 특징이다. 상대의 자기관찰을 점점 강화되는 자

---

7 이 책의 제7장 「영웅적 사회와 탈영웅적 사회」를 참조.

기회의와 자기비판으로 전환하려고 노력하는 것이다. 그것도 구체적인 경우에 그럴 좋은 근거가 있어서가 아니라 — 좋은 근거가 있는 경우를 배제할 수 없고 종종 좋은 근거가 있는 게 사실이지만— 좋은 근거가 없을 때도 효과를 발휘하는 구조적 방식으로 말이다. 관건은 적의 군대를 전투행위를 통해 지치게 하는 것이 아니다. 비대칭화 전략은 그보다는 정치적 적 편 주민들의 도덕적 성향을 겨냥한다. 클라우제비츠는 전쟁을, 도덕적 힘과 물리적 힘을 후자(물리적 힘)를 사용하여 겨루는 것이라고 했다.[8] 비대칭성의 구도에서 이 비율은 점점 더 도덕적 힘 쪽으로 이동한다. 그리고 이와 나란히 전쟁 지역으로부터의 보도, 특히 이미지의 중요성이 커진다.

테러리즘의 전략과 미디어 효과

테러리즘 전략은 파르티잔 전쟁과 비교해볼 때 '전쟁보도'가 산출하는 비대칭적 효과를 다시 한 번 증대시킨다. 이제 테러 공격과 인질극에 대한 기사 및 이미지는 처음부터 테러 공격 및 인질극의 물리적 결과보다 더 중요하다. 아니, 물리적 파괴는 아주 자주 그저 두려움과 공포 다시 말해 심리적 효과를 산출하는 데 한몫할 따름이다. 폭탄 테러나 인질극 같은 사건은 본질적으로 기사와 이미지를 산출하는 기능을 가지며, 그러면 기사와 이미지는 자신의 고유한 효과를

---

8 Clausewitz, *Vom Kriege*, 358~359쪽.

전개한다.[9] 이런 효과는 2001년 9월 11일 뉴욕 쌍둥이빌딩과 워싱턴 펜타곤 테러에서도 관찰할 수 있다. 이 테러에서 물리적 파괴의 규모와 희생자 수는 그 이전과 이후의 모든 테러에서보다 더 컸다. 하지만 이 경우에서조차 물리적 파괴와 희생자 수는 단지 수단이었다. 공격의 본래 목표는 미국 사회 내지 서방 사회 전체의 불안정한 집단심리였다.

테러의 장기적 효과는 상당 부분 훗날 텔레비전 다큐에서 비행기가 세계무역센터에 충돌하고 그 직후 두 고층 빌딩이 무너지는 영상을 계속 반복해 보여주는 데에 기초한다. 이 같은 장면에 대한 촬영이 없었다면, 그리고 뉴욕의 엄청난 〔빌딩〕 잔해 더미에 대한 촬영만 있었다면, 그 잔해 더미를 치우고 나면 테러에 대한 인상도 점차 희미해졌을 것이다. 서방 사회들은 재난 사건에 신경질적으로 흥분하지만, 어느 정도 시간이 지나면 거의 언제나 퉁명스럽고 무관심해지다가 망각하게 된다. 이전에 커다란 흥분을 일으켰던 것은 망각 속에서 신속하게, 그리고 별로 큰 흔적을 남기지 않은 채, 또한 다시 사라진다. 간혹 히스테리에 근접하는 우리 사회들의 흥분은 경악스러운 것을 처리하는 하나의 형식 즉 공포의 극복이다. 이러한 공포에는 곧이어 정해진 순서에 따른 것처럼 편안함이 수반되어, 마치 선행한 사건이 아예 없었던 것처럼 생각할 수 있을 정도다. 테러리즘이 공포를 산출하는 하

---

9 수많은 관련 문헌 가운데, 테러리즘의 미디어 전략에 대해서는 이미 오래되었지만 여전히 중요한 작업으로 Gabriel Weimann/Conrad Winn, *The Theater of Terror*를 참조. 또 Sonja Glaab 편, *Medien und Terrorismus*; Christian F. Buck, *Medien und Geiselnahmen*을 참조.

나의 전략이라면,[10] 우리 사회가 보이는 퉁명스러운 무관심은 테러리즘 격퇴에서 첫 번째 방어선이다. 테러 전략가들은 이런 방어선에 대해, 그리고 한 번 산출된 공포를 항상 다시금 포획하고 '뇌관을 제거하는' 이런 방어선의 탄력성에 대해 알고 있다. 그래서 그들은 방어선을 극복할 수 있는 전략을 추구한다. 예컨대 연속적 테러는 그 전략 가운데 하나다. 시간적으로 근접한 테러의 연속을 통해 망각으로의 진입을, 그리고 어깨를 썰룩하며 보이는 무관심을 저지하려는 것이다. 이에 대해 보완관계에 있는 것이, 공격받는 서방 사회의 미디어가 산출하는 반복 효과를, 그리고 미디어가 먹여 살리는 센세이션에 대한 탐욕을 이용하는 것이다. 테러 계획자들 자신이 이에 대해 직접적 영향력을 행사하지는 않는다. 하지만 뉴욕 쌍둥이빌딩이 불타고 무너지는 영상이 규칙적으로 반복되면서, 미국이라는 초강대국이 생존에 위협을 받을 정도의 상처를 입을 수 있다는 생각이 상존한다. 그렇지만 쌍둥이빌딩에 대한 테러 공격은 물리적 결과의 측면에서 하나의 절대적 예외다.

전쟁을 결판내는 데 이미지로 충분하다는 것이 이야기의 전부라면, 이미지의 무기로의 전환을 통해 일견 전쟁 수행이 인간적으로 되었다고 말할 수도 있을 것이다. 〔전쟁 당사자〕양측은 각기 자신과 자신의 주민 내지 추종세력에게는 고무적인 이미지를 보여주는 반면 상대편 사회에는 그만큼 좌절시키는 이미지로 공격하며, 그렇게 해서 더 이

---

10 공격당하는 사회의 반응과 호응을 겨냥하는 테러리즘의 전략에 대해서는 Peter Waldmann, *Terrorismus*: Münkler, *Der Wandel des Krieges*, 221쪽 이하를 참조.

상의 물리적 피해를 입히고 추가적 인명 희생을 요구하지 않고도 〔자신들이〕 추구한 효과들을 달성한다. 전쟁은, 몇몇 문화이론가들이 말하듯이, 그저 텔레비전 안에서만 일어난다.[11] 하지만 사정이 그처럼 단순하진 않다. 사정이 그처럼 단순해지는 것을 무엇보다도 서방의 탈영웅적 사회들이 원할 수 없다. 그런 이미지를 감내하고, 그런 이미지에 저항하고, 적에게 가한 고통에서 자부심을 느끼고 그로부터 정치적으로 이득을 보는 능력은 동등하게 배분되어 있지 않은 것이다. 어쨌든 그 능력은 법규범과 인간성을 지향하는 사람들에게 유리하게 작용하진 않는다.

좀 더 첨예화해서 말해보자. 〔독일〕 역사가 미하엘 가이어Michael Geyer의 관찰에 따르면, 20세기 전쟁사의 특징은 스스로에 대해 — 어떤 한계 안에서 — 도덕적 자기구속과 규범적 제한을 부과하는 강국들이 특권적 지위를 갖게 되는 쪽으로 나아갔다는 것이다.[12] 하지만 21세기에는 발전 방향이 반대로 된 것처럼 보인다. 이미지 전쟁은 잔인하고 난폭한 자들에게 유리하게 작용한다. 이미지 전쟁은, 비록 20세기 전쟁에 비해 희생자 수는 뚜렷이 감소하고 있지만, 전쟁 수행의 인간화로 나아가지 않고 잔인한 폭력행위자들이 사건을 좌지우지하게 하는 데 한몫한다. 이러한 발전은 10여 년간 알카에다와 그 연계 집단들이 민간 주민들에게 저지른 테러 공격에서보다 '이슬람국가'라는 테

---

11 일례로 Jean Baudrillard, *Der Geist des Terrorismus*는 그런 입장이라고 할 수 있다. 〔원저명은 *L'esprit du terrorisme*(2002)이며 국내에서는 『테러리즘의 정신』(장 보드리야르 지음, 배영달 옮김, 동문선, 2003)으로 번역·출간되었다.〕

12 Michael Geyer, "Von der Lust am Leben zur Arbeit am Tod", 28쪽.

러 무장집단이 자행한 서방 인질 참수를 담은 비디오 영상에 더 많이 침전되어 있다. 이때 관건은 특정한 인물의 살해가 아니라 문자 그대로의 의미에서 이미지의 생산이다. 피살자의 고국에서 두려움과 공포를 불러일으킬 이미지의 생산인 것이다. ―〔상대의〕 정치적 의지를 꺾기 위해서든, 아니면 이와 같은 식으로 해서 다음번 인질의 몸값 지불을 요구하기 위해서든.

그래서 서방 사회들에는 재래의 무기가 아니라 이미지로 행해지는 공격에 대비하는 것이 중요하다. '대비'할 때 주의할 점은, 반대로 적이 서방 군대의 공습을 받을 때 사람들이 도덕적으로 무감해지지 않도록 하는 것, 고통 받는 적과의 공감을 잃어버리지 않도록 하는 것이다. 여기서 다시 한 번 비대칭적 대립의 딜레마가 드러난다. 대칭적 전쟁의 특징 중 하나는, 〔교전〕 양측 어느 쪽도 무자비함에서 언급할 만한 이점을 끌어낼 수 없다는 것이다. 상대편도 언제든지 무자비함의 강도를 높임으로써 따라올 수 있기 때문이다. 뒤집어서 보자면, 대칭적 구도에서는 큰 용기, 인간성, 동정심에서 불이익이 생겨나지도 않았다. 윤리적으로 혹은 법적으로 규제된 전쟁을 통해 상대편도 비슷한 태도를 취하도록 자극할 수 있었다. 비대칭적 구도에서는 그렇지가 않다. 비대칭적 구도에서는 잔혹성이 더욱 커진 이미지들이 전쟁에 결정적일 수 있다. 일례로 〔소말리아〕 군벌 지도자 무하메드 파라 아이디드Mohammed Farah Aidid 체포작전의 실패 후 소말리아의 수도 모가디슈의 먼지 날리는 길에서 질질 끌려 다녔던 미군 전사자의 사진은 〔미국의〕 소말리아 개입의 경과에 대해, 그 개입의 물리적·도덕적 비용에 대해 파멸적 인상을 남겼다. 그 결과 클린턴 행정부는 소말리아에 파견한 미군 부대를 철수시키고 '아프리카의 뿔'에 있는 국가를 그 국가 자체에 맡겨놓게 되었다. 이 사진 하나가 전투행위들 자체보다 더 많은 것을 가져온 것이다. 그 사진은 〔미국의〕 소말리아에 개입할 ─ 어쩌면 있을지도 모를 ─ 좋은 근거들을 제거해버렸다.

갈등 당사자들 각 편의 전략분석가들은 분명 이로부터 학습했다. 한쪽 편은, 개입세력이 철수하도록 강제하려면 그러한 이미지와 이미지의 확산이 중요하다는 것을, 그리고 다른 편은, 개입이 성공적이려면 어떻게 해서든 그러한 이미지의 확산을 막아야 한다는 것을 학습했다. 늦어도 소말리아에서 이미지 전쟁은 새로운 차원에 돌입했다. 전리품으로서 모가디슈 거리에서 보란 듯이 끌려 다닌 미군 전사자의 사진과 '이슬람국가' 무장집단의 처형 비디오 영상 사이에는 이미지 전략 상의 연관성이 있다. 모가디슈 사진과 '이슬람국가' 비디오 영상 사이의 차이는, 전자는 모가디슈 도심에서 벌어진 미군 병사들과 소말리아 군벌 전사들 간 치열한 전투에 이어 일어난 과정을 담아낸 것인 데 반해, '이슬람국가' 무장집단에 의한 서방 인질의 참수는 본래 해당 비디오 영상을 생산하고 확산할 수 있기 위해 일어난다는 것이다. 두 이미지 시리즈 사이의 차이는 그 사이 비대칭적 구도 하에서 적의 집단심리를 뒤흔들려는 보다 약한 측의 학습과정에서 나왔다.

비대칭적 이미지 전쟁에서 나오는 전략적 귀결들

〔상대에 비해〕뚜렷이 더 약한 행위자는 비대칭화 전략에 기대를 건다. 지하로부터 행동하고 개입 군대에 대항해서 즉 "밖으로부터 오는 힘"[13]에 대항해서, 민간 주민을 은폐 수단으로 이용하거나 〔자신들이〕민간인으로 위장해 폭력적 행동을 하는 식이다. 바로 테러리스트 집단들이 그렇게 한다. 하지만 정치적으로, 경제적으로, 그리고 군사적으로 뚜렷이 더 강한 행위자에게도 비대칭화의 매력이 있다. 그 매력은 역설적이게도 자국민들이 자기편의 희생이 알려질 경우 개입에 대한 정치적 의지를 쉽게 상실하고 체념하는 성향이 있다는 사실에서 나온다. 이와 같은 상황에서 우선 나올 수 있는 귀결은 가능한 한 적은 반격조차 할 수 없는 무기를 투입하고, 그렇게 해서 적의 이미지 전략에 이용될 수 있는 〔자기편의〕어떤 손실도 입을 필요가 없게 하는 것이다. 이러한 발전의 종착점은 비대칭적으로 우월한 행위자들이 '비밀 전쟁'을 수행하는 것이다. 군사적 개입 자체도, 이때 입는 손실도 공개적으로 알려지지 않고 그에 대한 찬반 논의도 이루어질 수 없도록 하는 것이다. 최근 수년 동안 특히 미국이 실행하고 있는 '비밀 전쟁'은[14] 서방 사회들이 자국민들의 집단심리를 겨냥하는 적의 이미지 전략에 의해 상처를 입을 수 있다는 사실에 대한 하나의 대응이다.

---

13 "밖으로부터 오는 힘"이란 개념에 대해서, 그리고 이런 힘의 경우 정당화의 필요가 커지는 현상에 대해서는 다음을 참조. Philipp von dem Knesebeck, *Soldaten, Guerilleros, Terroristen*, 145쪽 이하.

14 Jeremy Scahill, *Schmutzige Kriege*의 여러 곳을 참조.

'비밀 전쟁'을 수행하기 위해서는 어떤 종류의 무기기술이 전제되어야 하는데, 현재는 미국만이 그런 기술을 가지고 있다. 그것은 공군 투입에서 시작해서 GPS를 통해 조종되는 미사일을 거쳐, 멀리 떨어진 곳에서 모니터상으로 조종되는 무인 전투 드론에까지 이른다. 적은 타격을 입는데 상대편을 볼 수도 없고 상대편에 닿을 수도 없다. 굴욕과 잔혹의 이미지를 통해 상처를 받을 가능성에 대한 대응은 [자신의] 군이 상처를 받을 수 없게 만드는 것이다. 그러면 상대편의 대응은 다시금, 더는 닿을 수 없는 [그 상대의] 군을 공격하는 것이 아니라 쉽게 닿을 수 있는 민간인들을 공격하는 쪽으로 나아간다. 이것이 모가디슈로부터의 사진과 '이슬람국가'의 처형 비디오 사이의 또 하나의 차이다. 모가디슈에서 소말리아 군벌의 전리품이 되어 시체로 끌려 다닌 사람은 한 병사였다. '이슬람국가'의 처형 비디오 영상들에서 의도적으로 잔혹성을 연출하는 의식儀式에서 참수되는 사람들은 무장집단의 손에 떨어진 민간인들이다. 비대칭적 이미지 전쟁도 단계적 확대라는 명법을 따른다.

비대칭적으로 우월한 측이 자신의 군이 상처를 입지 않게 하는 쪽으로 나아간다고 하지만, 자신에게 고유한 제2의 취약성을 염두에 두어야 한다. 자신의 손실과 상대편의 희생자 수 사이의 불균형이 그것이다. 취약성의 역설은, 이쪽 편의 손실을 최소화할 때 적의 손실이 극적으로 증가해선 안 된다는 것이다. 가능한 한 전투원들 특히 지도자들을 맞혀야 하고 민간인을 맞혀선 안 된다. 간단히 말하자면, 폭력 사용의 적정성이 보장되어야 한다.[15]

이 대결도 이미지 전쟁의 형식으로 일어난다. 서방 사회들(즉 우월한 측)의 주민들에게는 전쟁 수행이 수술처럼 정밀하고 〔상처를 최소로 줄이는〕 최소침습侵襲적인 것으로 묘사되어야 한다. 주로 적의 전투원들이, 그리고 아주 간혹 '병행해서' 민간인들이 피해를 입는다는 인상을 불러일으키기 위해서 그렇다. 이것이 유고슬라비아 해체전쟁 과정에서 나토가 세르비아를 공격할 때의 정보 및 이미지 전략이었다. 반대편은 다시금 이런 인상을 반박하려고 하며, 가능한 한 많은 〔자국의〕 민간인 사망자들의 사진을 특히 여자와 어린이 사망자들의 사진을 유포하려고 노력한다. 이는 비대칭적으로 우월한 측으로부터 정치적 정당성을 빼앗으려는 시도라 할 수 있는데, 무엇보다도 그것은 우월한 측이 공군과 미사일을 더 사용하는 것을 저지하려는 즉 우월한 측으로부터 우월성을 빼앗으려는 전략적 수단이다. 여기서 사망한 민간인들의 사진은 적의 이미지 전략 ─ 오직 전투원만을 대상으로 하는 정밀한 전쟁 수행 ─ 에 대항해 싸우는 수단인 것만이 아니다. 그 사진들은 동시에 적의 무기 투입을 봉쇄하기 위해 투입된다. 우리는 이를 2006년 여름 레바논전쟁●에서 관찰할 수 있었다. 적의 공군 ─ 이 경우에는 이스라엘 공군 ─ 에 맞설 수 없는 측은 공습으로 죽은 〔자국〕 민간인들의 사진을 퍼뜨리는 가능성을 이용했다. 이런 식으로 해서 부재하는 대공 방위력을 사진이라는 '값싼' 방위수단으로 대체하고자 한 것이다. 그러한 사진이 없을 경우, 조작했다. 조작임이 나중에 밝혀졌

---

15 이것은 일단 정의로운 전쟁의 이론으로부터 군사개입의 실제 상황으로 옮겨진 규칙이다. Knesebeck, *Soldaten, Guerilleros, Terroristen*, 115쪽 이하를 참조.
● 레바논의 시아파 이슬람 무장조직 헤즈볼라가 이스라엘 병사 2명을 납치한 데 대한 보복으로, 2006년 7월 이스라엘이 레바논의 도시를 공격하며 벌어진 전쟁(2006. 7. 12~8. 14).

지만, 사진들의 효과는 이미 발생했다.[16]

그사이 이미지 전쟁은 정치적 목적의 ― 또한 종종 범죄 목적의 ―
인질극으로도 확대되었다.[17] 어떤 국가도 자국민이 세계의 어디선가
인질로 잡히고 이를 통해 〔자국이〕 협박당할 가능성을 방지할 수 없기
때문에, 공식적으로는 다음과 같은 구호가 천명된다. 납치와 인질극에
의한 협박에 굴복하지 않으며 납치범들과 몸값 협상도 없을 것이라는
게 그것이다. 만일 텔레비전이, 인터넷이, 그리고 굴욕당한 채 살려달
라고 애원하는 희생자들의 사진이 없었다면 그러한 정치적 노선이 견
지될 수 있었을지도 모른다. 해당 정부는 〔피랍자〕 고향의 가족들에 의
해, 또 자국 정부의 강경 노선에 반대하는 일부 주민들에 의해, 단순히
협상하라는 정도가 아니라 납치범이나 인질범의 요구에 굴복하라는
압박 아래 놓인다. 해당 정부는 보통 나중에, 정치적 목적의 납치범이
아니라 범죄 목적의 납치범이었다고, 액수를 밝힐 수 없는 몸값을 지
불하고 피랍자를 석방하게 했다고 발표한다. 발표의 정확성은 대부분
의심스럽다. 협박에 굴복하지 않는다는 선언은 보통 몸값을 지불하고
인질을 석방케 하는 쪽으로 나아간다. 모종의 정치적 양보를 했음은

---

16 사진 조작의 전통은 권위적이고 전체주의적인 체제가 특별한 역할을 했던 20세기 초
까지 거슬러 올라간다. Alain Jaubert, *Le Commissariat aux Archives*〔알랭 주베르 지음,
윤택기 옮김, 『20세기 그 인물사: 정치권력과 정보조작의 역사』, 눈빛, 1993〕를 참조). 하지만 이런
사진 조작은 본질적으로 자국민을 향한 것으로, 지도자의 노여움을 산 인물을 국민의 집
단기억에서 사라지게 하거나 자국의 지도자를 특별히 영웅적으로 보이게 하려는 것이었
다. 조작은 정당화의 목적에 한몫했다. 살해된 여자와 어린이들을 담은 영상은 이와는 다
른 것이다. 그 영상의 목적은 상대의 정당성을 뺏는 것이다.
17 Buck, *Medien und Geiselnahmen*을 참조.

철저히 부정된다. 실제로 정치적 양보의 공식적 인정은 앞으로도 납치와 인질극을 통해 정치적 협박을 하라고 〔상대에게〕 청하는 것과 마찬가지일 것이다.

미디어는 대부분 인질극의 정치적 측면보다는 인간적 측면을 부각하는데, 이런 미디어는 어쨌든 정치적 압력을 산출할 때 중요한 역할을 한다. 하지만 그런 식으로 협박을 당하는 국가가 전적으로 무방비 상태에 있는 것은 아니다. 해당 국가는 교환 ─ 몸값 대 인질 ─ 의 종결 후에 납치범 집단의 정체성을 폭로해서 〔그 납치범 집단이〕 '경쟁자들'의 먹잇감이 되게 할 수 있다. 그러면 납치범들은 자신의 노획물을 즐길 수 없게 된다. 이는 2003년 사하라 서부에서 납치된 독일인들의 경우에 효과적인 전략으로 입증되었다. 하지만 이 전략은 범죄집단들에 대해서만 사용될 수 있다. '이슬람국가' 무장집단과 같이 부분적으로 인질 몸값으로 재원을 조달하는 정치적 행위자들의 경우에는[18] 효과가 없다.

이미지 전쟁에서도, 재래식 무기로 치러지는 전쟁에서와 최소한 마찬가지 정도로, 상대편의 특별한 취약성을 찾아내고 자신의 취약성은 감추는 게 중요하다. 고전적 전쟁이 취약성을 활용하거나 방지하는 것을 특징으로 했다면, 이미지 전쟁에서는 그보다는 취약성을 정탐하거나 은폐하는 것이 결정적으로 중요하다. 예컨대 탈영웅적 사회들은 영웅적 몸짓들에 의해 상처를 입을 가능성과 관련하여 자기 자

---

18 '이슬람국가'의 전리품 경제에 대해서는 Steinberg, *Kalifat des Schreckens*, 131쪽 이하를 참조.

신과 다른 사회들을 기만하는 경향이 있다. 하지만 그런 기만은, 소말리아 개입군의 철수나 아프가니스탄에의 한시적 주둔 태세에서 드러났듯이, 쉽게 들통이 날 수 있다. '공포의 미학'은 서방의 정치적·사회적·경제적 주도권에 대항하는 싸움에서 선호되는 무기가 되었다. 서방 사람들이 비대칭적으로 약한 행위자들에 대해 갖는 가장 큰 취약성은 물리적 영역보다는 심리적 영역에 있다. ─ 그리고 그동안에 이에 대해서 여기저기서 이야기되었다.

서방 사회들의 문제는, 자유롭고 개방적인 사회의 본질적 특질들을 의문에 부치지 않은 채 이런 취약성을 제거할 수 없다는 것이다. 서방 사회들에는 무엇보다도 그들 정치의 유효 범위가 중요하다. 구체적으로 말하자면, 그들 본래의 국가영역 밖에서도 그들의 의지 내지 가치에 효력을 부여할 수 있는지의 물음이 중요한 것이다. 파르티잔 전쟁의 전략도 테러리즘의 전략도 탈영웅적 사회를 실존적으로 위협할 수 없다. 정말 실존적 위협이라면, 대립 상황은 그 즉시 근본적으로 달라질 것이며 이미지 전쟁의 전략은 그 정치적 파괴력을 상실할 것이다. 이미지 전쟁은 주변부에서 즉 부유한 지역의 주변부와 동맹 지역의 주변부에서, 영향력을 두고 벌어지는 전쟁이다. 이미지로 공격받는 사회들의 실존적 문제들이 관건일 경우, 심리적·도덕적 취약성은 그 즉시 뒤로 물러선다.

서방 국가의 관광객이 주로 찾는 장소가 공격을 당하는 국가들에서는 사정이 다르다. 여기서 테러 공격은, 일례로 튀니지와 케냐에서처럼, 관광이 국민경제의 중추인 국가의 경제적 중심을 겨냥한다. 폭탄 테러로 야기되는 공포는 본질적으로 공격당하는 국가 자체의 주민이 아니라 관광객의 안전감을 겨냥한다. 테러 뉴스가 늘어나면 관광객은 오지 않는다. 이 경우에도 테러리스트들에게 중요한 것은 테러 시의 사망자들이 아니라 테러 사망자들에 대한 뉴스와 사진들이다. 테러 사망자들은 다른 관광객들로 하여금 테러 공격을 받은 국가에서 휴가를 보내길 꺼리게 하는 한 가지 수단일 따름이다. 그래서 테러는 그에 대해 보도되고 해당 사진이 미디어에 입수됨으로써 비로소 전략적 효과를 발휘한다. 그러한 테러는, 어떤 국가를 명소나 해수욕장 혹은 저렴한 호텔 때문에 방문하는 사람들에게 두려움과 공포를 불러일으키려는 것이기에, 문자 그대로의 의미에서 테러다. 그런데 이러한 공포의 '수신자들'은 휴가지를 고를 때 많은 선택지가 있고, 따라서 쉽게 다른 휴가지로 방향을 돌릴 수 있다. 그런 테러의 적중 효과는 공격받은 국가의 관광 부문이 무너지고 실업률과 불만이 높아질 때, 그리하여 테러집단이 그 국가에서 더 강하게 뿌리를 내릴 지반이 마련될 때 드러난다. 이 전략은 이집트, 튀니지, 케냐의 사례를 보면 단기적으로는 경제적 번영을 그리고 이를 통해 장기적으로는 정치적 안정성을 타격하려는 공격이라고 할 수 있다.

그렇게 공격받는 국가들의 정부가 맞닥뜨리는 가장 큰 도전은, 공격의 본래 목표물이 그 국가 영토에 있지 않다는 것, 그래서 정부가 테러의 효과에 대해 간접적 영향력만 가지고 있다는 것이다. 정부가 취하는 대응 행동의 성공 혹은 실패에 결정적인 것은 그 행동이 뉴스와 사진에 어떤 효과를 낳는가다. 정부는 안전 문제에서의 오류와 태만을 찾아낸 후 시정해서 관광객의 안전이 완전히 다시 확보되어 있다는 인상을, 그렇다고 관광객들이 자국에서 휴가를 보내는 것을 저해하거나 불쾌하게 만들 통제체제가 생겨난 것은 아니라는 인상을 불러일으켜야 한다. 테러 공격에서 언제나 그렇듯이, 관건은 커뮤니케이션 전략상의 도전에 대한 커뮤니케이션 전략상의 대응이다.[19] 하지만 그 대응은 주도면밀하기도 하고 설득력도 있어야 한다. 이에 반해 테러리스들의 도발은 잔인할수록 더욱더 효과적이다. 여기서 비대칭성은 커뮤니케이션으로 옮겨간다. 이미지 전쟁에서 테러리스트들은 그들의 폭력 사용이 어떤 제약 아래에도 놓이지 않는다는 이점을, 폭력 사용이 제한될 필요도 없고 특별히 목표 지향적일 필요도 없다는 이점을 갖는다. 반면 질서 권력 측에서 취하는 대응 행동은 종종 서로 대립되는 일군의 명령에 따라야 하고, 그런 한에서 커뮤니케이션 전략 면에서 테러리스트들 측보다 훨씬 더 심하게 실패의 위험에 노출되어 있다.

테러 공격으로 커뮤니케이션 측면에서 상처를 입을 가능성의 세 차원에 대해 앞에서 서술했는데, 이 세 차원 모두에 대해 다음과 같은 사실이 해당된다. 테러리스트나 인질범처럼 비대칭적으로 약한 행위자들은 그들의 행동을 탈영웅적 주민들의 불안정한 심리 구조를 겨냥하는 뉴스 및 이미지와 결합함으로써 행동의 파괴력을 상당히 증대시킬 수 있다. 이때 약한 행위자들이 자신들의 공격과 관련하여 미디어라는 증폭기를 스스로 준비할 필요가 없다는 사실이, 서방 사회들의 촘촘한 미디어 망을 자신들의 전쟁 목적을 위한 자원으로 이용할 수 있다는 사실이, 그들에게 유리하게 작용한다. 이는 약한 행위자들에게

---

19 커뮤니케이션 전략으로서 테러리즘에 대한 서술은 Waldmann, *Terrorismus*를 참조.

진입 문턱이 뚜렷이 낮아지는 결과를 가져왔다. 어떻게 비대칭적 갈등에서 공격받는 측의 민간 인프라가 공격하는 측의 무기로 변형되는지가 이미지 전쟁에서도, 아니 바로 여기서, 드러난다.

더는 존재하지 않는 통제 방벽으로서 뉴스 차단

부유한 국가들은 당연히 자국의 민간 인프라가 테러리스트들의 공격 무기로 용도가 변경되는 것을 저지하려는 관심이 있다. 비행기의 경우, 승객들에 대한 강화된 통제를 통해 어느 정도 성공을 거둘 수 있다. 도시 밀집 지역의 근거리 교통수단의 경우는 보다 더 어렵다. 여기서는 항공교통에서와 같이 비교적 시간이 많이 드는 통제를 실행할 수 없기 때문이다. 그런 한에서 철도 연결, 지하철 노선, 버스 연결은 항공교통보다 훨씬 쉽게 공격받을 수 있다. 그 대신 철도·지하철·버스에 대한 테러는 비행기에 대한 테러보다 덜 극적이며, 따라서 이미지 전쟁에서 값어치도 떨어진다.

그런데 미디어 자체의 상황은 어떠한가? 뉴스 차단 조치는 테러 공격 이후 정보와 이미지의 급속한 확산을 저지하고 주민들의 패닉 반응을 막는 고전적 수단이었다. 하지만 뉴스 차단은 국가기관이 가장 중요한 미디어들에 대해 통제권을 가지고 있는 한에서만 효과가 있다. 이는 특히 정보기술상 사건에 매우 빠르게 반응할 수 있는 라디오와 텔레비전에 해당된다. 이에 반해, 인쇄 미디어의 경우 사건과 뉴스 사이의 시간적 지연이 충격과 공포를 누그러뜨린다. 오늘날은 신문이

발간되어 나올 때면 사건은 이미 알려져 있다. 신문은 연관성과 배경을 철저하게 탐색하는 일을 맡는다. 민영 텔레비전 방송을 허용하기 전에는 국가기관에 의한 뉴스 차단 내지 의도적 정보 조종이 가능했을 수도 있다. 하지만 뉴스 차단은 이제 그저 흉흉한 소문을 키울지도 모른다. 그리고 결과적으로 시청률을 지향하는 (민영) 방송에 의해 뉴스 차단 조치가 뚫리게 될지도 모른다. 민영 라디오와 텔레비전마저 침묵하게 할 수 있다손 치더라도, 그 효과는 인터넷에 의해 상쇄되어 버릴 것이다.[20] 뉴스 차단의 효과는 제한적이며, 흉흉한 소문에 일을 맡기는 셈이 될 경우 목적에 기여하기보다는 오히려 반생산적으로 작용한다.

한편 이것은 테러 공격에만 해당되는 게 아니라 현대 미디어 풍경의 일반적 특성으로 볼 수 있다. 국가는 더는 뉴스와 이미지의 주인이 아니다. 갈등과 재난의 경우에도 그렇다. 국가가 정치적 자기이해에서 자유주의적 가치에 충실할수록 더욱 그렇다. 이것이 다시금 뜻하는 건, 서방의 민주적 법치국가들은 뉴스와 이미지의 전쟁에서 예컨대 러시아나 중국 혹은 아랍 세계 국가와 같은 권위적 국가들에 비해 훨씬 더 큰 취약성을 보인다는 점이다. 하지만 이와 같은 권위적 국가들에서조차 국가권력은 정보의 확산에 대한 무제한의 통제권을 상실했다. 원칙적으로 우리는 여기서 민주주의, 법치국가, 그리고 평화의 전 지구적 관철이라는 방향으로 가는 발걸음을 본다. 인터넷도 오랫동안

---

20 1970년대 이래의 정보기술 혁명에 대해서는 Manuel Castells, *Das Informationszei-talter*, 제1권, 31~82쪽을, 전쟁 수행과 관련된 그것의 귀결('인스턴트 전쟁')에 대해서는 같은 책 512쪽 이하를 참조.

그처럼 파악되었고 환영을 받았다. 그런데 이러한 발전 과정에서 새로운 취약성들이 생겨났고, 이제 서방의 자유민주주의적 법치국가들은 자신들의 가치와 신념의 근본을 건드리지 않으면서 그 취약성들을 극복하고자 시도한다. 보통 자유와 안전은 병행하는데, 여기[현대 미디어]는 둘 사이에 긴장관계가 발달한 영역이다.[21]

이제 다음처럼 말할 수 있을지도 모른다. 어느 정도의 불안전은 자유민주주의적 법치국가가 자국의 가치를 위해 지불해야 하는 대가이며, 그러한 대가는 자유를 누리는 것에 비해 너무 높지 않은 거라고, 우리 사회에서 교통사고와 가정 내 사고에 의해 목숨을 잃을 위험이 테러 공격에 의해서보다 무한히 더 크다는 점을 감안해도, 아니 바로 그 점을 감안할 때야말로 그렇다고 말이다.[22] 하지만 이 지점에서 ─ 적어도 유럽에서 일어난─ 사회적 변화가 자유주의적 사회의 자기주장 능력에 걸림돌이 된다. 영웅적 사회에서 탈영웅적 사회로 변모된 것이다. 탈영웅적 사회에서는 안전에 대해 욕구가 커지며, 따라서 이런 사회는 이전 사회형태들보다 테러 행동에 의해 훨씬 더 상처를 받을 수 있다. 좀 극단적으로 표현하자면 이렇다. 상대편의 정치적 의지를 꺾기 위해 공포의 산출이 이용될 수 있다는 이유에서도, 21세기의 전쟁은 ─적어도 북반구의 부유한 지역에서는─ 20세기 전쟁보다 치명적 성격은 덜 보일 것이다. 20세기 전반의 전쟁들에 전형적이었던 바와 같은 대량의 죽음 ─ 전장에서의, 그리고 도시에 대한 융단폭격

---

21 이에 대해 상세하게는 Herfried Münkler, "Sicherheit und Freiheit", 13쪽 이하를 참조.
22 Sunstein, *Gesetze der Angst*, 71쪽 이하를 참조.

으로 인한 대량의 죽음— 대신에, 이전과 동일한 효과를 노리고 소수 몇 인의 죽음이 과시적으로 연출된다. 클라우제비츠의 표현을 빌리자면, 적의 남자를 살해함으로써 적의 용기를 살해하는 것이다.[23] 이 분석이 옳다면, 우리의 사회들은 이제 신체에 폭력을 행사하는 형식의 갈등 전개보다는 용기를 꺾기 위해 뉴스와 이미지를 전파하는 형태의 갈등 전개에 더 대비해야 한다. 이미지 전쟁은 여기서 본래적 전쟁의 부차적 동반자가 아니다. 이미지 전쟁 자체가 —언제 어디서나 그런 것은 아닐지 몰라도 분명 몇몇 경우에는— 본래적 전쟁이 되었다. 적어도 전쟁이 실존적 대결로 되지 않은 동안에는.

이는 뉴스와 이미지를 어떻게 다룰지의 문제와 관련하여 중요한 귀결을 낳는다. 효과적인 대응 행동의 기회는 뉴스와 이미지를 막는 것이 아니라 영리하게 다루는 데 있다. 충격적 공포를 노리는 테러 공격의 효과를 보도 방식에 따라 강화할 수도 있고 약화할 수도 있는 것이다. 일례로 뉴스의 오프닝 멘트와 클로징 멘트는 테러와 인질극을 청취자와 시청자들이 어떻게 받아들일지에 상당한 영향을 미친다. 저널리스트들은 이 점에서 단순한 관찰자와 보도자의 역할을 넘어서야 한다. 폭력행위자들이 저널리스트들을 자신들 전략의 일부로 기능하도록 만들었기 때문에, 저널리스트들 자신도 당파성을 띠어야 하며 이런 전략을 방해해야 한다.

이는 저널리스트들이 테러 공격 시 보도자가 해야 할 새로운 역할을 파악하는 걸로 시작된다. 어떤 전략을 방해하는 일이 선한 의지와

---

23 Clausewitz, *Vom Kriege*, 192~193쪽.

정직한 의도로 되는 건 아니다. 대항 전략이 필요하다. 이미지가 무기의 기능을 하도록 만들어졌다면, 그 이미지를 전파하고 논평하는 사람들이 문자 그대로 이미지의 뇌관을 제거해야 하는 것이다. 뉴스 차단이 구시대의 것이 된 이후에는, 예를 들어 보도의 전례화典禮化를 통해 그처럼 할 수 있다. 테러에 대한 정보를 공포에 반대로 작용하는 공식들 속으로 편입하는 것이다. 갑작스러운 프로그램 중단이나 화면 아래로 지나가는 속보 대신에 정보를 공포에 반대로 작용하는 틀 속에 집어넣는 것이다. 공포에서 그 효과를 제거하면, 테러는 사고나 좀 작은 규모의 재난으로 바뀌며, 우리는 이 둘은 다룰 줄 안다. 이 같은 상황에서 저널리스트들은 정치적으로 행동한다. 테러 공격의 벡터인 것에서 벗어나 그 효과에 대한 방벽이 되는 것이다.

이것(보도가 테러 공격의 효과에 대한 방벽이 되게 하는 것)은 예컨대 이미지를 내보낼지 아닐지, 이미지를 위조된 것으로 여길지 아닐지, 그리고 이 점을 보도에 흘러들어 가게 할지에 대해서 결정할 때 언제나 쉬운 건 아니다. 그렇지만 결정해야 한다. 편집을 결정하지 않는 것도 결정이며, 게다가 테러 공격자에게 때맞추어 내리는 결정이기 때문이다. 비대칭성의 시대에는 우리에게 익숙한 편의성들이 파괴된다. 이것이 유럽을 그렇게 오랫동안 긴장시켰고 마침내 20세기 전반에는 파멸시켰던 대규모의 국가 간 전쟁이 역사적으로 단종 모델이 된 것에 대한 대가다.

제 3 부

고전적 지정학,
새로운 공간 관념,
하이브리드 전쟁

⑪
지정학적 사고의 효용과 단점

독일에서는 제2차 세계대전 이후 지정학적 사고에 대한 평판이 나빠졌다.[1] 지정학적 범주를 통해 주장을 펼치는 사람은 즉 정치적 목표를 설정할 때 공간들의 지리적 구조, 역사적·문화적 특성, 또 토지의

---

1 최근 출간된 〔독일〕 문화학자 닐스 베르버Niels Werber의 『지정학 입문Geopolitik zur Einführung』도 그런 생각의 표현이다. 첫째는, 이 책이 스스로를 지정학으로의 "입문"보다는 지정학으로부터의 "구출"로 이해하며, 본질적으로 19세기 말부터 1945년까지 독일에서 나온 지정학적 저작들을 전거로 삼기 때문이다. 둘째는, 이 책이 문화학자 내지 문예학자가 저술한 것으로, 실천논리와의 모든 관련성을 피하기 때문이다. 베르버의 『문학의 지정학Geopolitik der Literatur』은 훨씬 내용이 풍부하다. 이 책에서 그는 푸코에 자극받아 지정학이 그사이 생명정치에 의해 대체되었다는 명제를 대변하고 있다(37쪽 이하, 237쪽 이하). 그 외의 내용에서 베르버의 생각은 〔독일 극작가·소설가〕 하인리히 폰 클라이스트Heinrich von Kleist와 헤겔, 〔미국 소설가〕 허먼 멜빌(Herman Melville, *Moby Dick*), 〔독일 소설가·문화사가〕 구스타프 프라이타크(Gustav Freytag, *Soll und Haben*)의 주위를 맴돌고 있다. 독일의 지정학적 사고를 영미의 개념과 대조하면서 논의하는 것으로는 Rainer Sprengel, *Kritik der Geopolitik*, 70쪽 이하를 참조. Ulrike Jureit, *Das Ordnen von Räumen*은 독일에서의 지정학적 사고와 그 실질적 귀결에 대해 정치 이론적으로 연결할 수 있는 연구를 제시한다.

비옥도나 지하자원의 현존을 고려하는 사람은 유럽의 정치적 경계와 경제적 영향권을 다시금 변경하려는 시도를 지지한다는 의심을 샀다. 그리하여 독일에서는 지정학적 고려와 거리를 취하면서 점점 더 강하게 정치의 법적 정초와 정치에 대한 도덕적 요구 쪽으로 주장의 중심이 이동한다.

정치적으로는 그렇게 해도 되었다. 동서 갈등의 구도 때문에, 지정학적 범주를 통한 사고는 독일인들에게는 실질적인 정치적 결과가 없는 이론적 유희가 되었기 때문이다. 지정학적 문제들은 워싱턴과 모스크바에서, 어쩌면 또 런던과 파리에서 다루어지지만 본에서는 다루어지지 않았다. 정치적으로는 그게 잘된 일이기도 했다. 지정학적 범주를 통한 사고는 "잃어버린 동쪽"에 대한 향수를 일깨우고, 그리하여 1937년의 경계를 기준으로 하는 독일제국의 존속과 같은 법적 허구에 매달리면서 정치적 현실을 받아들이려 하지 않는 사람들에게 보탬이 되었기 때문이다. 지정학적 기반의 발언들은 그렇잖아도 제한된 독일 정치의 행위능력을 더욱 제약했을 것이다. 콘라트 아데나워Konrad Adenauer〔서독 총리. 재임 1949~1963〕의 서방 결속 정책이나 오데르 강과 나이세 강● 저편의 〔독일〕 영토에 대한 실질적 포기를 뜻하는 빌리 브란트Willy Brandt〔서독 총리. 재임 1969~1974〕의 동방정책Ostpolitik●●도 20세기 전반기 독일인들의 지정학적 사고 흐름과는 하

● 1945년 8월 포츠담회담에서 제2차 세계대전 후 독일의 동쪽 경계선(오데르·나이세 선)으로 정한 지역. 오데르 강과 그 지류인 나이세 강으로 이루어지며 현재 독일과 폴란드의 국경선이다. 1950년부터 1990년까지 동독과 폴란드 사이 국경선이었다. 독일은 1937년 오데르·나이세 강 영토를 침공하여 점령한 바 있다.

나가 될 수 없었다. 하지만 학문적으로는 지정학적 사고의 포기는 문제였다. 독일 전통에 대해 대안적인 지정학적 사고의 흐름이, 일례로 미국과 영국의 흐름이, 또 (프랑스) 지리학자 이브 라코스테Yves Lacoste에 의지해서 새롭게 지정학적 물음을 제기하려는 프랑스의 시도가 오랫동안 수용되지 않았기 때문이다.[2]

지정학적 사고에 대한 독일적 금욕의 전제는 1989년과 1991년 사이에 즉 바르샤바 동맹과 최종적으로 소련의 몰락과 함께 달라졌다. 다만 이 사실이 오랫동안 주목되지 않았을 따름이다. 동서독 통일의 경제적·사회적 후속 결과에 사로잡혀서, 독일인들은 유럽의 중심 하나가 부활한 것이 이웃 국가들이 독일을 받아들이는 방식에 대해 어떤 의미를 갖는지를, 또 통합된 유럽이 유럽의 주변 국가들에 갖는 관계에 대해 어떤 의미를 갖는지를 간과했다. 유로화 위기, 러시아-우크라이나 갈등, 근동과 중동의 정치적 질서 붕괴와 함께 지정학은 다시금 정치적 어젠다가 되었다.[3] 하지만 정치적 사고는 이러한 '과거의 유령들'의 귀환에 대해 준비되어 있지 않았다.

1945년 이후 생겨난 '세계질서'를 보기만 해도 알 수 있었을 텐데,

●● 브란트 서독 총리가 추진한 중유럽 공산권과의 관계 정상화를 위한 외교정책. 동방정책으로 서독만이 유일한 합법정부이며, 동독 정부를 승인하는 국가와는 외교관계를 맺지 아니한다(소련 제외)는 서독 외교정책(1955년 서독 외무차관 발터 할슈타인이 기초)이 포기되었다.

2 지정학의 새로운 이론적 접근법에 대한 개관은 Reinhard Zeilinger 외 편, *Geopolitik*; Yves Lacoste, *Geographie und politisches Handeln*을 참조. 두 책은 '구'지정학과 분명하게 거리를 취한다는 점에서 특징적이다.

3 Herfried Münkler, *Macht in der Mitte*, 45쪽 이하 참조.

독일과 유럽에서 지정학적 사고가 중요성을 상실한 것은 정치적 예외 상황으로 인한 것이지, 좋게 보는 사람들이 생각하는 것처럼 문명의 진보로 인한 것이 아니다. 일례로, 미국은 대서양과 태평양 공간에서 각각의 마주 보는 해안을 통제하는 데 공을 들였다. 세계정치적 상대 로서 소련이 대양에 접근하는 통로를 확보하고 해양에서 미국의 상대 가 되는 것을 저지하기 위해서였다.

미국의 지정학은 해군전략가 앨프리드 세이어 머핸 제독의 의미에 서 세계 해양의 통제가 세계 지배의 열쇠라는 데에 공을 들였고, 동시 에 머핸의 이론적 반대편인 영국 지리학자 해퍼드 J. 매킨더를 따랐다. 매킨더는 20세기 초 순수한 해양 지배의 시대는 지나갔고 유라시아 대륙의 최강국이 세계의 주도국이 되는 것을 막고자 하는 자는 유라 시아 해안 지역을 통제해야 한다고 선언했다.[4] 이것을 미국인들은 제 2차 세계대전 이후 정확히 행했다.[5] 그리고 이것은 유럽에선 수월했던 반면, 동아시아에선 두 번의 전쟁 즉 한국전쟁 및 베트남전쟁과 결부 되었다. 나토는 분명 가치공동체이기도 했지만, 그보다는 더 지리 전 략적으로 구성된 동맹이었다. 아니라면 포르투갈, 그리스, 터키의 군사 독재 체제들이 나토에 속할 수 없었을 것이다. 1960년대의 항의 운동 들은 미국의 권력정치적 현실과 규범적 자기이해 사이의 이러한 모순

---

4 이에 대해 상세하게는 Paul M. Kennedy, "Mahan versus Mackinder"을 참조.
5 미합중국의 동맹정책이, 하지만 마찬가지로 소련의 동맹정책도, 지정학적 고려에 따른 것이라는 점에 대해서는 Thomas Pankratz, *Bündnis- und Außenpolitik der Großmächte*, 93쪽 이하를 참조. 최근 러시아에서의 지정학적 고려에 대해서는 Walter Laqueur, *Putinismus*, 131~132쪽을 참조.

을 감지했는데, 그 원인을 파악하진 못했다. 왜냐하면 항의 운동들엔 지정학적 사고가 너무도 낯설었기 때문이다.[6]

오늘날 지정학적 사고에 대해 말할 경우, 강한 형태와 약한 형태를 구별해야 한다. 강한 형태에서는 지정학적 행위명령이 중요하다. 이 행위명령은 무엇을 해야 하고 무엇을 하지 않아야 하는지를 규정한다. 이에 반해 약한 형태는 정치적 계획을 세울 때 지정학적 측면에 유의해야 한다는 점을 지적한다. 스스로는 설령 다른 점들을 우선시하더라도, 정치적 아군과 적군은 지정학적 범주를 통해 사고할 수 있다는 것이다.[7] 우크라이나와의 협상 전략에서 유럽은 바로 이 점에서 오류를 저질렀다. 우크라이나의 큰 이웃 즉 러시아를 고려하지 않았고, 소련의 붕괴가 "20세기의 가장 큰 지정학적 재앙"이었다고 하는 블라디미르 블라디미로비치 푸틴Vladimir Vladimirovich Putin의 발언을 진지하게 받아들이지 않았던 것이다. 그 발언을 진진하게 받아들였더라면, 러시아의 대응에 준비되어 있었든가 아니면 러시아를 미리 대화에 끌어들였을 것이다. 유럽연합의 정치는 지정학적 순진함이라는 스스로 놓은 덫에 걸렸다. 수개월간의 전쟁을 통한 우크라이나 동부의 파괴뿐만 아니라 국가 전체의 경제적 약화, 그리고 이제 가시화되는

---

6 하인리히 아우구스트 빈클러Heinrich August Winkler의 기념비적 연구인 『서구Der Westen』도 어떤 점에서 이 모순에 시달리고 있다(특히 제4권). 빈클러 자신은 이 모순을 규범정치에 더 비중을 두는 식으로 해결할 수 있다고 생각하더라도 그렇다.

7 이때 사람들은 보통 정치적으로 오염된 지정학이란 개념을 피하고 공간 내지 공간 이론에 대해 말한다. 이 개념들을 사용함으로써 이전에 영토성에, 그리고 외교정책 및 안보정책에 고착되었던 상태에도 균열이 생겼다. Bernd Belina, *Raum*과 Jörg Dünne/Stephan Günzel 편, *Raumtheorie*를 참조.

바와 같이 우크라이나를 둘러싼 부양 경쟁으로 인해 유럽인들이 아주 많은 비용을 지출하게 될 것이라는 점은 쉽게 예측할 수 있다. 그저 수업료에 그치지 않을 것이다.

제1차 세계대전 발발 100년을 기념하면서 독일인들의 잘못과 책임에 대해 많은 말이 있었고 다시 한 번 그를 둘러싸고 다툼이 있었다. 이를 넘어서, 1914년 여름 당시 정치적 결정권자들의 두 징신적 성향으로 눈길을 돌려볼 필요가 있다. 오스트리아–헝가리에서의 하강 불안과 독일제국에서의 봉쇄 불안이 그것이다. 한편 오스트리아–헝가리에서만 하강 불안이 지배했던 것은 아니다. 그 불안은 강도는 다르지만 상트페테르부르크, 파리, 런던에서도 관찰된다. 지정학적 구도에 대한 인지와 관련하여 이런 점이 중요한 이유는, 불리한 구도와 불리한 역학관계가 특정한 불안이라는 필터를 통해서 극적인 것으로 되기 때문이다.

당시를 돌이켜보면서 몇몇 역사가들은 독일인들의 봉쇄 불안이 사실적 근거가 없었다고, 그저 순전히 망상이었을 따름이라고 설명했다. 그럴 수도 있고 아닐 수도 있을 것이다. 하지만 어떻든 1914년 7월위기 때 행위자들이 그와 같은 필터의 마력 속에서 상황을 인지하고 결정을 내렸다는 점은 달라지지 않는다. 이러한 불안이 근거가 있었느냐에 대한 논의는 정치적 결정이 불완전한 정보의 조건하에서 내려진다는 역사가 오랜 문제의 또 하나의 장_章일 따름이다.

1914년 전쟁의 발발에서 배울 수도 있었던 것에로 가보자. 러시아의 정치적·군사적 엘리트들이 2014년 자신들 편이었던 키예프 지도부의 실각• 이전에 이미 하강과 봉쇄의 불안에 시달렸다는 점은 이

지도부를 관찰했던 사람이라면 누구나 알 수 있는 일이다. 키예프의 혁명은 이 불안을 더욱 키웠다. 유럽연합이 심리학적으로 영리하고 지정학적으로 노련했다면 우크라이나 문제와 관련하여 행동할 때 이 점을 고려했어야 했을 것이다.

유럽연합 측에서 더는 그 같은 실수를 저질러선 안 될 터인데, 그래야 하는 이유 또 하나는 유럽에 대한 최대의 지정학적 도전이 흑해 지역과 캅카스가 아니라 근동과 중동이기 때문이다. 여기서는 제1차 세계대전 이후 영국인들과 프랑스인들에 의해 설정된 질서가 그사이 붕괴되었고 그 자리에 어떤 대안이 들어설지, 어떻게 이 지역의 안정화를 이룰 수 있을지 예측할 수 없다. 어쨌든, 예전의 사이크스 피코 협정에 따른 질서Sykes-Picot-Ordnung●●를 무너뜨리려고 하는 지하디스트들은 분명 이 지역(근동과 중동)의 새로운 질서에 대한 어떤 지정학적 관념을 가지고 있는데, 이때 (아랍의) 이슬람이 그 팽창의 정점에서 이루었던 권력 확장을 목표로 삼고 있다.[8] 그 결과 유럽인들은 근동과 중동의 극적인 발전이 마치 자신들에겐 무관한 것처럼 행동할 수 있는 선택지를 갖지 못하게 되었다. 유럽인들은 괴테의 『파우스트』에서

● 친러시아 성향의 빅토로 야누코비치 제4대 우크라이나 대통령의 실각. 2014년 2월 18일 우크라이나 키예프 독립광장에서 벌어진 유로마이단Euro Maidan 시위(2013년 11월부터 이어진, 우크라이나의 유럽 지향을 지지하는 시위)로, 우크라이나와 유럽연합의 경제협력 추진 백지화 정책을 추진하던 야누코비치 대통령이 2월 22일 탄핵되었다.

●● 소아시아협정Asia Minor Agreement. 제1차 세계대전 중인 1916년 영국 외교관 마크 사이크스와 프랑스 외교관 프랑수아 조르주-피코가 중심이 되어 영국, 프랑스, 제정러시아 사이에 맺은 비밀 협정. 4월 26일에 오스만제국의 영토 분할에 관해 협정을 맺었고, 5월 9일에는 이 협정의 내용 가운데 영국과 프랑스에 관한 부분을 재확인했다.

부활절에 산책 나온 사람들처럼 "저 뒤 멀리 터키에서 민족들이 서로 싸우는데" 뒤로 기대고 있을 수는 없다.

근동과 중동 질서의 붕괴는 유럽에도 피해를 입힐 것인데, 경제적으로는 장기적으로 원자재 가격이 올라갈 것이고 사회적으로는 난민 물결이 늘어날 것이기 때문이다. 그러니까 유럽인들은 자신들의 이익 때문에라도 이 지역의 안정성에 투자해야 할 것이다. 지금까지 유럽인들이 인도적 원조에 스스로를 제한했었다면, 이제 해야 할 것은 인도적 원조와는 다른 어떤 것이다. 하지만 그러려면 근동과 중동 사람들이 받아들이고 지지하는 지정학적 구상이 필요하다. 현재 그러한 구상이 없는데, 유럽인들이 이 같은 도전에 대해 이미 생각의 큰 진전을 이루었다고 말할 수도 없다.

21세기의 지정학적 사고는 지정학이 학문 분과로 발전한 19세기 말과는 다른 관점을 따른다. 당시에는 항공 교통이, 그러니까 공군도, 대륙 간 로켓도, 전투 드론도 없었다. 커뮤니케이션 기술 측면에서 독일을 미국과 연결했던 해저케이블은 제1차 세계대전 발발 후 영국 해군에 의해 절단되었다.—이 일은 미국에서 전쟁에 대한 독일인들의 시각과 관련해 상당한 영향을 미쳤다. 해협, 갑岬, 섬들이 선박 교통을 통제하는 데, 그리하여 세계경제를 통제하는 데 아주 중요했고, 이와 같은 지정학적 위치들을 중심으로 영국의 세계제국이 구축되었다.

이젠 극지방 빙하가 녹으면서 선박 교통 루트가 혁신될 것이라는

---

8 지하디스트들의 공간 관념 및 그와 결부된 정복 판타지에 대해서는 Elisabeth Heidenreich, *Sakrale Geographie*, 129쪽 이하; Sebastian Huhnholz, *Dschibadi-stische Raumpraxis*를 참조.

점을 예상할 수 있고, 커뮤니케이션 연결은 이미 오래전부터 케이블 없이 작동한다. 사람들은 잠시 이런 변화로 인해 지정학적 사고가 중요성을 상실할 것이라고 생각했다. 하지만 실제로는 지정학의 주도 범주가 달라졌을 뿐이다.[9] 고전적인 육전 및 해전의 지리 전략적 핵심 위치들 대신에, 군사적 경향보다는 훨씬 더 강하게 경제적 경향의 관념들이 등장했다. 전체적으로 고정적이고 경직된 것에 대한 통제에 비해 유동적이고 흐르는 것에 대한 통제가 중요해졌다. 인간과 재화, 자본과 정보의 흐름에 대한 지배는 지리적으로 구획된 공간들을 점령하는 것보다 몇 배 중요해졌다.[10] 푸틴이 크림반도를 영토적 측면에서 장악한 것이 후자에 속한다면, 미국의 전 지구적 감시정책은 전자에 속한다고 할 수 있다. 여기서 육상제국과 해양제국 사이의 고전적 대립을 볼 수도 있지만, 제국 건설의 낡은 형식이 제국의 현대적 후예에 반기를 드는 것이라고 볼 수도 있다. 어쨌든 이는 질 들뢰즈Gilles Deleuze와 펠릭스 가타리Félix Guattari를 따라 '매끈한 것'과 '홈 파인 것'이라는 개념[11]과 이어지는 연계 영역을 가지고 서술할 수 있는 두 지정학적 사고 모델 사이의 경쟁이다. 홈 파인 것은 경계를 긋고 공간을 복수의 공간으로 만드는 것을 뜻한다. 이에 반해 매끈한 것은 공간을 서로 연관되는 커다란 통일체로 나타낸다. 여기서는 결합이 분리선보

---

9 Gearóid Ó Tuathail, "Rahmenbedingungen der Geopolitik in der Postmoderne", 120쪽 이하 참조.

10 이에 대해서는 이 책의 제13장 「21세기의 '공간'」도 참조.

11 Gilles Deleuze/Felix Guattari, *Tausend Plateaus*, 657쪽 이하(질 들뢰즈, 펠릭스 가타리 지음, 김재인 옮김, 『천 개의 고원: 자본주의와 분열증 2Mille Plateaux: capitalisme et schizophrénie』(새물결, 2001), 905쪽 이하).

다 중요하다.

  그런데 유럽인들은? 유럽인들은 이와 같은 변화에 직면해서 더욱 조망 능력을 갖도록 해야 한다. 그것이 비록 다른 거대 행위자들의 전략을 해독하는 일에 불과하더라도 그렇다. 최근 이 점이 부족했다. 하지만 유럽인들도 중기적으로는 자신의 위치를 지정학적으로 정의하는 걸 피할 수 없을 것이다. 나름의 역량 안에서 주변의 안정성을 도모하는 지역 권력으로 등장하려고 하는지, 아니면 점점 미국과 어깨를 나란히 하면서 21세기 세계질서의 형성에 영향력을 행사할 것인지 말이다. 그리고 독일인들은 유럽 중심부의 권력으로서 유럽연합의 미래에 대해 특별한 책임이 있다는 걸 깨달아야 할 것이다. 독일인들은 남유럽, 및 중유럽을, 또 서유럽 및 동유럽을 묶어야 하며 최근 뚜렷하게 증가하는 원심력들에 맞서 대응해야 한다. 예전에 한 번 그랬던 것과 같은 팽창이 아니라 응집이 독일인들의 행동을 이끄는 지정학적 주도 개념이다.[12] 향후 독일연방공화국의 중심적인 정치적 과제는 유럽에서 원심력을 구심적 동력으로 변환하는 데 있을 것이다. 이는 사고의 지정학적 훈련 없이는 거의 가능하지 않을 것이다.

12 이에 대해서는 Münkler, *Macht in der Mitte*, 137쪽 이하를 참조.

12

우크라이나와 레반트
유럽 주변부에서의 전쟁과
새로운 세계질서를 위한 투쟁

상황에 대한 하나의 기술

우크라이나 동부에서 벌어진 전쟁●으로, 1980년대 말에 시작된 유럽 평화의 시대가 끝났다고들 말한다. 그 이래로 챙긴 평화 배당금을 이제 다시 군사비로 지출해야 한다고 한다. 이 같은 상황 판단은 1990년대 발칸반도에서 도합 20만이 넘는 사람들의 목숨을 앗아간 몇 번의 전쟁이 있었다는 점을, 그리고 캅카스에서도 북쪽의 체첸인들과 남쪽의 아르메니아인들 및 아제르바이잔인들 사이에 일련의

● 돈바스전쟁. 2014년 2월부터 도네츠크 주와 루한스크 주 등 우크라이나 동부 지역에서 우크라이나 정부군과, 러시아의 지원을 받는 돈바스 분리주의 반정부군 사이에 벌어진 전쟁이다. 러시아 측의 공식적인 부정에도 불구하고 러시아의 직접적인 군사적 개입이 이루어진 것으로 알려져 있으며, 이로 인해 유럽연합을 비롯한 서방 국가들과 러시아 사이에 긴장이 고조되었다. 2015년 2월 민스크에서 두 번째 정전협정이 이루어졌음에도 크고 작은 전투가 계속되었다.

끔찍한 전쟁이 있었다는 점을 망각하고 있다. 우크라이나 동부에서의 갈등은 본래 발칸반도에서의 전쟁들과 캅카스에서의 전쟁들 사이를 잇는 하나의 지리적 조각일 따름이다. 이 점은 -폭력적 전쟁 없이- 국제법에 반하여 행해진 러시아의 크림반도 병합을 더해서 생각해보면 더욱 분명해진다.

우리가 여기서 다루는 지역은 발칸반도 서쪽에서 카스피 해까지 이르는데, 오래전부터 인종적·종교적·종파적 다양성을 특징으로 하며 지난 시절 인접 지역들로까지 번질 뻔한 폭력의 분출이 항상 다시금 일어났던 곳이다. 이때 다인종성과 다종파성은 고전적 권력 갈등을 내전과 국가 간 전쟁으로 격화시키는 인화 물질로 작용했다. 가장 잘 알려져 있고 후속 영향이 가장 컸던 사례는 제1차 세계대전의 발발로 이어진 1914년 세르비아와 오스트리아-헝가리 사이의 갈등이다. 우크라이나 동부의 상황을 이런 관점에서 관찰하면, 〔돈바스전쟁을〕 30년 가까운 유럽 평화시대의 종말로 보기보다는 이 지역 내의 긴 전쟁 사슬에서 또 하나의 고리가 추가된 것으로 보게 될 것이다.[1]

우크라이나 동부의 친러시아 분리주의자들이 거둔 성공과 마찬가

---

1 20세기 발칸에서 캅카스에 이르는 지역의 전쟁과 내전의 역사에 관련하여, 우크라이나 공간에 대해서는 Alexander Victor Prusin, *Nationalizing a Borderland*; Mark von Hagen, *War in a European Borderland*(두 책 모두 관련 문헌들에 대한 정보를 담고 있다)를, 연구 성과들의 요약은 Laura Engelstein, "Verhaltensweisen des Krieges in der Russischen Revolution"; Andreas Kappeler, "Vom Kosakenlager zum Euromaidan"을, 최근 우크라이나 동부의 전쟁과 관련해 정보가 풍부한 Nikolay Mitrokhin, "Infiltration, Instruktion, Invasion"을 참조. 발칸 공간에 대해서는 Johan-nes Grotzky, *Balkankrieg*을, 발칸에서 있었던 제1차 세계대전의 전쟁 전사前史에 대해서는 M. Hakan Yazuv/Isa Blumi 편, *War and Nationalism*을 참조.

지로 '이슬람국가' 무장집단이 시리아와 이라크 북부에서 일시적으로 영토를 획득한 것은 유럽인들을 경악케 했고, 역시 이 지역에서 '이슬람국가'를 퇴치하기 위해 군사적으로 개입하게 했다. 이때 '이슬람국가' 무장집단의 영토 획득 자체보다는 그들이 과시하는 잔혹성과 그들이 미디어 효과를 노리고 연출하는 문화재 파괴가 세계 공론장의 관심을 레반트로 돌렸다.[2] 하지만 '이슬람국가'의 잔혹성을 비추는 미디어의 조명은 아랍세계에서의 수많은 전쟁과 전쟁에 준하는 갈등 가운데 하나를 가시화했을 뿐이다. 이들 전쟁과 갈등은 아나톨리아와 예멘 사이에서, 메소포타미아와 사하라이남 아프리카 사이에서 폭력에 노출된 공간들의 거대한 모자이크를 형성한다. 이 모자이크 안에는 폭력행위자들의 매우 다양한 동기와 목표가 함께 자리하고 있다. 폭력 분출과 전쟁들 ─ 그 가운데 몇몇은 이미 수년 전부터 지속되고 있다 ─ 은 하나의 단일한 큰 전쟁으로 융합될 수 있는데, 그럴 경우 그 전쟁은 공간적 크기와 행위자의 다양성 때문에 정치적 협상으로도 또 외부에 있는 힘들의 개입으로도 종결될 수 없을 것이다. 이것이 아랍-이슬람 지역의 최악의 시나리오고, 이를 저지하는 것이 유럽 정치에 중심적 도전이 되었다.

메소포타미아와 마그레브 사이의, 또 지중해와 사하라이남 아프리

---

2 레반트는 레바논, 시리아 대부분, 이라크 북부 지역을 포괄하는 문화지리적 공간을 지칭하는 말이다. 이 전쟁의 전사前史를 개관하기 위해서는, 그리고 '이슬람국가'의 활동에 대해서는 Behnam I. Said, *Islamischer Staat*; Bruno Schirra, *Isis*; Wilfried Buchta, *Terror vor Europas Toren*; Steinberg, *Kalifat des Schreckens*; Loretta Napoleoni, *Die Rückkehr des Kalifats*를 참조.

카 사이의 상황에 비교하자면 발칸반도와 캅카스 사이의 분쟁 지역은 정치적으로 좀 더 작은 문제다. 우리의 느낌에 후자의 문제가 크게 여겨지는 것은 거기에 러시아가 관여되어 있고 러시아인들은 미국인들 다음으로 가장 많은 핵폭탄과 발사장치를 가지고 있기 때문이다. 하지만 생각의 방향을 바꿔볼 수 있을 것이다. 크림반도를 둘러싼 갈등과 우크라이나 동부 전쟁이 그처럼 위험한 것은 바로 그 결과로 러시아가 전 지구적 차원과 지역적 차원에서 행해지는 서방의 질서 형성 노력에 대해 지속적으로 반대편에 서게 될 가능성이 있기 때문이다. 설령 그렇게까지 되지는 않더라도, 러시아가 분쟁 지역에 평화를 가져오는 데 기여할 힘들에서 빠져버린다는 것만으로도 이는 거의 보충하기 어려운 결손이다. 전쟁을 제한하고 위기를 처리하는 문제에 관한 한, 21세기의 세계질서는 여전히 러시아의 생산적 협조에 의존하고 있다. 적어도 유럽인들의 시각에서는 그러하며, 발칸반도에서 캅카스에 이르기까지의, 그리고 아랍-이슬람 세계의 분쟁 지역 및 전쟁 지역에 관련해서는 그러하다.

'세계경찰'로서 20세기 후반 세계질서의 기본 규칙을 확정하고 또 대개는 관철했던 미국이 이 커다란 두 지역에서는 지금까지 별다른 역할을 하지 않았다. 10년 전이라면 사람들이 기대했었을 바와는 다르게 말이다. 1990년대와 그 이후에도 유고슬라비아 해체전쟁들을 제한하고 종결할 때 미국은 중요한 역할을 떠맡았다. 아니 결정적 역할을 떠맡았다고 할 수 있다. 당시 유럽인들은 과연 개입할지, 그리고 어느 편에서 어떻게 개입할지 의견을 일치하지 못했기 때문이다. 어떤 점에서는 당시에 즉 동서 갈등의 종식과 동구 블록의 붕괴 직후에,

1914년 여름의 갈등 상황이 다시 등장했다. 하지만 위기의 진행 과정이 완전히 달랐던 것은 상당 부분 미국의 개입 덕이라고 할 수 있다. 20세기 초와 비슷하게 1990년에, 동서 대립 때문에 동결되었던 갈등들이 출현했다. 세르비아는 공격적으로 지배권을 행사하려 했고 유고슬라비아의 다른 민족들과 인종들은 대大세르비아의 주도권에 반하여 잠재적 형태에서 공개적 형태에 이르기까지 다양하게 저항하면서 전쟁이 발발했는데, 그 결과 발칸반도의 갈등 당사자들에 대해 서유럽의 강대국들이 상반된 입장을 갖는다는 사실이 드러났다. 프랑스는 과거 동맹국이었던 세르비아에 공감을 표했고, 반면에 독일과 오스트리아는 보란 듯이 크로아티아 편을 들었다. 과거 소련의 후속 국가 가운데 최대 규모인 러시아는, 내부 문제들 때문에 대외 정치적으로 약화되어 있기는 했지만, 다시금 과거 자국의 피보호국인 세르비아 편을 들었다. 이에 반해 1914년이라면 발칸반도 갈등 하나만으로는 유럽 전쟁에 관여할 생각이 거의 없었을 영국은, 세르비아의 잔혹한 행위와 전쟁범죄에 대한 수많은 보도에 자극받아, 세르비아에 비판적 태도를 취했다.[3]

이처럼 유럽이 스스로 발목을 잡던 국면에서, 미국이 발칸반도 갈등에 개입했고 외교적·군사적 수단을 통해 폭력이 종결되게 했다. 이후 유럽인들은 어느 정도 지탱될 수 있는 질서를 세우기 위해 노력했

3 유고슬라비아 해체전쟁의 역사에 대해서는 Victor Meier, *Wie Jugoslawien verspielt wurde*; Hannes Hofbauer, *Balkankrieg*을 참조. 특별히 보스니아 전쟁에 대해서는 David Rieff, *Schlachthaus*를, 한 언론인이 전쟁과 그 유산을 목격하며 서술한 것으로서 Matthias Rüb, *Balkan Transit*를 참조.

는데, 그 질서란 군사력과 경찰력 및 행정 인력의 축소, '폭력을 사들이기 위한' 상당한 금액의 투입, 유럽연합 가입 전망의 제시라는 세 조합으로 이루어진 것이었고, 지금까지 동일하다. 미국이 발칸반도에 개입한 동기가 무엇이었든 — 갈등이 지속될 경우 나토와 유럽연합 안에서 감지되는 균열이 정말로 대립과 분열로 될 수도 있을 것이라는 염려였든, 발칸반도에서 리시아인들의 영향력이 키지는 데 대한 두려움이었든, 아니면 보스니아에 지하디스트 전사들이 점점 더 스며들어 세르비아-보스니아전쟁을 유럽 주변에서의 종교적·종파적 갈등으로 변모시킬 것이라는 관찰도 작용했든 — 미국의 발칸 개입은 1914년 후의 갈등 진행과 1990~1991년 후의 갈등 진행 사이에 결정적 차이를 낳았다.

미국의 발칸반도 개입이 성공적이었다면, 이라크 개입은 훨씬 더 많은 노력을 기울이고 극적으로 더 높은 비용을 치르면서 추진되었음에도 실패하고 말았고 이는 근동과 중동에서 미국의 권력 계획이 전환되는 부표가 되었다. 스스로 발목을 잡는 요인들을 극복하고 정치적·사회적·경제적 근대화의 측면에서 아랍세계의 모범과 길잡이 역할을 하는 체제를, 시민들의 정치적 참여에 기초하여 번영하는 체제를 세우기 위한 시험 프로젝트로 생각되었던 것이[4] 정치적 재앙이 되었다.[5] 미국의 이라크 개입은 이 지역에서 안정성과 번영의 증대가 아니라 질서 붕괴의 가속화로 이어졌다. 하지만 아랍-이슬람 세계에 대

---

4 이런 평가에 대해선 Herfried Münkler, *Der neue Golfkrieg*, 29쪽 이하를 참조.
5 전쟁의 경과와 그 '여파'에 대해서는 Stefan Aust/Cordt Schnibben 편, *Irak. Geschichte eines modernen Krieges*를 참조.

한 몇몇 관찰자들이 하듯이,[6] 이 지역의 갈등과 전쟁을 모조리 미국 탓으로 돌리는 것은 옳지 않다. 미국의 개입이 분명 질서 붕괴를 재촉했지만, 미국이 아랍세계의 사회적·경제적 봉쇄에 대해서 책임이 있는 것은 아니다. 그 반대다. 〔미국의 개입은〕 아랍-이슬람 세계의 자기 봉쇄를 풀려는 시도였는데, 다만 모조리 실패했을 따름이다.

이와 같은 실패를 배경으로 해서 비로소 특히 유럽인들이 '아랍의 봄'●에 걸었던 기대와 희망을 이해할 수 있다.[7] 기본적으로 외부로부터 야기될 수 없는 것이 주민들 스스로가 떠맡고 추진하면 성공할 수 있으리라는 것이다. '아랍의 봉기Arabellion'에 대한 이처럼 낙관적인 판단의 바탕에는 분명 1989~1990년 중유럽에서 공산주의체제들의 붕괴와 함께 일어났던 일이 아랍세계에서 반복될 수 있으리라는 생각이 깔려 있었다. 그사이 이런 희망도 실망으로 바뀌었다. '아랍의 봉기'에서 남은 것은 최소한 미국의 이라크 개입만큼이나 큰 재앙이다. 지금까지 20만이 넘는 목숨을 앗아갔고 수백만에 이르는 난민을 만들어낸 시리아내전, 서로 경쟁하는 리비아의 군벌과 무장집단 사이의 전쟁, '아랍의 봄' 때 실각한〔2011년 2월〕 예전의 대통령 호스니 무바라크

---

6 여기서 독일어권에서는 누구보다 미하엘 뤼더스Michael Lüders를 들 수 있다. 일례로 그의 책 *Wer den Wind sät*를 참조. Napoleoni, *Die Rückkehr des Kalifats*도 논지가 유사하다.

● 2010년 12월 북아프리카 튀니지에서 촉발되어 아랍·중동 국가 및 북아프리카 일대로 확산한 반정부 시위운동(민주화운동). 튀니지('재스민혁명'), 이집트, 예멘 등에서 일어난 반정부 시위는 정권 교체로 이어지기도 했다.

7 낙관적 기대를 품었던 입장에 대해서는 일례로 Frank Nordhausen/ Thomas Schmid 편, *Die arabische Revolution*을 참조.

Hosni Mubarak보다 더 억압적으로 통치하는 이집트의 군부체제, 영향력 범위를 놓고 벌이는 이란과 사우디아라비아 사이의 격화되는 주도권 경쟁을 보라. 그나마 한 줄기 빛이 보이는 사례는 그사이 민주적 선거를 기초로 두 차례 정권 교체가 일어난 튀니지인데, 그러나 여기서도 사회적 문제들의 해결에 필요한 경제적 도약은 아직 이루어지지 않은 상태다. 튀니지의 지하디스트들이 경제적 안착의 주역인 관광산업을 특히 공격 대상으로 삼는 것은 놀랍지 않다. 바로 관광산업을 공격함으로써 튀니지의 발전에 상처를 입힐 수 있기 때문이다.

결국 '아랍의 봄'에 걸었던 기대의 대차대조표는 실망스러운 것으로 드러났다. 그런데 더 나쁜 것은, 어떻게 시리아와 리비아의 내전을 끝낼 수 있을지에 대해 정치적으로 사용할 만한 아이디어가 전혀 없다는 점이다. 이집트에서처럼 어설프게 가린 군사독재로의 귀환을 실행 가능한 중간 해법으로 보지 않으려 한다면 말이다. 어쨌든 미국과 대부분의 서방 정부들에 이집트의 압둘팟타흐 시시〔현 이집트 대통령. 2014. 6~〕장군 체제는 '임시 해법'이었는데, 이제는 군사적·경제적 원조를 통해 〔시시 체제를〕 대대적으로 지원하고 있다. 이는 시시 체제에서 근동과 중동에 대한 장기적 전망을 보아서가 아니라, 리비아에서의 전쟁과 팔레스타인 갈등을 공간적으로 분리하는 어느 정도 안정적인 중간 지대를 확보하고자 하기 때문이다. 이집트는 남아시아 내지 동아시아와 유럽 사이의 수송을 빠르게 해주는 수에즈운하 때문만이 아니라 근동의 다양한 갈등 사이의 분리 공간으로서도 지정학적으로 빼어난 의미를 갖는다. 이 국가가 시리아내전의 방식에 따라 붕괴하면, 그것은 정치적 재앙일 것이다. 근동은 수십 년은 아니더라도 수

년 동안 혼돈에 빠질 것이다. 엄청난 규모의 난민 물결은 유럽에 미치는 직접적인 귀결 가운데 하나에 불과할 것이다. 이집트의 정치적·사회적 안정화는 유럽 내지 서방 정치에서 결정적으로 중요한 목표로서 나일 지역의 장기적 발전 전망에 따라 달라질 수 있는 게 아니다. 미국의 이라크 번영 계획이 실패한 이후, 그리고 꿈에 부풀게 했던 '아랍의 봄'의 꽃봉오리가 금세 시들어버린 이후, 어차피 장기적 전망은 없다. 그래서 유럽 혹은 미국의 개입은 현재의 상황을 어떤 전망에 따라 바꾸기보다는 유지하는 쪽으로 방향을 잡는 조치들에 제한될 수밖에 없다.

유럽 주변부의 다른 분쟁 지역 즉 발칸반도 중부와 캅카스 사이의 공간에서는 사정이 다르다. 여기서는 단기적 조치가 장기적 발전 전망과 겹치는데, 이때 두 주연 배우 즉 유럽연합과 러시아가 갈등에 빠질 가능성을 배제할 수는 없다. 단기적 조치는 노골적 전쟁이 된 갈등을 국지화하고 폭력을 종식시키는 쪽으로, 그리고 전쟁을 '동결된 갈등'으로 변모시키는 쪽으로 나아간다. 하지만 그렇게 해서 갈등 자체가 종식되는 것은 아니다. 갈등은 여전히 해결을 기다리고 있는데, 다만 현재의 구도하에서는 화해에 기초해 평화롭게 도입될 수 있는 해법이 없을 따름이다. 우크라이나 주민 그룹들의 정서와 기대가 광역의 패권세력들이 자기네 영향권으로 주장하는 지역들과 일치할 수 없으므로, 갈등의 동결이 전쟁과 노골적 폭력을 종식시키기 위해 유일하게 실행 가능한 대안이다. 한편 예전 소련의 남서쪽 가장자리 지대는 그러한 '동결된' 갈등들의 전체 시리즈를 보여주고 있다.

체계적으로 볼 때 어떤 갈등의 동결이란, 하나의 공간의 두 패권

세력이 갈등 지역과 관련하여 그들 사이에 의견이 일치하지 않는다는 데에, 하지만 미래에 기본 조건이 달라지면 원칙적으로 의견 일치가 가능할 것이라고 여긴다는 데에 의견이 일치함을 뜻한다("동의하지 않는다는 데에 동의한다 we agree not to agree"). 이때 양측은 갈등을 군사적 강제를 통해 해결하려는 것은 계산 불가능한 위험과 감당 불가능한 비용을 수반한다는 확신에 따른다. 그러므로 동결 정치의 본질적 진제는 하나의 광역 공간에서 중장기적으로 공통의 목표를 추구하며 갈등의 비용과 효용을 계산적으로 평가하는, 그리고 이 갈등을 자신들의 기본적인 이익보다 뒷줄에 세울 줄 아는, 지배적인 행위자들이 있다는 것이다.

이것이 발칸반도와 캅카스 사이의 분쟁 지역에서 벌어지는 전쟁과 아랍-이슬람 세계의 분쟁 지역 즉 시리아, 이라크 북부, 예멘, 리비아, 나이지리아에서 벌어지는 전쟁과의 가장 중요한 차이점이다. 후자의 지역에서는 갈등을 동결하고 노골적인 전쟁을 종식시키는 데에 관심을 보이고 있고 또 그럴 능력을 가진 지배적인 세력들이 결여되어 있다. 이 지역에도 이란, 사우디아라비아 혹은 이집트 같은 패권국이 있긴 하다. 하지만 이들은 광역 공간을 안정화하는 데보다는 갈등과 전쟁을 부추기고 유지하면서 자신들의 영향력 범위를 확대하고 각자 자기네의 피보호자를 뒷받침하는 데에 더 관심이 있다. 이 공간의 안정성에 대한 공통의 관심이 결여되게 한 이유 하나는 갈등을 격화시키는 종교적·종파적 대립이라고 할 수 있을 것이다. 사하라이남 아프리카 즉 나이지리아에서의 기독교인과 무슬림 사이의 대립, 이라크·예멘·시리아·레바논에서의 수니파와 시아파 사이의 갈등이 그것이다.

권력정치적 충돌에 가치 및 정체성과 관련된 갈등 라인이 겹치면서, '정치적 계산'이 항상 다시금 종교와 종파의 문제에 걸려 좌초한다. 또 이런 이유로 아랍-이슬람 갈등 지역은 발칸 및 캅카스의 갈등 지역과 비교해서 장기적으로 볼 때 더 위험하고 더 다루기 힘든 지역이다.

주목할 만한 미국의 소극적 태도

양쪽〔아랍-이슬람 갈등 지역과 발칸 및 캅카스 갈등 지역〕의 광역 공간에서 갈등이 전쟁으로 확대될 때 미국은 정치적으로나 군사적으로나 소극적 태도로 임했는데, 이는 10년 전이라면 정말 생각하기 힘든 일이었을 것이다. 서방이 우크라이나를 군사적으로 무장시켜야 한다는 요구가 미국에서 항상 다시금 제기되어도 그리고 '이슬람국가' 무장집단의 근거지에 대한 폭격에 미국 전투기들이 참여한다고 해도, 이 점은 달라지지 않는다. 이런 폭격은 분명 상징적 행동 이상의 것이지만, 군사적 대립을 단기적으로 결판낼 정도의 비중을 갖지는 못한다. 오히려 폭격은 '이슬람국가'에 대한 대항세력이 더 패배하고 후퇴하는 것을 막고 쿠르드족 페시메르가Peschmerga〔이라크 쿠르드 자치정부의 군사 조직〕 전사들과 재조직된 이라크 군대가 효과적인 반격을 가할 수 있게 하기 위한 것이다. 미국이 많은 비용을 들여 개입한 이 지역에서 이제 소극적 태도를 보이는 데에는 설명이 필요하다. 돌이켜보면, 미국이 이끄는 세계질서에 대해 이라크의 후세인과 그의 체제는 근동의 정치적 구조가 붕괴되려 하고 '이슬람국가' 무장집단이 더욱 성공을 거두고 있는 현재의 상황보다 덜 위험한 것이었다. 게다가 예전의 미국 행정부 같으면 크림반도의 경우처럼 한 국가의 일부가 인접 국가에 의해 병합되는 것을 강력한 대응 없이 받아들인다는 건 거의 생각할 수 없는 일이었다. 어쨌거나 미국은 우크라이나가 소련의 종말 후 자신들에게 남겨진 핵무기를 포기한 이후 이 국가의 영토적 온전성을 보장하는 힘 가운데 하나다. 미국이 양쪽 분쟁 지역에서 보이는 소극직 태도에 대해서는 일련의 설명이 있는데, 이 설명들은 꼭 서로 배타적이지는 않지만 전쟁과 평화의 미래에 대해 갖는 의미는 서로 다르다.

표준적 설명은 다음과 같다. 미국 국민들은 소말리아 개입으로부터 쿠웨이트 해방을 위한 개입을 거쳐 이라크와 아프가니스탄 개입에 이르기까지의 수많은 군사적 개입 이후, 그로 인한 부담에 지쳤고 개입 문제에서 소극적 태도로 기울게 되었으며, 그러면서 우방국 내지 지역의 패권국들에 확연히 더 큰 책임이 떨어졌다.[8] 미국인들은 자신들은 항상 도처에서 요구들에 직면해 있고 다른 국가들은 미국의 이런 활동에서 나오는 효용을 걷어갈 뿐 거기에 보다 광범위하게 기여하지는 않는, 혹은 실패의 경우에는 미국의 정책을 비판하는 식의 '세계경찰' 역할을 더는 하고 싶어 하지 않는다. 이처럼 지역의 패권국들과 그들의 질서 관심에 보다 무게를 두는 정책은 결과적으로 미국이 자원의 보다 많은 부분을 자국의 복지에 투자할 수 있게끔 하기 위해 영향력과 질서 형성 권력을 포기하는 데로 나아갈 것이다. 경제 이론에

---

8 그러한 질서의 가능성과 한계에 대해서는 Helmut Breitmeier, "Weltordnungspolitik in sektoraler Perspektive"를 참조.

서 "공유지의 비극"으로 칭하는 것[9]에서 미국이 정치적 귀결을 끌어
낸 것이다. 이 관찰에 따르면, 집합적 재화의 경우 투자의 결실은 투자
자에게만이 아니라 모두에게 이익이 되며 어느 누구도 집합적 재화의
효용에서 배제될 수 없다. 이는 비용과 효용을 계산하는 행위자가 집
합적 재화에 투자하지는 않는 데로, 집합적 재화에 대해 부담은 지지
않고 이익만 취하려는 데로 이어진다. 결과적으로 '공유지'에 너무 많
은 가축을 들이게 되고, 마침내 그 공유지는 더는 이용할 수 없게 된
다. 경제 이론이 공용의 목초지를 예로 하여 전형적으로 보여주는 것
을 정치에서의 집합적 재화 문제에도 전이해볼 수 있다. 평화와 집합
적 안전은 투자와 결실 사이에 악명 높은 간극이 있는 공동 재화다. 이
런 설명 방식에 따르면, 새롭게 볼 수 있는 미국의 조심스러운 태도는
전 지구적 질서를 형성하는 문제에 경제적 사고를 받아들인 결과다.

전 지구적 질서의 투자-효용 문제는 수혜자 가운데 더욱 많은 수가
부담 공유burden sharing 쪽으로 결심하고 질서의 유지와 혁신에 관련
된 부담을 수혜에 비례해 나누면 곧바로 해결된다. 가능한 한 많은 수
혜자들이 일치된 마음으로 부담의 배분에 대해 서로 양해하는 경우가
집합적 재화를 정치적으로 다룰 때 최적의 해법이다. 기본적으로 유
엔이 이 원칙에 따라 구성되었다. 하지만 이는 아주 금세 '투자자' 각
각의 상이한 이해 관심과 양립 가능한 적절한 영향력 분배를 두고 갈
등에 이를 수 있다. 평화와 안전이라는 집합적 재화의 문제를 공동으
로 해결하려 할 경우, 모든 참여자들이 각각 자신의 중심 영역에서 금

---

9 Garret Hardin, "The Tragedy of the Commons"을 참조.

세 이용당하고 있는 것으로 느낀다는 위험이 따른다. 그러면 아주 금세 공동의 요소보다 분리의 요소가 더 큰 비중을 갖게 된다. 역사적으로 보면, 하나의 '세계경찰'이 권력정치적으로 몰락하거나 점차 이 역할에서 물러나는 국면에서는 국제정치적 갈등이 고조되고 대규모 전쟁의 위험이 커진다. 이는 일례로 19세기에서 20세기로의 이행기에서 확인할 수 있다. 이 시기에 영국제국은 과거에 했던 역할을 미래에는 더 이상 하지 못할 것이라는 점이 분명해졌다.[10] 영국 권력의 상대적 몰락은 제1차 세계대전이 발발하는 요인으로 작용했고, 그래서 미국 권력의 상대적 몰락이 21세기 초 그에 비견할 결과를 가져올 수도 있을 것이라는 염려가 있다.[11] 그렇다면, 미국 권력의 상대적 몰락이라는 설명 모델을 따르든 아니면 '세계경찰' 역할로부터의 계산에 따른 하차라는 설명 모델을 따르든, 우크라이나 동부에서의 전쟁, 크림반도의 병합, 시리아내전의 레반트 지역 전쟁으로의 확대, 리비아내전의 확대에 대한 서방의 수수방관은 훨씬 더 규모가 크고 훨씬 더 많은 후속 결과를 낳는 전쟁들의 최초 전조들일 수 있다. 이러한 전쟁은 부유한 지역의 주변부에서 중심으로 확산될 것이다.

두 번째 설명 방식은 다음과 같다. 미국이 아프가니스탄과 이라크에 대한 개입에서 만족스럽지 못한 경험을 한 후 이제 '세계경찰'의 과제를 과거보다 상당히 더 조심스럽고 소극적으로 해석하는 것일 수도 있다는 것이다. 이 설명에 따르면, 미국은 군사적 개입의 평화 구축

---

10 제국의 세계정치적 역할에 관한 영국 내 논쟁에 대해서는 Eva Marlene Hausteiner, *Greater than Rome*, 특히 194쪽 이하를 참조.
11 일례로 Ian Morris, *Krieg*, 402쪽 이하.

효과에 대한 자국의 기대가 지나쳤으며 이 방식이 개입 지역의 문제들을 제대로 해결하지 못했다는 결론에 이르렀다. 이에 따라 미국은 오바마 대통령〔재임 2009. 1~2017. 1〕의 취임 이후 1990년대 초에 발전된 범개입주의적 계획과 결별하고 실용주의적 권력현실주의 쪽으로 돌아갔다. 일례를 들자면, 전쟁 지역민에 대한 인도적 책임 때문이 아니라 분명하게 자국에 더 이익이 되는 경우에만 개입한다는 것이다. 그렇다면 최근에야 유엔에 의해 발효된 '보호책임responsibility to protect'●은 이 책임에 전 세계적으로 효력을 부여할 수 있을 유일한 행위자를 잃어버린 것이다. 이는 미국이 세계정치적으로 보다 조심스럽게 행동하게 됨으로써 발생하는 '부수피해'라고 할 수 있을 것이다. 반면에 한가지 장점은 미국이, 특히 남반구에서 제기되는 바와 같이, 제국주의적으로 행동한다는 비난은 이전보다 덜 받게 된다는 점이라고 할 수 있을 것이다. 동시에 미국은 '제국의 과도한 확장imperial overstretch'이란 위험을 줄일 수 있을 것이다.[12]

마지막으로 세 번째 설명 방식은 다음과 같다. 미국의 유력 인사들의 견해에 따르면, 세계질서의 가장 중요한 문제는 더는 영토에 대

● 약어로는 R2P, RtoP. 특정 국가가 자국민을 제노사이드(집단학살), 전쟁범죄, 인종청소, 인도에 반하는 범죄로부터 보호할 책임을 이행하지 못할 경우, 국제사회는 유엔을 통하여 외교적 수단, 인도주의적 수단, 평화적 수단 등의 인도적 개입권right of humanitarian intervention을 행사해야 한다는 원칙. 2005년 9월 유엔정상회의에서 채택된 개념이다.

12 '제국의 과도한 확장'이란 개념은 〔영국 출신의 역사학자〕폴 케네디Paul M. Kennedy가 *Aufstieg und Fall der großen Mächte*〔원저명은 *The Rise and Fall of the Great Powers*(1987)이며 국내에서는 『강대국의 흥망』(폴 케네디 지음, 이일수 외 옮김, 한국경제신문사, 1999)으로 번역·출간되었다〕에서 도입했다. 이 개념을 제국 이론에 적용하는 것과 관련해서는 Münkler, *Imperien*, 172쪽 이하〔헤어프리트 뮌클러 지음, 공진성 옮김, 『제국』, 250쪽 이하〕를 참조.

한 지배에 있거나 경계의 변경을 통해 결정되지 않고 해양 공간, 공중 공간, 우주 공간의 통제와 결부된다는 것이다. 이에 따르자면, 지상에서 이룬 성공은 각 이웃과의 관계에서 위신을 세우고 존중을 받는 데는 보탬이 되지만 세계질서 및 자신의 위치와 관련해서는 별로 중요하지 않다. 경계와 영토에 대한 통제는 중요성을 상당히 잃었고, 반면에 세계권력의 초점은 유동적인 것의 흐름 즉 인간과 상품, 자본과 정보의 흐름을 조종하고 감시하는 쪽으로 향한다.[13] 그러면 세계정치에서 차지하는 비중의 배분은 경제와 무역 흐름의 영역에서 결정되지, 영토들을 둘러싼 대립적 전쟁의 형식으로 결정되지 않는다. 전략적으로 중요한 지하자원을 얻을 수 있는 지역이라면 예외일지도 모른다. 하지만 이러한 지역도 세계무역의 흐름과 결합되어 있지 않으면 점점 가치를 잃는다. 이와 같은 조건에서는 경제 및 무역 제재를 관철할 수 있는 능력이 원자재가 풍부한 영토 자체에 대한 통제보다 권력정치적 측면에서 더 중요하다.

이로써 전쟁은 다시 한 번 자신의 성격과 전개 형식을 바꿨다는 것이다. 여기에 따르자면 지상에서는 여전히 영토를 두고 전래의 살상 무기로 싸우고 있지만, 이런 전쟁은 세계질서에 별로 큰 영향을 미치지 못하고 별반 중요치 않은 그것〔그러한 영토 전쟁〕의 적소適所에서 치러진다. 이에 반해 세계질서를 두고 벌이는 전쟁은 부유하고 기술적

---

13 고정적인 것과 유동적인 것의 구별은 들뢰즈와 가타리에서의 매끈한 것과 홈 파인 것의 대립(*Tausend Plateaus*, 657쪽 이하〔질 들뢰즈, 펠릭스 가타리 지음, 김재인 옮김, 『천 개의 고원: 자본주의와 분열증 2』(새물결, 2001), 905쪽 이하〕)에 의지한 것이지만, 그와 동일하지는 않다. 이에 대해서는 이 책의 제13장 「21세기의 '공간'」도 참조. 특히 407쪽 이하.

으로 진보한 강국들 사이에서 사이버 전쟁의 형식으로 치러지며, 이 때 중요한 것은 지역을 정복하는 일이 아니라 상대의 조절체계를 공격해서 상대의 정치적·사회적·경제적 질서를 무너뜨리는 일이다. 이와 같은 전쟁은 본질적으로 비살상적 형식으로 치러진다.[14] 권력의 행사가 유동적인 것에 관한 통제로 변모된 곳에서는, 전쟁은 더는 적대적 의지의 관철을 수행하는 대행자로서의 병사들을 살해하는 것이 아니라 어떤 의지를 발전시키는 능력의 체계적 전제로서의 적의 신경계를 마비시키는 것을 목표로 한다.

미국이 이에 따른 권력 계획에 무게를 둔다는 조짐을 찾을 수 있는가? 워싱턴에서 우크라이나 동부의 전쟁에 그리고 일시적으로 레반트 지역 전쟁에 별반 의미를 부여하지 않았던 것을 그 간접 증거로 볼 수도 있을 것이다. 한편으로 흑해와 동지중해에서의 활동을 강화하는 것은 21세기의 중요한 결정들이 대서양 지역에서가 아니라 태평양 지역에서 내려진다는 오바마 독트린과 충돌한다고 할 수 있을 것이다. 다른 한편, 오바마 행정부는 자신의 미래의 적이 푸틴처럼 경계를 변경하거나 영역을 병합하는 자들이 아니라 유동적인 것의 조직과 통제를 둘러싼 경쟁자들이라는 데서 출발한다. 여기에는 특히 지하디스트 네트워크들과 그 추종자들이 속하는데, 그들이 알카에다라고 불리든 '이슬람국가'라고 불리든 상관없다. 하지만 전 지구적으로 행동할 수 있는 네트워크인 한에서만 미국에 대해 현실적인 도전이 된다. 이에 반해 특정한 영토의 소유를 두고 다투는 행위자로서는 그렇지 않다.

---

14 이에 대해서는 Thomas Rid, *Cyber War Will Not Take Place*, 35쪽 이하를 참조.

'이슬람국가'가 칼리프제국을 선포하고 이슬람에 신성한 공간을 차지하기 위해 노력을 집중하게 된 이후를 예로 들 수 있다.[15] 다른 때는 바로 현대성을 특징으로 하던 '이슬람국가' 그룹은 이처럼 해서 미국에 위험하지 않게 되었다.[16] 미국이 이들 무장집단에 대해 공습을 강화하는 것은 이라크 북부와 시리아의 지하디스트들이 다시 유동적 조직으로 변모하길 원치 않는다는 데에도 그 이유가 있을 것이다.[17] '이슬람국가'의 지하디스트들이 유동적인 것에서 고정적인 것으로 넘어간 건 미국에는 마치 째깍거리는 폭탄 즉 전 지구적 테러리즘이라는 폭탄을 해체한 것과 같다. 이것이 가져오는 하나의 귀결은, 앞으로 유럽인들이 자신들의 안전과 자기네 주변부의 문제들을 훨씬 더 스스로 돌봐야 한다는 것이다. 미국이 '세계경찰'이라는 자기 역할의 테두리 안에서 그 과제를 떠맡았던 시대는 지나갔기 때문이다.

미국은 드론 전쟁과 사이버 전쟁 수행 능력을 더 발전시킬 것이다.

---

15 Buchta, *Terror vor Europas Toren*, 315쪽 이하; Said, *Islamischer Staat*, 81쪽 이하를 참조. 정치적인 것의 탈영토화라는 개념에 대해서는 Hartmut Behr, *Entterri-toriale Politik*을 참조.

16 로레타 나폴레오니(Loretta Napoleoni, *Die Rückkehr des Kalifats*, 11쪽 이하)는 '이슬람국가'의 현대성을 부각했고, '이슬람국가'가 종종 비교 대상이 되는 탈레반과 이 점에서 다르다고 했다.

17 해당 문헌들은 알카에다의 글로벌한 지향성과 경쟁하는 '이슬람국가'의 영토 지향성이 (요르단 출신의, 알카에다 최고위 간부) 아부 무사브 알자르카위(Abu Musab al-Zarqawi)에게서 비롯하는 것으로 보고 있다. 알자르카위는 미국에 대항하는 투쟁의 핵심을 2003년부터 미국이 점령한 이라크에서 찾았고 글로벌한 대립은 단념했다. 다음을 참조. Steinberg, *Kalifat des Schreckens*, 39쪽 이하; Said, *Islamischer Staat*, 81쪽 이하; Buchta, *Terror vor Europas Toren*, 289쪽 이하; Napoleoni, *Die Rückkehr des Kalifats*, 29쪽 이하.

이는 유동적인 것에 대한 통제를 확대하고, 유동적인 것 안에 자리 잡고 조직 구조를 그에 맞춘 행위자들을 더 잘 격퇴하기 위해서다.[18] 자신들의 구조를 영토화하는 것을 포기하고 사회적 세계의 저 깊은 곳으로부터 그리고 지리적 공간의 저 넓은 곳으로부터 작전을 펼치는 테러리스트 네트워크 조직이 특히 그 대상이다. 이들은 어떤 정치체도 형성하지 않고 그래서 정치체처럼 상처를 입을 수도 없다는 이점을 갖는다. 네트워크들은 영토국가들이 절대 따라올 수 없는 이동성을 갖는다. 하지만 미국은 아무리 제국적 유동성에 근접해갔다고 하더라도 하나의 영토국가이며 앞으로도 그럴 것이다. 그래서 미국은 〔자국이〕 상처를 입을 가능성을 줄이려면 네트워크 조직처럼 유연하게 움직일 수 있도록 하는 능력을 길러야 한다. 이런 능력을 떠받치는 기둥은 전자적 데이터 통제, 커뮤니케이션 감시, 테러 네트워크에 속한 것으로 파악되는 인물들을 ─ 예컨대 예멘 지역과 파키스탄 부족 지역들처럼 그들이 자신들의 안전한 주변 환경에서 움직이는 곳에서도─ 전투 드론을 이용하여 공격할 가능성이다.

하지만 전투 드론 같은 무기를 가지고 부딪치는 것은 유동적인 것의 영역에서 갈등을 풀어가는 전형적 형식이 아니다. 순전히 군사적인 것은 여기서 모두 부차적 역할을 할 따름이다. 유동적인 것에서 중심적인 대결은 경제적 영역에서 일어나며, 군사작전은 본질적으로 경제적 영역에서의 대결을 지원하고 강화하기 위한 것이다. 경제적 힘

---

18 이에 대해서는, 그리고 이어지는 내용에 대해서는 이 책의 제8장 「새로운 전투체계와 전쟁 윤리」를 참조.

특유의 무게가 군사적 힘의 무게보다 훨씬 더 나간다.[19] 상대가 군사적 힘의 투입으로 저지할 수 없는 직접적 강제력을 경제적 힘을 통해 행사할 수 있는 가능성은 고정적인 것에서보다 유동적인 것에서 확연히 더 크다. 영토적인 것의 영역에서 군사적 힘은 앞으로도 어떤 역할을 할 것이지만, 그러나 그것은 특정 지역에 대한 물리적 통제의 문제에 그칠 것이다. 세계질서 내지 세계 지배의 문제는 그와는 상당 부분 무관할 것이다.[20]

전쟁 수행의 두 유형과 복잡한 시공간관계

미국 정보기관 미국국가안전보장국NSA이 행했던 전 지구적 커뮤니케이션 및 데이터 감시에 대한 에드워드 스노든Edward Snowden●의 폭로, 예멘과 파키스탄 국경 지역에서 미국 전투 드론이 테러 용의자들을 공격했다는 부정기적인 보도, '이슬람국가' 무장집단이 거둔 의외의 성공, 마지막으로 러시아의 — 오래전부터 지리 전략적으로 중요한

---

19 권력 종류의 구별, 특히 경제적 권력과 정치적 권력의 구별에 대해서는 Michael Mann, *Geschichte der Macht*, 제1권, 46쪽 이하를 참조. 권력 종류에 대한 이론을 제국 권력 전개의 상이한 형식에 적용하는 것에 대해서는 Münkler, *Imperien*, 82쪽 이하(헤어프리트 뮌클러 지음, 공진성 옮김, 『제국』, 123쪽 이하)를 참조.
20 이에 대해서는 이 책의 제13장 「21세기의 '공간'」도 참조.
● 전 미국중앙정보국CIA, 미국국가안전보장국 직원. 국가안전보장국의 극비 정보수집 활동을 영국《가디언》지 등을 통해 폭로했다. 이후 미 연방검찰에 의해 간첩행위 혐의로 소추되었다.

영토인 — 크림반도 병합 및 러시아가 강력하게 지원한 우크라이나 동부의 전쟁[21]은 전쟁 사건의 전개에 대해 아주 이질적인 그림을 그리게 했다. 군사적 폭력과 그 사용의 일의적이고 직선적인 진화는 확인되지 않는다. 오히려 우리는 전쟁 수행의 두 유형, 그리고 그에 따른 두 유형의 평가 논리를 본다. 두 유형 사이의 경계는 고정적인 것과 관련되느냐 유동적인 것과 관련되느냐에 따라 그어진다. 첨예화해서 말하자면, 영토를 둘러싼 전쟁은 앞으로도 당분간은 군사적 수단으로 수행될 것인 반면, 비영토적 공간의 지배를 둘러싼 투쟁은 좀 더 경제적 힘을 통해서, 그리고 제한적으로만 군사적 도구로 볼 수 있는 수단을 통해서 수행될 것이다. 흐름에 대한 감시와 매우 제한적인 살상 무기의 사용은 오히려 경찰의 행동과 닮았고, 이로써 자노위츠가 이미 반세기도 더 전에 내놓은 명제 즉 군대가 전반적으로 "경찰화"될 거라는 명제가 입증되는 것으로 보인다.[22]

그러니까 앞으로 세부 가지를 더 살펴보아야 할 전쟁의 현상학에서는 두 발전 방향을 염두에 두어야 할 것이다. 한편으로 지상전의 탈형식화가 일어난다. 국가 및 그 군대는 이미 오래전부터 전쟁과 전쟁 수행 능력의 독점자가 아닌 반면, 군벌과 범죄조직, 자발적 전쟁 참여자로 이루어지는 국제여단, 군사 노동력 시장에 접근 통로를 확보한

---

21 우크라이나 동부 전쟁의 경과에 대해서는, 그리고 분리주의자들에 대한 러시아의 지원에 대해서는 Mitrokhin, "Infiltration, Instruktion, Invasion", 8쪽 이하를 참조. 이 전쟁의 유럽연합과 관련된 귀결에 대해서는 Stefan Auer, "Der Maidan, die EU und die Rückkehr der Geopolitik", 205쪽 이하를 참조.

22 Janowitz, *The Professional Soldier*, 420쪽 이하.

군사 업체들이 점점 더 빈번하게 전쟁 사건을 규정한다.[23] – 이러한 발전은 시리아와 이라크 북부, 우크라이나 동부의 전쟁들을 통해 입증된다. 다른 한편으로, 전쟁 수행이 상당 부분 도청 전문가들의, 그리고 비밀 요원들에 의해 조종되는 전투 드론들의 일이 되었다. 고전적인 군대는 그 사이 어딘가에 있으며, 어떤 진화의 방향을 따라야 할지 잘 몰라 하고 있다. 이 역시 군사적 능력이 국가들의 힘의 포트폴리오에서 중요성을 잃게 된 이유 가운데 하나다.

그런데 육상에서의 군사력 사용은 오래전부터 해양 공간과 공중 공간에서의 군사력 사용과는 다른 시간 리듬을 따랐다. 근력이 화석에너지로 대체되기 전에는 육상전쟁은 거의 속도를 늘릴 수 없었다. 시간 리듬과 속도에서 유일하게 유의미한 차이는 걸어가는 군인과 말 탄 군인 즉 보병과 기병의 차이였다. 이에 반해 범선은 훨씬 먼 거리를 뚜렷이 짧은 시간에 갈 수 있었다.[24] 철도 건설의 결과 잠시 속도가 비슷해졌지만, 유동적인 것이 공중 공간과 우주 공간으로 확대되면서 육상전쟁과 해상전쟁 내지 공중전쟁 사이의 시간적 차이는 다시 생겨났다.

하지만 이는 고정적인 것과 유동적인 것의 상이한 시공간관계의

---

23 이에 대해서는 Münkler, *Die neuen Kriege*, 131쪽 이하[헤어프리트 뮌클러 지음, 공진성 옮김, 『새로운 전쟁』, 157쪽 이하]를 참조.

24 도달 거리와 속도에서 범선과 견줄 수 있었던 유일한 상대는 초원민족들의 기마부대였다. 그래서 역사적으로 해양제국들과 초원제국들이 가장 외연이 큰 대제국을 건설할 수 있었던 것은 우연히 일어난 일이 아니다. 한편 많은 논의의 대상이 된 16세기와 17세기의 군사혁명도 육상전 부대의 제한된 가속화 능력을 달라지게 할 수 없었다. 이에 대해서는 Clifford J. Rogers 편, *The Military Revolution Debate*를 참조.

한 측면일 따름이다. 적어도 같은 정도로 중요한 것은, 유동적인 것을 지배하는 힘이 고정적인 것 속에서 작동하는 힘에 비해 훨씬 더 많은 양의 시간을 사용할 수 있고, 이에 따라 전쟁을 육군 강국에 의해 저지되지 않고 길게 끌고 갈 수 있다는 점이다. 해군과 공군은 기술적으로 가능한 범위에서 원하는 대로 속도를 높이거나 줄일 수 있는 반면, 육군은 해당 시간을 제한적으로만 사용할 수 있다. 그래서 육군 강국과 해군 강국의 대립은 오래전부터 비대칭적이었고, 보통 해군 강국은 이 비대칭성에서 상당한 이점을 취했다. 이것이 처음으로 달라진 것은 파르티잔 전쟁의 발전 때문이다. 파르티잔 전쟁에서 전사들과 그들을 지원하는 주민들은, 높은 정도로 고통과 희생을 감수할 자세를 가짐으로써, 유동적인 것의 시간적 이점에 대항해 적어도 부분적으로 대등하게 맞설 수 있었다. 이때 전략적 열쇠는 전선과 영토 구속성을 해체함으로써 유동적인 것의 요소들을 통합하는 것이었다. 그래서 〔독일〕 군사역사가인 베르너 할베크Werner Hahlweg는 파르티잔 전쟁을 "전선 없는 전쟁"이라고 칭했다.[25] 파르티잔 갈등의 역사는 고전적 육군 강국이 이미 전선 없는 전쟁에 익숙한 해군 강국보다 파르티잔 격퇴 전략을 발전시키는 데 더 큰 어려움을 겪을 것임을 암시한다.[26]

해군 강국이 육군 강국과 대결할 때 갖는 결정적 이점은, 과거에도

---

25 Werner Hahlweg, *Guerilla – Krieg ohne Fronten*, 특히 213쪽 이하. 파르티잔 전쟁에 대해서는 Heilbrunn, *Die Partisanen*, 37쪽 이하도 참조. 이론적 차원에서 이런 측면들은 카를 슈미트의 *Theorie des Partisanen*, 26쪽 이하〔칼 슈미트 지음, 김효전 옮김, 『파르티잔: 그 존재와 의미』(문학과지성사, 1998), 40쪽 이하〕에서 다루어지고 있다.

26 이에 대해서는 Walter, *Organisierte Gewalt in der europäischen Expansion*, 193쪽 이하를 참조.

그랬고 지금도 그렇듯이, 전쟁을 군사적 힘을 토대로만 수행하는 게 아니라 무역 봉쇄와 경제 엠바고의 형식으로 동시에 자국의 경제적 힘을 사용할 수 있다는 점이다. 물론 군사적 힘을 경제적 힘과 조합해 적의 의지를 굴복시키는 수단으로 투입하려면 보다 많은 양의 시간을 사용할 수 있어야 한다. 경제적 수단은 군사적 수단에 비해 시차를 두고 효과를 내기 때문이다. 그러면 육군 강국이 취할 수 있는 대항 전략으로 우선 떠오르는 건 해군 강국이 가진 보다 많은 시간 양을 공격해서 시간 주권의 문제에서 대등해지는 쪽으로 나아가는 것이다. 이에 적합한 무기가 잠수함이다. 〔육군 강국의 잠수함이〕해군 강국의 전함이 아니라 상선을 공격하는 데 투입된다면 말이다. 제1차 세계대전 때 독일제국이 영국과 싸울 때 이 전략을 택했다.[27] — 그리고 실패했는데, 〔독일의 잠수함 전략이〕 그때까지의 중립을 지키면서 해양 공간을 전쟁에 영향을 받지 않는 지역으로 유지하고자 했던 강국들을 전쟁에 끌어들이는 결과를 낳았기 때문이다.

〔독일 법학자·정치학자〕카를 슈미트Carl Schmitt는 '깊이의 차원'이란 개념을 사용해서 파르티잔과 잠수함 내지 잠수함 승무원 사이에 '효과적인 유비' — 전자의 땅 공간의 깊이, 후자의 바다의 깊이 — 를 만들어냈다. 잠수함은, 파르티잔처럼, "옛날 스타일의 해전이 벌어지던 장소인 바다의 표면에 예상 못 했던 깊이라는 차원"을 더했다는 것이다.[28] 하지만 슈미트는, 이때 누가 어떤 규모로 시간을 사용할 수 있는

---

27 Münkler, *Der Große Krieg*, 508쪽 이하를 참조.

28 Schmitt, *Theorie des Partisanen*, 73쪽〔칼 슈미트 지음, 김효전 옮김, 『파르티잔』, 115쪽〕.

가라는 결정적 물음을 주제화하지는 않았다.[29] 제1차 세계대전 때 시간 양을 둘러싸고 잠수함으로 수행된 전투는 핵전략 시대에 반복되었다. 핵무기로 서로 타격할 경우 상대가 건드릴 수 없는 제2의 타격 능력을 보유할 수 있도록, 핵무기를 장착한 잠수함이 심해나 극지방의 빙원 아래 배치되어야 했다. 이렇게 해서 적으로 하여금 감히 한 번의 타격으로 상대를 섬멸할 수 있을 것이라는 생각을 진지하게 할 수 없게끔 만들어야 했다. 핵잠수함의 전략적 기능은 가속화 능력과 감속화 능력의 조합이었다. 잠수함은 핵추진 덕에 수개월을 잠수할 있고 매우 짧은 시간 안에 발사할 준비가 되어 있는 핵미사일 덕에, 상대로부터 대응 타격이 불가능한 섬멸 공격을 할 수 있는 기회를 빼앗았다.

우크라이나 동부와 레반트에서의 전쟁

경제적 힘이 해군 강국의 전쟁 수행에 편입되는 전통적인 방식은 항상 군사적 힘과의 결합에 의존했다. 게다가 경제적 힘은, 제1차 세계대전이 보여주듯이, 한참 뒤에야 효과를 냈으며, 정말로 효과적이게 된 것은 처음에 영국의 무역봉쇄를 위반하며 중립적 위치를 지키던 국가들의 수가 점점 줄어들었을 때다. 하지만 우크라이나에 대한 러시아의 행동에 직면해서 유럽연합이 전략적 행위를 할 때의 구도는,

---

29 Schmitt, *Der Nomos der Erde*의 공간 이미지의 변화를 다루는 장(285쪽 이하[칼 슈미트 지음, 최재훈 옮김, 『대지의 노모스: 유럽 공법의 국제법』(민음사, 1995), 384쪽 이하])에서도 시간 차원은 주제화되지 않았다.

경제적 힘의 효과적 발휘를 위해 군사적 수단을 사용하는 것은 고려할 수 없다는 게 특징이다. 유럽의 경제제재는 전쟁을 격화시킬 수도 있다는 계산 불가능한 위험 때문에 군사적 지원 수단 없이 시행되어야 한다. 경제적 힘과 군사적 힘이 이와 같은 식으로 맞부딪치는 것에 따르는 문제는 다시 한 번 더 그와 결부된 시간의 양이다. 군사적 힘은 빠르고 직접적으로 작용하고, 경제적 힘은 상당히 지연되어 효과를 나타낸다. 다르게 표현하자면, 군사적 힘은 사실들을 창출하고, 이러한 사실들은 경제적 힘의 투입을 통해서는 — 변경될 수 있다면 — 긴 시간에 걸쳐서야 변경될 수 있다. 이것이 왜 러시아의 행동에 대한 유럽의 대응이 많은 사람들에게 허약하고 불충분하게 보이는지의 이유다. 하지만 이는 본질적으로 두 종류의 힘과 결부된 시간 구조에 기인하는 착각이다. 장기적으로 보면, 경제적 힘의 조형력이 더 크다. 러시아는 크림반도 병합에 수반하는 경제적 비용을 느끼게 될 것이고 푸틴 대통령이 대내적으로 얻은 신망은 값비싼 대가를 치를 수밖에 없을 것이다. — 유럽인들이 러시아에 대한 경제제재를 장기간에 걸쳐 유지할 시간이 있다면 그렇다는 말이다.

그런데 여기에 유럽연합의 경제제재가 공개적인 군사력 투입이 아니라 은폐된 군사력 투입에 대한 대응이라는 문제가 더해진다. 즉 공식적으로는 항상 분리주의자들만이 군사적으로 행동하고 러시아 정부는 정치적으로는 그들과 우크라이나 중앙정부 사이의 중재자로 등장했다. 분리주의자들에 대한 러시아의 무기 공급과 러시아인 자원자들을 통한 지원은 상당 부분 사실에 맞는 이야기일 텐데, 하지만 〔이는〕 우크라이나 소식통에서 나오거나 혹은 나토에서 나오는 것이고 러시아 측으로부터는 ─ 여기서 크림반도 병합과 우크라이나 동부 전쟁은 구별되어야 한다─ 항상 부인되었다.[30] 게다가 돈바스의 분리주의자들에 대한 러시아의 지원은, 이들이 우크라이나 군대의 반격을 격퇴하고 두 번의 제법 큰 전투에서 심각한 피해를 입힐 수 있었으나, 더 이상의 넓은 지역을 정복할 수는 없도록 조절되어 있었던 것으로 보인다. 러시아 군대를 더 세게 투입한다면 얼마든지 가능했을 일이었는데도 말이다. 그래서 우크라이나 동부 전쟁이 '하이브리드 전쟁'이라고 불린다. 〔우크라이나 동부 전쟁에서도〕 국가 간 전쟁과 내전이라는 국제법상의 기본적 분리선이 지워졌으며, 유엔헌장의 공격전쟁 금지 조항은 그렇게 무력화되었다. 국제법상으로는 국가 간의 (공격)전쟁만이 금지되어 있고, 사회 내부의 전쟁은 국가들의 공동체에 의한 제재로 뒷받침되는 통일적 규정에서 벗어나 있기 때문이다. 유엔총회에 참석하는 국가들 가운데 반식민지 해방전쟁을 통해 생겨난 국가들의 수를 고려해보면, 사회 내부의 전쟁에 대한 제재가 다수를 획득하지 못할 것이라는 점은 분명하다.

두 유형의 전쟁 〔국가 간 전쟁과 사회 내부의 전쟁〕 수행의 혼합으로 인한 전쟁의 하이브리드화는 미래 전쟁의 패러다임으로서, 우크라이나 동부 전쟁(돈바스전쟁)이 불러왔고 또 불러올 정치적 결과들보다 훨씬 큰 후속 영향력을 갖는다고 할 수 있을 것이다. 이는 유럽인들에게 또 하나의 도전이다. 돈바스에서 벌어진 전쟁의 결과들을 수용할 경우, 그건 하이브리드화 모델을 더욱 매력적으로 만들 것이다. 그렇지 않

---

30 이에 대해서는 Sapper/Volker Weichsel 편, *Gefährliche Unschärfe*를 참조.

고 무기 공급과 군사훈련가 지원을 통해 우크라이나가 잃어버린 지역을 다시 정복할 수 있도록 하려고 할 경우,[31] 이는 전쟁이 정치적으로 통제할 수 없게 격화되는 위험을 감수하는 일이다. 그래서 나중 시점에 정치적으로 좀 더 유리한 기본 조건 아래서 해법을 모색하기 위해 갈등을 동결하는 것은 설득력이 있다. 이런 식으로 해서, 가능한 선택지들이 원치 않은 결과를 가져오게 되는 결정을 피하는 것이다. 이것은 일단 하이브리드화 전략에 대한 아주 적절한 대응이다.

정치적 결정을 꺼린다면, 경제적 힘의 동반 투입은 더욱 중요하다. 경제적 힘의 투입은, 군사적 힘의 사용에서 (일시적으로) 효용을 얻은 자에게 지속적인 피해를 입혀서, 장기적으로는 그 피해가 군사적 방식으로 얻은 이익보다 클 것으로 예상될 수 있게 배치되어야 할 것이다. 동시에 경제제재로 인한 피해가 해당 국가로 하여금 군사적 힘을 더 강하게 사용하는 게 덜 나쁜 것이겠다고 생각하게 될 정도로 너무 커서는 안 된다. 그러니까 제재를 당하는 행위자에게도 갈등을 동결하거나 일단 동결된 상태로 두려는 관심이 있어야 한다. 이때 외교

---

31 크로아티아가 그러한 경우였다. 크로아티아가 1992년 세르비아와의, 내지는 세르비아인이 지배하는 잔존 유고슬라비아와의 전쟁에서 뼈아프게 패한 이후, 크로아티아군은 잃어버린 지역들을 신속히 재탈환할 수 있도록 비밀리에 미합중국 군사교관들로부터 훈련을 받았다. 하지만 그런 것은 보통 한 번만 성공한다. 그리고 그루지야(조지아)•가 2006년 분리를 고수하는 압하지야와 남오세티아 지역과 관련하여 유사한 것을 시도했을 때, 그루지야 부대는 잘 준비된 러시아군에 맞닥뜨렸고 대패하고 말았다.
• 소련의 구성 공화국에서 1991년 4월 독립한 그루지야는 2008년 8월 러시아와의 외교 관계를 단절하기로 선언하면서 국가의 대외 명칭을 영어식 표기인 조지아 Georgia로 쓰고 있다. 구칭 '그루지야Gruziya'는 러시아 어명 Грузия의 표기다.

가들의 역량이 요구된다. 하이브리드 전쟁은 그렇게 해서 정치적으로 다룰 수 있는 갈등으로 변모되고, 군사적 힘은 장기적 시각에서 경제적 힘의 사용을 통해 저지되며, 얼마 후 무장 투쟁은 협상으로 대체된다. 이는 전쟁 종식과 관련하여 군사적 개입에 대한 하나의 대안 모델을 나타내는데, 어쩌면 우리는 미래에 이 모델을 보다 빈번하게 만나게 될 수 있을 것이다. 하지만 경제적 힘의 도움을 받으면서 전쟁을 정치적·외교적으로 종식시키는 것의 불가결한 전제는, 적대의 주인공들이 이러한 정치적 형태에서 장래성을 보며 이 장래성을 자신들의 결정에서 함께 고려하는 합리적 행위자들이라는 것이다.

바로 이와 같은 점이 시리아와 이라크에서의 '이슬람국가' 무장집단에는 해당되지 않는다. 그리고 이것이 우크라이나 동부에서의 전쟁들과 레반트에서의 전쟁들 사이의 차이를 만든다. ─ 서구가 어떻게 대응할지와 관련해서도 그렇다. '이슬람국가'의 경우, 처형 비디오 영상도 고대 문화유적 파괴 영상도 야만적이고 비합리적인 행동을 하고 있음을 보여주는 것이라서, 이 지역에서 야만을 항구적으로 종식시키기 위해서는 군사적 폭력을 투입해야 한다는 요구가 성립한다. 군사적 힘이 투입될 것인지 아닌지는 작전 실행 가능성의 문제다. 그래서 미국은, 비록 강도를 조절해가면서 그렇게 하긴 하지만, '이슬람국가'의 근거지에 대한 공습에 주력하며, 독일 정부도 쿠르드족 페시메르가 전사들에게 이들이 '이슬람국가' 무장집단과 벌이는 싸움에서 보다 강한 전투력을 갖도록 무기를 공급하기로 결정했다. 페시메르가 전사들은 독일인들이나 유럽인들 모두 그와 같은 전쟁에 파견하고 싶어 하지 않는 지상군의 대체물이다.[32]

레반트 지역 '이슬람국가' 무장집단의 전쟁에서도 앞으로 수년 내지 수십 년 동안 보다 빈번하게 보게 될지 모를 전쟁 수행의 한 모델을 확인할 수 있다. 사회 내부의 전쟁은, 이 경우는 알 아사드 체제에 대한 봉기에서 나온 시리아내전●인데, 전 세계에 흩어져 있으면서 정체성을 형성하는 일에 연결될 수 있기를 고대하고 있던 왕년의 전사들과 새로운 전투 자원자들의 집합 지점이 된다. 1930년대 스페인내전과의 연관성 속에서 나온 '국제여단'이란 개념을 이들 이슬람주의 지하디스트로 분류할 수 있는 활동가들을 지칭하는 데 쓸 수 있을 것이다.[33] 이들은 부분적으로는 전쟁 지역과 비교적 가까운 주변 환경 출신인데, 하지만 점점 더 많은 수가 지리적으로 전쟁 지역에서 멀리 떨어진 사회에서도 온다. 탈영웅적 사회들[34]의 통합력은 이런 '전쟁 자원자'들로 하여금 전쟁의 암시와 승리의 약속보다는 평화 속에서 사는 행복을 선호하게 하는 데 충분치 않다. 이들 젊은 남자와 (일부) 여자들에게 스스로를 희생할 태세를 일깨우고 전쟁으로 이끄는 것은

---

32 하지만 자국 지상군 파견의 대체수단으로서 지역 전사들에게 무기를 공급하는 것은 무기 사용을 통제할 수 없다는, 그리고 무장한 민병대들이 무기 공급자들의 의도와 충돌하는 고유의 의지를 발전시킬 수 있다는 대가를 치른다. 자국 부대의 파견을 포기하고 무기 공급으로 부대 파견을 보충하는 것은 정치적 영향력의 감소라는 대가를 치른다.

● 시리아 알 아사드 정부를 축출하려는 반군과 정부군 사이의 내전. 2011년 3월 15일, 바샤르 알 아사드Bashar al-Assa 대통령(2000. 7~)과 바트당 정권의 퇴진을 요구하는 시위를 알 아사드가 군대를 동원해 유혈진압 하면서 촉발되었고 2017년 3월 현재 평화회담이 진행 중이다. 바샤르 알 아사드는 29년간 집권했던 전 대통령 하페즈 알 아사드(재임 1971. 3~2000. 6)의 아들이기도 하다.

33 특히 사이드(Said, *Islamischer Staat*, 109쪽 이하)가 이 개념을 전쟁 지역으로 여행해 들어간 유럽 지하디스트들을 지칭하기 위해 사용한다.

34 이에 대해서는 이 책의 제7장 「영웅적 사회와 탈영웅적 사회」를 참조.

값지고 의미 있는 삶에 대한 전망이다. 유럽에서 제1차 세계대전이 발발할 때 사회적으로 대중적 현상이었던 것이 이들에게서 개인적으로 반복되고 있다. 위대한 것으로 여겨지는 사안이나 이념을 위한 희생적 헌신을 통해 역사를 변화시키는 발전에 참여하고, 이를 통해 그 영광의 일부를 자신, 그리고 자신의 삶과 죽음에 이전시키고자 하는 결심이 그것이다.[35]

시리아와 이라크 북부의 국제여단들에서 주목할 점은, '이슬람국가'가 — 유럽 국가들이 자국의 시민에게 잠재적으로 영웅주의를 기대하는 것과 작별을 고하게 된 이후 — 서유럽의 탈영웅적 사회들은 서비스해줄 수 없는 영웅적으로 충만한 희생의 이상을 제공한다는 것이다. 이들 젊은 남녀들을 — 처음에는 자신들의 전쟁이 아니었으나 스스로의 결심에 의해서 자신들의 전쟁으로 선언하는 — 전쟁으로 인도하는 것은 경제적 곤경이 아니며 사회적 상승 기대도 거의 아니다.[36] 인도적 군사개입이란 기획에 이념적 바탕이 되는 것이 거울에 거꾸로 비친 듯 다시 복제된다. '밖에서 오는 행위자들'은 개인적 이익에 대한 관심 때문에 전쟁에 개입하는 것이 아니라 악을 퇴치하는 데 일조할 수 있다는 생각 때문에 움직이게 된 것이다. 인도적 군사개입이 전쟁의 신속한 종결을 목표로 하는 반면, 새로운 국제여단의 참여자들에게 중요한 건 전쟁을 조장하고 자신들이 지지하는 편의 승리를 돕

---

35 이에 대해 상세하게는 이 책의 제3장 「신화적 희생자와 현실의 사망자」를 참조.

36 나폴레오니(Napoleoni, *Die Rückkehr des Kalifats*, 55쪽)는 '이슬람국가' 전사들의 급여가 낮으며 이라크 산업노동자의 임금보다 뚜렷이 적다는 점을 지적한다.

는 것이다. 하지만 양자는 자신들의 직접적 이익과는 거의 관련이 없는 이념을 따르고 있다. 그런데 인도적 개입주의라는 기획은 하강 국면에 접어든 것으로 보이는 반면, 지하디스트의 국제여단 운동은 아직 상승 국면에 있다고 할 수 있을 것이다.

좀 냉소적으로 말하자면, 탈영웅적 사회가 자신들의 자기이해와 기능 방식에 동의하지 않는 젊은이들을 이런 식으로 떨궈버린다고, 이렇게 해서 자신들에게 골칫거리가 될 수도 있을 잠재적 위험을 떨쳐버린다고 할 수도 있을 것이다. 부유한 지역 주변부에서 일어나는 전쟁은 평화롭고 배부른 삶에서는 자신이 추구하는 충족을 찾을 수 없거나 찾고자 하지 않는 유복한 사회의 성원들을 빨아들인다. 하지만 문제는, 거기에서 그치지 않는다는 점이다. 남자들과 여자들을 빨아들인 전쟁은 얼마 후 ─ 그들이 살아남았을 경우─ 그들을 다시 뱉어내고, 그들은 다시 자신의 출신 국가들로 돌아간다. 그들 중 몇몇은 의미에 대한 욕구를 버리거나 모험에 대한 동경을 다 소진하고, 규칙적인 생업 노동에 맞추어진 사회의 기대에 이제 적응할 준비가 되어 있을 수도 있다. 하지만 '전쟁 귀환자' 일부는 트라우마를 안고 있고, 그들이 뻔뻔하고 퇴폐적이라고 느끼는 사회에 대해 증오에 가득 차 있다. 그들은, 무기를 다루는 데 숙련되어 있고 전투와 살상에 익숙한 상태에서, 전쟁 지역에서 습득한 행태를 그들의 출신 사회에서 다시 보이면서 아직도 채워지지 않은 의미에 대한 추구를 이어가려고 시도한다. 프랑스와 벨기에에서 일어난 테러가 보여준 바처럼, 서방의 탈영웅적 사회에 공포를 들여온 테러리스트들은 이들 무리에서 나왔다.[37] 경찰과 정보기관이 더 주의를 기울이더라도 이들이 성공을 거둘 가능성을 제거할 수는 없다. 탈영웅적 사회에서 전쟁 지역 쪽으로 열려 있는 측면은 보안법을 잔뜩 늘리더라도 확실하게 지킬 수는 없을 것이다.

장기적으로 볼 때 이와 마찬가지로 큰 문제는, 내전으로 인해 거처와 생업의 기회를 잃어버리고 보다 안전한 삶을 찾기 위해 부유한 지역을 향해 먼 길을 나서는 난민의 흐름일 것이다. 2014년 이래 뚜렷이 증가한 시리아와 이라크로부터의 난민의 수는 전쟁이 지속되거나 혹은 인근 지역으로 확산될 때 어떤 일이 일어날지 예상할 수 있게 하는 전조다. 난민들은 그들을 수용하는 국가에서 거부와 외국인 적대를 맞을 수도 있고 친절과 보살핌을 맞을 수도 있을 것이다. 난민의 흐름이 계속 불어나면 조만간 그들을 수용하는 사회들이 과부하 상태에 처하든가 혹은 적어도 그렇다고 느끼고 국경을 폐쇄하는 시점이 도래한다. 그러면 포스트모던한 세계질서의 흐름에 대한 통제와 조절이 새로운 국경과 전선의 설정에 의해 훼방을 받으며, 영토적 질서 관념이 귀환해서 유동적인 것의 질서를 포위한다. 우리는 이것을 지금 이미 멕시코와 미국 사이의 경계에서 보며, 지중해에 위치한 유럽연합의 남쪽 경계에서도 그 조짐을 본다. 여기서 전개되는 것은 난민들이 거부되거나 '격퇴'되고 부유한 지역의 경계체제를 침입한 자들 모두에 대한 사냥이 행해지는 일종의 전쟁이다.

이때 해결 불가능한 모순이 하나 생겨난다. 상품·자본·정보의 이

---

37 '이슬람국가'에 대한 거의 모든 출판물은 이러한 '전쟁 귀환자들'에 대해 상세하게 다룬다. 이들을 왜 독자들이 시리아와 이라크 북부의 '이슬람국가'에 관심을 기울여야 하는지에 대한 이유로 이용한다고도 할 수 있다. Said, *Islamischer Staat*, 118쪽 이하; Steinberg, *Kalifat des Schreckens*, 154쪽 이하; Schirra, *Isis*, 261쪽 이하를 참조.

동에 아무런 경계가 없는 전 지구적 경제에 기초하는 부유한 북반구의 사회적 · 경제적 기능 방식과, 상당 부분 전쟁과 내전에 의해 유발되어 남반구 전반에서 오는 이민 행렬에 맞서 이 북반구를 지키려는 경계체제 사이의 모순이 그것이다. 보편성에 맞춰진 유동적인 것의 규범은 이들 경계에서 방어적으로 특수화를 실행하는 것과 충돌한다. 우리의 자기이해로서는 견딜 수는 없는 이 같은 모순을 제거하거나 최소한 완화하기 위해선, 최근에 후퇴한 인도적 군사개입 정책을 난민 흐름을 방지하거나 적어도 줄이기 위한 목적으로 다시 수용할 수 있을 것이다. 주의할 것은, 개입은 난민 흐름 자체가 아니라 난민 흐름을 유발하는 원인을 막자는 것이다. 평화 목적의 그러한 개입이 성공을 거두기 위해 결정적으로 중요한 것은, 내전이 사회의 구조들을 파먹고 들어가기 전에 개입이 시작되는 것이다. 그런데 이는, 자신의 일이 아니라는 식의 방관적 행태가 앞날을 내다보며 예방을 추구하는 정책으로 대체되는 탈영웅적 사회의 자기이해를 전제로 한다. 이런 정책이 어떤 모습일 수 있는지는 미뤄둬도 될 것이다. 하지만 출발점으로 삼아도 좋은 것은, 이와 같은 인도적 개입[38]의 많은 경우가 개입하는 국가들 자신의 군대로 수행되지 않고, 예컨대 유엔의 평화유지군 형식으로 남반구 전반 국가들(라틴아메리카, 아프리카, 동남아시아)의 군대에 의지한다는 것이다. 북반구 국가들이 할 수 있는 개입의 또 다른 가능성은, 전 지구적 군사 노동력 시장을 이용해서 투입 부대를 모

---

[38] 인도적 개입은 본질적으로 개입하는 힘의 이익을 위한 것이 아니라 개입 지역에 사는 주민들에게 도움이 되려는 것이라는 점에서 종래의 개입과 다르다.

집하고 이를 사설 군사업체가 지휘하게 하는 것이다. 북반구의 돈을 써서, 남반구 전반의 사람들 일부가 이 남반구의 다른 사람들이 남쪽에서 북쪽으로 가는 길에 들어서지 않게 막도록 하는 것이다. 레반트 전쟁은 이 문제에 대한 미래의 대처에 하나의 실험장일 수 있을 것이다.

제국 이후의 공간, 신제국적 꿈 – 제1차 세계대전의 몇 가지 유산

중유럽 및 동유럽과 근동에서 제1차 세계대전은 이들 지역을 어떤 원칙에 따라 정치적으로 형성할 것인지를 둘러싼 투쟁이었다. (이들 지역이) 앞으로도 다민족적·다종교적·다언어적 대제국으로 조직되어 있을 것인지, 아니면 내부의 인종적·언어적·종파적 분열의 선들을 고려하고 유럽의 민족국가를 모델로 해서 서로 분리된 정치적 단위를 세울 것인지가 문제였다.[39] 1917년~1918년까지 중유럽 및 동유럽은 오스트리아–헝가리의 이중 군주제와 러시아 차르제국에 의해 지배되었고, 근동은 적어도 형식적으로는 오스만제국의 통제 아래 있었다. 하지만 세 대제국 모두에는 내적 안정성이, 그리고 근대화에 대한 지배 엘리트들의 충분한 역량 내지 준비 태세가 결여되어 있었다. 그래서 더 많은 정치적 참여에 대한 주민들의 요구가 불어나자, 이는 서방 유럽 민족국가들의 경우처럼 내부 힘의 증대로 이어지기보다는 원심력 효과를 냈다.

---

39 이 책의 제2장 「폭력의 격화」를 참조.

합스부르크제국은 오스트리아황제국이 오스트리아-헝가리 이중 군주제로 된 1867년의 대타협 이후 부다페스트와 빈으로부터 통치되었다. 양측은 대부분의 경우 서로를 걸고넘어졌고, 정부의 일들은 게걸음으로 진행되었다. 도나우왕조를 지배했던, 말년의 영화榮華와 우울한 종말 분위기에서 나온 정서가 종종 언급되는데, 이는 독일어 문학에 영속적 흔적을 남겼다.[40] 그사이에 슬라브계 지역에서는 민족적·문화적 독립운동과 정치적 자치운동이 확산되었고, 제국의 원심력은 지속적으로 커졌다. 그렇게 해서 오스트리아 국적의 한 세르비아인(가브릴로 프린치프)이 이중 군주제의 황태자(오스트리아의 프란츠 페르디난트)를 암살한 것이 제1차 세계대전의 직접적 원인이 되었다. 1914년 7월 위기에서 빈 측은 제한적으로만 전쟁을 수행하고자 했다. 그렇게 해서 제국을 구하고 바라는 바대로 군사적 성공을 거두어 대내외적으로 이중 군주제의 힘과 자기주장 능력을 분명하게 입증코자 했다. 하지만 제한적 전쟁에서 대규모 전쟁이 되었고, 그 진행 과정에서 원심력이 더 약해지는 게 아니라 더 강해졌다. 1918년 가을, 중앙동맹의 패배가 돌이킬 수 없게 되자,[41] 합스부르크제국은 인종적·민족적 분리선을 따라 향후 정치적으로 독자적인 길을 가는 일련의 국가로 분열되었다. 이 분열이 불가피한 것이었는지 아니면 주로 전쟁이 귀결하는 바였고 전쟁 없이 현명한 개혁 정책으로 방지될 수도 있었던 것인지는 오늘날까지 논쟁거리다.[42]

---

40 이에 대해서는 Carl Schorske, *Wien*, 특히 3~21쪽을 참조.
41 합스부르크제국과 그 몰락의 역사에 대해서는 Rauchensteiner, *Der Tod des Doppeladlers*를 참조.

생제르맹평화조약*과 트리아농평화조약**의 바탕이 되었던 기대에 어긋나게, 예전의 합스부르크제국의 영토에서는 정치적으로 잘 갖춰진 안정적인 민족국가들이 생겨나지 않았다. 인종적·민족적 혼합 상태에서 이들 국가 중 몇몇은 팽창정책을 추구했고 추가적 지역들에 대한 권리를 주장했으며, 한편 이들 국가 거의 모두에서 대표 민족이 행하는 지배는 민족적 소수자들에게는 억압으로 받아들여지고 분리운동을 자극했다.[43] 합스부르크제국의 분열에서 나온 질서가, 결국 제2차 세계대전으로 이어진 히틀러의 압박정치가 태동하는 출발점이 되었다. 전쟁 기간과 전쟁 후 몇 년 동안의 절멸 및 추방 정책, 얄타와 포츠담 회담에 따른 경계선 변경이 비로소 중유럽의 북쪽에 그런대로

---

42 타마라 셰에르(Tamara Scheer, "Lebenskonzepte, politische Nationenbildung, Identitäten und Loyalitäten")는 모범적인 생애 셋을 사례로 하여 합스부르크제국에서의 다언어성과 민족적 유연성을 그려냈고, 이로부터 공동의 정치적·법적 질서를 가진 다문화적 공간의 발전이라는 관점을 도출해냈다. 하지만 셰에르가 재구성한 생애들은 좀 넓은 의미에서는 제국의 엘리트에 속한다고 할 수 있는 인물들의 경우다. 그들 가운데 둘은 장교였는데, 군대는 황실과 함께 제국의 통일성의 수호자였다(Norman Stone, "Army and Society in the Habsburg Monarchy"를 참조). 그러니까 그들은 제국의 존속을 지향하는 직업 관점을 가졌다. 비견될 만한 집단이 1980년대의 유고슬라비아에도 있었는데, 이 집단 역시 연방국가가 일련의 개별 국가로 해체되는 것을 막을 수는 없었다.

● 1919년 9월 연합국과 오스트리아가 프랑스 생제르맹에서 맺은 강화조약. 오스트리아가 오스트리아–헝가리 이중제국의 해체를 선언하면서 유고슬라비아·폴란드·헝가리·체코슬로바키아가 독립국의 지위를 얻었다.

●● 1920년 6월 연합국과 헝가리가 프랑스 트리아농 궁전에서 맺은 강화조약. 생제르맹조약과 이 조약으로 헝가리의 오스트리아로부터 분리가 승인되었다. 헝가리는 독립을 인정받는 대신 체코슬로바키아·유고슬라비아의 독립을 인정해 체코슬로바비아·유고슬라비아·루마니아에 영토를 나누어주기로 했다.

43 Tooze, *Sintflut*, 317쪽 이하를 참조.

동질적인 민족국가들을 출현시켰다. 반면에 발칸에는 민족적 혼합 상태가 계속되었다. 이는 1990년대 초 추방과 학살을 동반한 유고슬라비아 해체로 이어졌다.

돌이켜보면, 합스부르크제국의 몰락은 정치적 재앙이었고 그 영향은 오늘날까지 미친다. 구舊오스트리아-헝가리의 동쪽 지역은 이제 발칸 중부와 카스피 해 사이 분쟁 지역의 서쪽 자락을 형성하는데, 이 지역은 유럽연합이라는 번영의 공간 안에 말뚝처럼 들어가 있다. 어쨌거나 유럽인들은 미국의 초기 도움을 받아 취약하나마 평화를 구축했는데, 하지만 이 평화는 부단한 감시와 통제가 필요하다. 이 성공을 위해 결정적이었던 것은, 러시아인들을 발칸에서 쫓아낼 수 있었고 그래서 마침내 세르비아에서까지 친서방 세력이 주도권을 획득했던 점, 그리고 유럽연합과의 관련을 통해 안전한 삶과 복지를 전망하게 되었다는 사실이다. 이 공간의 보다 중요한 행위자들은 그사이 '유럽'으로 정향되어 있고, 보스니아-헤르체고비나와 코소보에서 약간의 교란 잠재력을 가진 보다 소소한 행위자들은 현지에 주둔하는 유럽 치안 부대에 의해 상당 부분 억제되고 있다. 여전히 취약한 발칸의 평화는 전체적으로 볼 때 유럽연합이 잠재적 방해꾼들을 '사들이는' 데 기초한다. 그들을 소박한 수준에서 부양하거나 그들에게 물질적으로 나은 삶에 대한 전망을 제시함으로써 [그들을] 유럽연합의 편으로 만드는 것이다. 하지만 이것은 과도기의 구도로서, 이것이 결속력을 잃지 않으려면 얼마 후엔 발칸 지역이 과도기를 넘어 번영 지역에 소속되어야 한다. 이를 위한 결정적 전제는 폭력의 구매라는 기획의 수행을 재정적으로 뒷받침할 수 있는 유럽의 경제적 잠재력과 정치적으로 안정적인 주변 환경이다. 후자는 유럽연합이 동쪽으로 확장됨으로써 창출되어야 할 것이다. 두 전제 중 하나가 빠지면, 정치적 동기에 따른 폭력이 발칸반도에 다시 찾아들 것이라고 예상해야 한다.

발칸반도에서는 비교적 성공적인 이러한 평화 정착 모델이 우크라이나와 캅카스의 분쟁 지역과 전쟁 지역으로는 이전될 수 없다. 여기서는 한편으로 러시아의 영향력을 차단하고 러시아의 군사적 힘이 끼어들지 못하게 하는 것이 지정학적으로 불가능하기 때문이며, 다른 한편 발칸반도 평화 정착 기획을 반복하는 것은 경제적으로나 정치적으로 유럽연합의 과도한 확장으로 이어질 것이기 때문이다. 유럽연합은 그런 확장의 준비가 되어 있지 않다. 지금 이미 남쪽과 동쪽으로의 확장은 하나의 중심 행위자의 다스리는 힘이 없으면 유럽 기획을 좌초하게 만들지도 모를 원심력들을 발생시켰다.[44] 그래서 제국 이후 분쟁 지역의 동쪽 절반에 대해서는 서쪽 부분에서 효과를 보인 바와 같은 번영의 약속이라는 해법과는 다른 해법을 찾아야 한다. 게다가 흑해 지역 내지 흑토지대•에서는 이 지역의 상당 부분이 처음에는 차르 러시아에, 1991년까지는 소련에 속했다는 점에 유의해야 한다. 그래서 이 지역은 러시아의 정치적·문화적 엘리트들의 신제국적 꿈에서 여전히 큰 역할을 한다.[45] 이와 같은 신제국적 꿈이 얼마나 강한지, 그

---

44 이에 대해 상세하게는 Münkler, *Macht in der Mitte*, 26쪽 이하를 참조.

• 흑해 연안의 우크라이나와 남부 러시아에서 중앙아시아에 이르는 광대한 흑토의 곡물 생산 지대.

45 러시아 정치의 주도적 서사로서의 '러시아의 사명'이라는 이념의 고유한 혼합비에 대해서는 Laqueur, *Putinismus*, 91쪽 이하를 참조.

리고 그 꿈이 얼마나 러시아 엘리트들의 정치적 행위를 규정하는지는 여기서 일단 미뤄둬도 좋겠다. 확실한 것은, 서방이 그 신제국적 꿈을 정치적 계산에 포함해야 한다는 점이다.

여기에 더해, 역사 과정에서 생겨난 문화적 분리선들이 이 지역(흑해 지역 내지 흑토지대)의 가운데를 관통한다. 오늘날의 우크라이나 서부의 일부는 오랫동안 폴란드의 귀족공화국에 속했고, 그다음에는 합스부르크제국에, 다시 그다음에는 폴란드에 속했다. 반면 우크라이나 중부와 동부는 차르 이반 4세Ivan IV가 시작한 팽창 과정에서 확고하게 러시아의 일부가 되었다.[46] 서유럽 모델에 비견할 민족국가 형성이나 중유럽에 전형적인 것처럼 민족이 발생하고 뒤이어 민족에 맞춰 국가가 형성되는 일이 우크라이나에선 없었다.[47] – 내지는, 모스크바나 상트페테르부르크로부터 통제되던 제국적 질서의 붕괴와 함께 처음 시작되었다. 발칸과 캅카스에서와 달리 여기서 정치적 질서의 분리선 내지 단층선이 자라나는 곳은 인종적 혹은 종교적·종파적 다양성이라고 하기 어렵다. 그보다는 정치적·문화적 소속 관념과 영향력

---

46 이반 4세 이후 모스크바제국의 남방 팽창에 대해서는 Manfred Hildermeier, *Geschichte Russlands*, 269쪽 이하와 531쪽 이하를 참조.

47 정치적 공속성(Zusammengehörigkeit, 共屬性)에 대한 주장의 토대로서 하나의 우크라이나 민족이 있느냐는 물음에 대해 최근 독일의 동유럽사가들 사이에 격한 논쟁이 있었다. 이 논쟁에서 우크라이나 민족을 변호하고 나선 측은 Franziska Davies, "Zur Debatte über die Ukraine"와 Karl Schlögel, "Lob der Krise" 등이다. 반대 입장으로는 Jorg Baberowski, "Zwischen den Imperien"과 이미 전쟁 발발 전에 나온 Mykola Rjabtschuk, *Die reale und die imaginierte Ukraine* 등이 있다. 신중한 입장으로는 Peter Brandt, "Die Ukraine – Nation im Werden oder gescheiterte Nationsbildung?", Ulrich Schmid, *UA – Ukraine zwischen Ost und West*가 있다.

범위를 둘러싼 경쟁이 전면에 있다. 우크라이나 서부에서는, 근래에는 중부에서도 주민들은 자신들이 유럽연합의 번영 공간에 속하는 것으로 여기는 편이며 그 공간에 받아들여지길 바라고 있다. 반면에 동부에선 많은 주민들이 러시아에 속하길 원하고 서유럽적 특징의 유럽연합을 낯선 문화로 바라본다.

하나의 헌정질서를 가진 유럽을 제국적 거대 공간으로 보고[48] 여기에 러시아 엘리트들 일부에 퍼져 있는 신제국적 꿈을 대립시키면,[49] 양측(유럽과 러시아)의 영향권을 가르는 선은 우크라이나의 가운데를 지난다. 그래서 중기적으로 보면 갈등의 해법으로는 두 가지밖에 없다. 이 국가(우크라이나)를 유럽연합에 속하는 지역과 러시아연방에 편입된 지역으로 분할하든가, 아니면 이 두 거대 공간을 서로 분리하면서 동시에 결합하는 완충지대로서 '중립화'하는 것이다. 일이 어떤 방향으로 전개되든, 러시아와 유럽이 서로를 경쟁자가 아닌 파트너로 이해할 때만 갈등이 평화롭고 일치된 마음으로 해결될 것이다. 그렇지 않을 경우, 두 거대 공간의 경계 지역들에서는 동결된 갈등과 하이브리드 전쟁이 번갈아 일어날 것이다. 이 양쪽 행위자들은 국내총생산의 상당 부분을 군사비에 투자하게 될 것이다. 군사적 힘이 경제적 힘에 비해 다시 큰 비중을 차지하게 될 것이고, 유럽연합이나 러시아나 이런 식으로 자원과 관심이 묶임으로써 흐름의 통제를 둘러싼 경

---

48 그런 경우로 Jan Zielonka, *Europe as Empire*, 164쪽 이하, 유사한 입장으로 Alan Posener, *Imperium der Zukunft*, 75쪽 이하와 Münkler, *Imperien*, 245쪽 이하(헤어프리트 뮌클러 지음, 공진성 옮김,『제국』, 353쪽 이하)를 참조.

49 Laqueur, *Putinismus*, 131쪽 이하.

쟁에 참여할 수 없을 것이다. 짧게 말해서, 유럽연합과 러시아 사이의 대립을 오래 끌면 양자 모두 21세기의 세계질서를 형성하는 데서 아무런 역할도 하지 못할 것이다.

우크라이나 동부의 전쟁은 미래의 세계질서와 관련하여 분명 중요성을 갖는다. ― 하지만 러시아의 신제국적 등장을 경고하면서 러시아가 군사적 힘을 바탕으로 팽창주의를 추구한다는 이야기를 퍼뜨리는 사람들 대부분이 생각하는 것과는 완전히 다른 의미에서다. 이때 이들은 러시아가 특히 〔러시아 정치학자〕 알렉산드르 두긴Aleksandr Dugin 이 선전하는 바와 같은 유라시아 대제국의 기획을 실현하기에는 경제적 힘은 너무 작고 경제적으로 상처를 입을 가능성은 너무 크다는 점을 간과하고 있다.[50] 군사적 힘의 사용은, 크림반도의 병합과 우크라이나 동부의 전쟁에서 볼 수 있는 바와 같이, 경제적 힘의 사용과 비교할 때 상이한 시간 리듬을 갖는다는 데에 문제점이 있다. 유럽인들은 이에 대해 준비되어 있지 않았는데, 이 문제와 씨름해야 할 것이다. 크림반도 병합과 우크라이나 동부 전쟁 같은 일이 발생할 경우 더는 미국의 도움에 의지할 수 없기에 더욱 그렇다. ― 미국이 초점을 대서양 공간에서 태평양 공간으로 옮겼기 때문만이 아니라, 또한 이와 같은 종류의 경계 변경을 더는 반드시 자신이 보장하는 세계질서에 대한 공격으로 간주하지 않기 때문이다. 하지만 경제적 힘에 의해 뒷받침된 유럽연합의 팽창에 러시아가 보이는 두려움도 근거가 없는 거라고 할 수 있을 것이다. 〔유럽연합이〕 남쪽과 동쪽으로 확대되면서 유럽

---

50 Laqueur, *Putinismus*, 118쪽 이하와 그 외 여러 곳.

연합 내의 정치적·문화적 이질성과 사회구조적 차이가 그사이 매우 커져서, 향후 수년 내지 수십 년 동안 유럽인들의 주요 걱정거리는 연합의 결속이지 더 이상의 확장이 아닐 것이기 때문이다.

이에 더해, 러시아와 유럽연합 양자에 근동의 분쟁 공간은 ─ 러시아에는 추가적으로 중동이, 유럽인들에게는 추가적으로 마그레브 지역과 사하라이남 아프리카가─ 혹시 해결할 수 있다면 오직 공동으로만 해결할 수 있는 도전일 것이다. 이렇게 해서 제1차 세계대전 종국에 붕괴한 대제국 가운데 세 번째 즉 오스만제국이 고찰의 중심에 들어선다.[51] 1914년에 자신의 내적 취약성을 대외적 힘의 과시를 통해 은폐하고 어찌어찌해서 극복하기까지 해보려 전쟁에 기대를 걸었던 것은 합스부르크제국만이 아니다. 전쟁 초기에 유럽의 동맹 구조와 이에 의해 확정되어 있는 원조 의무의 바깥에 있던 오스만제국도 마찬가지였다. 터키인들은 중립 위치에 머물면서 전쟁 사건의 결말을 기다릴 수도 있었을 것이다.─제2차 세계대전 때는 그렇게 했다. 터키인들이 그처럼 하지 않고 중앙동맹의 편에서 전쟁에 들어간 것은 한편으로는 19세기 이래 "보스포루스의 병자"•로 통했던 제국의 내적 취약성과 연관이 있었다. 다른 한편으로는 동지중해와 캅카스 사이 동맹정책 구도의 심각한 변화와 상관이 있었는데, 이 과정에서 이

---

51 Michael R. Reynold, *Shattering Empires*를 참조.

• 19~20세기 유럽 열강이 터키(의 술탄)에 대해 조롱조로 지칭한 용어. 19세기 중반에 러시아 황제 니콜라이 1세가 오스만제국을 이처럼 지칭한 데서 유래했다. '보스포루스Bosporus/Bosphorus'는 터키 서쪽 소아시아 서북쪽과 발칸반도 동쪽 끝 사이에 있는 해협을 말한다. '유럽의 병자'라고도 한다.

스탄불은 종전의 [자국] 보호국인 영국과 프랑스를 잃었다. 그리하여 이스탄불은 자신이 러시아의 강화된 압력에 노출되어 있다고 여겼고, 영국인들과 프랑스인들이, 독일에 대항할 때 러시아인들이 군사적 원조를 행한 것에 대한 대가로, 러시아인들이 보스포루스와 다르다넬스 사이의 해협을 통제하는 것에 대해 그리고 메소포타미아 북쪽까지 밀고 들어오는 것에 대해 양해하게 될 것이라고 예상해야 했다. 이 두 가지는 러시아가 19세기 이래 공개적으로 추구한 목표로, 영국인들과 프랑스인들이 19세기 중반에 오스만제국의 보호를 위해 크림전쟁 [1853~1856]에 뛰어드는 데 결정적으로 작용했다.[52] 제1차 세계대전에 대한 독일어로 된 서술 가운데 많은 것에서 전쟁의 이 부분은 완전히 간과되든가 아니면 그저 부수적 역할만 한다. 하지만 실제로 전쟁의 경과는 '오리엔탈 문제'도 고려할 때만 파악될 수 있다.[53]

오스만제국의 정치적 지도부가 승전국들의 먹이가 될까 두려워했던 것은 [오스만제국이] 1911년 리비아전쟁●에서 이탈리아에, 1912년

---

52 제1차 세계대전 시 터키에 대한 러시아의 전쟁 목표에 대해 상세하게는 McMeekin, *Russlands Weg in den Krieg*, 147~148쪽 참조. 제1차 세계대전 전 오스만제국의 상황에 대해서는 Josef Matuz, *Das Osmanische Reich*, 249쪽 이하를 참조.

53 20세기의 '오리엔탈 문제'와 그것이 유럽의 정치 구도에 미친 영향을 상세하게 다루는 경우로는 Diner, *Das Jahrhundert verstehen*, 195쪽 이하.

● 1911년 9월부터 1912년 10월까지 이탈리아와 오스만제국 사이에 벌어진 전쟁(이탈리아-터키전쟁, 트리폴리전쟁). 이탈리아가 오스만제국의 통치하에 있던 북아프리카 트리폴리(지금의 리비아 수도)를 점령하기 위해 일으켰다. 이탈리아가 승리해 트리폴리를 병합하게 되었으나, 이는 1912년 10월부터 1913년 5월까지 불가리아왕국, 그리스왕국, 세르비아왕국, 몬테네그로왕국 등 발칸 동맹국들과 오스만제국 사이에 벌어진 영토전쟁인 제1차 발칸전쟁이 일어나는 계기가 되었다.

제1차 발칸전쟁에서 발칸 연합에 심각한 패배를 당했던 것과도 연관이 있었다. 굴욕적인 패배에 더해서, 과거 오스만제국이 다스렸던 지역에서 무슬림 주민들이 추방되었다.[54] 짧게 말해서, 오스만제국의 정치적 지도부는 전쟁에서 구원을 찾았다. 그 전쟁이란 무엇보다도 (특히 캅카스 전선에서) 러시아에 대항하여 치르고자 한, 그리고 ─ 메소포타미아, 팔레스타인, 갈리폴리반도〔겔리볼루반도〕에서의 영국 공세 때문에 ─ 남쪽 전선에서도 치러야 했던 전쟁으로, 동맹관계인 중앙동맹 국가들의 상당한 지원에도 불구하고 결국 패배하고 만 전쟁이다.[55]

이미 1916년 영국 외교관 마크 사이크스Mark Sykes와 프랑스 외교관 프랑수아 조르주 피코François Georges-Picot는 러시아 외무장관 세르게이 드미트리예비치 사조노프Sergei Dmitrievich Sazonov와 협조하면서, 오스만제국이 파산 시에 자국이 어떤 지역에 대해 영향력을 주장할 것인지에 관해 상호 양해했다(러시아는 1918년 3월 독일과 브레스트-리토프스크 단독 강화조약을 맺으면서 수익자 범위에서 탈락했다). 영국인들과 프랑스인들은 1918년 이후 〔오스만제국 지역에〕 식민지 건설을 포기했고 새로운 관리 지역들로, 그리고 자신들에게 의존적인 지배 왕조들을 세우는 것으로 만족했다. 영토 사이의 경계선은 지도에 자를 대고 그어 설정되었다. 하지만 이후 〔그 경계선은〕 존속하게 되는데, 보다 큰 국가를 형성하려는 모든 노력이 실패했고 아랍 세계의 패권국 사이에

---

54 이에 대해서는 Yazuv/Blumi 편, *War and Nationalism*의 제4부(621~726쪽)에 있는 Nedin Ipek, Erik Jan Zürcher, Funda Selenk Şirin, Mehmet Arisan의 논문들을 참조.
55 전쟁의 경과에 대해서는 다음을 참조. Münkler, *Der Große Krieg*, 319쪽 이하, 333쪽 이하, 718~719쪽.

부분적으로는 이데올로기적으로 부분적으로는 종교적으로 뒷받침된 경쟁이 전개되었기 때문이다. 하지만 주민들의 상당 부분에서는 민족 의식이 생겨나지 않았고, 그래서 분열 위기에서 민족과의 동일시보다 는 종족 소속감이 충성심의 준거가 되었다. 1980년대 이래로는 수니 파와 시아파 사이의 대립이 또 하나의 분열선으로 추가되었다. 이렇게 해서 아랍 세계는 제국 이후 공간의 모든 특징을 보인다. 이라크의 독 재자 후세인이 실각할 때까지 이러한 제국 이후 세계를 화염에 빠트릴 점화 불꽃이 없었을 따름이다. 예전의 영국 관리 지역에서 1948년 건 립된 국가인 이스라엘은 오랫동안 아랍의 통일성의 보증인으로 작용 했다. 〔이스라엘은 아랍 세계가〕 공동으로 싸워야 하는 적으로 간주되었 기 때문이다. 이 같은 사정은 1977년 이집트와 이스라엘 사이의 평화 조약과 함께 달라졌다.● 이때부터 아랍 세계 내의 대립과 갈등이 이스 라엘과의 대립보다 대부분 큰 역할을 했다.

'이슬람국가' 무장집단이 시리아와 이라크 북부에서 펼치는 전쟁 은, 이 집단의 지도자가 자신을 칼리프●●로 공포하고 시리아와 이라 크 사이의 경계를 무효라고 선언했다는 점에서, 이 공간의 제국 이후 의 성격에서 시작되었다.[56] 이들은 서방 강대국들에 의해 그어진 경 계를 보란 듯이 제거하고 이 장면을 비디오 영상에 담아 인터넷에 유

● 안와르 사다트 이집트 대통령은 1977년 11월 19일 아랍 국가 지도자로서는 처음으로 이스라엘을 방문해 메나헴 베긴 이스라엘 총리를 만나 아랍과 이스라엘 사이의 평화 노선 의 물꼬를 트기 시작했다. 사다트와 베긴은 이 공로로 1978년 노벨평화상을 수상한다.

●● 이슬람제국의 주권자, 최고통치자의 칭호, 아랍어로 '상속자'를 뜻한다. 칼리파.

56 Steinberg, *Kalifat des Schreckens*, 15쪽 이하와 113쪽 이하.

포했는데, 이는 '이슬람국가'에 미국과 이스라엘에 대한 투쟁에 고정된 알카에다가 갖지 못한(못했던) 정치적 전망을 마련해주었다. '이슬람국가'에 의해 통제되는 지역은 아랍-이슬람 공간을 훨씬 넘어 지하디스트들을 끌어들이는 지점이 되었다. 이 기획이 성공적이거나 혹은 모범 역할을 할 경우, 그것은 요르단의 하심 왕가나 사우디아라비아의 사우디 왕가와 같은 몇몇 지배자 가문의 존속만이 아니라 국가 간 경계 설정 또한 흔들어놓을 것이다. 그렇게 해서 시작될 수도 있을 동력이 서방이 2014년 여름 '이슬람국가'의 대성공●에 상이하게 반응하게 된 원인이다. 한편으로 이 공간에서 갈등이 확산되고 대규모 전쟁이 발발할 것을 두려워하면서, 다른 한편으로는 새로운 식민적 · 제국적 간섭이라는 인상은 피하고 싶은 것이다. 그런 간섭은 그로부터 생겨나는 어떤 질서도 정당성을 갖지 못하게 할 것이기 때문이다. 이는 분명 정치적 현명함의 한 형태로, 과거 미국에 종종 부족했던 면이긴 하다. 하지만 현명하고자 해서 소극적으로 머물 경우, 이는 취약성과 우유부단성으로 파악될 수도 있고, '이슬람국가'가 목표를 더 크게 잡고 칼리프의 지배권 주장을 새로운 지역으로 확장하도록 부추길 수 있다. 동시에 경계의 해체는 다른 행위자들이 게임에 등장하게 한다. 일례로 쿠르드족은 이제 제1차 세계대전 종국에 손에 잡을 듯 가까이 있었으나 무스타파 케말 아타튀르크Mustafa Kemal Atatürk〔케말 파샤. 터키의 초대 대통령. 재임 1923~1938〕의 단호한 행동에 의해 저지되었던 독

───────────

● 2014년 6월 '이슬람국가'가 이라크 제2의 도시 모술을 점령한 후 스스로 이슬람 신정 일치 국가라고 주장하는 칼리프제국을 선포한 일.

자적 국가를 이룰 기회를 본다. 여러모로 볼 때 유럽인들이 이 전쟁에서 발을 뺄 가능성이 높다. 하지만 그것이 나중에 돌이켜볼 때 잘못으로 판명될 가능성을 배제할 수는 없다. 혹시나 터키의 정치에서도 신제국적 꿈이 자리를 차지하게 될 경우에는 더욱 그렇다. 우크라이나 동부와 레반트에서 벌어지는 전쟁들을 볼 때, 케넌이 제1차 세계대전을 20세기의 "원초적 재앙"이라고 칭한 것은[57] 21세기에도 여전히 들어맞는다고 할 수 있을 것이다.

---

57 Kennan, *Bismarcks europäisches System in der Auflösung*, 17쪽.

13

21세기의 '공간'
지정학적 변혁 및 변동에 관하여

공간 제한, 공간 혁명, 공간 수축

공간들은 테두리를 필요로 한다. 공간들은 끝없이, 그리고 경계 없이 있을 수 없다. 적어도 정치적 공간들이라면 그렇다. 경계가 없을 경우, 공간들은 복수複數의 확정성을 상실하고 정치적으로 불확정적인 집합단수인 '공간'으로 된다. '공간'은 그래서 본래 정치적 개념이 아니라 철학적 혹은 물리학적 개념이다. 하나의 정치적 질서의 발생은 공간들을 하나의 경계 안에 넣고 공간들 내에서 경계선을 긋는 것과, 그렇게 해서 하나의 정치적 질서가 효력을 주장하는 공간의 경계를 설정하는 것과 연관이 있다. 정치적 질서는 경계 없이 있을 수 없다. 이는 스스로의 자기서술에서 '세계'를 지배한다는 주장을 내세우는 대제국들에까지도 해당된다. 보다 정확히 보면, 이 '세계'는 해당 제국의 지도에서 중심에 들어와 있으며 그 끝자락과 주변에서는 문명이 끝난다고 하는 하나의 공간에 제한된다.[1] 어쨌거나 지도들은 이런 인상을 전달한다. 하지만 이는 단지 제국적 질서의 정치적 효력에 대한 주장이 제국이 자기 자신의 이해에 따라 문명 공간을 확장한 만큼까지만 미친다는 것을 말해줄 따름이다.

이에 반해 공간의 무한성은 정치적 질서의 부재를 말해준다. 그러니까 '공간'이 본래 정치적 개념이 아니라면, '공간들'은 무조건 정치적인 것의 기본 어휘에 속한다.[2] 그리고 공간 내지 공간들에 정치적 성격을 갖춰주는 것이 경계 긋기라면, 이 경계 긋기는 엄격하고 정적일 수도 있고 ─ 영어에서는 국경border이라고 한다─ 경계선 대신에 시간이 지남에 따라 이동하기도 하는 경계공간들로 이루어질 수도 있다.─ 영어에서는 변경frontier이라고 한다. 그래서 경계들이 각각 어떤 성격의 것인지는 하나의 공간이 정치적 공간의 자격을 갖게 하는 데 결정적이지 않다. 결정적인 것은 오직 경계 설정이다. 경계 설정이 정치 이전의 공간을 정치적 공간들로 변모시킨다. 정치적 공간들을 정확히 분리하는 엄격한 경계선들(국경들borders)은 보통 국가들의 체계에 즉 다중심적 질서에 귀속시킬 수 있다. 반면에 하나의 지배권 주장이 점차 관철력을 상실하는 경계공간들은 일극一極적 유형의 제국적 질서에 속한다. 국가들은 경계에서 직접적으로 서로 맞닿아 있다. 제

---

1 Jerry Brotton, *Die Geschichte der Welt in zwölf Karten*, 173쪽 이하. 〔원저명은 *A History of the World in 12 Maps*(2012)이며 국내에서는 『욕망하는 지도: 12개의 지도로 읽는 세계사』 (제리 브로턴 지음, 이창신 옮김, 김기봉 해제, 알에이치코리아, 2014)로 번역 · 출간되었다.〕

2 슈테판 귄첼Stephan Günzel이 편집한 『공간학문들Raumwissenschaften』에서 교육학과 음악학은 대변되고 있지만 정치학은 대변되지 않는다는 것은 독일에서 이루어지는 공간 논의의 현 상태에 대한 하나의 징후다.

국들은 '세계들'을 지배하는데, 그 끝자락에서 정치적 질서는 ─ 적어도 공간에 질서를 부여하는 제국의 관점에서 볼 때는─ 아무런 질서도 모르는 공간 안에서 움직인다.[3]

이처럼 엄격한 혹은 유연한 경계 긋기는 산맥·하천·호수·바다와 같은 지질학적 편성에 의해서, 혹은 가장 넓은 의미에서의 문명적 차이에 의해서, 아니면 ─ 말과 낙타의 이용부터 보트와 선박의 건조, 바퀴의 발명을 거쳐 철도 시대에 이르기까지의─ 운동의 가속화와 같은 기술적 역량에 의해서 특징이 정해질 수 있다. 기상학 지식이나 기후 지식도 공간을 변화시키는 데 작용할 수 있다. 이것이 정치적 공간들의 발생 문제와 관련해서 뜻하는 바는, 〔그 정치적 공간의〕 경계들이 본래부터 주어져 있는 것이 아니라 끊임없이 새롭게 산출된다는 것을, 그리고 이때 사용 가능한 지식과 기술적 역량의 변화에 의해 정치가 항상 새롭게 행마를 강요당한다는 사실이다. 이때 지식과 역량의 증가는 보통 공간 수축으로 이어진다. 그전에 크고 넓은 것으로 보였던 공간이 관련 행위자들에게 단번에 좁고 작은 것으로 나타난다. 19세기에는 철도가 그런 공간 수축을 일으켰고, 20세기에 그렇게 한 것은 처음에 비행기, 다음은 인터넷이었다. 하지만 역사에는 공간 확장이라는 반대 방향의 발달도 있었다. 예컨대, 로마제국의 해체에서처럼 하나의 정치적 질서와 그 기반 구조가 무너지면서 제국적 커뮤니케이션 통로와 교역 통로들이 무너지고, 그 결과 정치적·경제적으로 통합된

---

3 Münkler, *Imperien*, 16쪽 이하〔헤어프리트 뮌클러 지음, 공진성 옮김, 『제국』, 30쪽 이하〕를 참조.

거대 공간 대신에 여러 소규모 공간 질서들이 등장했을 때다.

공간 혁명은, 그전에는 가능하지 않았던 새로운 형식의 공간 취득과 결부되었기 때문에, 항상 다시금 정치적 투쟁과 군사적 갈등의 격화로 이어졌다.[4] 공간 혁명은 공간을 본질적으로 동일한 방식을 통해 차지한다는 전제 아래 정치와 군대가 스스로에 부과했던 민족적, 법적 자기구속을 파괴한다. 그래서 공간 혁명은 거의 언제나 규제에서 풀려난 폭력의 국면이다. 유럽의 강대국들이 새로 발견된 세계의 민족들을 상대로 치른 전쟁들에서 볼 수 있듯이 말이다. 동종의 행위자 사이에서 벌어지는 대칭적 전쟁, 즉 참여자 누구도 공간 혁명의 효과를 혼자서만 이용할 수 없고 모두가 공간과 시간을 비슷하게 차지하는 전쟁은 대부분 사소한 경계 변동만을 동반했다.[5] 이에 반해 공간 혁명에 따른 정복은 공간 전체에 걸쳐 영향을 미쳤고 거대 공간의 정치적 질서를 바탕에서부터 달라지게 했다. 공간 혁명이 특히 전복적이었던 경우는, 공간 혁명으로부터 나온 공간 취득이 정복이 아니라 발견으로 서술되었을 때였다. 선진 문명이 아직 신석기 혁명을 통과하지 못했고 이에 따라 땅과 토지에 대한 소유권을 발전시키지 못한 사회들을 만났을 때가 특히 그랬다. 수렵-채집 사회에서 처분권 주장은 짐승을 쓰러뜨렸다든가 먹을 수 있는 식물을 채집했다는 데에 기

---

4 나는 카를 슈미트가 국제법의 구성 과정으로 파악한 '육지 취득Landnahme'(Carl Schmidt, *Der Nomos der Erde*, 48~51쪽(칼 슈미트 지음, 최재훈 옮김, 『대지의 노모스』, 65~70쪽)보다는 '공간 취득Raumnahme'이라는 개념을 선호한다. '육지 취득'은 역사적으로 유럽의 식민시대와 결부되어 있고, '공간 취득'은 초역사적 개념이다.

5 Münkler, *Der Wandel des Krieges*, 169쪽 이하.

초했다. 땅과 토지에 대한 소유권 관념 즉 법적 근거를 바탕으로 타인을 특정한 영토의 이용에서 배제한다는 관념은 사냥꾼과 채집꾼들에겐 아직 없었다. 그런 관념은 유목민적 삶의 방식에선 아직 발전될 수 없었고, 정주하면서 토지를 경작하거나 가축과 군서群棲 동물들을 기르면서 비로소 생겨났으며, 공간의 경계를 설정할 때 법적 측면이 되었다. 땅과 토지에는 이제 집단적으로 혹은 개인적으로 배타적 이용권을 가시화하기 위해 소유권 주장과 그에 해당하는 표시가 덮어씌워진다. 신석기 혁명 이래 즉 사회가 사냥과 채집의 단계에서 경작과 가축 사육으로 이행한 이래, 소유권 주장은 경계 긋기의 형식으로 예컨대 경계석이나 울타리를 통해 토지에 '기입'되었고, 이러한 표시에 대한 존중은 긴급 시에는 폭력으로 관철되었다. 경계 긋기와 경계 표시는 지배권을 세울 때만이 아니라 각각의 내부 공간을 형성할 때도 질서 구성의 요소로 작용했다.

15세기 이래 유럽이 아시아와 신세계로 팽창한 것은 또 하나의 공간 혁명이 낳은 결과였고, 이를 통해 정치적·사회적 경계가 전 지구적 차원에서 새로 그어졌다. 〔독일〕지리학자 에른스트 카프Ernst Kapp는[6] 인식적·기술적 진보와 결부된 공간 수축을 즉 증대된 권력 자원, 지리학적 지식, 기술적 역량에 기초한 공간들에 대한 지배력의 상승을, 대人하천형, 내륙바다형, 대양형의 제국 형성이 차례로 등장하는 것으로 기술했다. 나일 강, 유프라테스와 티그리스 강, 양쯔와 황허 강과 같은 큰 하천들potamoi에서의 제국 형성에 내륙 바다thalatta를 중심

---

6 Ernst Kapp, *Vergleichende Allgemeine Erdkunde.*

으로 한 제국 형성이, 예컨대 지중해를 중심으로 하는 로마제국, 아드리아 해를 둘러싼 해상공화국인 베네치아, 혹은 발트 해를 중심으로 한 17세기의 스웨덴제국 형성이 이어졌다.[7] 그리고 마침내 대양이 권력 전개와 부의 원천인 제국들이 부상하는데, 스페인보다도 포르투갈, 네덜란드, 마지막으로 영국이 더 대양적 공간 혁명의 수혜자였다.[8]

　심대한 영향을 미치는 거대한 공간 혁명은 기존의 질서를 뒤집어 엎었고, 제일 먼저 새로운 지식을 이해하고 그 지식을 이용하는 데 필요한 역량을 획득한 자들을 승리자로 만들었다. 그리하여 15세기 내지 17세기에는 포루투갈인들과 네덜란드인들의 해양제국들seaborn empires 이 생겨났는데, 그들의 일시적 힘과 위대성은 육지의 사용에서가 아니라 함대와 항해 능력에서 나왔다. 이를 통해 그들은 이전에도 항해할 수는 있었지만 지배할 수는 없었던 공간으로서의 대양을 자신들의 힘과 부의 원천으로 변모시켰다. 해상 지배는 이 놀라운 제국들의 핵심 범주였다. 해상 지배 덕에 해양제국들은 육군 강국들에 의해 만들어진 권력 구도들을 가늠할 만하고 ─이들〔육군 강국들〕에 비하면 오히려 작고 약한 행위자가─ 감당할 만한 비용으로 변경하고, 그렇게 하면서 육상에서는 결코 이를 수 없었을 위치까지도 획득했다.[9]

　15세기와 16세기의 공간 혁명 및 그 귀결들을 여기서 좀 상세히 기

7 Klaus von Beyme, "Schwedisches Imperium im Deutschen Reich", 71쪽 이하.

8 Schmitt, *Land und Meer*, 29쪽 이하〔칼 슈미트 지음, 김남시 옮김, 『땅과 바다』, 34쪽 이하〕.

9 다음을 참조. Charles R. Boxer, *The Portuguese Seaborn Empire*; Charles R. Boxer, *The Dutch Seaborn Empire 1600–1800*; Ulrich Menzel, *Die Ordnung der Welt*, 284쪽 이하와 502쪽 이하.

술했는데, 이는 그것들이 20세기에서 21세기로의 이행기에 이미 일어났거나 내지는 곧 닥치게 될 극적 변화들을 파악하는 데서 분석틀로 사용될 수 있기 때문이다. 네덜란드인들과 포르투갈인들의 해양제국들은 최종적으로는 ― 해군력이 추가되지 않았다면 육군 강국들과의 경쟁에서 아무런 역할도 못했을 소규모의, 거의 눈에 띄지 않을 정도의 영토들이었다 할지라도 ― 영토적으로 정박되어 있었다. 반면에 오늘날은 어떤 정치체도 형성하지 않았고 그래서 거의 상처를 입힐 수도 없으며, 따라서 어떤 위협체제로도 묶을 수 없는 비영토적 정치행위자들이 부상하기에 이르렀다.[10] 알카에다 같은 테러 네트워크들만이 아니다. 군사서비스 제공자들, 독자적 정책을 추진할 수 있는 소위 민간 군사회사들도 있다.[11] 마지막으로 비영토적 정치행위자들에는 몇 번의 컴퓨터 클릭으로 국가 전체의 국민경제를 흔들어버릴 수 있는 거대 투기세력들도 속하고, 스펙터클한 행동을 담은 사진이나 경고 선언으로 정치적 사건에 영향을 미치는 그린피스와 같은 초국가적 비정부적 조직들도 속한다. 우리가 목격하는 공간 혁명은, 정치적인 것의 독점자로서 영토국가의 시대가 종말을 고하고 이러한 독점적 지위의 종말과 함께 전쟁과 평화의 문법도 근본적으로 달라진다는 것이 특징이다. 이것이 다음에서 전개될 명제다.

---

10 Behr, *Entterritoriale Politik*을 참조.

11 Singer, *Die Kriegs-AG*를 참조.

공간 혁명과 규범 혁명

하지만 먼저 이런 공간 혁명이 정치 이론에서 어떻게 처리되는지 짧게 살펴보아야겠다. 기술적記述的 요소와 규범적 요소가 혼합된 정치 이론에서 중요한 것은 변화의 차원을 파악하고, 그 가능성과 전망을 탐색하며, 전략적 선택지를 생각해내고, 새로운 경계 긋기가 어떻게 규범적으로 정당화될 수 있는지 제안하는 것이다. 그러니까 공간 혁명에 대한 정치 이론적 성찰은 항상 두 가지를 포괄한다. 새로 생겨난 상황에 대해 가능한 한 정확히 서술하고 공간을 지배하거나 자기들끼리 나누는 세력들의 강점과 약점에 대해 평가하는 것, 그리고 공간 혁명의 결과를 당사자들 모두가 수용할 수 있는 질서로 ─ 즉 단순히 권력 구도와 관련해서가 아니라 법적 근거에서 수용할 수 있는 질서로─ 서술하고 구속력을 갖는 것으로 선언하는 규범적 질서를 발전시키는 것이 그것이다. 공간 혁명의 결과에 대한 규범적 파악이 비로소 사람들의 평화적 공생을 보장하며, 내지는 갈등이 ─ 긴급 시에는 폭력적으로도─ 전개될 때 따르는 규칙을 제시한다.[12]

보통 하나의 공간 혁명의 수혜자들은 공간의 달라진 질서를 규제하는 가치·규범·규칙의 배열도 규정한다. 그리고 이 공간 혁명에 따라 후위로 밀려난 자들 모두는 어떤 보호권을 주장하고 예전 질서의 잔여물을 유지하는 데에 즉 새로운 질서에 적용할 때까지 과도기를

---

12 Schmitt, *Der Nomos der Erde*, 111~186쪽(칼 슈미트 지음, 최재훈 옮김, 『대지의 노모스』, 151~252쪽).

구성하는 데에 자신을 한정할 수밖에 없다. 이들이 그 일에 얼마나 성공하든, 공간 혁명의 수혜자들이 새로운 규범질서의 형성자들이다. 그들이 그런 것은 상당 부분 그들에 의해 강제된 공간 수축이 즉 그들 조형력의 확장과 영향권의 확대가 일반화와 보편화에 대한 필요의 증가로 이어지기 때문이다. 이에 맞서 특수한 것, 소규모 공간적인 것, 제한된 것, 낡은 것을 대표하는 자들로 등장하는 구舊공간질서의 방어자들은 장기적으로는 전혀 승산이 없다.[13] 이들은 공간 혁명에 수반하는 규범 혁명의 패자敗者들이다. 즉 하나의 사회와 그를 둘러싸고 있는 정치적 권력관계들의 규범적 질서는 항상 지배적 공간 관념의 산물이기도 하다. 이때 대략 다음과 같은 규칙이 성립한다. 정치적·경제적으로 통합되어야 할 공간이 크고 넓을수록, 법과 도덕이 만족시켜야 할 보편화 명령도 더 강하고 더 큰 영향을 미친다. 공간 혁명은 (특수한) 가치의 (보편적) 규범으로의 변형에 불을 지피며, 그리하여 우리가 보통 "도덕적 진보"라고 칭하는 과정의 전제가 된다.

이에 따라 종교적 가치들도 전 지구적 시대에는 규범에 부합해야 한다. 그래야 일반적으로 수용될 수 있고 갈등이나 전쟁의 원천으로 작용하지 않을 수 있다.[14] 이슬람교 내지 특히 아랍 공간에서 지배적인 이슬람교 해석은, 그 추종자들 일부가 정치적으로도 문화적으로

---

13 이것이 공간 혁명 진행 중에 스스로를 소규모 공간과 특수한 것의 대변자로 설정했던 보수주의가 일반적으로 갖는 딜레마다.

14 이런 측면이 하르트무트 친저(Hartmut Zinser, *Religion und Krieg*)에게서는 상당 부분 주목되지 않고 있다. 종교의 전쟁 지향적 성격이나 평화 지향적 성격이 종교의 내용에서 도출되고 종교의 정치적 맥락성에서 도출되지 않기 때문이다.

도 혹은 경제적으로도 보편화될 수 없고 전 지구적 차원에서는 오직 폭력으로만 관철될 수 있는 가치들에 효력을 부여하려고 하는 한에서, 근대성의 문제를 가지고 있다. 이로부터 우리 시대 정치의 기본적인 갈등 가운데 하나가 나온다. 이 갈등은 -무엇보다도- 정치적·문화적 공간의 경계가 허물어진 데서 나온 귀결이다. 이로 인해 단 하나의 종파만 있는 영토라는 의미에서의 종교적 공간을 분명하게 분리하는 것이 불가능해졌다. 다음처럼 말할 수 있을 것이다. 예전에는 영토적 분리를 통해 이슬람주의자들과 타협할 수 있었다. 신앙의 구속력은 특정한 영토에 제한되어 있었고 다른 신앙이 요구되는 영토와의 경계에서 끝났다. 이처럼 공간적으로 제한된 신앙의 강제는 이민권_ius emigrand_ 즉 영토를 바꿀 권리를 통해 완화되었다. 오늘날 이는 더 이상 가능하지 않다. '이슬람국가' 무장집단이 시리아와 이라크 북부에서 하듯이 신앙의 강제를 폭력으로 관철시킬 경우, 우리는 이를 순전히 야만과 문화파괴로 받아들인다.

공간 혁명에 기초한 근대화 세력들이 자신들의 권력기술적 우위를 인류의 세속적 진보라는 관념에 뿌리내리게 하고 스스로를 이 진보의 담당자로 서술하는 데 성공하자, 구세력들은 이들에 대해 최종적으로 열세한 대상이 되었다. 근대화 세력들이 그와 같이 할 수 있는 것은 그들이 대변하는 새로운 질서에 비해서 단순한 자의와 후진성의 표현으로 나타나는 낡은 경계 설정 방식들과 고착된 특수성들을 공간 혁명을 통해 제거했기 때문이다. 그런 한에서 공간 혁명은 언제나 구공간질서와 그 가치 구조의 정당성을 빼앗은 것이기도 하다.

이에 대한 일례를 제시해보자면, 작은 조각들로 가득한 독일 민족의 신성로마제국은 19세기 초 나폴레옹이 유럽에 새로운 경계들을 긋고 새로운 법을 관철했을 때 일말의 승산도 없었다. 이 새로운 법은, 특수한 권리와 특권을 규정하고 소규모 공간의 정치에 맞추어진 예전의 법적 질서에 비해, 탈경계화를 통해서 확대된 공간의 필요에 훨씬 더 잘 맞았다. 조각보 양탄자와 같은 예전의 법은 새로운 공간질서의 요구들을 더는 충족할 수 없었다. "위대한 법학자는 파리에 거주한다"라고 당시 헤겔은 썼다.[15] 그래서 나폴레옹은 한동안 파괴자나 정복자가 아니라 해방을 가져오고 근대화를 이끄는 인물로 받아들여졌다. 나폴레옹이 소규모 공간으로 나뉜 구제국의 협소한 관계들을 깨부수고 민법전Code Civil 제정을 통해 보편화될 수 있는 개념과 규칙들로 대체했을 때, 그는 하나의 공간 혁명을 규범적으로 완성한 자가 되었다. 나폴레옹은 공간 혁명의 집행자 역할도 했다. 군대의 전략적·전술적 사용과 관련하여 공간 혁명의 중요성을 인식한 최초의 인물이기 때문이다. 나폴레옹의 전략적 천재성은 공간과 시간에 대한 새로운 이해 방식에, 그리고 공간과 시간을 어떻게 군사작전에 이용할지에 대한 이해 방식에 기초한다. 자신의 군대를 움직일 때 그는 가속화를 중시했다. 전술적 측면에서보다는 주로 전략적 측면에서였는데, 이는 비대칭적 공간 수축으로 이어졌다. 나폴레옹에게는 공간들이 그의 적들에게 보다 작았고, 그래서 그는 마음먹은 대로 승리했다. 러시아에서, 그 공간이 너무 커 자신의 공간 수축 방법이 더는 효과를 발휘하지 못하는 적을 만났을 때, 비로소 나폴레옹은 실패했다. 프로이센의 전쟁이

---

15 Joachim Ritter, "Hegel und die franzosische Revolution", 183쪽 이하.

론가 클라우제비츠는 그의 기념비적 작품인 『전쟁론』에서 이를 상세히 기술했다.[16]

유럽 통합 ─ 내지는 유럽 통일 ─ 과정도 유사한 규칙과 법칙을 따른다. 앞에서 말한 우리의 관찰이 맞는다면, 영토국가적 주권이라는 개념틀을 사용하는 구공간질서의 대변자들은 가망 없는 싸움을 하는 것이다. 저항해볼 수는 있겠지만, 결국 지고 말 것이다. 공간 혁명의 결과, 앞으로 전 지구적 차원에서 행동 능력이 있는 행위자가 겨우 다섯, 혹은 그도 아니라 셋 정도에 불과할 것이라면 말이다. 유럽이 그 행위자에 속하려면, 단결해서 하나의 행위자로 움직여야 한다.[17] 그와 같은 행위자는 내부에서는 다양성을 보일 수 있다. 그리고 하나의 헌정질서를 갖춘 유럽은 물론 스스로를 다양성의 수호자로 이해한다. 하지만 유럽이 새로운 세계질서를 조형하는 데에 함께 참여하려 할

---

16 Clausewitz, *Vom Kriege*, 1024~1025쪽. 클라우제비츠는 『전쟁론』 직후에 쓴 소책자 『1812년의 출정Der Feldzug von 1812』─ 이 출정에 그는 러시아 편에서 참여했다─에서 이미 공간과 시간의 연관성을 밝혀내는 작업을 했다. 그는 러시아 공간의 광활함을 나폴레옹이 그때까지 항상 자신에게 유리하게 사용했던 가속화의 이점을 상쇄할 수 있는 가능성으로 파악했다. "그래서 풀Phull 장군(차르 알렉산더의 군사고문)은 자발적으로 후퇴하여 전쟁을 러시아 안으로 깊숙이 옮기자는 아이디어를 냈다. 그렇게 해서 지원군에 가까이 가고, 어느 정도 시간을 벌며, 적은 어쩔 수 없이 파견대를 보내야 할 터이니 이를 통해 적을 약화시키고 공간을 획득하며, 적을 전략적으로 측면과 배후에서 공격하는 것이다"(17쪽). 이는 나폴레옹의 전략에 대한 반대 전략이었다. 클라우제비츠는 나폴레옹의 전략을 다음과 같이 기술한다. "결정적인 타격으로 시작하고 이를 통해 얻은 이점을 새로운 결정적인 타격에 사용한다. 그렇게 딴것을 계속 다시 하나의 카드에 걸어서, 마침내 몽땅 다 따버린다는 것이다. 이것이 그의 방식이었다. 그가 세상에서 가졌던 어마어마한 성공은 오직 이런 방식의 덕분이라고 말해야 할 것이다"(193~194쪽). 나폴레옹에게 맞대응할 수 있으려면 시간 사용과 관련하여 공간의 의미를 이해했어야 했다.

17 Dominik Geppert, *Ein Europa, das es nicht gibt*, 48쪽 이하.

경우, 이러한 다양성은 정치적 공간에서 유의미한 경계 설정이라기보다는 민속적 성격을 가질 것이다. 내적 다양성이 외교 및 안보 정책적 행위에까지 영향을 미치거나 유럽 공간의 경제적 결속을 의문시하게 할 경우, 구대륙은 새로운 공간질서에서 더는 아무런 역할도 하지 못할 것이다.

그런데 정치적·경제적 공간이 위와 같이 변화할 때는 항상 패자와 승자가 있다. 그것도 구경계들을, 그리고 그 경계들에 달려 있는 권리와 특권을 가로지르면서 그렇다. 최근의 공간 혁명에 의한 탈경계화의 사회적·심리적 효과가 지금까지보다 더 가시화되면, 전통주의자와 근대주의자, 보수주의자와 진보주의자 사이의 구별이라는 고전적인 정치적 질서의 차이가 내부의 정치적 공간에서 더 큰 의미를 획득할 수도 있을 것이다. 벌써부터도 유럽연합 내에서 경제적 공간의 확대에서 비롯하는 후속 결과를 제한하기 위해 대내 보호주의를 제안하는 경우들이 생기고 있다. 그런데 그러한 후속 결과는 그사이 공간 혁명이 취하게 된 차원에 비추어보자면 미시정치적 효과다. 새로운 경제적·사회정치적 도전들에 대한 유럽연합 내에서의 논쟁들에서, 최근의 공간 혁명의 전 지구적 도전에 직면해서 미시정치적 효과에 어떤 비중이 주어져야 하는가라는 물음은 분명 중요한 주제이긴 하다. 하지만 일단 거시정치의 층위로 다시 한 번 돌아가서, 그에 관해 지정학적 이론들에서 어떻게 체계적 성찰이 이루어지는지 일별해보자.

20세기 초, 해양 지배를 세계 지배의 열쇠로 파악한 미국 제독 머핸의 추종자들과 콜럼버스 시대의 종언을 말하면서 권력 중심이 바다에서 육지로 다시 옮겨갈 것이라고 예언한 영국 지리학자이자 지정학자 해퍼드 J. 매킨더Halford J. Mackinder 사이에 커다란 논쟁이 있었다.[18] 어떤 면에서 유럽의 불행이었던 것은, 빌헬름 2세 황제와 독일 전투 함대의 창시자인 티르피츠 제독은 열렬한 머핸주의자였고, 반면에 영국에서는 1904년 매킨더가 밝힌 생각이 즉 심장지역Heartland과 주변지역Rimland, 구체적으로 러시아와 독일의 동맹이 영국제국을 뒤흔들 수 있고 그래서 어떻게라도 막아야 한다는 생각이 점점 더 주목받게 되었다는 사실이다. 매킨더는 지정학적 중심이 바다에서 육지로 옮겨 간다는 주장을 철도체계의 발생과 발전으로 즉 운송수단이 근력에서 화석 에너지로 전환되었고 이를 통해 유라시아의 거대한 공간들이 개척되어 권력 자원으로 이용될 수 있다는 것으로 뒷받침했다. 그 결과 바다가 운송기술 측면에서 그때까지 육지에 대해 가졌던 장점들이 사라졌다. 빌헬름 황제와 티르피츠 제독이 (자국) 독일을 해양 지배력 행사에서 동등한 파트너로 인정하도록 (영국을) 강제하기 위해 전함들을 건조하게 하는 동안, 영국인들은 중앙아시아와 중동에서 러시아인들과의 대결을 협력으로 전환했다. 사람들이 그레이트 게임great game이라고 불렀던 이 대립을 끝내고 점점 더 프랑스와 러시아의 반독일 동맹에 가까이 간 것이다. 그 결과는 잘 알려져 있다. 독일제국은 정치적 고립에 빠졌고, 이 고립을 점점 더 군사적 위협으로 받아들였다. 이렇게 해서 지정학적 이론들은 제1차 세계대전으로 가는 길목에서 나름

---

18 Kennedy, "Mahan versus Mackinder", 39~66쪽. 매킨더의 영향력을 상대화하는 시각으로는 Hew Strachan, "Kontinentales Kernland und maritime Kustenzonen", 67~92쪽을 참조.

의 몫을 했다.[19]

　21세기의 지정학적 변혁 및 변동에 대한 우리의 물음과 관련하여, 제1차 세계대전 전에 지정학적 이론들이 유럽의 동맹체제들에 끼친 영향에서 중요한 것은 다음과 사실이다. 실제의 공간 변화 즉 공간 혁명 자체만이 아니라 그것에 대한 성찰과 이론화도 동맹정책 구도를 바꿀 수 있다. 그 전제는, 성찰과 이론화가 해석의 엘리트로부터 결정의 엘리트로 옮겨가고, 거기서 단순한 선택지로부터 전략적 지침으로 바뀌는 것이다. '지정학'과 '지리 전략'이라는 개념이 그처럼 많은 경고와 금지 표지판들로 둘러싸여 있는 것은, 지정학과 지리 전략이 내놓는 생각들이 독자적인 정치적 생명을 발전시킬 수 있으며 그러면 더는 [그 생각들을] 이론가들의 통제하에 둘 수 없기 때문이기도 할 것이다.[20] 지정학적 사고는 많은 후속 결과를 가지며, 때로 위험하기도 하다.

베스트팔렌 체제의 공간질서

　13세기와 17세기 사이 유럽에서는, 20세기 말까지 존속하며 국제 관계들에 대해 국제법적 틀을 만들 때 여전히 기준이 되는 정치적 공간들의 질서가 발전했다. 이 공간질서의 고정점이자 선회점은 영토

---

19 Münkler, *Der Große Krieg*, 481쪽 이하.
20 Sprengel, *Kritik der Geopolitik*; Niels Werber, *Geopolitik zur Einführung*을 참조.

국가다. 영토국가는 특히 미국의 정치학자들이 "베스트팔렌 체제"라고 부른 체제와 함께 정치적 행위의 독점자로 부상했다. 우리가 국제 *international*질서와 국제관계에 대해 말하는 한, 우리는 규범논리상 '베스트팔렌 체제' 안에서 움직인다. 이 체제 안에서 정치적 공간들의 질서란 영토국가들의 질서이며, 중요한 경계선들이란 오직 영토국가들 사이로 지나가는 경계선들이다. 어떤 측면에서 유엔 총회는 이러한 정치적 공간질서의 상징적 재현이다. 유엔 총회가 지난 수십 년간 조금씩 중요성을 상실했고 그것을 감수할 수밖에 없었는데, 이 역시 그 사이 일어난 공간 혁명에서, 구질서에 신질서가 겹쳐진 것에서 원인을 찾을 수 있다. 20세기 말 이래로는 '베스트팔렌 체제' 외에 또 하나의 정치적 공간질서가, 우리가 보통 **초국적**transnational이라고 칭하는 질서가 형성된 것이다. 이 질서에서 국가들은 더는 정치적인 것의 주역이거나 심지어 독점자가 아니고, 공간을 넘나드는 행위자들―비정부 조직, 구글이나 페이스북처럼 전 지구적으로 움직이는 기업, 국가 집단, 혹은 바로 제국―과 힘과 영향력을 나누어야 한다. 20세기 말부터 시작된 정치적 공간의 혁명은 이와 같은 초국적 행위자들에서 구체화되었다. 이 공간 혁명을 파악하기 위해서는 먼저 배경 지식으로서 이제 단계적으로 중요성을 상실하고 있는 저 국가들 질서의 시초를 일별할 필요가 있다.

이 질서의 핵심 요소는 정치적인 것이 주권자에서, 그리고 그 주권자에 의해 지배되는 공간의 영토성에서 구현된다는 것이었고, 또 여전히 그렇다.[21] 이때 주권자가 군주인지 민족인지는 중요하지 않다. 중세의 정치적 질서에 특징적이었던 조밀한 인적 관계망은 영토국가의 부상과 함께 새로운 질서로 대체되었다. 이제 사람들의 충성심은 그들이 특정 지역에서 거주하고 생활한다는 것과 결부되었다. 여기서 그들은 주권자의 법률과 지시의 지배 아래 있었다. 영토적 제한 없이 인적 책무관계를 통해 구성된, (오스트리아 출신의 독일) 법사학자 테오도어 마이어Theodor Mayer가 가신국가der Personenverbandsstaat라 명명한 중세의 국가[22] – 이것은 정치적·사회적 관계들이 지독히 작은 공간 안에서 펼쳐진다는 전제 아래서만 가능했다 – 는 근대 유럽의 제도적 평면국가der institutionelle Flächenstaat로 대체되었다. 그리고 이는 정치적인 것과 관련하여 무시무시한 공간 혁명으로 이어졌다.

법사학 및 정치사학은 오랫동안 특히 주권 사상의 발생을 즉 인적 상호성관계가 일반적 복종관계로 전환되는 것을 다루었다. 하지만 적어도 그만큼 중요한 점은, 그것과 함께 주권의 주장이 공간적으로 한정된 영토에 제한된다는 사실이다. 주권은 이 영토 내에서는 무제한이었지만 그 바깥에서는 아무런 역할도 하지 못했다. 거기서는 다른 주권자의 복종 내지 충성 요구가 유효했기 때문이다. 이렇게 해서 책무들이 분명해졌다. 중세의 정치적 질서에 전형적이었던 충성심 충돌과 복종 경쟁은 분명한 종속관계와 복종 구조로 대체되었다. 정치적 질서의 원리로서 위계질서는 공간의 분절화로 즉 국가들의 병렬로 대

---

21 장 보댕Jean Bodin과 토머스 홉스Thomas Hobbes가 주권이론가들이다. 특히 보댕의 이론은 1648년 뮌스터와 오스나브뤼크 평화협정 이후 유럽의 정치적 질서를 세우는 기초가 되었다. 보댕의 주권 개념에 대해서는 Helmut Quaritsch, *Staat und Souveränität*, 243쪽 이하를 참조.

22 Theodor Mayer, "*Die Ausbildung der Grundlagen des modernen deutschen Staates im Hohen Mittelalter*", 284~331쪽.

체되었다. 새로운 질서에 전형적인 것은, 주권 개념의 영향 아래 결정 권한과 충성심 기대가 절대적으로 되었는데, 하지만 권한의 확장은 권한 효력의 공간적 제한을 통해 상쇄되었다는 점이다. 프랑스의 왕 *rex Franciae*에 대해, 그는 법에서 벗어나 있으며*legibus absolutus* 더 높은 자를 인정하지 않는다고*superiorem non recognoscens* 즉 황제에 대해서도 교황에 대해서도 의무를 지지 않는다고 말했을 때, 이처럼 높아진 지위는 세속적 사안들*in temporalibus*에 한정된다는 점 외에도 항상 프랑스 왕의 지배 영역*in suo regno*에 제한되었다.[23]

그런데 이런 새로운 충성 및 복종 요구는 처음에는 경쟁하는 행위자들을 물리치면서 관철되어야 했다. 그리고 이때 영토를 초월해서 움직이는, 가신국가식으로 조직된 세력들과 치열한 대결이 벌어졌다. 프랑스의 미남왕 필리프〔필리프 4세〕는 성전기사단에 대항에 싸우면서 이 기사단을 프랑스의 지배 영역에서 처절하게 파괴했는데, 이 내용은 역사적·낭만적 문학의 관심을 받았다.● 사람들은 기사단의 숨겨진 보물에 대해 환상을 펼쳤고, 마지막 성전기사단들로부터 그들의 부의 비밀을 캐내기 위해 행해졌다는 잔혹성에 대해 이야기를 지

---

23 Helmut G. Walther, *Imperiales Königtum, Konziliarismus und Volkssouveränität*, 78쪽 이하.

● 성전기사단(템플기사단)은 1118년 십자군전쟁 당시 예루살렘으로 성지 순례를 떠나는 유럽인들을 보호하기 위해 프랑스 귀족들을 중심으로 설립된 기사들의 단체였다. 십자군전쟁 동안 막강한 경제력을 소유하여 이후 국가에서 특권 세력이 되었는데, 필리프 4세(재위 1285~1314)가 교황 클레멘스 5세에게 압력을 넣어 성전기사단 해산령을 내리게 하면서 1312년(또는 1314년)에 해체된다. 주요 경제 세력이었던 성전기사단이 갑자기 사라지게 되면서 이와 관련하여 다양한 이야기와 전설이 생겨났다.

어냈다. 하지만 정치 이론적으로 볼 때 그것은 영토화되지 않은 연결망 조직을 파괴하는 일이었다. 즉 성지에서의 전투를 위해 프랑스에서도 충성심과 재원 조달의 망을 발전시킨, 무장한 비정부 조직이라고 부를 수도 있을 것을 파괴하는 일이었다. 이런 연결망 조직은 정치적 공간들의 새로운 질서와 양립할 수 없었다. 프로이센의 독일기사단과 몰타의 요한기사단은 성전기사단과 달리 스스로를 영토화했고, 그처럼 해서 새로운 정치적 공간 구도에 적응했다.● 이는 뒤이어 영토 지배자들이 한자Hanse 상인 동맹●●들과 벌인 투쟁에서도 반복되었다. 서유럽 및 북유럽의 종교개혁은 이러한 식으로 정치적 공간들을 재편하는 데 보탬이 되었다. 기사단들과 비교해서 더 중요하고 더 힘이 세며 초영토적 복종을 기대하는 제도인 로마 교황청이 영토들을 넘어 복종을 기대하고 세금을 부과하는 것의 정당성을 빼앗았기 때문이다. 그래서 미남왕 필리프 아래에서 발생 중이었던 프랑스 영토국가가 로마 교황권과 갈등에 빠졌던 것은 놀랄 일이 아니다.●●●

● 독일기사단은 1190년 제3차 십자군전쟁 때 창설된 독일의 전투적 종교 기사단이다. 13세기 이래 프러시아를 정복하여 기사단의 나라를 세웠다가, 종교개혁 때 루터파로 개종함과 동시에 해산되었으며, 기사단의 통치 지역은 프로이센공국公國이 되었다. 몰타의 요한(요한네스)기사단은 1099년(경) 제1차 십자군전쟁 때에 예루살렘에서 만들어진 종교 기사단이다. 십자군의 중요 전력으로 활약했으나 이슬람 세력에 밀려 키프로스 섬, 로도스 섬, 몰타 섬으로 옮겼다가 나폴레옹의 이집트 원정 때 해체되었다
●● 13~15세기 중세 독일 북부 연안과 발트 해 연안 여러 도시 사이에 이루어진 상업상의 도시 연맹. 해상교통의 안전 보장, 공동 방호, 상권 확장 등을 목적으로 했다.
●●● 미남왕 필리프 즉 필리프 4세는 왕권을 강화해, 교회에 대한 과세를 반대한 교황 보니파키우스 8세에 맞서 교황청을 아비뇽으로 옮긴 인물이다. 1302년 삼부회(성직자, 귀족, 평민 출신 의원으로 구성된 신분제 의회)를 창설해 근세 국가의 기초를 다진 인물이기도 하다.

정치적 질서가 인물 관련성에서 영토성으로 전환된 것은 보호와 의무 즉 시민에 대한 국가의 보호 책무와 이에 상응하는 주권자에 대한 시민의 복종 책무를 분명하게 한 것 외에도 또 하나의 효과를 낳았다. 그것은 주권자들 사이에 갈등이 생길 경우 공격과 억압의 대상이 되는, 분명하게 확인될 수 있는 정치체를 산출했다. 그런데 이 정치체는 물리적으로 상처를 입을 수 있어서 또한 정치가들로 하여금 이웃 정치체를 공격할 경우 신중하게 비용과 효용을 따져보도록 종용했다. 자신의 정치체에 대한 상응하는 공격을 감안해야 했기 때문이다. 이리하여 상처를 입을 수 있는 가능성과 상처를 입힐 수 있는 가능성 즉 피해 가능성과 가해 가능성의, 좀 넓은 의미에서 대칭적이라고 할 수 있는 상호성 체계가 생겨났다. 비영토적인 정치적 행위자들 즉 정치체를 형성하지 않은 행위자들은 이 체계에 대한 위협이었다. 신체성이 없음으로써, 그와 같은 행위자들은 영토국가와 대결할 때 비대칭적 구도에 설 수 있는 이점이 있었기 때문이다. 그러니까 정치적 의지의 전반적인 신체화라는 조건하에서, 근대 유럽의 정치적 질서에 들어갈 수 있는 허가 조건으로서 점진적으로 관철된 이 조건하에서, 가해 가능성과 피해 가능성은 서로를 제어했다. 베스트팔렌 체제에서는, 가해 가능성이 있으면 항상 피해 가능성도 있었다.[24] 이로부터 안정적이고 신뢰할 만한 평화질서가 자라나진 않았지만, 정치적 의지의 신체화는 '피해 가능성은 규칙 순응성을 보장한다'라는 공식으로 정리될

---

24 Münkler/Wassermann, "Von strategischer Vulnerabilität zu strategischer Resilienz", 77~95쪽.

수 있는 폭력의 제한으로 이어졌다. 전쟁권*ius ad bellum* 즉 전쟁을 선언할 수 있는 권리에 대한 물음은 점차 뒤로 물러났고, 전시법*ius in bello* 즉 전쟁 수행에 대한 법적 규제가 점점 더 중요성을 획득했다. 전시법은 정치적으로 대칭성을 중시하는 질서에 법적 규정을 입힌 것이다.

이와 같은 상황은 탈신체화로 인해 이 신체화라는 조건을 따르지 않는 행위자들이 등장하는 즉시 달라진다. 그와 함께 정치의 일에 비대칭성들이 들어오고, 양립할 수 없는 합리성들이 서로 부딪친다. 이것이 현재 상황의 본질적 특징이라는 게 여기서 대변되는 명제다. 짧게 말하자면, 탈신체화된 행위자들은 어떤 위협체제로도 묶을 수 없다. 폭력의 위협이나 처벌의 위협을 가할 수 있는 정치적 신체가 없기 때문이다. 그런 행위자들은 피해 가능성이라는, 영토국가들과 동일한 조건에 따르지 않는다. 이에 반해 가해 가능성과 관련해서는, 비영토적 행위자들은 자신의 피해 가능성을 크게 염려하는 정치체 세력들보다 훨씬 더 큰 규모의 공간과 시간을 사용한다. 그 결과 안보정책에서 예방적이고 선제적인 행동이라는 아이디어가 새롭게 중요성을 획득했다. 위협할 수 없는 자에겐 앞서가야 한다는 것이다. 공간질서의 변화는 시간체제의 변화와 결부되어 있다. 영토성은 정치적 행위자들의 신체화를 통해서 기다림의 정책을 가능하게 했다. 탈신체화된 행위자들의 등장이 늘어나면서 이는 불가능해진다. 적어도 그들이 자신들의 정치적 의지에 효력을 부여하기 위해 테러 네트워크 형태로 국가들의 피해 가능성을 이용할 경우는 그렇다. 예방이라는 아이디어의 부상은 군대의 경찰화와 함께 일어나는 현상이다.

영토성의 중요성 상실에서 나오는 안보정책적 귀결들

　영토국가들의 피해 가능성은 안정적인 국제질서가 성립하기 위한 신뢰의 기초였고 지금도 마찬가지다. 군사적 수단으로 타격하기 어렵고 따라서 겁을 주거나 위협체제에 묶을 수도 없는 탈영토화된 행위자들은 국가적 질서에 근본적이고 지속적인 위협이다. 이 위협이 활성화되어 있지 않고 단순히 잠재적이라고 할지라도 그렇다.[25] 미국이 2001년 9월 11일 테러 이후 선언한 '테러와의 전쟁'은 그래서 조만간 끝날 전쟁이 아니다. 알카에다 네트워크가 상당 부분 파괴되거나 완전히 소멸된다고 해도 그렇다. 알카에다와 그에 상응하는 후속 조직들은 사람들이 점령해서 그 자원을 신뢰할 만하게 통제할 수 있는 어떤 영토에도 구속되어 있지 않다. 그들은 사회적 공간의 깊은 곳으로부터 언제든지 새로 형성될 수 있다.[26] 그래서 국가가 그들을 격퇴하기 위해 발전시킨 구조와 역량은 장기적으로 설정되어야 할 것이다. 이는 좀 우울한 전망이긴 하다. 이는 정치적 행위자들에 대해 어떤 계산 가능성을 보장했던 영토성이 중요성을 상실한 것에서 광범위하게 영향을 끼치는 후속 결과들이 나온다는 걸 보여준다. 이것이 유럽안보협력기구 구조가 유럽에서 불필요하게 되었음을 뜻하는 건 아니다. 하지만 유럽안보협력기구 구조는 국가들을 외부로부터의 공격에서 지켜주는 신뢰할 만한 보호 장치가 더는 아니다.

25　Behr, *Entterritoriale Politik*의 여러 곳.
26　이것이 ─원래의 목표 설정에 비추어볼 때─ 아프가니스탄 개입의 실패에서 도출할 수 있는 결론이다.

안보정책의 미래를 들여다보기 위해 우리는 이 생각을 첨예화해볼 수 있다. 영토가 정치적 신뢰성을 산출하는 문제와 관련하여 중요성을 상실한 상황은 얼마 전부터 — 미국국가안전보장국 요원이었던 스노든의 폭로에 의해 그 일단이 가시화된 바 있는 — 감시와 통제 체제의 발달로 보완되었다.[27] 우리는 사람들의 개인적 안전감과 관련하여 무엇이 더 견디기 어려운지에 관해 다투어볼 수 있을 것이다. 1980년대 말 초강대국들 사이의 핵무기 균형 상태에서 그랬던 것처럼, 하나의 영토에 사는 주민들을 적대적 세력들의 미사일 발사 체계의 목표 좌표 안에서 상호 인질로 잡는 것이 그러한가, 아니면 자국과 인근 지역 주민들에 대해 통신의 저장에서 이동 프로필의 생성에 이르는 항시적 감시를 하는 것이 그러한가? 어쨌거나 목적은 탈영토화를 통해 비가시화된 잠재적 공격자들을 통신 감시의 형식으로 결국 다시 가시화하는 데에 있다. 이런 감시와 통제의 체제에 대한 정당화가 성립한다면, 그 정당화는 일부 정치적 행위자들의 탈영토화로 인해 국가들에 생겨난 시간 압박을 완화한다는 데에 있다. 감시와 통제 체제로 영토적 행위자들은 시간에 대한 주권을 다시 어느 정도 갖게 된다.

이와 같은 감시와 통제 체제는 잠재적으로 우리 모두를 포착하도록 설치되어 있다. 군사적으로 중요한 위험이 되는 국가행위자들 대신에, 최소한의 자원을 들이면서 서방 사회들의 조밀한 미디어 세계를 이용해 정치적으로 진지한 위협이 될 수 있는 — 혹은 이미 벌써 위협이 된 — 소규모 집단들이 등장했기 때문이다. 그러니까 감시체제

---

27 이에 대해서는 Glenn Greenwald, *Die globale Überwachung*을 참조.

및 스파이 프로그램들을 특정한 법적 규칙 아래 두고 정치적으로 통제되게 하는 것이 관건이다. 재래식 전쟁 수행과 관련하여 헤이그육전협약과 제네바조약이 있었다면, 이제 그와 유사한 형식의 것이 군사적 위협 전략의 대체물인 정보기관에 의한 감시 및 통제 체제와 관련하여 발전되어야 한다. ─ 다만 차이라면, 이 법적 자기구속은 헤이그육전협약처럼 대칭성을 중시하기보다는 제네바조약에서도 그런 것처럼 테러리즘이 전략적으로 이용하려는 전투원과 비전투원 사이의 비대칭성에 보다 유의해야 한다.

한편 이것〔영토성의 중요성 상실에서 나오는 안보정책적 귀결〕은 감시체제만이 아니라 테러리스트들과 테러 용의자들에 대해 수행되는 작전에도 해당된다. 우리는 여기서 테러리즘을 격퇴하기 위한 미국의 전략이 처음에는 얼마나 전적으로 영토성 패러다임에 붙잡혀 있었는지를 관찰할 수 있다. 한때 알카에다 훈련센터들이 있었던 ─ 그러니까 원칙적으로 탈영토화된 행위자의 잔여 영토성이 확인될 수 있었던 ─ 아프가니스탄에 대한 군사적 개입을 통해서 테러리즘의 '물을 빼고', 〔테러리즘을〕 '바짝 말리며' 그와 함께 〔테러리즘의〕 '뿌리를' 제거할 수 있다고 믿었다는 점에서 말이다. 이와 같은 행위 모델에서 사용되는 비유를 보면, 고전적인 전략적 사고가 영토적 공간에 묶여 있다는 것이 드러난다. 전략적 선택지 모두가 지배해야 할 하나의 영토, 하나의 땅과 토지에 연관된다. 하지만 '테러와의 전쟁'의 핵심 요소로서 아프가니스탄 프로젝트는 실패로 입증되었다. 탈영토화된 행위자가 영토적으로 제한된 공간에 머물면서 자신을 잡아가게 하지 않기 때문이다. 얼마 지나지 않아 아프가니스탄에는 겨우 탈레반만 남게 되었고,

원래 목표였던 알카에다는 파키스탄으로 ─ 혹은 어디로든─ 물러났다. 전략적으로 보자면 빗나간 공격을 한 것이고, 다른 곳에서는 부족한 힘과 자원을 아프가니스탄에 묶어놓은 셈이었다. 경제적 지출은 하면서 어떤 전략적 효용도 거두지 못할 위험이 있었다. 영토국가와 네트워크 간 대결에서의 비대칭성은 장기적 시각에서 영토국가를 파산하게 할 것 같은 어마어마한 비용 구조에서 드러난다. 영토국가가 상대를 자기 자신과 같은 구조를 가지고 있는 것처럼 여기면서 격퇴하려는 한에서는 그렇다.

미국 대통령이 조지 W. 부시로부터 버락 오바마로 바뀐 것은 대테러 투쟁에서의 전략 교체에도 영향을 미쳤다. 이러한 사고 전환의 한 가시적 측면으로, 아프가니스탄에서 수행된 바와 같은 지상전이 정찰 및 전투 드론들로 치러지는 전쟁으로 넘어갔다. 후자는 고정된 영토성이 없으면서 이동성이 높은 적과의 싸움에 단연 더 적합하다.[28] 하지만 드론 전쟁에서 성공적이려면 적의 움직임과 일시적 거주지들에 대한 정보가 필요하다. 신뢰할 만한 정보의 조달은 무장 드론으로 실행되는 요원 타격personal strikes이나 징후 타격signature strikes의 성공적 수행을 위한 열쇠다.[29] 그래서 대테러 전쟁이 점점 더 정보기관의 일이 되고 군대가 ─새로운 전략에서 어떤 역할을 할 경우─ 점점 더 정보기관의 사고방식과 행동양식에 자신을 맞추어야 하는 것은 우연이

---

28 이에 대해서는 이 책의 제8장 「새로운 전투체계와 전쟁 윤리」를 참조.
29 요원 타격은 테러리스트로 신원이 확인된 인물들에게 가해지는 것이다. 징후 타격은 이동 특징이나 다른 지표를 근거로 테러집단에 속하는 것으로 여겨지는, 하지만 그 외에는 아는 바가 없는 인물들에게 가해지는 것이다.

아니다.[30] 이에 대해서는 폭격에 의한 살인의 법적 · 도덕적 딜레마에서 시작해서 이로부터 나오는 위험한 정치적 귀결에 이르기까지 많은 걸 이야기할 수 있을 것이다.[31] 하지만 이는 여기서 주제가 아니다. 여기서 중요한 것은 이 같은 변화가 공간과 공간의 정치적 질서, 공간의 전략적 사용에 대한 이해와 관련하여 21세기에 어떤 귀결을 낳을 건가 하는 점이다. 이에 대해 짧게 다음의 세 가지를 말해 둔다.

1. 자신 고유의 것으로 주장하는 영토를 군사적으로 견지하는 것으로서의 공간 방어는 점점 그 역할이 줄어든다. 크림반도와 우크라이나 동부에서 러시아가 행하는 활동은 피상적으로 볼 때만 이와 모순된다. 확실하게 통제되는 영토라는 의미에서의 구체적 공간은 세계질서를 형성하고 관철하기 위한 기초로서 점차 중요성을 상실했고, 이런 발전은 계속될 것이다. 예외는 경제적으로 중요한 천연자원 즉 전략적 천연자원이 있거나 있다고 추정되는 곳들이다. 이들 지역에서는, 예컨대 동콩고(콩고민주공화국), 아니면 특히 석유가 관건인 근동 및 중동에서는, 앞으로도 영토를 둘러싼 전쟁이 일어날 수 있을 것이다. 해저 일부도 그처럼 정치적으로 구체적인 공간으로, 군사적 다툼의 대상인 공간으로 될 가능성을 배제할 수 없다. 그런데 이때 정말로 관건이 되는 것은 다툼의 대상인 영토에 사는 사람들의 정치적 소속과 충성심이 아니다. 그 영토에 있는 자원을 차지하는 게 관건이다. 그 외로서 영토 통제를 둘러싼 전쟁은 순전히 위세를 과시하기 위한 것이 되

---

30 Mark Mazetti, *Killing Business*, 41쪽 이하.
31 Armin Krishnan, *Gezielte Tötung*과 Chamayou, *Ferngesteuerte Gewalt*를 참조.

었다.[32]

이러한 발전은 캘도어가 새로운 전쟁의 특징으로 말한 정체성 전쟁과 겉보기에만 모순된다. 정체성 전쟁에서는 영토와 거기에 사는 주민을 정복하는 것이 아니라, '정복자'의 눈에 거기와 무관한 주민 그룹들로부터 그 영토를 '정화'한다. 그런 전쟁은 여전히 있고, 자원 전쟁의 이면을 나타낸다.[33] 하지만 정체성 전쟁은 세계질서의 형성과 관련해서는 아무런 중요성을 갖지 못한다. 그 변형태 중의 하나가 신성한 것으로 통하는 즉 종교적으로 표시되는 영토를 둘러싼 전쟁들이다. 이것이 예루살렘에서 〔사우디아라비아의〕 메카와 메디나를 거쳐 케르벨라•에 이르기까지 신성한 장소가 밀집해 있는 근동의 특징이다.[34]

2. 앞으로 공간 방어는 훨씬 더 강하게 커뮤니케이션 및 정보 공간의 방어 혹은 감청과 침투로 나타날 것이다. 이는 공간에 대한 전략적 시선이 영토에 대한 고전적 구속에서 벗어났음을 뜻한다. 주권자는 비상사태를 선포할 수 있는 자라는 슈미트의 정식[35]을 변형해서 말하자면, 세계정치의 주권자는 전 지구적 커뮤니케이션 공간들을 지배하는 자다. 그러한 공간은 현실적 공간이라기보다는 가상적 공간이며, 국가들의 영토의 경우가 과거에 그랬고 지금도 그런 것과 같은 방식으로 물리적으로 경계를 설정할 수 없다. 이 같은 점은 한 국가의 시

---

32 이에 대해서는 우크라이나 동부와 레반트에서의 전쟁들에 관한 장(제12장)을 참조.

33 Kaldor, *Neue und alte Kriege*, 52쪽 이하.

• 이라크 중앙부에 있는 상업도시이자 이슬람교 시아파의 성지聖地. 카르발라.

34 Zinser, *Religion und Krieg*, 86쪽 이하를 참조.

35 Carl Schmitt, *Politische Theologie*, 11쪽〔칼 슈미트 지음, 김항 옮김, 『정치신학』(그린비, 2010), 16쪽〕.

민들을 다른 국가들의 정보기관이 실행하는 감청으로부터 어떻게 보호할 것인가에 관한 논의에서 드러난다. 자국 영토에 있는 케이블과 서버에 그렇게도 절망적으로 집중하는 것은, 영토성이 유의미한 공간들과 그 공간들의 보호를 정의하는 데 충분한 크기가 아니라는 점을 보여준다. 그런데 영토국가들은 자국 영토의 중요성을 고집스럽게 고수하는 것 외에 달리 위협에 대응할 수 있는지 알지 못한다. 정보와 지식을 타자들에 의한 감청으로부터 지키는 것이 정치적 의지에 효력을 부여하고 경제적 복지를 지키는 데서 열쇠가 되었다. 커뮤니케이션 공간과 데이터 센터의 안전은 부수적이거나 후차적인 사안이 아니라, 과거 땅과 토지라는 의미에서의 영토였던 것의 자리에 들어섰다. 여기서 우리는 21세기 공간 혁명의 구체적 형태를 ─그리고 그 공간 혁명의 안보정책적 귀결들을─ 만난다.

3. 물리적 경계 설정에 기초한 정치적 질서가 침식되면서 질서 수립의 측면에서 영토국가가 갖던 중요성도 사라지고, 이에 병행하여 공간을 지배하는 제국의 힘은 커진다. 대양을 지배하는 제국들에서 이미 관찰될 수 있었고 해상지배라는 정의하기 어려운 개념으로 침전된 것이 이제는 모두에게 해당되며, 영토국가들의 공간질서를 정당성 및 효율성 위기에 처하게 했다. 고정적인 것 즉 영토의 지배는 안전을 보장하기에 더는 충분치 않다. 안전을 보장하기 위해서는 최소한 마찬가지 정도로 유동적인 것의 통제가 필요하다. 공중 공간의 지배, 그리고 나중에 우주 공간의 지배는 중심적인 것으로 확인된 정보 및 커뮤니케이션 통제를 위해 결정적으로 중요하다. 하지만 미래의 정치에서 글로벌 플레이어*global players*로서 어떤 역할을 하는 행위자는 셋, 어

쩌면 넷이나 다섯일 것이고, 나머지는 이 게임의 관중이거나 글로벌 플레이어 가운데 하나의 피보호자일 것이다. 걱정스러운 것은, 유럽인들이 여기서 안보정책적으로 좋은 위치에 있지 않고 점점 더 뒷전으로 빠지고 있다는 점이다. 이것이 스노든의 폭로에서 정말로 자극적인 요소다. 안보에 중심적인 이러한 영역에서 유럽인들이 얼마나 미국에 의존적인지가 드러난 것이다. 너무 오랜 시간 공간 문제를 영토 문제로 보았기에, 오늘날 유럽인들은 더는 자신들 결정의 주인이 아니다. 유럽인들은 미국에 의해 감청된다고 느끼고(그리고 알고) 있으면서도, 동시에 안보정책적으로 미국에 의존적이다. 적어도 전 지구적이고 유동적인 위협들에 관련해서는 그렇다. 반면에 경계들 즉 영토의 안전을 염려하는 일은 점차 미국 측으로부터 유럽인들에게로 넘겨진다. 후자는 우크라이나 갈등에서 더할 나위 없이 분명하게 드러났다.[36]

　마지막으로 제국들의 귀환과 특정한 하나의 영토에 매이지 않는 공간 지배 세력으로서 제국들의 역할을 일별해보자. 모든 예측에 비추어볼 때 제국들은 21세기의 공간들을 통제할 것이고 자신들의 이익을 끌어내기 위해 공간들을 그들의 이해관심에 맞춰 정치적·경제적으로 조형할 것이다.

---

36 이 책의 340쪽 이하를 참조.

흐름과 규범의 통제자로서 제국들

제국 혹은 세계제국을 정의하는 특징 하나는, 그들이 엄밀한 의미에서 자국에 귀속되는 영토의 경계를 넘어 공간들을 지배한다는 점, 그리고 공간 지배에 대한 그들의 관념이 국가들의 경우처럼 특정한 하나의 영토에 대한 통제에 제한되어 있지 않다는 점이다.[37] 이렇게 공간과 관련하여 국가와 제국을 대조하는 건 분명 이념형적인 것이다. 로마제국에서 미국에 이르기까지 대제국들의 역사를 철저하게 살펴볼 경우, 비교사학자에게는 수많은 혼종 형태가 눈에 들어올 것이다. 게다가 부정할 수 없는 것은, 여기서 제국에 전형적이라고 한 공간 이해가 일찍부터 육상제국보다는 해양제국에서 더 뚜렷이 드러났다는 점이다. 이때 훈족이나 몽골인들의 제국과 같은 초원제국은 구조적으로 육상제국보다는 해양제국에 가깝다. 그래서 미래의 구도와 관련해서는 중국 황제나 러시아 차르의 육상제국보다는 해양제국의 역사적 형상에서 배울 게 훨씬 많다.

지배의 폭은 훨씬 넓은 반면 지배의 집중도는 떨어지는 까닭에, 해양제국들은 영토 지배보다는 흐름에 대한 통제에 즉 재화와 인간, 자본과 정보, 서비스와 기술의 흐름에 대한 통제에 집중했다. 영국제국의 동맥 즉 ─ 지브롤터해협과 지중해를 거쳐 수에즈운하와 홍해를 통해─ 영국의 항구들과 인도를 잇는 선은 그 한 사례다. 이때 이집트

---

37 Münkler, *Imperien*, 16쪽 이하(헤어프리트 뮌클러 지음, 공진성 옮김, 『제국』, 30쪽 이하)를 참조.

와 수단의 경우와 같이 간혹 영토에 대한 통제도 역할을 했는데, 하지만 이런 식으로 육지를 취하는 것은 제국적 연결의 핏줄과, 바로 재화와 원자재의 흐름과 함수관계에 있다.[38] 여기에 유추해서 우리는 현재 혹은 미래의 제국의 '흐름 연관적' 공간 통제를 생각해봐야 할 것이다. 이때 두 유형의 흐름을 구별해야 한다. 커뮤니케이션과 정보 전달이 이루어지는 가상적virtuell 흐름과, 원자재와 완제품의 대규모 운송 라인과 관련되는 물리적으로 실제적인physisch real 흐름이다. 후자는 예컨대 파이프라인, 철도 선로, 혹은 항로일 수 있다. 그리고 눈에 띄는 것처럼, 양자는 반제국적 행위자들의 공격 목표이기도 하다. 파르티잔들, 태업자들, 해적들, 해커들은 21세기 안보정책의 도전이다. 이러한 연결선들의 상대적 안전을 돌보는 것이 제국들이 우선시하는 과제다. 제국들은 이 같은 방식으로 새로운 공간질서의 핵심 요소들을 만들어낸다. 이를 뒤집어서 다음과 같이 말할 수도 있다. 두 흐름 즉 가상적 흐름과 물리적 흐름을 지킬 수 있고, 장기적 시각에서 이 과제를 떠맡는 자는 어쩔 수 없이 스스로를 제국적 행위자로 변모시킨다. 공간의 안전은 21세기에는 더 이상 경계에서가 아니라 ─ 흐름이라는 비유를 써서 말하자면 ─ 연결의 수로에서 결정된다. 이런 수로들의 안전 없이는 전 지구적 경제가 신뢰할 만하게 기능하지 못한다. 상이한 종류의 흐름을 지키는 일에 규범의 효력을 관철하는 일이 추가된다. ─ 가

---

38 이것과 다음의 내용은 마누엘 카스텔(Manuel Castells)이 『정보시대Informationszeitalter』 제1권의 「공간의 사회 이론과 흐름의 공간 이론」(466쪽 이하)에서 발전시킨 생각들에 의지한다. 하지만 카스텔은 도시학과 엘리트 차별화의 문제에 집중했고 여기서 우리가 다루고 있는 안보정책으로부터 제국성에 이르는 문제들에 몰두하지는 않았다.

상적 흐름과 물리적 흐름에 더해 이것을 세 번째 유형의 흐름으로 볼수 있을 것이다. 이 역시 전 지구적 조건에서는 제국적 행위자들의 과제다. 19세기에는 영국제국에, 20세기에는 미국에 이 과제가 떨어졌다. 유럽인들은 21세기에 자신이 어떤 역할을 할지 결정해야 한다. 이때 결정하지 않는 것도 하나의 결정이다.

　이 지점에서, 흐름 내지 흐른다는 것의 비유를 그것이 나타내는 실재와 연관해서 해독해보는 게 좋겠다. 최근 몇십 년간 사람들의 이동성이 극적으로 증가하면서, 그리고 그와 함께 개인이 대중의 익명성으로 사라지면서, 안정적인 주변 환경에 속하는 사람들의 상호 관찰에 기초하는 전통적 통제 및 감시 형식은 중요성과 신뢰성을 잃었다. 빈번한 직장 및 거주지 교체는 서로에게 낯선 사람들을 누적시키는 효과를 가져왔다. 그렇게 해서 자유를 획득하긴 했으나 그 이면에는 불안전하다는 느낌이 있고, 이는 안전을 돌보는 국가의 역할에 대한 기대를 높여준다. 이에 따라 국가 기관들이 인물들에 관해 조사와 수사를 시작할 때 출발점은 점점 더 이웃과 친구가 아니게 되고, 그 자리에 우리가 신용카드 사용에서 병원 진료를 거쳐 휴대폰 사용에 이르기까지 온갖 기회에 남기는 디지털 흔적이 들어섰다. 이렇게 해서 우리들 각자에 대해, 데이터와 정보의 부단한 흐름 속에서 스캐너 장치가 되어 있는 문턱을 넘자마자 신원이 확인되고 위치가 특정되는 디지털 복제본digitale Double이 생겨난다.[39] 그 결과, 우리가 하는 것과

39　이에 대해서는, 그리고 다음의 내용에 대해서는 Fréderic Grós, *Die Politisie-rung der Sicherheit*, 209쪽 이하 참조.

하지 않는 것이 과거에 어떤 인간의 기억 능력도 할 수 없었던 정도로 정밀하게 재구성될 수 있다.

디지털 복제본은 매혹적이다. 삶을 편리하고 편안하게 해주기 때문이다. 이 복제본이 감시자와 통제자의 활동을 수월하게 해주며 부분적으로는 비로소 가능케 해준다는 사실에 사람들은 처음에는 주목하지 않는다. 복제본에 직접적으로 관심을 갖고 거기에 점점 더 많은 정보를 축적하는 것은 백화점, 인터넷 제공업체, 서비스 사업자들뿐이기 때문이다. 사회적 연결망의 이용자들 또한 복제본이 점점 더 실제 인물에 근접하게 하는 데 스스로 자기 몫을 한다. 정치적 세력들의 감시체계, 특히 미국인들과 영국인들의 감시체계는 보통 이런 정보들의 이차적 이용자일 따름인데, 이는 구글, 페이스북, 기타 여러 사업자들의 자발적 협조 때문에 가능하다. 예전에 고전적 국가가 이웃과 친구들 범위에서 축적된 지식의 이용자였다면, 새로운 디지털 감시자들은 전 지구적 데이터 흐름의 통제자이며 규제자다. 여기에 쌓인 지식을 바탕으로 그들은 디지털 복제본들을 서로로부터 분리하고, 그 복제본 가운데 특정한 것을 끄집어내서 특별한 관심을 가지고 관찰할 수 있다. 프랑스 철학자 프레데릭 그로Frédéric Gros가 말하듯이, 그사이 디지털 투명성이 뜻하는 바는 안전의 생성을 보증하는 것이 더는 경계, 장벽, 요새 즉 영토국가의 통제수단이 아니라 한 인간의 디지털 복제본을 언제 어디서나 확인할 수 있는 능력이라는 사실이다. 그처럼 할 수 없는 세력은 21세기의 공간 지배에서 주요 행위자로서 탈락한다.[40] 스

---

40 같은 책, 214~215쪽

스로 힘을 박탈한 세력인 것이다.

규범 및 흐름은 세 방식으로 위험에 처할 수 있다. 먼저, 제국적 행위자들이 경쟁하는 가운데 다른 제국의 동맹을 끊거나 다른 제국의 규범을 부인하고 이를 통해 자신의 힘을 확장하려는 관심을 갖는 경우다. 전 지구적으로 펼쳐지는 전쟁으로 이어질 수 있는 그러한 대립이 원칙적으로 배제될 수는 없으나, 제국적 행위자들 사이에 성립하는 것으로 가정되는 피해 가능성과 가해 가능성의 상호성 때문에 꼭 개연적인 건 아니다. 어쨌거나 합리적인 이익계산은 미국과 중국, 또 매우 높은 개연성으로 러시아와 유럽인들이 휘말려들게 될 전쟁에 반하는 말을 해준다.

둘째, 파르티잔과 해적들처럼 이러한 흐름과 규범을 공격할 수 있는, 해커들로부터 연쇄 테러자들을 거쳐 자살테러자들에 이르는 수많은 소규모의 탈영토화된 행위자들이 있다. 이들 행위자 자신은 비견될 만한 동맹도 규범적 구속도 가지지 않기 때문에 즉 상호적 피해 가능성을 보이지 않기 때문에, 우리가 현재 몇몇 체험하고 있는 바와 같은 전쟁들의 개연성이 매우 높은 편이다. 여기서는 영구적인 소규모 전쟁이 전개될 수 있을 것인데, 이 같은 소규모 전쟁은 제국들의 관점에서 볼 때는 경찰작전으로 갈등을 끝내라는 요구와 같은 것이다. 이것이 21세기 공간 통제를 둘러싼 전쟁의 방식일 거라는 가정을 지지하는 좋은 근거들이 있다. 이것은 더는 고전적인 국가 간 전쟁이 아니며, 아마도 이런 전쟁들에선 전쟁과 평화 사이의 전통적 구별도 더는 지배적 역할을 하지 못할 것이다. 일반적으로 전 지구적 구조들의 특성은 영토에 기초한 베스트팔렌 체제에 특정적이었던 이항적 질서 개

넘들의 침식으로 나타낼 수 있다. 전쟁과 평화의 구별만이 아니라 국가 간 전쟁과 내전, 공격전쟁과 방어전쟁, 전투원과 비전투원 등의 구별도 그에 속한다. 이러한 질서 개념의 틀에는 배중률*tertium non datur*이 즉 사이에 있는 제3항은 없다는 원리(이것이 저 개념들을 이항적 질서의 특성을 갖게 한다)가 타당했었다고 한다면, 비영토화된 공간질서와 거기서 수행되는 전쟁들에는 혼종적인 것들의 집적이 특징적이다. 전통적 이항성의 혼종화는 새로운 공간질서의 특징이 된다. 부유한 지역 주변부에서의 소규모 전쟁은 별로 크게 주목되지 않으면서 일어나는 영구적 전쟁일 것이다. '하이브리드 전쟁'이란 개념은 이항적 기본 개념틀을 가진 구질서의 해체를 나타내기 위한 것이다.

앞서 본 것처럼 베스트팔렌 체제하에서 정치적인 것은 영토화되었고, 이 조건 아래서 경계는 질서 수립의 기능을 가졌다. 이제 이것을 다시 살펴볼 필요가 있다. 여기서 국가들 사이의 경계는 이항성이 공간에서 구체화된 것이다. 경계를 존중하거나 아니면 무장 공격으로 의문시하는 데서 전쟁과 평화의 문제가 결정되었다. 전시 국제법에서 중심적인 국가 간 전쟁과 내전의 구별도 이런 경계에 매달려 있었다. 전 지구적 공간 지배가 경계 통제에서 흐름에 대한 조종으로 전환되면서, 이 구별들도 중요성을 상실한다. 가장 큰 영향을 받은 것은 전쟁과 평화의 구별로, 이는 점차 군대의 '경찰화'로 대체되었다. 전쟁 패러다임 대신에 범죄 패러다임이 등장했고, 사실상의 전쟁 선언으로서의 경계에 대한 무장 침범 대신에 흐름의 체제에 대한 불법적 침입이 등장했다. 현재 우리는 두 질서체계의 불분명한 공존을 목격하고 있다. 아마도 경계의 체제는, 완전히 사라지지는 않겠지만, 흐름의 체제

곁에서 부차적인 역할을 할 것이다. 그 귀결은, 전쟁의 두 개념이 나란히 존속한다는 것이다. 하나는 평화의 반대로서 전쟁 개념이고 다른 하나는 평화의 보장 속에 영속적으로 얽혀 있는 전쟁 개념이다. 전쟁에 관한 불분명한 의미론은 어쩔 수 없이 정치적 혼동으로 이어질 것이다.

그런데 흐름의 체제에 대한 세 번째 위협이 있고, 이것도 언급하지 않은 채 둘 수는 없겠다. 제국적 역할의 짐을 떠맡으려고 하는 자가 아무도 없는 경우가 그것이다. 제국들은 평화와 안전 같은 집합적 재화에 투자한다. 이때 자국의 자원을 투자하는데, 그 긍정적 효과는 모두에 의해 소비된다. 경제학 이론에서 잘 알려진 '공유지의 비극'[41]이 여기서 반복될 수도 있을 것이다. 즉 모두가 집합적 재화를 이용하지만 누구도 그 재화의 지속에 관해 염려하지는 않는 것이다. 어쨌거나 그와 같은 일이 벌어질 가능성을 배제할 수는 없다. 역사적으로는 서양에서 로마제국의 멸망이 그러한 경우였다. 혹시나 국제질서가 '공유지의 비극'의 희생양이 될 경우, 소규모 공간에 맞는 질서가 즉 경계의 체제가 귀환할 것이다. 그리고 이와 함께 상당한 복지 손실이 발생할 가능성이 매우 크다. 경계의 체제가 갖는 장점은, 보호되어야 할 게 항상 자기 자신의 경계라는 것, 그래서 자기 자신의 효용에 투자하는 것이란 점이다. 경계의 체제에서는 공유지의 비극이 없다. 그 대신 특수성이 더욱 강하며, 그래서 (특수한) 가치와 결부되어 있고 (보편적인) 규범에 지향되어 있지 않다. 그런 체제가 정치적으로는 다루기 쉽지

---

41 Hardin, "The Tragedy of the Commons", 1243~1248쪽.

만, 경제적으로는 분명 비효율적이다. 이에 반해 흐름의 체제는 기숙인과 무임 승차자에 반해 관철되어야 하는 협조에 기초한다. 그리고 이를 위해서는 어쩔 수 없이 하나의 제국적 힘이나 혹은 신뢰를 바탕으로 확실하게 협조하면서 집합적 재화를 돌보는 국가들의 공동체가 필요하다. 전자를 예상해야 할지 후자를 예상해야 할지는 확실치 않다.

14

과거의 현재

2014년의 사건들을 1914년의 전쟁 발발에
비추어 이해하려는 시도에 관하여

1914년부터 1918년까지의 대전쟁을 둘러싼 논쟁은 전쟁 발발 100년 후에 그전에 거의 예상치 못한 강도에 이르렀다. 그러면서 논쟁은 이 전쟁과 그 경과를 전혀 다뤄본 적이 없는 많은 사람들에게도 제1차 세계대전의 참호 속에서 자신들의 할아버지와 증조할아버지가 겪었을 운명에 대한 관심을 불러일으켰다. 대개 사람들은 문제가 되는 조상들을 알지 못했고, 그때까지 그들에게 관심이 있지도 않았다. 하지만 대전쟁에 대한 일반적 논의는 어떤 사람들에게는 자신의 조상 가운데 이분 혹은 저분이 전쟁에 참가했다는 것을, 어디엔가 틀림없이 그에 관한 편지나 사진 앨범이 있을 거라는 것을 기억 속에 떠올리게 했다.

그리하여 예전의 프랑스 북부전선에서 취미 발굴자들에 의해 실행되었고 여전히 실행되고 있는 전장戰場 고고학과 유사한 조상 고고학이 창고와 지하실들에서 시작되었다. 전자는 위험하고, 삽이 불발탄을 건드릴 경우 죽음으로 끝날 수 있다. 이에 반해 후자는 위험하지 않은 편이긴 한데, 대부분 실망으로 끝난다. 오랫동안 뒤져서 찾아낸 할아버지 내지 증조할아버지의 편지와 일기에서 사람들은 그게 무엇을 말하는지를, 빛바랜 사진에서 자신들이 무엇을 볼 수 있는지를 이해하지 못했다. 많은 지명이 더는 존재하지 않으며, 사진에서 보이는 제복은 오늘날의 관찰자들에게 사실상 아무것도 말해주지 않는다. 사진 속 인물들의 무기 종류, 소속 부대, 계급이 관련되면, 할아버지나 증조할아버지가 나온 사진을 독해할 수 있는 사람은 거의 없다. 개인적 흔적 찾기는 무엇보다도, 제1차 세계대전이 그사이 우리와 얼마나 멀어졌는지를 보여준다.

정치적 관계에서는 사정이 완전히 다르다. 한 번만 더 들여다보면, 유럽과 그에 인접한 공간들의 구도가 얼마나 제1차 세계대전에 의해 각인되었는지, 그리고 우크라이나 위기와 레반트 전쟁에서 정치적 행위가 얼마나 그 그늘에서는 20세기의 '원초적 재앙'을 상기하면서 행해졌는지가 드러난다.[1] 그래서 예컨대 유럽에 대해 거리를 취하는 태도가 전반적으로 확산된 상황에서 그에 맞서 노력하는 정치가들에게서 항상 다시 들을 수 있는 정식, 즉 유럽경제공동체에서 유럽연합에 이르기까지 하나의 헌정질서를 가진 유럽이 대륙에서 오래 지속되는 평화의 보증자라는 정식은 그 신빙성을 제2차 세계대전보다는 제1차 세계대전과의 관련성에서 가져온다. 1950년대부터 생겨난 제도들은

---

[1] 이에 대해서는, 그리고 다음에 오는 내용에 대해서는 Münkler, *Der Große Krieg*, 753쪽 이하를 참조.

히틀러 같은 전쟁광 독재자를 제어할 수는 없을 것이다. 하지만 그런 제도가 있었다면 1914년의 7월위기 동안 전쟁으로 이어졌던 바와 같은 불신의 계단식 고조를 막을 수 있었을 것이라고는 분명 생각해볼 수 있다.[2] 1914년에서 1918년까지의 대전쟁이 우리에게 개인적 측면에서는 그렇게 멀리 있을지 몰라도, 정치적인 것에서는 아주 가까이 있다. 그리고 그 대전쟁이 남긴 문제 가운데 몇 가지는 긴급한 도전이 되었다. 정치 이론적 시각에서 제1차 세계대전이 독일인들과 유럽인들의 자기이해와 관련하여, 또 현재의 정치적 도전을 받아들이는 방식과 관련하여 갖는 의미를 세 가지로 요약할 수 있다.

독일-프랑스 축

제1차 세계대전은, 1870~1871년의 전쟁(프로이센-프랑스전쟁) 특히 19세기 초 나폴레옹전쟁과 연결하면서 좀 더 넓은 시간 폭에서 보면, 유럽에서 헤게모니 권력의 위치를 두고 프랑스와 독일 사이에 오래 지속된 갈등의 일부다. 역사의 긴 선에 관심이 있는 역사가들은 이 갈등을 843년 카롤링거왕국이 서프랑크왕국과 동프랑크왕국(프랑스 왕국의 둘째 왕조)으로 분할된 데로 소급한다. 이 분할이 베르됭조약에서 행해졌다는 사실은 독일과 프랑스에서 대전쟁을 상기할 때 상징정

---

2 전쟁 발발을 불신 고조의 귀결로 해석하는 경우로는 Münkler, *Der Große Krieg*, 82쪽 이하를, 상세하게는 Christopher Clark, *Die Schlafwandler*, 519쪽 이하를 참조.

치적으로 특별한 역할을 했는데, 아마도 팔켄하인 장군이 자신이 계획한 대규모 출혈 전투를 위한 장소를 선택할 때 그의 결정에도 영향을 미쳤을 것이다. 팔켄하인은 프랑스인들이 무조건 저항할 것이고 이 저항을 통해 그들의 힘을 소진해버리게 될 전선戰線 구간을 물색했다. 그는 포위도 돌파도 아니고 그저 적의 힘을 소모시키고자 하는 일종의 마모 전투를 계획했다. 그리고 프랑스인들이 절대로 포기하지 않을 것 같은 장소로 그는 베르됭을 찾아냈다. 팔켄하인의 계산으로는, 베르됭에서 최종적으로 더 많은 힘을 보유한 자가 카를 대제〔카롤루스 대제〕 왕국〔프랑크왕국〕이 왕국 분할 이전에 한때 포괄했던 공간의 주인이 되는 거였다. 그래서 베르됭의 전투〔1916. 2~12〕는 1,000년이 넘는 독일-프랑스 역사신화에 대한 해석의 최고권을 둘러싸고 벌어진 전투이기도 하다.

그런데 제1차 세계대전은 독일인들과 프랑스인들만의 전쟁은 아니었다. 제1차 세계대전은 ―독일의 관점에서 보면― 두 주요 전선 즉 서부전선과 동부전선, 그리고 여럿의 부수 전선, 특히 발칸 전선, 팔레스타인 전선, 메소포타미아 전선에서 벌어진 전쟁이었다. 이 모든 전선에서 독일 병사들은 싸웠다. 그리고 서부전선에서조차 독일 병사들과 프랑스 병사들만 서로 싸우지 않았다. 영국 병사들과 나중에는 미국 병사들도 투입되었고, 캐나다인들, 오스트레일리아인들, 뉴질랜드인들도 있었다. 단지 독일인들과 프랑스인들 사이의 전쟁이었다면, 제1차 세계대전은 어쩌면 4년씩이나 걸리지 않았을 것이고, 아마도 독일의 승리로 끝났을 것이다. 하지만 제1차 세계대전은, 독일인들의 정치적 미숙 혹은 경솔함도 한몫을 하면서, 20세기 초에 있던 갈등들 전체가 합류한 전쟁이었고 지각변동적 성격을 갖게 된 전쟁이었다. 이렇게 해서 제1차 세계대전은 정치적 통제에서 벗어나 순전히 군사적인 사안이 되었다.[3]

전선이 여럿이었지만 독일과 프랑스의 전쟁이 '전쟁의 중심 갈등'이었고, 독일 군대의 최고 지휘부 셋 모두는 전쟁(제1차 세계대전)의 결말에 대한 결정이 서부전선에서 내려질 것이라고 — 그것도 다른 전선들에서 거둔 승리가 얼마나 큰지에 상관없이 그러하리라고 — 확신했다.[4] 게다가 서부전선에서의 군사적 씨름에는 순전히 정치적인 목적이 있었다. 여기서는 서유럽과 중유럽에 대한 헤게모니가 관건이었기 때문이다. 하지만 이것이 동시에 — 독일 군대의 진군으로 인해 벨기에의 중립성이 손상된 것과는 별도로 — 영국이 밖으로 빠져 있지 않고 이 전쟁에 개입했던 심층적 이유다. 영국에 중요한 것은 유럽 강국들 사이의 균형 즉 영국이 편안하게 '결정적 조정자' 역할을 할 수 있게 하는 균형이었지 하나의 (아마도 독일의) 헤게모니의 발생이 아니었다. 그래서 프랑스인들에 대한 영국의 지원은 조건적이었다. 독일의 헤게모니를 저지하는 게 관건이었지만, 그렇다고 이것이 그 대신 프랑스의 헤게모니가 발생하는 결과로 이어져서는 안 되었다. 두 승전국의 상이한 관심과 생각은 베르사유 평화협상의 배후에서 상당한 역할을 한 갈등으로 이어졌다.

어차피 (제1차 세계대전 당시) 영국의 전쟁장관 허레이쇼 허버트 키

---

3 이에 대해 상세하게는 이 책의 제2장 「폭력의 격화」를 참조.

4 이에 대해 자세하게는 Münkler, *Der Große Krieg*, 403쪽 이하, 674쪽 이하를 참조.

치너Horatio Herbert Kitc-hener는 영국의 개입을, 영국인들은 물러나 있는 동안 대륙의 세 강대국인 프랑스·독일·러시아가 전쟁에서 일단 서로를 약화시키도록 계획했다. 영국인들은 나중에야 힘을 더 쏟아 부어서 〔3국〕협상국에 유리한 결정을 이끌어낼 생각이었다.[5] 그런데 독일인들의 군사적 효율성 때문에 계산대로 되지 않았다. 영국은 의도했던 것보다 훨씬 더 강하게 개입해야 했다. 그래서 스코틀랜드 역사학자 니얼 퍼거슨Niall Ferguson이 묘사한 것처럼, 영국의 대전쟁 참여는 세계제국으로서 영국이 종말에 이르는 시작이 되었다.[6]

제1차 세계대전이 끝나면서 서유럽과 중유럽에 대한 독일의 헤게모니 주장은 꺾였다. 하지만 최종적으로 그렇게 된 건 아니었다. 1930년대 후반 그 주장이 다시 살아났기 때문이다. 유럽의 헤게모니 권력에 대한 물음은 파리 근교 조약들(베르사유, 생제르맹, 트리아농 조약)에도 불구하고 여전히 열려 있었고, 그래서 프랑스인들에게는 1920년대에도 제대로 된 승리의 기쁨이 일어나지 않았다. 프랑스는 전쟁에서 독일인들에 비해 상대적으로 더 큰 손실을 입었다. 그리고 더 낮은 출생률 탓에 그 손실은 독일에서보다 사회적으로 더 심각한 결과를 낳았다.[7] 전쟁이 남긴 상처를 떠올릴 때, 피해 가능성에 대한 감정이 지배했다. 그런 전쟁을 프랑스인들이 두 번은 수행할 수 없을 것이라는 감정이었다. 그래서 프랑스인들은 독일에 대항하여 군사적 자기주장의 가능성을 찾았고, '대人베르됭'에서 즉 마지노선에서 그 가능성을 찾았

---

5 David Stevenson, *1914–1918*, 53~54쪽. 그 외 여러 곳.

6 Niall Ferguson, *Der falsche Krieg*, 특히 92쪽 이하.

7 Kolko, *Das Jahrhundert der Kriege*, 107~108쪽.

다고 믿었다. 마지노선은 독일이 새로 공격해올 경우 1916년 베르됭에서 성공했던 것처럼 독일의 공격을 저지하고 그 힘을 꺾을 철근 콘크리트로 만들어진 거대한 요새체계였다.[8]

반면에 독일인들은 전쟁 과정으로부터 정확히 반대의 결론을 이끌어냈다. 독일인들은 더 큰 이동성에 중점을 두었고, 이것이 1939년에서 1941년까지 '전격전'의 기초가 되었다. 이처럼 프랑스와 독일 양측은 전쟁으로부터 상이한 방향으로 '학습'했다. 프랑스인들은 자신들의 강점으로 그리고 승리 원인으로 보았던 것을 더욱 발전시켰고, 독일인들은 제1차 세계대전에서 자신들의 전쟁 수행에서 핵심적 결점으로 파악했던 것 즉 가속화 능력의 부재를 제거하고자 했던 것이다. 이는 전쟁 후에 볼 수 있는 학습 단초의 전형적인 배분이다. 승리자는 자신의 강점을 찾고 그것을 더 발전시키려고 한다. 패배자는 자신의 결점과 약점을 찾고 그것을 제거하기 위해 모든 노력을 기울인다.

'학습'의 이와 같은 특수한 경우가 어떤 결과를 가져왔는지는 잘 알려져 있다. 독일군은 1940년 초의 '프랑스 출정'*에서 프랑스 군대에 (그리고 영국 원정대에) 6주도 지나지 않아 승리를 거두었고, 그 결과 독일에서 히틀러는 명성의 절정에 이르렀다. 하지만 1940년의 출정은 서유럽과 중유럽의 헤게모니를 둘러싼 독일과 프랑스의 다툼의 또 다른 단계이었을 따름이다. 1944년 서방 연합군이 노르망디를 침공하고 프랑스를 재탈환하면서 곧 이 투쟁의 또 하나의 새로운 국면이 이어

---

8 이에 대해서는 Olaf Jessen, *Verdun 1916*, 273쪽 이하 참조.

• 1940년 5월 10일 독일군이, 프랑스가 병력을 집중하고 있던 마지노 요새선을 우회하여 벨기에를 거쳐 프랑스를 공격한 일.

졌다. 아데나워와 드골이 주도한 독일-프랑스 양해는 핵심적으로, 양측에 파괴적이고 불행한 유럽 헤게모니 투쟁이 종식되어야 하며 이제부터 공동으로 대륙의 운명을 조형하고자 한다는 것에 대한 양해였다. 이런 생각은 '독일-프랑스 축' 내지 '유럽 기획의 독일-프랑스 엔진'이란 공식으로 표현되었다. 그러니까 독일-프랑스 화해의 중심적 연관은 제2차 세계대전이 아니라 제1차 세계대전이며, 그래서 화해의 제스처도 미디어 효과를 감안해서 랭스의 성당과 베르됭의 두오몽 요새 앞에서, 1914년에서 1918년까지의 전쟁의 두 기념 장소에서 행해졌다.•

헌정질서를 가진 유럽의 역사는, 그런 유럽이 얼마나 독일-프랑스 축에 의존하고 있는지를 보여준다. 유럽은 이 축 내지 이 엔진이 기능하면 전진하고 여기서 문제들이 생기면 곧바로 리듬을 잃는다. 이때 제1차 세계대전에 대한 기억이 중심적 역할을 한다.9 유럽연합의 핵심 지역에서 기억정치의 기초는 제1차 세계대전이다. 여기에는 제1차 세계대전이 — 제2차 세계대전과 달리 — 4년 이상이나 지속했고 서부전선에서 거의 끝까지 결판이 나지 않은 싸움이 계속되었던 것도 한몫을 했다. 엄청난 손실이 있었지만 언급할 성과는 없었던 것, 이것이

• 1962년 7월 6일 샤를 드골 프랑스 대통령과 콘라트 아데나워 서독 총리가 프랑스 랭스 (대)성당에서 함께 미사에 참석함으로써 양국 간 화해의 결정적인 장을 열었다. 이 만남은 1963년 1월 22일 체결된 독일-프랑스 우호조약인 엘리제조약(파리의 엘리제 궁에서 체결)의 초석이 되었다. 랭스는 제1차 세계대전 당시 독일군의 폭격으로 폐허가 되다시피 한 도시이고, 베르됭은 제1차 세계대전의 최대 격전지 중 한 곳이다.

9 이에 대해서는 Étienne François 외 편, *Geschichtspolitik in Europa seit 1989*에서 Stefan Troebst, Georg Kreis, Étienne François의 논문을 참조.

유럽의 헤게모니를 둘러싼 싸움이 영원히 종식되어야 한다는 호소로
남았다.

외곽과 주변부에 의한 도전

독일-프랑스 협력과 함께 제1차 세계대전의 핵심 갈등은 제거되었
다. 하지만 이 전쟁은 독일과 프랑스 사이의 헤게모니 갈등에 의해 야
기되지 않았다. 알자스-로트링겐을 둘러싼 다툼은 1914년에는 잠재적
이었고 결코 긴박하지 않았다. 유럽의 대전쟁에 불을 붙인 불꽃은 외곽
즉 발칸에서 왔다.[10] 전쟁은 빈과 베오그라드 사이의 다툼을 공간적
으로 제한하는 것이 실패함으로써 비로소 대륙의 자기파괴로 격화되
었다. 예컨대 〔그 전쟁을〕 1912년과 1913년의 선행하는 전쟁들에 이은
제3의 발칸 전쟁 형식으로 제한하지 못한 것이다. 1912년의 제1차 발
칸전쟁에서는 오스만제국이 유럽으로부터 축출되었고, 1913년의 제
2차 발칸전쟁에서는 승전국들이 전리품의 배분을 두고 다퉜다. 발칸
서쪽의 질서 권력인 합스부르크제국은 자국의 거대 권력 위치가 도전
받았다고 여겼다. 그도 그럴 것이 러시아 차르제국이 한참 전부터 발
칸으로 밀고 들어와 흑해와 에게 해 사이의 해협을 자신의 통제하에
두려고 했기 때문이다. 이 갈등의 조절이라는 도전 앞에서 유럽 강국

---

10 Clark, *Die Schlafwandler*는 최근 이 문제에 대한 재평가에 크게 기여했다. 이전에
이런 시각을 강조한 경우로는 Jürgen Angelow, *Der Weg in die Urkatastrophe*, 82쪽
이하; Neitzel, *Kriegsausbruch*, 125쪽 이하를 참조.

들의 협주는 실패했다. 전쟁을 제한하는 것이 성공하지 못하면서, 지역적 갈등에서 대전쟁이 되었다. 제1차 세계대전의 발발은 어떻게 하나의 거대한 정치 공간 주변부에서의 갈등이 그 중심을 화염에 휩싸이게 할 수 있는지에 대한 사례다. 이로부터 현재의 갈등들에 대한 분석과 처리를 위해 몇 가지 배울 수 있다.

1914년 전쟁의 원인들을 보다 정확히 살펴보면, 중심에서의 갈등이 아니라 외곽에서의 무질서와 주변부에서 밀고 들어오는 문제들이 — 적어도 직접적으로는 — 전쟁을 야기했음이 드러난다. 이어서 전쟁에 참가한 강대국들은 앞서 진행된 위험한 게임을 아주 의식적으로 대륙의 외곽에 — 그 게임을 여기서 통제하고 지배할 수 있으리라는 그릇된 기대 속에 — 위치시켰다. 그런데 우리는 동지중해와 발칸에서의 위험한 발전을, 거대하고 강한 행위자들 즉 유럽의 강대국들이 오랫동안 지역의 안정성에 아주 작은 관심만 보였고, 그리하여 1914년에는 더는 지배할 수 없는 갈등 잠재력이 구축될 수 있었다는 데에서부터 도출할 수도 있다. 만일 오스만제국을 포함하여 유럽의 강대국들이, 일례로 1908년 보스니아 병합 위기에 이어서 그랬던 것처럼, 발칸 회의를 열어 작은 국가들의 경계에 관해, 그리고 강대국들의 영향력 범위에 관해 서로 양해했다면, 1914년 여름 갈등이 첨예화되는 걸 막을 수도 있었을 것이다. 1914년 7월에는 열린 문제와 불분명한 입장이 너무 많았고, 그리하여 주변부가 중심에 불행이 되었다.

1990년대 유고슬라비아 해체전쟁[11] 동안 유럽 강대국들이 보여준 정치적 활동을 1914년 7월위기와 돌이켜 비교해보면, 일련의 '학습 진전'을 확인할 수 있다. 유럽인들은 외곽과 주변부에서 전쟁이나 국가 붕괴로 특징지을 수 있는 상태가 지속되는 걸 방치해두어선 안 된다는 점을 깨달은 것으로 보인다. 1912년과 1913년의 두 발칸전쟁에 1911년의 리비아전쟁까지 더해졌던 것이다. 리비아전쟁에서 이탈리아는 다른 유럽 강대국들을 모델 삼아 자신도 식민지를 갖고자 했으며, 오스만제국으로부터 리비아 지역을 빼앗았다. 이탈리아와의 전쟁에서 드러난 터키 육군과 해군의 허약함은 발칸 국가들의 정부들로 하여금 지금이 발칸의 나머지 터키 점령지를 정복하고 서로 나눌 기회라고 생각하게 했다. 그 결과는 두 발칸전쟁과 이 공간의 잠재적 전쟁 분위기였다. 이렇게 해서 주변부로부터 유럽을 심연으로 끌고 들어가는 소용돌이가 생겨났다.

유럽인들은 소련의 붕괴 후 그전에 소련 블록에 속했던 중유럽 및 동유럽 국가들에 유럽연합 가입 전망을 열어놓음으로써 정치적·사회적 변혁을 겪는 공간들을 안정화하는 효과를 낳았고, 또 이때 비교적 성공을 거두었다. 하지만 주변부 문제를 안정화정책으로 해결한다는 것이 부단히 가입국을 늘려서 유럽연합의 외부 경계를 계속 더 밀고 나가는 게 될 경우, 그리고 이때 유럽연합 내의 사회적 불균형을 점점 심화하는 게 될 경우, 유럽인들은 과도한 부담의 상태에 처하게 된다. 그렇다고 불안정한 주변부를 '외곽에 묶어두고' 언젠가는 어떤 식으로 저절로 안정화되기를 기대할 수도 없다. 이것이, 즉 유럽의 부유한 지역 외곽과 주변부를 아주 정확하게 주시하고 그쪽의 안정성에

---

11 Grotzky, *Balkankrieg*; Svein Mønnesland, *Land ohne Wiederkehr*, 311쪽 이하; Noel Malcolm, *Geschichte Bosniens*, 247쪽 이하를 참조.

투자해야 한다는 것이, 제1차 세계대전 내지 그 전사前史로부터 안보 정책과 평화정책 측면에서 이끌어낼 수 있는 두 번째 교훈이다. 한편 이것은 식민지 수탈과는 정반대다.[12]

대제국들의 몰락과 제국 이후의 공간

알자스-로트링겐을 프랑스에, 슐레지엔 일부를 신생 내지 재건 폴란드에 잃은 것이 전쟁(제1차 세계대전)의 결과와 후속 영향에 대한 독일인들의 감정을 오랫동안 지배했다. 의심할 바 없이 양자는 바이마르공화국 불안정성의, 그리고 그와 함께 히틀러 부상浮上의 요인이 되었다. 오늘날, 더욱이 히틀러에 의해 시작된 제2차 세계대전과 그 후속 결과 이후에는, 양자는 정치적으로 더는 어떤 역할도 하지 않는다. 통일된 독일은 자국의 외부 경계를 받아들였다. 주민 이주 문제, 소수민족 문제, 중유럽 및 동유럽과 근동 및 중동에서의 신구 경계 문제는 사정이 전혀 다르다. 이들 문제는 오늘날까지 아물지 않은 상처를 남겨놓았다. 유럽에선 헝가리가 트리아농평화조약의 결과에 가장 불만이었을 것이다. 근동과 중동에서는 정치적으로 불안정한 지역이 생겨났다. 이 지역은 앞으로 수십 년 동안 유럽인들에 상당한 개입을 요구하고 엄청난 정치적 위험에 직면하게 할 것이다. 현재 지하디스트 조직

---

12 중심과 주변부의 구별, 중심이 주변부에 영향을 미치는 방식에 대해서는 Münkler, *Imperien*, 41쪽 이하(헤어프리트 뮌클러 지음, 공진성 옮김, 『제국』, 68쪽 이하)를 참조.

들의 계열을 이끌고 있는 '이슬람국가'의 원대한 정치적 기획은 제1차 세계대전의 승전국들이 1918년까지 오스만제국에 속했던 아랍 지역에서 그어놓은 경계들을 무효로 선언하고 칼리파트〔칼리프국가〕로 조직될 하나의 새로운 정치적 공간 창출을 목표로 삼고 있다.[13]

전쟁의 후속 결과가 서쪽에서는 경계의 변동에 제한되었던 반면, 중유럽과 동유럽에서는 대제국들 즉 도나우왕조〔합스부르크군주국〕와 차르제국의 붕괴를 통해 완전히 새로운 정치적 질서가 생겨났다. 서유럽의 민족국가 모델을 지향하는 즉 국가 영역과 민족 소속의 영토적 일치를 추구하는 정치적 질서가 생겨난 것이다. 하지만 수백 년간 다민족적이고 다종교적인 제국들에 의해 지배된 공간에서 그게 쉽사리 가능하지 않았다. 이전에 하나의 황제나 하나의 차르 아래서 민족집단들과 종교집단들의 공생으로 경험되던 것이 이제 대표 민족에 대한 소수민족들의 종속으로 변모되었다. 멀리 떨어져 있는 지배자 대신에 소수자들이 강렬하게 경험할 수 있는 하나의 민족이 등장했다. 발트 해 연안과 동지중해 사이의 넓은 지역에서는 전쟁과 추방에 이르게 되었고, 이는 제2차 세계대전 때의 짧은 휴지기 후 절정에 이르렀다가[14] 소련제국의 확장 결과로 정치적으로 동결되었다. 소련제국의 붕괴는 제2차 세계대전 동안 (예컨대 발트 해 연안에서) 사라졌던 국가들의 새로운 발생으로 이어졌을 뿐만 아니라, 소비에트사회주의공화국연방UdSSR의 성립과 함께 억압되었던 민족적·종교적 소속 문제

---

13 Guido Steinberg, *Kalifat des Schreckens*를 참조.
14 이에 대해 상세하게는 Snyder, *Bloodlands*를 참조.

의 재론으로도 이어졌다. 우크라이나가 내부적으로 러시아와 유럽 사이에서 분열되어 있는 것도 캅카스에서의 인종 투쟁 및 종교 투쟁들과 마찬가지로 거기에 속한다. 우크라이나의 경우, 유럽으로의 길을 추구하고 러시아로부터 거리를 취하는 측은 특히 1918년까지 도나우 왕조에 내지는 그에 이어 폴란드에 속하는 지역들의 주민이다. 반면에 돈바스에 사는 많은 우크라이나인들은 생각이 다르다. 우크라이나가 동서 사이에서 흔들리는 것에서 우리는 제1차 세계대전의 후속 결과를 볼 수 있다.[15]

제국 이후 공간들에서 보이는 불화와 갈등은 한때 러시아 차르의 지배 영역이었던 곳에서보다 근동과 중동에서 즉 한때 오스만제국의 지배 영역에서 한층 더 뚜렷하게 모습을 드러낸다. 1916년의 사이크스 피코 협정에서 영국인들과 프랑스인들은 근동을 자신들의 영향권으로 나누었고, 여기에 기초해서 일련의 왕조를 세움으로써 새로운 정치적 질서를 구축하려 했다.[16] 돌이켜보면, 이 기획은 철저히 실패했다. 당시 건립된 국가들 가운데 독재체제와 극심한 적대적 이미지 없이도 유지되는 안정성을 발전시키는 국가는 거의 하나도 없다. 민주화 기획은 여기서는 드물지 않게 인종적·종교적 분열선이 갈라터지는 내전으로 이어졌다. 많은 유럽인들이 '아랍의 봄'에 대해 표명했

---

15 독일에서 우크라이나의 민족국가적 성격에 관한 논의는 원조 의무 및 정치적 고려의 문제와 결부되어 행해졌고, 이 때문에 다소 첨예화되었다. Franziska Davies, "Zur Debatte über die Ukraine"; Katharina Raabe/Manfred Sapper 편, *Testfall Ukraine*를 참조.

16 이 공간에서 영국인들과 프랑스인들의 전략적 관심에 대해서는 Stevenson, *1914-1918*, 182쪽 이하를 참조.

던 기대, 즉 '아랍의 봄'이 1989~1990년 중유럽에서의 '평화적 혁명들'의 재현으로 나아갈 것이라는 기대는 결국 보기 좋게 어긋나고 말았다. 근동과 중동의 질서는 제1차 세계대전 이후 미해결 상태로 남아 있는 긴급한 문제들에 속한다. 유럽인들은, 그들 자신이 정치적·사회적으로 안정적인 번영 지역에 머물고자 한다면, 이 지역의 안정성에 '투자'해야 한다.

제국 이후 공간들의 내적 문제들에 더하여, 바로 이 공간들의 불안정성이 한때의 패권국들에 신제국적 꿈을 꾸게 한다는 점이, 그리고 그들이, 소수자들과 위협받는 민족집단들에 대한 보호국으로서 등장한다는 핑계 아래, 이 공간들에 대해 영향력을 획득하고 자신의 지배 영역으로 다시 병합할 수도 있지 않을까 생각해보게 한다는 점이 추가된다. 이 점은 현재 푸틴이 이끄는 러시아 정치에서 아주 분명하게 드러나며, 이런 방향으로의 초기 조짐은 그사이 레제프 타이이프 에르도안Recep Tayyip Erdoğan〔터키 대통령(2014. 8~)〕에 의해 각인된 터키 정치에서도 관찰된다. 물론 '이슬람국가'가 추구하는 칼리프 국가의 기획도 하나의 신제국적 꿈이다. 1914년 유럽에서 많은 갈등을 긴박하게 만들었고 전쟁을 야기했던 문제들이 1세기 후에도 결코 사라지지 않았다. 제1차 세계대전으로부터 나온 제국 이후의 공간들에 유럽인들은 앞으로 수십 년간 정치적으로 몰두하게 될 것이다.

감사의 말

　최근 전개되는 전쟁의 현상을 이론적으로 천착하려는 노력은 이미 10여 년 전부터 나의 학문적 작업을 이끌어왔다. 그 시작은 『새로운 전쟁Die neuen Kriege』이었다. 『새로운 전쟁』의 기본 구도는 2001년 9월 11일 테러 이전에 이미 구상된 것이었지만, 이 사건으로 나름의 변화를 겪게 되었다. 전쟁폭력이 독자화하면서 적어도 유럽에서는 분명했던 '전쟁의 주도자'로서 국가의 역할이 실종되었는데, 이에 더해 더는 혁명의 촉발제로가 아니라 특정한 경계선 이하로 수행되는 전쟁으로 이해되는 테러리즘의 형식이 생겨난 것이었다. '비대칭성'은 이러한 발전을 분석하는 핵심 개념이 되었다.

　베를린 로볼트사社 출판인 군나르 슈미트Gunnar Schmidt와의 협력이 시작된 것은 이 시기였다. 슈미트는 전쟁의 변형에 대한 나의 관심에 유용한 질문을 던지며 시종 나와 함께했고, 나의 생각을 글로 풀어내도록, 격려해주었다. 여전히 열린 문제들에 대해 확실한 대답을 찾는 시도를 하는 이 책 역시 아니 이 책이야말로 슈미트의 격려 덕분이다. 우리가 과거를 돌아보면 많은 것을 분명히 인식할 수 있는 그만큼 현재와 미래는 종종 불확실하고 불분명하다. 하지만 이 둘은 서로 상관이 있다. 미래가 우리에게 불분명해 보이면 보일수록, 과거에 대한 면밀한 관찰이 미래에 대한 깨달음을 줄 거라는 기대가 커지는 법이다. 하지만 그것은 착각일 수 있다. 이 책이 제1차 세계대전으로부터의 '학습'과 관련해서 보여주었듯이 말이다. 우리는 과거에서 잘못 배울 수도 있는 것이다. 그렇다고 과거를 현재와 미래를 위한 학습의 장으로 다뤄야 하는 것이 면제되는 건 아니다.

언젠가 슈미트를 만나 당시에는 단초 수준이었던 생각들을 20세기와 21세기 [전쟁]폭력의 진화에 관한 책으로 만드는 발상을 말했을 때, 그는 단호하게 권했다. 그리고 그 작업의 결과가 일관된 전쟁사라기보다 제1차 세계대전에서부터 최근의 근동 지역과 우크라이나 동부의 사태에 이르기까지 전쟁폭력 구도들에 대한 다소 정확한 고찰이 될 것임이 분명해졌을 때도, 그는 나에게 거리를 두지 않았다. 20세기 전반부 그리고 20세기에서 21세기로의 이행에 초점이 맞춰질 것임은 일찍부터 확실했다. 이는 핵전략의 전체 발전 과정이 이 책에서는 별 역할을 하지 않을 것임을 의미했다. 이렇게 하는 것은 객관적 타당성을 갖는다. 왜냐면 1945년 8월 히로시마와 나가사키의 핵폭탄 투하를 제외하면 우리 모두에게 너무나 다행이게도 핵전쟁은 일어나지 않았기 때문이다. 『파편화한 전쟁』은 벌어질 수 있었던 전쟁들이 아니라, 벌어진 또는 지금 벌어지고 있는 전쟁들을 다룬다. 전쟁 의지의 관점에서 유럽 사회의 변화를 다루는 몇 개 장이 덧붙여졌다. 무기기술상의 혁신과 전략적 창의성 외에 지난 세기 폭력 사건의 진화와 관련하여 가장 중요한 변화는 이 점에 있었다. 즉 전쟁에 우호적인 사회에서 전쟁의 억제를 위해 모든 노력을 기울이는 전쟁 혐오적 사회로 변화했다는 점이다.

많은 사람들이 예리한 질문들을 던지며 나의 생각을 정교하게 만드는 데 도움을 주었다. 그중 몇 사람을 여기서 밝히고자 한다. 우선 2014년 한 해 동안 유럽 역사의 한 단락을 지은 전쟁으로서 제1차 세계대전에 대해 강연할 수 있도록 나를 초대해준 모든 분에게 감사하고 싶다. 훔볼트대학 음악학과 동료인 헤르만 다누저Hermann Danuser는 내가 『대전쟁Der Große Krieg』 작업 중에 정치학자의 관점에서 이고르 스트라빈스키의 「봄의 제전」에 주목하고 희생 관념을 보다 자세히 다루게끔 자극을 주었다. 희생 이론들은 이 책의 각 장들을 마치 일관된 화두처럼 관통하는데, 특히 영웅적 사회와 탈영웅적 사회, 새로운 전투체계의 윤리를 다루는 곳에서 전면에 드러난다. 다누저와의 협력은 대학 동료 간 지적 교류가 무엇을 뜻할 수 있는지에 대한 좋은 사례다. 그런 교류가 사업 예산으로 운영되는 학제 간 연구의 조직구조 속에서 나오지 않더라도 말이다.

더 나아가 워크숍에 참석하도록 나를 할레로 초청해준 역사학자 동료 만프레트 헤틀링Manfred Hettling에게 감사해야 하겠다. 워크숍에서 제1차 세계대전이 부르주아 세계의 종말과 어떤 연관성이 있을지 탐색했고 이어서 현지의 박사과정 세미나 참석자들과 토론할 수 있었다. 또한《국제정치Internationale Politik》지의 편집장 질케 템펠Sylke Tempel에게도 감사해야겠다. 그녀는 전쟁 유형의 변화와 각 전쟁 유형의 특별한 자기규율 형식을 연구하도록 나를 '설득'했다. 하이테크 전쟁에 대한 하인리히뷜재단의 학술대회에 나를 초대해주고 이 대회에서 피력한 나의 생각을 더 다듬도록 촉구해준 그레고어 엔스테Gregor Enste도 마찬가지다. 이 세 경우 모두를 통해 이 책 개별 장의 출발점이 되는 글들이 생겨났다. 정치학 동료인 안나 가이스Anna Geis는 일찍이 나의 신전쟁 이론을 회의적 견해에 맞서 방어하도록 북돋아주었다. 루츠 하흐마이스터Lutz Hachmeister는 나를 초청해서 폭력 사건의 변화에서 이미지의 역할에 대해 성찰해보게 해주었다. 더 나아가 우크라이나전쟁을 보다 정확히 살펴보도록 자극해준《동유럽Osteuropa》지의 만프레트 자페르Manfred Sapper, 또 20세기와 21세기 정치공간의 변화에 대해 처음으로 내가 생각을 기울일 수 있도록 초청해준 취리히 출신 마르틴 마이어Martin Meyer에게도 감사해야 할 것이다.

훔볼트대학에서 나의 강의를 수강했던 사람들, 특히 「정치사상사에서 전쟁과 평화」와 「전쟁의 이론, 새로운 전쟁, 인도적 개입, 드론전쟁」 수강자들은 나에게는 대체 불가한 대화 상대자들이었다. 나는 이들 수강자와 개별 명제들을 반복해서 토론했는데, 이들은 반박과 설득력 있는 질문을 통해 나의 명제를 상대화하거나 첨예화하도록 해주었다. 그들 모두에게 깊이 감사하고 있다. 그들은 대학의 강의가 학습시키고 교육시키는 것을 넘어서 무엇을 여전히 해낼 수 있는지에 대한 놀라운 사례다.

내가 한 번 더 가장 감사해야 할 사람은 분명 나의 비서 카리나 호프만Karina Hoffmann일 것이다. 그녀는 내가 수기한 것을 인내심과 주의력으로 옮겨 적고, 보충하고 덜어낼 것은 덜어냈다. 그것도 아무도 출근하지 않은 이른 아침 시간에, 방해받지 않고 작업하기 위해서 그리고 내가 출근해 책상에 앉으면 어제 한 작업을 살펴보고 수정하거나 다시 변경한 다음 계속 집필할 수 있게끔 하기 위해서 말이다. 호프만의 열성과 자기규율이 없었더라면, 내가 지금 보는 학문적 형태는 없었을 것이다. 그녀는 베르톨트 브레히트Bertolt Brecht의 시詩「어느 책 읽는 노동자의 질문Fragen eines lesenden Arbeiters」에 대한 체현된 대답이다. 학자들의 집필 습관이 달라지면서 이런 유형의 협력자들이 대학에서 점차 사라질 것임을 나는 알고 있다. 나중에 돌이켜보면 이들의 소멸로 조직과 학문세계가 무엇을 잃어버렸는지 깨닫게 될 것이다.

Afflerbach, Holger: *Falkenhayn. Politisches Denken und Handeln im Kaiserreich*, München 1994.

Ders.: *Die Kunst der Niederlage. Eine Geschichte der Kapitulation*, München 2013.

Anders, Günther: *Die Antiquiertheit des Menschen*, 2 Bde., München 1985.

Angelow, Jürgen: *Der Weg in die Urkatastrophe. Der Zerfall des alten Europa 1900–1914*, Berlin 2010.

Appel, Michael: *Werner Sombart. Historiker und Theoretiker des modernen Kapitalismus*, Marburg 1992.

Aron, Raymond: *Clausewitz. Den Krieg denken*, Frankfurt am Main u. a. 1980.

Auer, Stefan: "Der Maidan, die EU und die Rückkehr der Geopolitik"; in: Raabe/Sapper (Hgg.), *Testfall Ukraine*, S. 205–220.

Aust, Stefan/Schnibben, Cordt (Hgg.): *Irak. Geschichte eines modernen Krieges*, München 2003.

Baberowski, Jörg: "Zwischen den Imperien"; in: *Die Zeit*, 13. 3. 2014.

Bartosch, Ulrich: *Weltinnenpolitik. Zur Theorie des Friedens von Carl Friedrich von Weizsäcker*, Berlin 1995.

Bataille, Georges: "Hegel, la mort et le sacrifice"; in: *Deucalion*, Bd. 5., 1955, Nr. 40, S. 21–43.

Ders.: *Die psychologische Struktur des Faschismus. Die Souveränität*, hg. von Elisabeth Lenk, München 1978.

Ders.: *Theorie der Religion*, München 1997. 〔원저: *Théorie de la religion*, Paris: Gallimard, 1948. 국내 번역: 『종교이론: 인간과 종교, 제사, 축제, 전쟁에 대한 성찰』, 조한경 옮김, 문예출판사, 2015.〕

Baudrillard, Jean: *Der Geist des Terrorismus*, Wien 2002. 〔원저: *L'esprit du terrorisme*, Paris: Galilée, 2002. 국내 번역: 『테러리즘의 정신』, 배영달 옮김, 동문선, 2003.〕

Bauer, Franz J.: *Das "lange" 19. Jahrhundert (1789–1917). Profil einer Epoche*, Stuttgart 2004.

Becker, Sabina: "Urkatastrophe der Moderne oder Modernisierungskatalysator? Der Erste Weltkrieg und die Kultur von Weimar"; in: Conter/Jahraus/Kirchmeier (Hgg.), *Der Erste Weltkrieg als Katastrophe*, S. 53–69.

Beevor, Antony: *Der Zweite Weltkrieg*, München 2014.

Behr, Hartmut: *Entterritoriale Politik. Von den internationalen Beziehungen zur Netzwerkanalyse. Mit einer Fallstudie zum globalen Terrorismus*, Wiesbaden 2004.

Belina, Bernd: *Raum. Zu den Grundlagen eines historisch-geographischen Materialismus*, Münster 2013.

Bergson, Henri: *La Signification de la Guerre*, Paris 1915.

Breitmeier, Helmut: "Weltordnungspolitik in sektoraler Perspektive. Effektives, gerechtes und demokratisches Regieren?"; in: Helmut Breit-meier u. a. (Hgg.), *Sektorale Weltordnungspolitik*, Baden-Baden 2009, S. 15–27.

Beyme, Klaus von: *Das Zeitalter der Avantgarden. Kunst und Gesellschaft*

1905-1955, München 2005.

Ders.: "Schwedisches Imperium im Deutschen Reich: Ein vergessenes Kapitel der Imperien- und Mythenbildung"; in: Bluhm/Fischer/Llanque (Hgg.), *Ideenpolitik*, S. 71-88.

Biermann, Kai/Wiegold, Thomas: *Drohnen. Chancen und Gefahren einer neuen Technik*, Berlin 2015.

Bleyer, Alexandra: *Das System Metternich. Die Neuordnung Europas nach Napoleon*,2014.

Blom, Philipp: *Die zerrissenen Jahre 1918-1938*, München 2014.

Böhme, Klaus (Hg.): *Aufrufe und Reden deutscher Professoren im Ersten Weltkrieg*, Stuttgart 1975.

Borst, Arno (Hg.): *Das Rittertum im Mittelalter*, Darmstadt 1976.

Bosse, Anke: "'Apokalypse'oder 'Katastrophe'als literarische Deutungsmuster des Ersten Weltkrieges"; in: Conter/Jahraus/Kirchmeier (Hgg.), *Der Erste Weltkrieg als Katastrophe*, S. 35-52.

Bourdieu, Pierre: "Ehre und Ehrgefühl"; in: ders., *Entwurf einer Theorie der Praxis auf Grundlage der kabylischen Gesellschaft*, Frankfurt am Main 1976, S. 11-47.

Bowra, C.M.: *Heldendichtung. Eine vergleichende Phänomenologie der heroischen Poesie aller Völker und Zeiten*, Stuttgart 1964.

Boxer, Charles R.: *The Portuguese Seaborn Empire 1415-1825*, Manchester 1991.

Ders.: *The Dutch Seaborn Empire 1600-1800*, London 1992.

Brandt, Peter: "Die Ukraine – Nation im Werden oder gescheiterte Nations-bildung?"; in: *Neue Gesellschaft/Frankfurter Hefte*, 4/2015, S. 17-22.

Bruendel, Steffen: *Zeitenwende 1914. Künstler, Dichter und Denker im Ersten Weltkrieg*, München 2014.

Brzoska, Michael: "'New Wars'Discourse in Germany"; in: *Peace Research*, Bd. 41, 2004, Nr. 1, S. 107-117.

Buchta, Wilfried: *Terror vor Europas Toren. Der Islamische Staat, Iraks Zerfall und Amerikas Ohnmacht*, Frankfurt am Main 2015.

Buck, Christian F.: *Medien und Geiselnahmen. Fallstudien zum inszenierten Terror*, Wiesbaden 2007.

Bührer, Tanja/Stachelbeck, Christian/Walter, Dierk (Hgg.): *Imperialkriege von 1500 bis heute. Strukturen, Akteure, Lernprozesse*, Paderborn u. a. 2011.

Burckhardt, Johannes: "Die Friedlosigkeit der Frühen Neuzeit. Grundlegung einer Theorie der Bellizität in Europa"; in: *Zeitschrift für Historische Forschung*, Bd. 24, 1997, Heft 4, S. 509-574.

Büttner, Christian, u. a. (Hgg.): *Der Krieg in den Medien*, Frankfurt am Main 2004.

Caillois, Roger: *Der Mensch und das Heilige*, München/Wien 1988. 〔원저: *L'Homme et le sacré*, Paris: Leroux, Presses universitaires de France, 1939. 국내 번역: 『인간과 聖』, 권은미 옮김, 문학동네, 1996.〕

Canfora, Luciano: *Politische Philologie. Altertumswissenschaften und moderne Staatsideologien*, Stuttgart 1995.

Canis, Konrad: *Der Weg in den Abgrund. Deutsche Außenpolitik 1902-1914*, Paderborn u. a. 2010.

Horst, Carl, u. a. (Hgg.): *Kriegsniederlagen. Erfahrungen und Erinnerungen*, Berlin 2004.

Castells, Manuel: Das Informationszeitalter. Teil 1: *Der Aufstieg der Netzwerkgesellschaft*, Opladen 2001.

Chamayou, Grégoire: *Ferngesteuerte Gewalt. Eine Theorie der Drohne*, Wien 2014.

Chojnacki, Sven: "Wandel der Kriegsformen – Ein kritischer Literaturbericht";

in: *Leviathan*, 32. Jg., 2004, Heft 3, S. 402-424.

Cipolla, Carlo: *Segel und Kanonen. Die europäische Expansion zur See*, Berlin 1999.

Clark, Christopher: *Die Schlafwandler. Wie Europa in den Ersten Weltkrieg zog*, München 2013.

Clastres, Pierre: *Archäologie der Gewalt*, Zürich 2008.

Clausewitz, Carl von: *Der Feldzug von 1812*, Essen o. J.

Ders.: *Vom Kriege*, hg. von Werner Hahlweg, Bonn [19]1980. (『전쟁론』, 전면 개정판, 김만수 옮김, 갈무리, 2016)

Comte, Auguste: *Die Soziologie. Die positive Philosophie im Auszug*, hg. von Friedrich Blaschke, Leipzig 1933.

Conter, Claude D./Jahraus, Oliver/Kirchmeier, Christian (Hgg.): *Der Erste Weltkrieg als Katastrophe. Deutungsmuster im literarischen Diskurs*, Würzburg 2014.

Cooper, Robert: *The Breaking of Nations. Order and Chaos in the Twenty-First Century*, London 2003. (『평화의 조건』, 홍수원 옮김, 세종연구원, 2004.)

van Creveld, Martin: *Die Zukunft des Krieges*, München 1998.

Daase, Christopher: *Kleine Kriege - große Wirkung. Wie unkonventionelle Kriegführung die internationale Politik verändert*, Baden-Baden 1999.

Därmann, Iris: *Theorien der Gabe zur Einführung*, Hamburg 2010.

Davies, Franziska: "Zur Debatte über die Ukraine. Deutschland und der Euromajdan"; in: Merkur, Nr. 790, 69. Jg., 2015, Heft 3, S. 32-43.

Debiel, Tobias: *UN-Friedensoperationen in Afrika. Weltinnenpolitik und die Realität von Bürgerkriegen*, Bonn 2003.

Delbrück, Hans: *Weltgeschichte. Vorlesungen, gehalten an der Universität Berlin 1896/1920*, 2 Bde., Berlin 1923.

Ders.: *Geschichte der Kriegskunst im Rahmen der politischen Geschichte*, 4

Bde., Berlin/New York 2000.

Deleuze, Gilles/Guattari, Felix: *Tausend Plateaus. Kapitalismus und Schizophrenie*, Berlin 1997. 〔원저: *Mille Plateaux: capitalisme et schizophrénie*, Paris: Éditions de Minuit, 1980. 국내 번역: 『천 개의 고원: 자본주의와 분열증』, 김재인 옮김, 새물결, 2001.〕

Diner, Dan: *Das Jahrhundert verstehen. Eine universalhistorische Deutung*, München 1999.

Dietze, Anita und Walter (Hgg.): *Ewiger Friede? Dokumente einer deutschen Diskussion um 1800*, München 1989.

Dülffer, Jost: *Regeln gegen den Krieg? Die Haager Friedenskonferenzen von 1899 und 1907 in der internationalen Politik*, Berlin u. a. 1981.

Dünne, Jörg/Günzel, Stephan (Hgg.): *Raumtheorie. Grundlagentexte aus Philosophie und Kulturwissenschaften*, Frankfurt am Main 2006.

Ehlert, Hans/Epkenhans, Michael/Groß, Gerhard P. (Hgg.): *Der Schlieffenplan. Analysen und Dokumente*, Paderborn u. a. 2006.

Eifler, Günter (Hg.): *Ritterliches Tugendsystem*, Darmstadt 1970.

Eksteins, Modris: *Tanz über Gräben. Die Geburt der Moderne und der Erste Weltkrieg*, Reinbek bei Hamburg 1990.

Eliade, Mircea: *Kosmos und Geschichte. Der Mythos der ewigen Wiederkehr*, Reinbek bei Hamburg 1966.

Ders.: *Mythos und Wirklichkeit*, Frankfurt am Main 1988.

Engelstein, Laura: "Verhaltensweisen des Krieges in der Russischen Revolution: Zur moralischen Ökonomie der Gewalt"; in: Geyer/Lethen/Musner (Hgg.), *Zeitalter der Gewalt*, S. 149-176.

Figes, Orlando: *Nataschas Tanz. Eine Kulturgeschichte Russlands*, Berlin 2003. 〔원저: *Natasha's Dance: A Cultural History of Russia*, 2002. 국내 번역: 『나타샤 댄스』, 채계병 옮김, 이카루스미디어, 2005.〕

Ders.: *Krimkrieg. Der letzte Kreuzzug*, Berlin 2011.

Ferguson, Niall: *Der falsche Krieg. Der Erste Weltkrieg und das 20. Jahrhundert*, Stuttgart 1999.

Fischer, Fritz: *Griff nach der Weltmacht. Die Kriegszielpolitik des kaiserlichen Deutschland 1914/18*, Königstein im Taunus [2]1979.

Flasch, Kurt: *Die geistige Mobilmachung. Die deutschen Intellektuellen und der Erste Weltkrieg*, Berlin 2000.

Fleckenstein, Josef: *Rittertum und ritterliche Welt*, Berlin 2002.

Förster, Stig, u. a. (Hgg.): *Rückkehr der Condottieri? Krieg und Militär zwischen staatlichem Monopol und Privatisierung: Von der Antike bis zur Gegenwart*, Paderborn 2010 (= Krieg in der Geschichte, Bd. 57).

François, Étienne, u. a. (Hgg.): *Geschichtspolitik in Europa seit 1989*, Göttingen 2013.

Frieser, Karl-Heinz: *Blitzkrieg-Legende. Der Westfeldzug 1940*, München 1995.

Ders.: "Die deutschen Blitzkriege - operativer Triumph, strategische Tragödie"; in: Rolf-Dieter Müller/Hans-Erich Volkmann (Hgg.), *Die Wehrmacht. Mythos und Realität*, München 1999, S. 182-196.

Freud, Sigmund: *Kulturtheoretische Schriften*, Frankfurt am Main 1974.

Freund, Michael: *Georges Sorel. Der revolutionäre Konservatismus* [1932], Frankfurt am Main 1972.

Frevert, Ute: *Die kasernierte Nation. Militärdienst und Zivilgesellschaft in Deutschland*, München 2001.

Friedrich, Jörg: *14/18. Der Weg nach Versailles*, Berlin 2014.

Fromkin, David: *Europe's Last Summer. Who Started the Great War in 1914?*, New York 2004.

Gantzel, Klaus-Jürgen: "Neue Kriege? Neue Kämpfer?"; Arbeitspapier 2/2002 der Forschungsstelle Kriege, Rüstung und Entwicklung der Universität

Hamburg.

Gay, Peter: *Kult der Gewalt. Aggression im bürgerlichen Zeitalter*, München 1996.

Glaab, Sonja (Hg.): *Medien und Terrorismus - Auf den Spuren einer symbiotischen Beziehung*, Berlin 2007.

Glaser, Hermann: *Kulturgeschichte der Bundesrepublik Deutschland*, 3 Bde., München/Wien 1985-1989.

Gellner, Ernest: *Nationalismus und Moderne*, Hamburg 1995.

Geppert, Dominik: *Ein Europa, das es nicht gibt. Die fatale Sprengkraft des Euro*, Berlin 2013.

Geyer, Michael: "Von der Lust am Leben zur Arbeit am Tod: Zum Ort des Ersten Weltkriegs in der europäischen Geschichte"; in: ders./Lethen/Musner (Hgg.), *Zeitalter der Gewalt*, S. 11-38.

Ders./Lethen, Helmut/Musner, Lutz (Hgg.): *Zeitalter der Gewalt. Zur Geopolitik und Psychopolitik des Ersten Weltkriegs*, Frankfurt am Main/New York 2015.

Girard, René: *Das Heilige und die Gewalt*, Frankfurt am Main 1992. 〔원저: *La Violence et le sacré*, Paris: Éditions Bernard Grasset, 1972. 국내 번역:『폭력과 성스러움』, 박무호 · 김진식 옮김, 민음사, 2000.〕

Ders.: *Ich sah den Satan vom Himmel fallen wie einen Blitz. Eine kritische Apologie des Christentums*, München 2002.

Ders.: *Die verkannte Stimme des Realen. Eine Theorie archaischer und moderner Mythen*, München 2005.

Grewe, Wilhelm: *Epochen der Völkerrechtsgeschichte*, Baden-Baden 1984.

Greenwald, Glenn: *Die globale Überwachung. Der Fall Snowden, die amerikanischen Geheimdienste und die Folgen*, München 2014.

Gros, Frédéric: *Die Politisierung der Sicherheit. Vom inneren Frieden zur äußeren Bedrohung*, Berlin 2015.

Grotzky, Johannes: *Balkankrieg. Der Zerfall Jugoslawiens und die Folgen für Europa*, München 1993.

Günzel, Stephan (Hg.): *Raumwissenschaften*, Frankfurt am Main 2009.

Haager Landkriegsordnung. Textausgabe mit einer Einführung von Prof. Dr. Rudolf Laun, Wolfenbüttel u. a. ³1947.

von Hagen, Mark: *War in a European Borderland. Occupations and Occupation Plans in Galicia and Ukraine, 1914-1918*, Seattle 2007.

Hahlweg, Werner: *Guerilla - Krieg ohne Fronten*, Stuttgart u. a. 1968.

Hammer, Karl: D*eutsche Kriegstheologie. 1870-1918*, München 1974.

Hankel, Gerd (Hg.): *Die Macht und das Recht. Beiträge zum Völkerrecht und Völkerstrafrecht am Beginn des 21. Jahrhunderts*, Hamburg 2008.

Hardach, Gerd: *Der Erste Weltkrieg 1914-1918*, München 1973 (= Geschichte der Weltwirtschaft im 20. Jahrhundert, hg. von Wolfram Fischer, Bd. 2).

Hardin, Garrett: "The Tragedy of the Commons"; in: *Science*, Nr. 162, 1968, S. 1243-1248.

Hausteiner, Eva Marlene: *Greater than Rome. Neubestimmungen britischer Imperialität 1870-1914*, Frankfurt/New York 2015.

Heckel, Martin: *Deutschland im konfessionellen Zeitalter*, Göttingen ²2001 (=Deutsche Geschichte, hg. von Joachim Leuschner, Bd. 5).

Hegel, Georg Wilhelm Friedrich: *Phänomenologie des Geistes*, hg. von Johannes Hoffmeister, Hamburg 1952. 〔국내 번역: 『정신현상학』, 임석진 옮김, 한길사, 2005 등.〕

Ders.: *Grundlinien der Philosophie des Rechts*. Mit Hegels eigenhändigen Randbemerkungen in seinem Handexemplar der Rechtsphilosophie hg. von Johannes Hoffmeister, Hamburg 1955. 〔『법철학』, 임석진 옮김, 한길사, 2008.〕

Heidenreich, Elisabeth: Sakrale Geographie. Essays über den modernen

Dschihad und seine Räume, Bielefeld 2010.

Heilbrunn, Otto: *Die Partisanen in der modernen Kriegführung*, Frankfurt am Main 1963.

Heinrich-Böll-Stiftung (Hg.): *High-Tech-Kriege. Frieden und Sicherheit in Zeiten von Drohnen*, Kampfrobotern und digitaler Kriegführung, Berlin 2013.

Heinsohn, Gunnar: *Söhne und Weltmacht. Terror im Aufstieg und Fall der Nationen*, Zürich ⁸2008.

Heupel, Monika/Zangl, Bernhard: "Von 'alten'und 'neuen'Kriegen - Zum Gestaltwandel kriegerischer Gewalt"; in: *Politische Vierteljahresschrift*, 45. Jg., 2004, Heft 3, S. 346-369.

Heuser, Beatrice: *Den Krieg denken. Die Entwicklung der Strategie seit der Antike*,Paderborn u. a. 2010.

Hildebrand, Klaus: "Das deutsche Ostimperium 1918. Betrachtungen über eine historische 'Augenblickserscheinung'"; in: Wolfgang Pyta/Ludwig Richter (Hgg.), *Gestaltungskraft des Politischen. Festschrift für Eberhard Kolb*, Berlin 1998, S. 109-124.

Hildermeier, Manfred: *Geschichte Russlands. Vom Mittelalter bis zur Oktoberrevolution*, München 2013.

Hillgruber, Andreas: *Hitlers Strategie. Politik und Kriegführung 1940-1941*, München ²1982.

Hobsbawm, Eric: *Nationen und Nationalismus. Mythos und Realität seit 1780*, Frankfurt/New York 1991.

Hofbauer, Hannes: *Balkankrieg. Zehn Jahre Zerstörung Jugoslawiens*, Wien 2001.

Horkheimer, Max/Adorno, Theodor W.: *Dialektik der Aufklärung. Philosophische Fragmente* [1944], Frankfurt am Main 1969. 〔『계몽의 변증법: 철학적 단상』,

김유동 옮김, 문학과지성사, 2001.〕

Horne, John/Kramer, Alan: *Deutsche Kriegsgreuel 1914. Die umstrittene Wahrheit*, Hamburg 2004.

Huhnholz, Sebastian: *Dschihadistische Raumpraxis. Raumordnungspolitische Herausforderungen des militanten sunnitischen Fundamentalismus*, Berlin 2010.

Hüppauf, Bernd: "Schlachtenmythen und die Konstruktion des 'Neuen Menschen'"; in: *"Keiner fühlt sich hier mehr als Mensch···"Erlebnis und Wirkung des Ersten Weltkriegs*, hg. von Gerhard Hirschfeld und Gerd Krumeich, Essen 1993, S. 53-103.

Ignatieff, Michael: *Die Zivilisierung des Krieges. Ethnische Konflikte*, Menschenrechte, Medien, Hamburg 2000.

Jacobsen, Hans-Adolf: *Karl Haushofer. Leben und Werk*, 2 Bde., Boppard am Rhein 1979.

Jäger, Thomas/Gerhard Kümmel (Hgg.): *Private Military and Security Companies. Chances, Problems, Pitfalls and Prospects*, Wiesbaden 2007.

Jäger, Wolfgang: *Historische Forschung und politische Kultur in Deutschland. Die Debatte 1914-1980 über den Ausbruch des Ersten Weltkrieges*, Göttingen 1984.

Janowitz, Morris: *The Professional Soldier. A Social and Political Portrait*, New York 1966.

Jaubert, Alain: *Le Commissariat aux Archives. Les photos qui falsifient l'histoire*, Paris 1986. 〔『20세기 그 인물사: 정치권력과 정보조작의 역사』, 윤택기 옮김, 눈빛, 1993.〕

Jessen, Olaf: *Verdun 1916. Urschlacht des Jahrhunderts*, München 2014.

Joachim, Laurent: *Der Einsatz von "Private Military Companies"im modernen Konflikt. Ein Werkzeug für "neue Kriege"?*, Berlin 2010.

Jureit, Ulrike: *Das Ordnen von Räumen. Territorium und Lebensraum im 19.*

und 20. Jahrhundert, Hamburg 2012.

Kaesler, Dirk: *Max Weber. Eine Biographie*, München 2014.

Kagan, Donald: *Perikles. Die Geburt der Demokratie*, Stuttgart 1992.

Kahl, Martin/Teusch, Ulrich: "Sind die 'neuen Kriege'wirklich neu?"; in: Leviathan, 32. Jg., 2004, Heft 3, S. 382-401.

Kaldor, Mary: *Neue und alte Kriege. Organisierte Gewalt im Zeitalter der Globalisierung*, Frankfurt am Main 2000. 〔원저: *New and Old Wars: Organized Violence in A Global Era*, Stanford, Calif.: Stanford University Press, 1999. 국내 번역: 『새로운 전쟁과 낡은 전쟁: 세계화 시대의 조직화된 폭력』, 유강은 옮김, 그린비, 2010.〕

Kant, Immanuel: *Werke in zehn Bänden*, hg. von Wilhelm Weischedel, Darmstadt 1969 u. ö.

Kapp, Ernst: *Vergleichende Allgemeine Erdkunde*, Braunschweig 1845.

Kappeler, Andreas: "Vom Kosakenlager zum Euromaidan. Ukrainische Widerstandstraditionen"; in: Raabe/Sapper (Hgg.), *Testfall Ukraine*, S. 33-45.

Keegan, John: *Die Schlacht. Azincourt 1415, Waterloo 1815, Somme 1916*, München 1981.

Ders.: *Die Kultur des Krieges*, Berlin 1995. 〔원저: *A History of Warfare*, London: Hutchinson, 1993. 국내 번역: 『세계전쟁사』, 유병진 옮김, 까치, 1996〕.

Ders.: *Der Erste Weltkrieg*, Reinbek bei Hamburg 2000. 〔원저: *The First World War*, London: Hutchinson, 1998. 국내 번역: 『1차세계대전사』, 조행복 옮김, 청어람미디어, 2009.〕

Ders.: *Der Zweite Weltkrieg*, Berlin 2004. 〔원저: *The Second World War*, New York: Viking, 1989. 국내 번역: 『2차세계대전사』, 류한수 옮김, 청어람미디어, 2007.〕

Ders.: *Der Amerikanische Bürgerkrieg*, Berlin 2010.

Ders.: *Die Maske des Feldherrn. Alexander der Große, Wellington, Grant, Hitler*, Reinbek bei Hamburg 2000. 〔원저: *The Mask of Command*, Londo: Cape, 1987. 국내 번역: 『승자의 리더십 패자의 리더십』, 정지인 옮김, 평림, 2002.〕

Kennan, George: *Bismarcks europäisches System in der Auflösung. Die fran-*

zösisch-russische Annäherung 1875-1890, Frankfurt am Main 1981.

Kennedy, Paul M.: "Mahan versus Mackinder. The Interpretations of British Sea Power"; in: *Militärgeschichtliche Mitteilungen*, Bd. 16, 1974, Heft 2, S. 39-66.

Ders.: *Aufstieg und Verfall der britischen Seemacht*, Bonn 1978.

Ders.: *Aufstieg und Fall der großen Mächte. Ökonomischer Wandel und militärischer Konflikt von 1500 bis 2000*, Frankfurt am Main 1998. 〔원저: *The Rise and Fall of the Great Powers: Powers: Economic Change and Military Conflict from 1500 to 2000*, New York: Random House: 1987. 국내 번역: 『강대국의 흥망』, 이일수 외 옮김, 한국경제신문사, 1999.〕

Kesting, Hanno: *Geschichtsphilosophie und Weltbürgerkrieg*, Heidelberg 1959.

Kielmannsegg, Peter Graf: *Deutschland und der Erste Weltkrieg* (1968), Stuttgart ²1980.

Kirchmeyer, Helmut: *Strawinskys russische Ballette. Der Feuervogel, Petruschka, Le Sacre du printemps*, Stuttgart 1974.

Kießling, Friedrich:*Gegen den 'großen Krieg'? Entspannung in den internationalen Beziehungen 1911-1914*, München 2002.

Ders.: "Vergesst die Schulddebatte! Die Forschung zum Ersten Weltkrieg überwindet liebgewordene Denkblockaden"; in: *Mittelweg 36. Zeitschrift des Hamburger Instituts für Sozialforschung*, 23. Jg., 2014, Heft 4, S. 4-15.

Kittsteiner, Heinz Dieter (Hg.): *Geschichtszeichen*, Köln 1999.

Ders.: *Die Stabilisierungsmoderne. Deutschland und Europa 1618-1715*, München 2010.

Kleinschmidt, Harald: "Wie neu sind die 'Neuen Kriege'? - Kriegsdenken im langen 20. Jahrhundert"; in: *Politisches Denken. Jahrbuch 2014*, S. 155-182.

Knesebeck, Philipp von dem: *Soldaten, Guerilleros, Terroristen - Die Lehre des gerechten Krieges im Zeitalter asymmetrischer Konflikte*, Wiesbaden 2014.

Knöbl, Wolfgang: "Krieg, 'neue Kriege'und Terror: Sozialwissenschaftliche Analysen und Deutungen"; in: *Soziologische Revue*, 27. Jg., 2004, S. 186-200.

Koenen, Gerd: *Der Russland-Komplex. Die Deutschen und der Osten. 1900-1945*, München 2005.

Kojève, Alexandre: *Hegel. Eine Vergegenwärtigung seines Denkens*, hg. von Iring Fetscher, Frankfurt am Main 1975.

Kolko, Gabriel: *Das Jahrhundert der Kriege*, Frankfurt am Main 1999.

Kortüm, Hans-Henning: "Azincourt 1415. Militärische Delegitimierung als Mittel sozialer Disziplinierung"; in: Horst Carl u. a. (Hgg.), *Kriegsniederlagen*, S. 89-106.

Koselleck, Reinhart: *Vergangene Zukunft*, Frankfurt am Main ²1984.

Ders./Jeismann, Michael (Hgg.): *Der politische Totenkult. Kriegerdenkmäler in der Moderne,* München 1994.

Kraus, Hans-Christof: "Neues zur Urkatastrophe. Aktuelle Veröffentlichungen zum Ersten Weltkrieg"; in: *geschichte für heute. zeitschrift für historisch-politische bildung*, 7. Jg., 2014, Heft 4, S. 42-55.

Krause, Skadi: "Gerechte Kriege, ungerechte Feinde - Die Theorie des gerechten Krieges und ihre moralischen Implikationen"; in: Herfried Münkler/ Karsten Malowitz (Hgg.), *Humanitäre Intervention. Ein Instrument außenpolitischer Konfliktbearbeitung. Grundlagen und Diskussion*, Wiesbaden 2008, S. 113-142.

Kreis, Georg (Hg.): *Der "gerechte Krieg". Zur Geschichte einer aktuellen Denkfigur*, Basel 2006.

Krethlow, Carl Alexander: *Generalfeldmarschall Colmar Freiherr von der*

파편화한 전쟁

Goltz Pascha. Eine Biographie, Paderborn u. a. 2012.

Krishnan, Armin: *Gezielte Tötung. Die Zukunft des Krieges*, Berlin 2012.

Krüger, Peter: "Der Erste Weltkrieg als Epochenschwelle"; in: Hans Maier (Hg.), *Wege in die Gewalt. Die modernen politischen Religionen*, Frankfurt am Main 2000, S. 70-91.

Kuch, Hannes: *Herr und Knecht. Anerkennung und symbolische Macht im Anschluss an Hegel*, Frankfurt am Main/New York 2013.

Kunisch, Johannes: "Von der gezähmten zur entfesselten Bellona. Die Umwertung des Krieges im Zeitalter der Revolutions- und Freiheitskriege"; in: ders., *Fürst - Gesellschaft - Krieg. Studien zur bellizistischen Disposition des absoluten Fürstenstaates*, Köln u. a. 1992, S. 203-226.

Kurtenbach, Sabine/Lock, Peter (Hgg.): *Kriege als (Über)Lebenswelten. Schattenglobalisierung, Kriegsökonomien und Inseln der Zivilität*, Bonn 2004.

Lacoste, Yves: *Geographie und politisches Handeln. Perspektiven einer neuen Geopolitik*, Berlin 1990.

Langewiesche, Dieter: "Wie neu sind die Neuen Kriege?"; in: Schild, Georg/Schindling, Anton (Hgg.), *Kriegserfahrungen*, Paderborn u. a. 2009 (= *Krieg in der Geschichte*, Bd. 55), S. 289-302.

Laqueur, Walter: *Putinismus. Wohin treibt Russland?*, Berlin 2015.

Lehmann, Gustav Adolf: *Perikles. Staatsmann und Stratege im klassischen Athen. Eine Biographie*, München 2008.

Lock, Peter: "Ökonomien des Krieges"; in: Astrid Sahm u. a. (Hgg.), *Die Zukunft des Friedens. Eine Bilanz der Friedens- und Konfliktforschung*, Wiesbaden 2002, S. 269-286.

Löffelholz, Martin u. a. (Hgg.): *Kriegs- und Krisenberichterstattung. Ein Handbuch*, Konstanz 2008.

Lüders, Michael: *Wer den Wind sät. Was westliche Politik im Orient anrichtet*,

München 2015.

Lundgreen, Peter: "Bildung und Bürgertum"; in: ders. (Hg.), *Sozial- und Kulturgeschichte des Bürgertums. Eine Bilanz des Bielefelder Sonderforschungsbereichs*, Göttingen 2000, S. 173-194.

Mahan, Alfred Thayer: *Der Einfluß der Seemacht auf die Geschichte 1660-1812*, überarbeitet und hg. von Gustav-Adolf Wolter, Herford 1967.

Malcolm, Noel: *Geschichte Bosniens*, Frankfurt am Main 1996.

Mann, Michael: *Geschichte der Macht, Bd. 1: Von den Anfängen bis zur griechischen Geschichte*, Frankfurt am Main/New York 1990.

Mann, Thomas: *Essays*. Bd. 1: *Frühlingssturm. 1893-1918*, Frankfurt am Main 1993.

Mattioli, Aram: *Experimentierfeld der Gewalt. Der Abessinienkrieg und seine internationale Bedeutung 1935-1941*, Zürich 2005.

Matuz, Josef: *Das Osmanische Reich. Grundlinien seiner Geschichte*, Darmstadt 1985.

Mauss, Marcel: *Die Gabe. Form und Funktion des Austauschs in archaischen Gesellschaften*, Frankfurt am Main 1968. 〔원저: *Essai sur le don: Forme et raison de l'échange dans les sociétés archaïques*, Paris: Alcan, 1925. 국내 번역: 『증여론』, 이상률 옮김, 한길사, 2002.〕

Mayer, Arno J.: *Der Krieg als Kreuzzug. Das Deutsche Reich, Hitlers Wehrmacht und die "Endlösung"*, Reinbek bei Hamburg 1979.

Mazzetti, Mark: *Killing Business. Der geheime Krieg der CIA*, Berlin 2013.

McMeekin, Sean: *Juli 1914. Der Countdown in den Krieg*, Berlin 2014.

Ders.: *Russlands Weg in den Krieg. Der Erste Weltkrieg. Ursprung der Jahrhundertkatastrophe*, Berlin 2014.

Mearsheimer, John: *The Tragedy of Great Power Politics*, New York/London 2001. 〔『강대국 국제정치의 비극』, 이춘근 옮김, 나남출판, 2004〕.

Meier, Victor: *Wie Jugoslawien verspielt wurde*, München 1995.

Meister, Klaus: *Thukydides als Vorbild der Historiker. Von der Antike bis zur Gegenwart*, Paderborn 2013.

Menzel, Ulrich: *Die Ordnung der Welt. Imperium oder Hegemonie in der Hierarchie der Staatenwelt*, Berlin 2015.

Ders.: *Paradoxien der neuen Weltordnung*, Frankfurt am Main 2004.

Mayer, Theodor: "Die Ausbildung der Grundlagen des modernen deutschen Staates im Hohen Mittelalter"; in: H. Kämpf (Hg.), *Herrschaft und Staat im Mittelalter*, Darmstadt 1963, S. 284-331.

Meyer, Eduard/Ehrenberg, Victor: *Ein Briefwechsel 1914-1930*, Stuttgart 1990.

Mitrokhin, Nikolay: "Infiltration, Instruktion, Invasion. Russlands Krieg in der Ukraine"; in: *Osteuropa*, 64. Jg., 2014, Heft 8, S. 3-16.

Mohler, Armin: *Die konservative Revolution in Deutschland 1918-1932. Ein Handbuch*, Darmstadt 1989.

Mommsen, Wolfgang: *Max Weber und die deutsche Politik 1890-1920*, Tübingen ²1974.

Mønnesland, Svein: *Land ohne Wiederkehr. Ex-Jugoslawien: Die Wurzeln des Krieges*, Klagenfurt 1997.

Morris, Ian: *Krieg. Wozu er gut ist*, Frankfurt am Main/New York 2013.

Mosse, George L.: *Gefallen für das Vaterland. Nationales Heldentum und namenloses Sterben*, Stuttgart 1993. 〔원저: *Fallen Soldiers: Reshaping the Memory of the World Wars*, New York: Oxford University Press, 1990. 국내 번역:『전사자 숭배: 국가 라는 종교의 희생제물』, 오윤성 옮김, 문학동네, 2015.〕

Müller, Rolf-Dieter/Ueberschär, Gerd R.: *Hitlers Krieg im Osten 1941-1945. Ein Forschungsbericht*, Darmstadt 2000.

Ders.: *Der Bombenkrieg 1939-1945*, Berlin 2004.

Ders.: *Der letzte deutsche Krieg. 1939-1945*, Stuttgart 2005.

Ders.: *Der Zweite Weltkrieg*, Darmstadt 2015.

Münkler, Herfried: "Carl von Clausewitz"; in: *Pipers Handbuch der politischen Theorien*, hg. von Iring Fetscher und Herfried Münkler, Bd. 4, München 1986, S. 92-103.

Ders.: *Odysseus und Kassandra. Politik im Mythos*, Frankfurt am Main 1991.

Ders.: "Ist Krieg abschaffbar? - Ein Blick auf die Herausforderungen und Möglichkeiten des 21. Jahrhunderts"; in: Bernd Wegner (Hg.), *Wie Kriege enden. Wege zum Frieden von der Antike bis zur Gegenwart*, Paderborn u. a. 2000, S. 347-375.

Ders.: *Die neuen Kriege*, Reinbek bei Hamburg 2002. 〔국내 번역: 『새로운 전쟁: 군사적 폭력의 탈국가화』, 공진성 옮김, 책세상, 2012.〕

Ders.: *Über den Krieg. Stationen der Kriegsgeschichte im Spiegel ihrer theoretischen Reflexion*, Weilerswist 2002.

Ders.: *Der neue Golfkrieg*, Reinbek bei Hamburg 2003.

Ders.: "Die Privatisierung des Krieges. Warlords, Terrornetzwerke und die Reaktion des Westens"; in: *Zeitschrift für Politikwissenschaft*, 13. Jg., 2003, Heft 1, S. 7-22.

Ders.: "Ältere und jüngere Formen des Terrorismus. Strategie und Organisationsstruktur", in: Werner Weidenfeld (Hg.), *Herausforderung Terrorismus. Die Zukunft der Sicherheit*, Wiesbaden 2004, S. 29-43.

Ders.: *Imperien. Die Logik der Weltherrschaft - vom alten Rom bis zu den Vereinigten Staaten*, Berlin 2005. 〔『제국: 평천하의 논리』, 공진성 옮김, 책세상, 2015.〕

Ders.: *Der Wandel des Krieges*, Weilerswist 2006.

Ders.: *Die Deutschen und ihre Mythen*, Berlin 2009.

Ders.: *Mitte und Maß. Der Kampf um die richtige Ordnung*, Berlin 2010.

Ders.: "Sicherheit und Freiheit. Eine irreführende Oppositionssemantik der politischen Sprache"; in: Herfried Münkler/Matthias Bohlender/Sabine Meurer (Hgg.), *Handeln unter Risiko*, Bielefeld 2010, S. 13-32.

Ders./Felix Wassermann: "Von strategischer Vulnerabilität zu strategischer Resilienz. Die Herausforderung zukünftiger Sicherheitsforschung und Sicherheitspolitik"; in: Lars Gerhold/Jochen Schiller (Hgg.), *Perspektiven der Sicherheitsforschung*, Frankfurt am Main u. a. 2012, S. 77-95.

Ders.: *Der Große Krieg. Die Welt von 1914-1918*, Berlin 2013.

Ders.: "Die Tugend, der Markt, das Fest und der Krieg. Über die problematische Wiederkehr vormoderner Gemeinsinnerwartungen in der Postmoderne"; in: *Demokratie und Transzendenz. Die Begründung demokratischer Ordnungen*, hg. von Hans Vorländer, Bielefeld 2013, S. 295-329.

Ders.: "Die Antike im Krieg"; in: *Zeitschrift für Ideengeschichte*, Bd. VIII, 2014, Heft 2, S. 55-70.

Ders.: "Clausewitz im Ersten Weltkrieg"; in: Samuel Salzborn/Holger Zapf (Hgg.): *Krieg und Frieden*, Frankfurt am Main u. a. 2015, S. 59-86.

Ders.: *Macht in der Mitte. Die neuen Aufgaben Deutschlands in Europa*, Hamburg 2015.

Napoleoni, Loretta: *Die Rückkehr des Kalifats. Der Islamische Staat und die Neuordnung des Nahen Ostens*, Zürich 2015.

Neitzel, Sönke: *Kriegsausbruch. Deutschlands Weg in die Katastrophe. 1900-1914*, München 2002.

Nipperdey, Thomas: *Deutsche Geschichte 1800-1866. Bürgerwelt und starker Staat*, München [4]1987.

Ders.: *Deutsche Geschichte 1866-1918*. Bd. 1: *Arbeitswelt und Bürgergeist*, München 1990; Bd. 2: *Machtstaat vor der Demokratie*, München 1992.

Nissen, Astrid/Radtke, Katrin: "Warlords als neue Akteure der internationalen

Beziehungen"; in: Ulrich Albrecht u. a. (Hgg.), *Das Kosovo-Dilemma.*
Schwache Staaten und Neue Kriege als Herausforderung des 21.
Jahrhunderts, Münster 2002, S. 141-155.

Nordhausen, Frank/Schmid, Thomas (Hgg.): *Die arabische Revolution.*
Demokratischer Aufbruch von Tunesien bis zum Golf, Berlin 2011.

Nöring, Hermann, u. a. (Hgg.): *Bilderschlachten. 2000 Jahre Nachrichten aus*
dem Krieg. Technik - Medien - Kunst, Göttingen 2009.

ÓTuathail, Gearóid: "Rahmenbedingungen der Geopolitik in der Postmo-
derne: Globalisierung, Informationalisierung und die globale Risikogesell-
schaft"; in: Zeilinger u. a. (Hgg.), *Geopolitik,* S. 120-142.

Overy, Richard: *Russlands Krieg 1941-1945,* Reinbek bei Hamburg 2003. 〔원
저: *Russia's War: Blood upon the Snow,* New York: TV Books, 1997. 국내 번역: 『스탈린과
히틀러의 전쟁』, 류한수 옮김, 지식의풍경, 2003.〕

Ders.: *Der Bombenkrieg. Europa 1939-1945,* Berlin 2014.

Pankratz, Thomas: "Bündnis- und Außenpolitik der Großmächte und die
Rolle der UNO in der Zeit des Kalten Krieges"; in: Zeilinger u. a. (Hgg.),
Geopolitik, S. 93-119.

Parker, Geoffrey: *Die militärische Revolution. Die Kriegskunst und der*
Aufstieg des Westens 1500-1800, Frankfurt am Main/New York 1990.

Paul, Gerhard: *Bilder des Krieges, Krieg der Bilder. Die Visualisierung des*
modernen Krieges, Paderborn u. a. 2004.

Ders.: *Der Bilderkrieg. Inszenierungen, Bilder und Perspektiven der*
"Operation irakische Freiheit", Göttingen 2005.

Pepper, Simon/Adams, Nicholas: *Firearms and Fortifications. Military*
Architecture and Siege Warfare in Sixteenth-Century Siena, Chicago/
London 1986.

Pinker, Steven: *Gewalt. Eine neue Geschichte der Menschheit,* Frankfurt am

Main 2011. 〔원저: *The Better Angels of Our Nature: Why Violence Has Declined*, New York, NY: Viking, 2011. 국내 번역: 『우리 본성의 선한 천사: 인간은 폭력성과 어떻게 싸워 왔는가』, 김명남 옮김, 사이언스북스, 2014.〕

Pittwald, Michael: *Kindersoldaten, neue Kriege und Gewaltmärkte*, Osnabrück 2004.

Polk, William: *Aufstand. Widerstand gegen Fremdherrschaft. Vom Ameri-+kanischen Unabhängigkeitskrieg bis zum Irak*, Hamburg 2009.

Posener, Alan: *Imperium der Zukunft. Warum Europa Weltmacht werden muss*, München 2007.

Prusin, Alexander Victor: *Nationalizing a Borderland. War, Ethnicity, and Violence in East Galicia, 1914-1920*, Tuscaloosa 2005.

Quaritsch, Helmut: *Staat und Souveränität*, Bd. 1: *Die Grundlagen*, Frankfurt am Main 1970.

Raabe, Katharina/Sapper, Manfred (Hgg.): *Testfall Ukraine. Europa und seine Werte*, Berlin 2015.

Rauchensteiner, Manfried: *Der Tod des Doppeladlers. Österreich-Ungarn und der Erste Weltkrieg*, Graz ²1994.

Reynold, Michael R.: *Shattering Empires: The Clash and Collapse of the Ottoman and Russian Empires 1908-1918*, Cambridge 2011.

Rid, Thomas: *Cyber War Will Not Take Place*, London 2013.

Rieff, David: *Schlachthaus. Bosnien und das Versagen des Westens*, München 1995.

Ringer, Fritz: *Die Gelehrten. Der Niedergang der deutschen Mandarine 1890-1933*, Stuttgart 1983.

Ritter, Joachim: "Hegel und die französische Revolution"; in: ders., *Metaphysik und Politik. Studien zu Aristoteles und Hegel*, Frankfurt am Main 1969.

Rjabtschuk, Mykola: *Die reale und die imaginierte Ukraine*, Berlin 2013.

Roberts, Michael: "The Military Revolution, 1560-1660"; in: Rogers (Hg.), *The Military Revolution Debate*, S. 13-35.

Rogers, Clifford J. (Hg.): *The Military Revolution Debate. Readings on the Military Transformation of Early Modern Europe*, Boulder u. a. 1995.

Rose, Andreas: *Zwischen Empire und Kontinent. Britische Außenpolitik vor dem Ersten Weltkrieg*, München 2011.

Rother, Rainer/Prokasky, Judith (Hgg.): *Die Kamera als Waffe. Propagandabilder des Zweiten Weltkrieges*, München 2010.

Ruf, Werner (Hg.): *Politische Ökonomie der Gewalt. Staatszerfall und die Privatisierung von Gewalt und Krieg*, Opladen 2003.

Rüb, Matthias: *Balkan Transit. Das Erbe Jugoslawiens*, Wien 1998.

Ryffel, Heinrich: *Metabolē politeiōn. Der Wandel der Staatsverfassungen*, Bern 1949.

Said, Behnam T.: *Islamischer Staat. IS-Miliz, al-Qaida und die deutschen Brigaden*, München 2014.

Salewski, Michael: *Deutschland und der Zweite Weltkrieg*, Paderborn u. a. 2005.

Sallust: *Werke, lateinisch und deutsch von Werner Eisenhut und Josef Lindauer*, München/Zürich 1985.

Sapper, Manfred/Weichsel, Volker (Hgg.): *Gefährliche Unschärfe. Russland, die Ukraine und der Krieg im Donbass, Osteuropa*, Heft 9/10, 2014.

Scahill, Jeremy: *Schmutzige Kriege. Amerikas geheime Kommandoaktionen*, München 2013.

Schadewaldt, Wolfgang: *Die Anfänge der Geschichtsschreibung bei den Griechen. Herodot. Thukydides*, Frankfurt am Main 1982 (= Tübinger Vorlesungen, Bd. 2).

Scheer, Tamara: "Lebenskonzepte, politische Nationenbildung, Identitäten und Loyalitäten in Österreich-Ungarn und Bosnien-Herzegowina"; in: Geyer/Lethen/Musner (Hgg.), *Zeitalter der Gewalt*, S. 177-198.

Scherliess, Volker: *Igor Strawinsky. Le Sacre du printemps*, München 1982.

Schiller, Friedrich: Werke, hg. von Ludwig Bellermann, Bd. 4: *Wallenstein*, Leipzig/Wien o. J. (= Meyers Klassiker-Ausgaben). 〔『발렌슈타인』, 이원양 옮김, 지식을 만드는지식, 2012.〕

Ders.: *Sämtliche Werke*. Aufgrund der Originaldrucke herausgegeben von Gerhard Fricke und Herbert G. Göpfert in Verbindung mit Herbert Stubenrauch, Bd. 2, München ³1962.

Schirra, Bruno: *Isis. Der globale Dschihad*, Berlin 2015.

Schivelbusch, Wolfgang: *Die Kultur der Niederlage. Der amerikanische Süden 1865, Frankreich 1871, Deutschland 1918*, Berlin 2001.

Schlögel, Karl: "Lob der Krise. Die Ukraine und die Sprachlosigkeit der Historiker"; in: Raabe/Sapper (Hgg.), *Testfall Ukraine*, S. 165-175.

Schmid, Ulrich: *UA - Ukraine zwischen Ost und West*, Zürich 2015 (Schriftenreihe der Vontobel-Stiftung).

Schmidt, Hans: "Staat und Armee im Zeitalter des 'miles perpetuus'"; in: Johannes Kunisch (Hg. in Zusammenarbeit mit Barbara Stollberg-Rilinger), *Staatsverfassung und Heeresverfassung in der europäischen Geschichte der frühen Neuzeit*, Berlin 1986, S. 213-248.

Schmitt, Carl: *Der Nomos der Erde im Völkerrecht des Ius Publicum Europaeum*, Köln 1950. 〔『대지의 노모스: 유럽 공법의 국제법』, 최재훈 옮김, 민음사, 1995.〕

Ders.: *Theorie des Partisanen. Zwischenbemerkung zum Begriff des Politischen*, Berlin 1963. 〔『파르티잔: 그 존재와 의미』, 김효전 옮김, 문학과지성사, 1998.〕

Ders.: *Land und Meer. Eine weltgeschichtliche Betrachtung*, Köln 1981. 〔『땅과 바다: 칼 슈미트의 세계사적 고찰』, 김남시 옮김, 꾸리에북스, 2016〕

Ders.: *Politische Theologie. Vier Kapitel zur Lehre von der Souveränität*, Berlin
⁴1985. 〔『정치신학』, 김항 옮김, 그린비, 2010.〕

Schnur, Roman: *Revolution und Weltbürgerkrieg. Studien zur Ouvertüre
nach 1789*, Berlin 1983.

Schöning, Matthias: *Versprengte Gemeinschaft. Kriegsroman und intellektuelle
Mobilmachung in Deutschland 1914-33*, Göttingen 2009.

Schormann, *Gerhard: Der Dreißigjährige Krieg*, Göttingen ³2004.

Schorske, Carl: *Wien. Geist und Gesellschaft im Fin de Siècle*, Frankfurt am
Main 1982.

Schreiber, Wolfgang: "Die Kriege in der zweiten Hälfte des 20. Jahrhunderts
und danach"; in: Thomas Rabehl/Wolfgang Schreiber (Hgg.), *Das Kriegs-
geschehen 2000*, Opladen 2001, S. 11-46.

Schröder, Stephen: *Die englisch-russische Marinekonvention. Das Deutsche
Reich und die Flottenverhandlungen der Tripleentente am Vorabend des
Ersten Weltkriegs*, Göttingen 2006.

Schwabe, Klaus: *Wissenschaft und Kriegsmoral. Die deutschen Hochschulle-
hrer und die politischen Grundfragen des Ersten Weltkriegs*, Göttingen u.
a. 1969.

Schwartz, Eduard: *Das Geschichtswerk des Thukydides*, Bonn 1919.

Seidensticker, Bernd: "'Ich bin Odysseus.'Zur Entstehung der Individualität
bei den Griechen"; in: *Berichte und Abhandlungen der Berlin-Branden-
burgischen Akademie der Wissenschaften*, Bd. 8, Berlin 2000, S. 163-184.

Siegelberg, Jens: *Kapitalismus und Krieg. Eine Theorie des Krieges in der
Weltgesellschaft*, Münster/Hamburg 1994.

Singer, Peter W.: *Die Kriegs-AGs. Über den Aufstieg der privaten Militär-
firmen*, Frankfurt am Main 2006. 〔원저: *Corporate Warriors: The Rise of the Priva-
tized Military*, Ithaca, NY: Cornell University Press, 2003. 국내 번역: 『전쟁 대행 주식회사』,

유강은 옮김, 지식의 풍경, 2005.〕

Sloterdijk, Peter: *Zorn und Zeit. Politisch-psychologischer Versuch*, Frankfurt am Main 2006.

Snyder, Timothy: *Bloodlands. Europa zwischen Hitler und Stalin*, München 2011.

Sombart, Werner: *Der moderne Kapitalismus*, 3 Bde. in 6 Teilbdn., Leipzig 1902-1926.

Ders.: *Der Bourgeois. Zur Geistesgeschichte des modernen Wirtschafts-menschen*, München/Leipzig 1913.

Ders.: *Händler und Helden. Patriotische Besinnungen*, München/Leipzig 1915.

Sorel, Georges: Les Illusions du progrès, Paris 1908.

Ders.: *Über die Gewalt*. Mit einem Nachwort von George Lichtheim, Frankfurt am Main 1981. 〔원저: *Réflexions sur la violence*, Paris: Marcel Rivière: 1908. 국내 번역: 『폭력에 대한 성찰』, 이용재 옮김, 나남출판, 2007.〕

Sösemann, Bernd: "Die sog. Hunnenrede Wilhelms II. Textkritische und interpretatorische Bemerkungen zur Ansprache des Kaisers am 27. Juli 1900 in Bremerhaven"; in: *Historische Zeitschrift*, Bd. 222, 1976, S. 342-358.

Spencer, Herbert: *Die Principien der Sociologie*, 2 Bde., Stuttgart 1887.

Sprengel, Rainer: *Kritik der Geopolitik. Ein deutscher Diskurs 1914-1944*, Berlin 1996.

Steinberg, Guido: *Kalifat des Schreckens. IS und die Bedrohung durch den islamistischen Terror*, München 2015.

Sternhell, Zeev/Sznajder, Mario/Asheri, Maia: *Die Entstehung der faschistischen Ideologie. Von Sorel zu Mussolini*, Hamburg 1999.

Stevenson, David: *1914-1918. Der Erste Weltkrieg*, Düsseldorf 2006.

Stone, Norman: "Army and Society in the Habsburg Monarchy, 1900-1914";

in: *Past and Present*, Nr. 33, 1966, S. 95-111.

Strachan, Hew: "Kontinentales Kernland und maritime Küstenzonen: Zur Geopolitik des Ersten Weltkriegs"; in: Geyer/Lethen/Musner (Hgg.), *Zeitalter der Gewalt*, S. 67-92.

Strübel, Michael (Hg.): *Film und Krieg. Die Inszenierung von Politik zwischen Apologetik und Apokalypse*, Opladen 2002.

Sunstein, Cass R.: *Gesetze der Angst. Jenseits des Vorsorgeprinzips*, Frankfurt am Main 2007.

Thukydides: *Der Peloponnesische Krieg. Übersetzt und herausgegeben von Helmuth Vretska und Werner Rinner*, Stuttgart 2000. 〔『펠로폰네소스 전쟁사』, 천병희 옮김, 도서출판 숲, 2011.〕

Tönnies, Ferdinand: *Gemeinschaft und Gesellschaft. Grundbegriffe der reinen Soziologie* [1887], Darmstadt 1991.

Tooze, Adam: *Sintflut. Die Neuordnung der Welt 1916-1931*, München 2015.

Traverso, Enzo: *Im Bann der Gewalt. Der europäische Bürgerkrieg 1914-1945*, München 2008.

von Trotha, Trutz/Klute, Georg: "Politik und Gewalt oder Beobachtungen und Anmerkungen über das 'Kalaschsyndrom'"; in: Armin Nassehi/ Markus Schroer (Hgg.), *Der Begriff des Politischen*, Baden-Baden 2003, S. 491-517.

Utesch, Philip: *Private Military Companies - die zukünftigen Peacekeeper/ Peace Enforcer?*, Baden-Baden 2014.

Virilio, *Paul: Rasender Stillstand*, München/Wien 1992.

Ders.: *Krieg und Fernsehen*, München/Wien 1993.

Ders.: *Ereignislandschaft*, München/Wien 1993.

Ders.: *Fluchtgeschwindigkeit*, München/Wien 1996.

Ders.: *Information und Apokalypse*, München u. a. 2000.

Ders./Lotringer, Sylvère: *Der reine Krieg*, Berlin 1984.

Voegelin, Eric: *Die Politischen Religionen*, hg. und mit einem Nachwort von Peter J. Opitz, München 1996.

Vogel, Jakob: *Nationen im Gleichschritt. Der Kult der 'Nation in Waffen'in Deutschland und Frankreich, 1871-1914*, Göttingen 1997.

Vogt, Ludgera: *Zur Logik der Ehre in der Gegenwartsgesellschaft. Differenzierung, Macht, Integration*, Frankfurt am Main 1993.

Völger, Gisela/von Welck, Karin (Hgg.): *Männerbande, Männerbünde. Zur Rolle des Mannes im Kulturvergleich*, 2 Bde., Köln 1990.

Wagner, Thomas: "Der Vormarsch der Robokraten. Silikon Valley und die Selbstabschaffung des Menschen"; in: *Blätter für deutsche und internationale Politik*, 60. Jg., 3/2015, S. 112-120.

Waldmann, Peter: *Terrorismus. Provokation der Macht*, München 1998.

Walther, Helmut G.: *Imperiales Königtum, Konziliarismus und Volkssouveränität. Studien zu den Grenzen des mittelalterlichen Souveränitätsgedankens*, München 1976.

Walter, Dierk: *Organisierte Gewalt in der europäischen Expansion. Gestalt und Logik des Imperialkrieges*, Hamburg 2014.

Walter, Marco: *Nützliche Feindschaft? Existenzbedingungen demokratischer Imperien - Rom und USA*, Paderborn 2015.

Wassermann, Felix: *Asymmetrische Kriege. Eine politiktheoretische Untersuchung zur Kriegführung im 21. Jahrhundert*, Frankfurt am Main/ New York 2015.

Weber, Max: *Der Sozialismus*, Weinheim 1995.

Ders.: *Wirtschaft und Gesellschaft. Grundrißder verstehenden Soziologie*, Tübingen 2002.

Weimann, Gabriel/Winn, Conrad: *The Theater of Terror. Mass Media and*

International Terrorism, New York/London 1994.

Weiss, Stefani/Schmierer, Joscha (Hgg.): *Prekäre Staatlichkeit und internationale Ordnung*, Wiesbaden 2007.

Werber, Niels: *Die Geopolitik der Literatur. Eine Vermessung der medialen Weltordnung*, München 2007.

Ders.: *Geopolitik zur Einführung*, Hamburg 2014.

Wette, Wolfram: *Militarismus in Deutschland. Geschichte einer kriegerischen Kultur*, Frankfurt am Main 2008.

Wildman, Alan K.: *The End of the Russian Imperial Army*, 2 Bde., Princeton 1980/1987.

Yazuv, M. Hakan/Blumi, Isa (Hgg.): *War and Nationalism. The Balkan Wars, 1912-1913, and Their Sociopolitical Implications*, Salt Lake City 2013.

Zamoyski, Adam: *1812. Napoleons Feldzug in Russland*, München 2012.

Zaretsky, Eli: *Freuds Jahrhundert. Die Geschichte der Psychoanalyse*, Wien 2006.

Zeilinger, Reinhard, u. a. (Red.): *Geopolitik. Zur Ideologiekritik politischer Raumkonzepte*, Wien 2001.

Zielonka, Jan: *Europe as Empire. The Nature of the Enlarged European Union*, Oxford 2006.

Zinser, Hartmut: *Religion und Krieg*, Paderborn 2015.

Zweig, Stefan: *Die Welt von Gestern. Erinnerungen eines Europäers*, Stockholm 1944. 〔국내 번역: 『어제의 세계』, 곽복록 옮김, 지식공작소, 1995(초판), 2014(개성판).〕

인명

파편화한 전쟁

현대와 전쟁폭력의 진화

지은이 헤어프리트 뮌클러

옮긴이 장춘익, 탁선미

1판 1쇄 펴냄 2017년 4월 14일

펴낸이 심경보

책임편집 좌세훈

펴낸곳 곰출판

출판신고 2014년 10월 13일 제2014-000187호

전자우편 walk@gombooks.com

전화 070-8285-5829

팩스 070-7550-5829

ISBN 979-11-955156-6-0 93340

이 도서의 국립중앙도서관 출판예정도서목록(CIP)은 서지정보유통지원시스템
홈페이지(http://seoji.nl.go.kr)와 국가자료공동목록시스템(http://www.nl.go.kr/kolisnet)
에서 이용하실 수 있습니다.(CIP제어번호: CIP2017007205)